新世纪会计学专业精品教材

审计学

（第三版）

Auditing

谢盛纹 主编

东北财经大学出版社
Dongbei University of Finance & Economics Press
大连

图书在版编目（CIP）数据

审计学 / 谢盛纹主编．—3 版．—大连：东北财经大学出版社，2014.1（2016.1 重印）
（新世纪会计学专业精品教材）
ISBN 978-7-5654-1389-6

Ⅰ．审…　Ⅱ．谢…　Ⅲ．审计学-高等学校-教材
Ⅳ．F239.0

中国版本图书馆 CIP 数据核字（2013）第 295994 号

东北财经大学出版社出版
（大连市黑石礁尖山街 217 号　邮政编码　116025）
教学支持：（0411）84710309
营 销 部：（0411）84710711
总 编 室：（0411）84710523
网　　址：http：//www.dufep.cn
读者信箱：dufep @ dufe.edu.cn

大连美跃彩色印刷有限公司印刷　　东北财经大学出版社发行

幅面尺寸：170mm×240mm　字数：390 千字　印张：20
2014 年 1 月第 3 版　2016 年 1 月第 7 次印刷

责任编辑：李智慧　孔利利　吴　茜　周　慧　　责任校对：王　娟　孙　萍
封面设计：张智波　　版式设计：钟福建

ISBN 978-7-5654-1389-6
定价：32.00 元

第三版前言

作为一本针对高等教育会计学专业审计学课程的教材，本教材主要以历史财务报表审计为主线，阐述审计基本理论与实务。在编写过程中，我们以社会对审计的需求为视角，力求科学系统地讲清、讲透审计学的基本概念和基本理论；以财务报表交易循环为经，以审计执业规范为纬，吸纳国内外优秀审计学教材在理论和方法上的创新，简约精炼地将风险识别、风险评估和风险应对的核心思想融入各项交易循环审计的实务中。

本教材共 15 章，第 1 至 4 章主要阐述审计需求与发展、审计主体及其规范与责任；第 5 章主要阐述历史财务报表审计目标及其实现要旨；第 6 至 8 章主要阐述审计计划、风险评估与风险应对；第 9 章主要阐述审计抽样及其运用；第 10 至 13 章主要阐述历史财务报表各交易循环的基本流程、涉及的主要账户和记录、重大错报风险征兆和进一步的审计程序；第 14 至 15 章主要阐述终结审计阶段的各项工作以及审计报告的含义、类型、审计意见的类型和审计报告决策等。这种结构安排使得本教材的主线清晰、内容凝练。

根据注册会计师执业的现实环境以及我们自身在教学过程中对审计课程的认识，依据最新的审计准则及其他相关法规，我们再一次对本教材进行了修订。针对审计基本概念与理论部分，本次修订的原则是“精炼与条理化”。例如，第二版的第 1 章和第 4 章都提到人们对审计的期望和审计职业界的反应，此次修改对该部分做了相应的删减整合；第 2 章删去了第二版中的“职业资格认定与取得”，新增了“我国注册会计师提供的业务”，以根据 2010 年和 2012 年的《注册会计师业务指导目录》简单介绍我国注册会计师职业所能提供的业务情况；鉴于现行执业准则的内容与架构以及美国注册会计师协会所制定的准则的地位变化，删去了第二版第 3 章中的“美国一般公认审计准则”。

实施风险评估在现代风险导向中具有极其重要的意义，为更系统清晰地阐述风险评估程序对评估重大错报风险的作用，本次修订对第 7 章做了较大幅度的修改。由于财务报表审计只需关注与财务报告有关的控制，因此原来这一章的第 2 节“企业全面风险管理——整体框架”被删除，将修改后的第 7 章压缩为 4 节内容：风险评估程序、了解被审计单位及其环境、了解和评价内部控制系统以及评估重大错报风险。在各节内容的具体编排上，将“内部控制的相关概念和理论”置于“了解和评价内部控制系统”

中，且基于以下两个原因未对内部控制五要素进行详解：第一，随着内部控制理论与实践日益受到重视，不少高校已经单独开设了内部控制课程，其中对内部控制的含义有着更详细的介绍；第二，在“了解和评价内部控制系统”这一节，也涉及了对内部控制五要素内容的介绍。此外，由于风险评估阶段需要关注企业的目标、战略和经营风险、政治风险等因素对被审计单位重大错报风险的影响，为更清晰地阐述企业各种风险对重大错报风险的影响与各章节之间的逻辑关系，将“企业风险对审计的影响”调整至第4节第1目中。

业务循环部分的修订思路是，为使章节内容前后的衔接更加紧密，增加每个循环所涉及的交易种类和账户余额的介绍，因为控制测试和实质性程序就是针对不同交易种类的特点来展开。同时，由于原始凭证是审计证据收集的主要对象，为此，增加了相关业务活动形成的原始凭证的介绍，以强化控制测试和实质性程序背后的逻辑联系。

本教材由江西财经大学会计发展研究中心的谢盛纹担任主编，江西财经大学会计学院的廖义刚和现代经济管理学院的曹菁担任副主编。各章编写分工如下：谢盛纹，第1至6章；廖义刚，第7、8、14、15章；曹菁，第9至13章。

本教材在编写和修订的过程中得到了江西财经大学的张蕊教授等专家的指导和帮助，在此深表感谢，同时感谢潘素秋老师对文稿的再次校对。东北财经大学会计学院的方红星教授和东北财经大学出版社的李智慧主任为本书的出版与再版作了深入细致的指导，在此一并表示谢忱。本教材自2008年出版至今，前后多次印刷，并获出版社的“畅销教材奖”（2010）和“优秀教材奖”（2013）。面对这些，我们能做的只有感谢与感恩，感谢大家的不弃，你们的支持是我们继续下去的信心和动力！

由于我们的经验和水平有限，错误在所难免，恳请各位专家与读者批评指正。

编　者

2013年9月27日

目录

第1章 审计概述

学习目的与要求

本章的主要内容是关于审计的一个简要介绍，主要包括审计的需求、定义与功能，以及审计业务的拓展和审计的局限性及其职业界的反应与努力。要求学生通过本章的学习，能够领悟审计的需求，掌握审计的定义，理解审计的功能，了解审计业务的拓展和审计的局限性及其职业界的反应与努力。

教学重点与难点

结合审计需求的理解，解读审计的定义，诠释审计的功能。

1.1 审计的需求

人们的经济生活少不了决策，而这种决策又离不开信息，因此与决策相关的信息的可靠性对于处在特定情形下的相关人员做出“最优决策”是至关重要的。例如，随着证券市场的发展，企业所有权与经营权逐渐分离，绝大多数股东都已远离企业的经营管理，为了确保自身利益，他们非常关心企业的经营成果（财务业绩），以决定是否继续持有该企业的股票。同样地，证券市场上潜在的投资者也会关注企业的经营情况，以便决定是否购买该企业的股票。同时，债权人也关注着这一切，以便做出是否继续贷款或者收回债务的决定。这些决策者的决策所用信息大多来自企业提供的财务报表，因此财务报表的可靠性直接决定着报表使用者能否做出正确的经济决策。

但是，随着经济社会的日益复杂，信息风险也与日俱增。信息风险主要来自：

（1）信息的间接性。在全球经济环境下，决策者几乎不可能大量地取得决策所需的第一手资料，必须假借他人之手，如此一来，信息故意或无意被错报的可能性就会增加。例如，对于企业外部人员来说，他们很难获得企业内部经营的信息，鉴于时间与成本的限制又不可能实时实地地获取企业信息。

（2）利益冲突。只要信息提供者和信息使用者的目标不一致，那么二者之间就存在利益冲突，这就使得信息使用者没有理由不怀疑信息提供者所提供的信息可能会有意或无意地歪曲事实真相。事实上，作为信息优势方的信息提供者的确有可能会根据自己的偏好和动机来提供偏向于自己的信息，其原因可能是提供者对未来事项的盲目乐观，或故意用某种方式来影响信息使用者，无论哪种情况都将导致信息错报的发生。例如，在企业的借款决策中，企业为了增加取得贷款的机会，在其提供的报表中很可能存在有利于他们的偏差。错报的形式可能是直接的金额错报，也可能是信息披露的不充分或不完整。

（3）信息量过大。随着企业组织规模的扩大，业务量增多，信息记录不当的可能性也随之增加，而这种不当信息很可能被大量的其他信息所掩盖。例如，某一大型企业向其供应商多开了 1 000 元发票，除非该企业设有较为复杂的程序能够发现这类错误，否则这一错误被掩盖的可能性就非常大。如果大量的此类小额错误未能被发现，则其累计金额就可能是巨大的。

（4）交易日趋复杂。最近几十年来，随着各组织间业务交易的日趋复杂，正确记录业务的难度也随之增加。以一个企业收购另一个企业为例，要想正确处理该类会计业务是一个相当困难和重要的问题。又如，处于不同行业的子公司经营成果的适当合并与披露问题。

基于此，为了更好地做出相关决策，就必须降低对应的信息风险。降低这种信息风险的途径有三：一是信息使用者直接去验证信息；二是信息使用者和信息提供者共同分担信息风险；三是聘请独立的第三方来鉴证信息。信息使用者可以直接到信息提供方的现场检查相关记录，以确信所获信息的可靠性。但一般来说，这种方法的成本太高，并不可行。另外，让所有使用者都亲自去验证信息也不经济。然而，现实中也存在这种情况，例如，国内各税务机关要对企业和个人的纳税申报表进行大量的验证，以确定申报者实际申报额是否与应缴税额相符。同样地，如果一个企业欲购买另一个企业，通常购买方会派遣一个特别审计小组去独立验证及评价被购并方未来业务的关键信息。

当然，也可以让使用者和管理层共同分担信息风险。国外大量的法律判例表明管理部门有责任对使用者提供可靠的信息。如果使用者因依赖了不准确的财务报表而遭受了财务损失，就有权对公司管理层起诉。但与管理层分担信息风险的难处在于使用者可能无法挽回其遭受的损失。一旦公司因破产无法偿还贷款，管理层也不可能有足够的资金偿还贷款。同时，这一途径也存在不经济、成本过高的情况。

所以，信息使用者提高所用信息可靠性的最常见方法是由独立的第三方对那些信息执行独立审计。这是因为已审计过的信息有这样一个假设：审计后的信息之所以适用于决策过程，是因为它们具有合理的完整性、准确性和无偏性。一般地，私人公司管理层或公众公司审计委员会通过聘请注册会计师向使用者提供财务报表可靠性的合理保证。一旦财务报表最终被发现是不正确的，注册会计师可能会遭到信息使用者及管理层的起诉，显然他们要对其工作承担相当大的法律责任。

1.2　审计的定义

审计的最初形态是政府（国家）审计，经过几千年的发展，已经出现了类型与目标各不相同的审计业务，这些审计业务是应社会需求的不同而产生的，因此也产生了各种不同的审计定义。其中，美国会计学会（American Accounting Association，AAA）在 1973 年的《审计基本概念说明书》（A Statement of Basic Auditing Concepts）中的审计定义最具代表性。

“审计是一个客观地获取和评价与经济活动和经济事项的认定有关的证据，以确认这些认定与既定标准的相符程度，并把审计结果传达给相关利益者的系统过程。”

审计的这一定义远远超出了历史财务报表审计的内涵，该定义足以包含编报服务，甚至还可能包含其他的鉴证服务。① 事实也的确如此，美国会计学会审计基本概念委员会还特别指出：其有意将审计概念界定的相当宽泛，以期涵盖审计业务可能需要实现的各种不同目标以及特定审计业务所需关注对象的多样性。

宽泛地说，审计就是对经济活动认定予以验证的过程，就是针对相关认定收集证据，按照客观标准评价证据以及报告结果的过程。比如，历史财务报表就是企业管理层对其所经营的企业在一定时点或一定期间内的财务状况、财务业绩和现金流量等情况的认定，这些认定是否真实、可靠就需要注册会计师加以验证。注册会计师可以将这些认定同与之适用的财务报告框架进行比较，看它是否与可适用的财务报告框架相符并判断其相符程度，最后将其结果传达给相关利益者。为了更好地理解这一概念，以下就其中的几个关键术语做进一步的解释。

1.2.1　认定和既定标准

认定是关于行为、事件、状况或一定时期业绩的肯定表述。为了能够对相关行为、事件、状况等进行肯定的表述，就必须确定一个标准，这样独立的验证者就可以评价认定是否恰当公允。就历史财务报表审计而言，财务报表上的每一个数字，每一行文字都代表了一些实质的经济活动或经济事项。财务报表上的这些数字与文字就代表了管理层的主张与声明（认定）。例如，某企业在其资产负债表上列示的“存货……5 678 000 元”就包括以下认定：这些存货确实存在；这些存货可用以生产或销售；这些存货包含了所有的存货；5 678 000 元这个数字反映了该企业本期期末存货的可实现价值；这些存货已恰当地予以分类；这些存货已作了适当的披露等。财务报表上的其他项目和金额也隐含着类似的认定。

这些认定是由财务报表编制者——企业管理层——根据可适用的标准（既定

① 在本书中，若无特别声明，所说审计均指历史财务报表审计，所提审计人员若无其他说明也都是指历史财务报表审计的独立审计人员，因此，在本书的内容中有些时候会将审计人员、注册会计师混在一起使用。

标准）做出的，并将被传达给报表使用者。注册会计师的职责就是收集证据以判断管理层的认定在多大程度是按照既定标准作出的，并将结果告诉使用者。

认定存在是多种多样的，有定量的认定，也有定性的认定。定量的认定如企业财务报表和个人所得税申报表；定性的认定如计算机系统的效果及生产经营的效率。既定标准随认定的不同而变化，如历史财务报表审计所依据的标准是《企业会计准则》；而内部控制审计是对内部控制的设计与运行有效性的定性认定予以再认定，其既定标准是《内部控制基本规范》及企业内部控制配套指引。

1.2.2 收集和评价证据

审计过程就是一个获取和评价审计证据的过程。审计证据是注册会计师用来确定某一主体认定是否按既定标准表述的所有资料。例如，在财务报表审计中，基本的会计资料以及所有注册会计师所能取得的确证信息都是审计证据。前者如日记账、分类账以及各种文件；后者如发票、支票以及通过询问、观察、对资产进行实地盘点和对第三方函证所获得的信息。

审计证据的形式多种多样，有口头陈述、书面文件、电子数据和实物等。获取充分适当的审计证据对于实现审计目的非常重要。注册会计师必须保证审计证据数量和质量足以说明认定与既定标准的相符程度。

同时，注册会计师获取和评价审计证据的过程应该是客观的。客观意味着毫无偏见，整个审计过程不能带有个人主观色彩。这不仅是对证据获取过程的要求，也是对注册会计师自身道德的要求。要求注册会计师客观地获取和评价证据，就是要求注册会计师对被审计单位有关认定的形成基础加以审查，并对其结果予以公正的评估，其间注册会计师不能对被审计单位有个人偏好或持有任何偏见。

1.2.3 报告结果

所有审计的最终目的和结果都是向信息使用者传达管理层认定与既定标准之间相符程度的报告。审计的最后工作就是出具审计报告，它是注册会计师向使用者传达审计结果的一种手段。当然，报告形式不尽相同，有标准统一的书面财务报表审计报告，也有单一部门经营效果的口头审计报告。

1.2.4 系统化的过程

系统化的过程指的是审计过程应该是合理的、有序的和有组织的过程。系统化意味着审计人员在制订审计计划、实施审计程序、获取审计证据和形成审计结论时要通盘考虑，以实现审计目标。审计系统化过程通常都包括业务承接、制订审计计划、风险评估、风险应对和出具审计报告。

审计是一个系统的求证过程。莫茨与夏拉夫就曾经建议注册会计师使用科学的研究方法来改善审计方法。他们认为，如同科学家从事科学研究一样，注册会计师必须就所要达成的结论，判断所需收集证据的质量与数量，然后再根据所收集的证据，做出审计结论并出具审计报告。

1.3 审计的功能

审计是社会经济发展到一定阶段的产物。随着社会生产力的发展，导致财产所有权与经营权分离，这时才有产生审计活动的可能，之所以说是可能产生审计活动，是因为二权分离并不足以解释审计职业存在的根源。要是代理人能够兢兢业业、恪守勤勉、尽责之责，审计就无存在的必要了，但客观事实并非如此。在现实生活中，委托人与代理人之间存在着信息不对称，因此就有了“委托-代理问题”，即“道德风险”和“逆向选择”问题。财产所有者为了抑制与解决信息分布不对称引起的这些问题，实行了各种措施。“报告制度”即为其中之一，即经营者应向财产所有者报告其受托责任的履行情况。财务报告要详细反映企业的经营状况，包括资金的使用情况和效果、财产的增减变动情况及其原因等。这一信息公开制度，理论上说应当解决或者缓解二权分离所产生的“委托-代理问题”，但要使其有效地运行，离不开审计。

报告制度不仅是纠正信息不对称的客观依据，更重要的是，它还是外部信息使用者进行决策的基础，而且，代理人很清楚地知道这份报告是各利益相关者所能得到的公开信息，是影响外部使用者的关键媒介。但是该报告是由代理人自己编制的，所以他们难免会有动机过于乐观地报告经营情况与结果，更甚的是他们还有可能提供误导或虚假陈述的信息，也就是说信息公开制度中还存在信息风险。为了获得代理人所公布的财务报告的合法性、可靠性和完整性的保证，委托人就要求财务报告应当由与企业利益无关的第三者进行独立鉴证，以保证财务报告的真实公允性，这就是审计。外部信息使用者期望注册会计师的审计能够在这方面——降低信息风险——起到应有的作用。在这个意义上来说，审计就是抵御信息风险、提高财务信息可信度的一种制度安排。

鉴于此，美国财务会计准则委员会概念公告第一号《企业财务报告的目标》(Objective of Financial Reporting by Business Enterprises)，对独立的财务报表审计所要实现的社会目标作了如下简要描述：“如果决策者掌握了反映企业经营状况和成果的信息，并将其应用于评价各种备选方案的预期回报、成本和风险，那么，个人、企业、市场和政府在各项相互竞争的用途之间分配稀缺资源的有效性将得以提高……独立注册会计师一般会对财务报表以及其他可能的信息进行审核或审阅，信息的提供者和使用者通常都认为注册会计师的意见可以提高信息的可靠性或可信度。”

通过提供独立客观的外部观点，注册会计师可以提高财务信息的可靠性，进而降低财务报表使用者的信息风险。降低财务信息的信息风险就可以减少经济主体必须支付的风险溢价，从而降低被审计单位的资本成本，提高稀缺资源在竞争性用途之间的分配效率。目前人们普遍认为经过审计的财务报表确实含有一定的“信息含量”，也就是说，经过审计的财务报表就包含了新的信息。科恩委员会的调查结论认为：经过审计的财务报表可以对市场早先收到的信息进行确认或纠正。事实上，经过审计的财务报表可以通过降低不准确信息的流传时间或阻止其传播，进而保证市场的效率。

1.4 人们对审计的期望与审计的局限性及职业界的努力和反应

鉴于审计在提高财务信息可靠性方面的作用，对于倡导信息公开的资本市场来说，审计的作用与地位是不言而喻的。一百多年来，随着注册会计师执业水平的不断提高，经过审计的财务报表的可信度也得到了很大的提高，从而基本解决了财务报表提供者和使用者之间的矛盾，有效地维护了市场经济运行。正如美国总统里根在1987年致美国注册会计师协会成立一百周年贺信中所评价的：“你们的协会和注册会计师职业在建立和维护资本市场的完整性方面，发挥了至关重要的作用。……如果没有你们，我们的资本市场就将土崩瓦解。”

1.4.1 人们对审计的期望

财务报表使用者不仅希望注册会计师为财务报告过程带来专业技能，增加报告过程的完整性、独立性和可靠性，还希望注册会计师能检查并发现财务报表中源自错误或舞弊的重大错报，从而避免所获得的是存在重大错报的财务信息。社会公众对注册会计师的这一期望，源自于报表编制者与使用者之间存在的潜在利益冲突。因为，只要存在这种利益冲突，就不可避免地让使用者担心报表编制者在编制财务信息时可能会存在某种偏向，就像他们也有自己的偏向一样。

注册会计师作为他们之间独立的第三方，一则可以验证财务报表中信息的完整性、真实性和数据计算的机械准确性。例如，资产负债表中列示的“固定资产”就意味着固定资产真实存在、确实为报告主体所拥有，同时也预示所有存在且为报告主体所拥有的固定资产都已在这一项目下列示了，这也暗示所列数字的计算具有机械准确性。二则可以对支持财务报表编制者判断的事实进行解释说明，并对他们所作的判断予以评价。例如，财务报表编制者还必须对固定资产进行某些披露，还要对固定资产提取折旧，以确保以可实现价值来确认与报告固定资产，确定披露的内容以及折旧涉及的必要估计等都要报表编制者做出大量的判断。

审计的这些作用能对信息使用者所需信息的质量提高附加控制。它不仅可以根据大体反映使用者需求和期望的既定标准对财务信息进行独立检查，还可以促进信息提供者按照使用者的标准来执行其控制范围的会计程序，因为信息提供者知道自己的工作将要受到注册会计师的审核，信息提供者的这一认识会对其提供误导性或错误的财务报告产生一种内生的强大威慑力。

1.4.2　审计的局限性

审计也可能会让使用者失望或使得前文所述威慑力失灵，是因为审计本身及其审查对象也存在着一些局限性。

作为审计对象的财务报表中涉及大量的会计估计，这些估计是于审计当期管理层针对被审计单位过去或现在的经济事件或经济事项做出的，但是这种估计还要受到未来经济事件或经济事项的发生或不发生的影响。所以，此类信息本身可能是不准确的，对之进行审计并不能提高其准确性，因为注册会计师不可能增加未来事件或事项发生或不发生的可能性。其次，财务报表中所列项目的数值可经由多种方式计算而来，无论是权威的会计规范或会计文献，还是逻辑推理，都不存在哪一种方法绝对优于其他方法。这种灵活性也使得报告主体有机会左右财务报表中的这些项目的数值。另外，被审计单位的财务报告内部控制也只是对财务报告可靠性提供合理保证，现实中不可能存在哪一种财务报告内部控制能够绝对保证被审计单位管理层的财务报告目标可以完全实现。

同样地，审计程序和审计技术也制约着审计业务所能实现的保证程度，其原因主要有：第一，绝大部分审计证据来源于对总体（如应收账款或存货）样本的测试。抽样不可避免地包含一些不能发现重大错报的风险，并且测试的领域、类型、范围和时间安排、测试结果的评价等都要求注册会计师进行大量的判断。即使注册会计师具有真诚和正直性的品质，他们也可能在判断中犯错误或出差错。第二，注册会计师所依赖的证据大多只具有说服力，而不是令人信服的。第三，对于注册会计师来说，要侦查欺诈性财务报表，即使可能，也是极其困难的，尤其是管理层之间存在共谋时，更是如此。

审计的这些局限性虽然为审计职业界中的每一位职业人士所熟知，但是财务报表使用者却并不能很好地认识到这一点，甚至一些使用者对审计还存在错误的认识。这将导致社会公众对审计的期望往往会超过对注册会计师业绩的感知，进而形成了人们熟悉的“审计期望差”。

1.4.3　审计职业界的努力与反应

为了缩小这种“期望差距”，各国政府和审计职业界都采取了各种努力措施。鉴于美国在这方面做得较为全面且较具有先进性，以下的阐述都以美国的情况为例。自20世纪70年代中后期以来，美国政府及相关民间组织建立各种专门委员会对之进行调查与研究，如众议院州际和外资商务委员会下属的监督调查小组委员会（莫斯小组委员会（Moss Subcommittee））、参议院政府运营委员会下属的报告、会计和管理小组委员会（梅特卡夫小组委员会（Metcalf Subcommittee））、科恩委员会、特雷德威委员会、美国注册会计师协会证券交易委员会上市公司业务部下属的公共监督委员会、注册会计师独立性顾问小组、美国注册会计师协会财务报告特别委员会以及上市公司会计监督委员会等。尤其是以下几个方面的努力，被人们寄予厚望。

1）期望差准则

1977年注册会计师协会审计准则委员会发布了第16号和第17号审计准则说明书，对注册会计师在调查和报告被审计单位的错误和违法行为方面的职责提供了指导。1988年又发布了第53号和第54号审计准则说明书，分别取代了第16号和第17号审计准则说明书，随同这两个准则说明书一起发布的还有关于内部控制的第55号审计准则说明书，关于被审计财务报表的审计报告的第58号审计准则说明书，以及关于分析程序、会计估计审计、持续经营假设、就内部控制相关事项进行交流和与审计委员会沟通等问题的7个准则，这9个准则主要是为了弥合“审计期望差”，所以，它们又被称为“审计期望差准则”。1997年第82号审计准则说明书《财务报表审计中对舞弊的考虑》又取代了第53号审计准则说明书，2002年美国注册会计师协会又发布了第99号审计准则说明书取代了原来的第82号审计准则说明书，为具体指导和帮助注册会计师揭露财务报表舞弊提供了新的审计思路与程序。

2）内部控制自我评价报告及内部控制审计

早在20世纪80年代中后期，就有研究表明存在期望差距的领域还涉及被审计单位的内部控制，进而一些学术研究团体和职业组织就建议被审计单位的管理层应该向股东提供一份包含内部控制评价在内的报告。根据《联邦储蓄保险公司改善法》的要求，从1993年起，总资产在5亿美元以上的储蓄保险机构的管理层必须提供关于财务报告内部控制情况的报告，并需聘请注册会计师对这些报告进行鉴证。《萨班斯-奥克斯利法案》（2002年）404条款要求所有在美国的上市公司都应报告其内部控制有效性的管理层评估报告，还要求注册会计师就管理层的财务报告内部控制评估报告进行鉴证（根据上市公司会计监督委员会的要求，注册会计师必须对管理层的财务报告内部控制评估报告进行审计）。

我国于2008年6月出台《企业内部控制基本规范》，2010年4月又出台了《企业内部控制评价指引》和《企业内部控制审计指引》及18个内部控制应用指引。这与财务报表审计连同在一起的评价增加了使用者对未来财务报告的信任，因为有效的内部控制能够防止或发现并纠正财务报表的重大错报。

3）强化职业自律体系

1977年，美国注册会计师协会设立了会计师事务所分部，下设证券交易委员会上市公司业务部和非上市公司业务部，并为其成员创立一项同业复核程序，同时，该协会还设立了公共监督委员会以监督证券交易委员会上市公司业务部的行为。在2002年《萨班斯-奥克斯利法案》颁布后，该委员会更名为上市公司会计监督委员会，该委员会由美国国会设立，负责监督上市公司注册会计师的行为。除了制定审计准则外，上市公司监督委员会还负责会计师事务所的注册，对那些已注册的事务所拥有广泛的管制权。其他从事会计和审计实务的事务所必须参加美国注册会计师协会的另一项同业复核程序。美国注册会计师协会还制定了质量控制标准来约束事务所的审计实务，同时建立了既约束个人会员又约束事务所会员的治理体系。

中国注册会计师协会于 2009 年 7 月重新修订了《会计师事务所执业质量检查制度》，并于同年 11 月出台《中国注册会计师协会执业质量兼职检查员管理办法》，完善注册会计师职业自律规范。

第2章 审计主体与职业组织

学习目的与要求

本章主要介绍从事审计的主体及其与审计职业有关的组织。通过本章的学习，要求学生熟悉审计职业提供的服务类型，掌握各种常见的审计类型及其审计主体，了解事务所的组织结构及其级别制度，熟悉与审计职业有关的各种组织以及各种职业资格的认定与取得。

教学重点与难点

审计职业提供的服务类型与同一服务类型内各种具体业务之间的关系，不同审计类型及其主体之间的联系与区别。

2.1 审计职业提供的服务类型

鉴于审计风险的日益提高，业内竞争的日益激烈，审计职业审时度势地将其服务延伸至保证客户信息质量的服务范围。1994 年美国注册会计师协会专门成立了保证服务特别委员会（Special Committee on Assurance Service，SCAS），负责研究拓展审计职业服务范围的相关课题。

2.1.1 审计职业的服务范围

尽管职业界提出保证服务概念的理念在于拓展审计职业的服务范围，但是，保证服务需求的根源仍是因为信息提供者与使用者之间存在利益冲突，存在信息不对称，所以需要一种协助信息使用者降低信息风险的服务。根据 SCAS 的研究结果，阿伦斯在其审计学教材中将审计职业所能提供的职业服务及其关系用图 2-1 作了一个归纳。

保证服务是通过提高决策者使用信息的信心，对信息生成过程予以评价，改进信息使用者的信息质量，以提高决策质量的职业服务。这种服务的范围最大，它既可以提供给管理层也可以提供给外部使用者，它既可以针对财务信息准确性提供保证，也可以针对非财务信息（如业务程序质量、计算机信息系统可靠性、业绩数

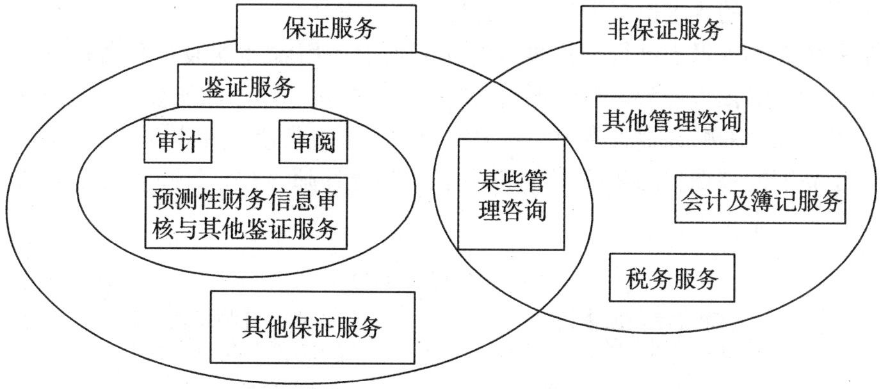

图 2-1 审计职业的服务范围及其各种服务之间的关系

据准确性）提供保证。鉴证服务是注册会计师提供的一种保证服务，在这种服务中，注册会计师就针对某一主体所做的书面认定的可靠性向第三方出具一个书面报告。如注册会计师可能对公司内部控制过程的质量向第三方提供一份报告。审计的重要职能是对财务报表执行可靠的审计，它是注册会计师提供的一种鉴证服务，如在历史财务报表审计中，注册会计师就历史财务报表是否遵循可适用的财务报告框架公允表达发表书面意见，这种审计是审计职业所提供的最常见的保证服务。

中国注册会计师协会发布了《注册会计师业务指导目录（2010 年）》，该指导目录中既包括审计业务，也包括非审计业务；既包括依法已经开展的业务，更包括根据市场需要进一步拓展和开发的新业务，还包括国际上已经开展，我们有待开发的潜在业务。同时，注册会计行业专业服务正在从财务报表审计、资本验证、涉税鉴证等领域，向企事业单位内部控制、管理咨询、并购重组、资信调进、专项审计、业绩评价、司法鉴定、投资决策、政府购买服务等相关业务领域延伸的发展趋势，呈现出未来服务领域、服务层级和服务范围的巨大潜力。

2.1.2 鉴证业务

鉴证服务主要包括以下 5 类业务：历史财务报表审计、企业内部控制审计、历史财务报表审阅、预测性财务信息审核及其他鉴证业务。

1）历史财务报表审计

在历史财务报表审计中，管理层的认定是所有报表均遵循会计准则和相关的会计制度规定的公允表达。这些报表的审计是鉴证服务的一种，在这种服务中，注册会计师就历史财务报表是否遵循会计准则和相关的会计制度的规定公允表达提供高程度保证。这种审计是会计师事务所提供的最常见的保证服务。

《中华人民共和国证券法》要求所有上市公司必须接受注册会计师的审计，任何上市公司的年报中都包括审计报告。许多非上市公司为了从银行或其他金融机构获得贷款，也将其财务报表委托给事务所审计，而政府和非营利性组织为满足贷款人和基金提供者的要求也会委托注册会计师执行审计。

那些依靠财务报表进行相关决策的外部报表使用者（如股东和债权人）通常将注册会计师的报告视为该财务报表可靠的一种暗示。鉴于注册会计师独立于被审计单位及其拥有的财务报告事项的相关知识，外部报表使用者才对注册会计师的保证给予了高度的重视。图 2–2 举例说明了注册会计师、被审计单位和财务报表使用者之间的关系。

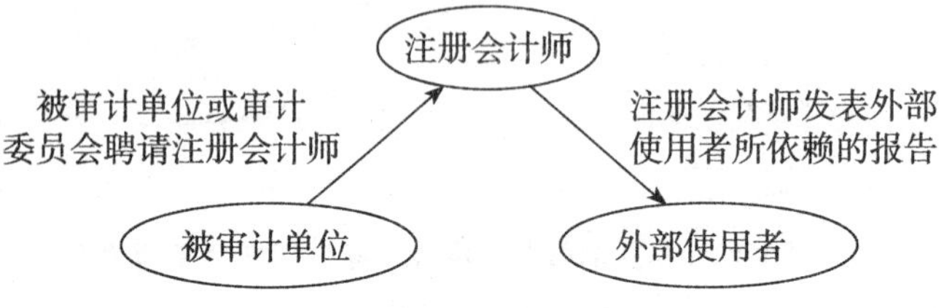

图 2–2　审计三方关系

2）企业内部控制审计

企业内部控制审计，是指会计师事务所接受委托，对特定基准日内部控制设计与运行的有效性进行审计，即会计师事务所对企业内部控制自我评价报告进行审计。企业内部控制自我评价报告要评估内部控制缺陷，而缺陷就是指内部控制没有防止或发现并纠正财务报表重大错报。企业内部控制审计与财务报表审计连同在一起增加了报表使用者对财务报告的信任。

3）历史财务报表审阅

在进行历史财务报表审阅时，注册会计师对所审阅财务报表信息是否不存在重大错报提供有限保证，并以消极方式提出结论。与审计服务所提供的高水平保证相比，财务报表审阅服务只对财务报表提供一种中等程度的保证，因此所需证据也较少。与审计相比，审阅在证据收集程序的性质、时间、范围等方面是有意识地加以限制的。注册会计师通常无需执行在审计业务中执行的某些程序，例如对内部控制进行测试，对存货进行监盘，对应收款项实施函证等，注册会计师只是对财务报表实施以询问和分析程序为主的程序，这就决定了所获取的审阅证据在数量和质量上通常都不如审计证据。在很多情况下，审阅服务也可以满足社会公众的需求，如为降低成本，小企业可聘请注册会计师对年度财务报表进行审阅；上市公司聘请注册会计师对中期财务报表进行审阅。

4）预测性财务信息审核

预测性财务信息是指被审核单位依据对未来可能发生的事项或采取的行动的假设而编制的财务信息。预测性财务信息审核是注册会计师对管理层采用假设是否合理发表有限保证的审核意见，对预测性财务信息是否依据这些假设恰当编制并按照适用的会计准则和相关会计制度的规定进行列报发表合理保证的审核意见。

5）其他鉴证业务

其他鉴证业务是注册会计师执行除历史财务信息审计或审阅以外的鉴证业务。因为使用者面对众多信息，而信息是有风险的，所以使用者寻求注册会计师，保证其信息的可靠性。

随着信息技术的发展，使用者对信息系统的可靠性有需求，于是发展出以下业务：

（1）网誉认证业务。该业务借鉴 1999 年 6 月美国注册会计师协会（AICPA）和加拿大注册会计师协会（CICA）“网誉认证原则和标准”，并得到广泛的国际认同和重视，目前已有英格兰、澳大利亚、新西兰、法国、德国、波多黎各、西班牙、爱尔兰、荷兰、苏格兰以及中国香港等国家和地区引入美国和加拿大网誉认证的“原则和标准”，成为使用“注册会计师电子印鉴”的成员。

（2）信息系统可靠性的鉴证服务。注册会计师利用 IT 专家的工作对企业信息系统的可靠性进行鉴证。

（3）实时信息系统的连续审计。随着全球经济信息化的发展，基于 XML 语言（是一种自我描述的、可扩展的、标准化的交换数据方法）的运用，客户要求注册会计师对委托项目的相关事项系列或短时间连续出具审计意见。

2.1.3 其他保证服务

注册会计师提供的其他种类的保证服务有许多都不完全符合鉴证服务的正式定义，但注册会计师仍然必须具备独立性，必须为决策者的使用信息提供保证。这些保证服务与鉴证服务不同，因为它不要求注册会计师出具书面报告；这一保证也并不必须是针对另一主体关于遵循既定标准认定之可靠性的。这些其他的保证服务业务，像鉴证服务一样，主要目的在于提高决策者所用信息的质量，如注册会计师可能为公司对消费者提供的个人信息的运用提供保证。

事务所的其他保证服务市场面临着巨大的竞争，因为相关制度规定审计和一些鉴证服务市场只对注册会计师开放，而许多其他种类的保证服务市场却没有如此规定与限制。例如，事务所必须与市场调查公司竞争，帮助客户准备顾客问卷调查表，并对这些问卷调查信息的相关性和可靠性做出评价，但事务所有其专业胜任能力及其独立性方面的竞争优势。

2.1.4 审计职业提供的非保证服务

事务所执行了许多超出保证服务范围的其他服务，常见的三类典型的非保证服务是：会计和簿记服务、税务服务及管理咨询服务。

虽然管理咨询服务和保证服务的内容有一些交叉重叠，但大多数会计及簿记服务、税务服务和管理咨询服务都不属于保证服务范畴。保证服务的主要目的是提高信息质量，而管理咨询服务的主要目的是为管理当局提供建议。

在管理咨询服务中，尽管信息质量是一个重要的衡量标准，但这通常不是主要目的。例如，注册会计师可能会接受替客户设计并安装一个新的信息技术系统的咨询业务，而该业务的主要目的是安装这一新的系统，因此提高信息质量仅仅是一个副产品。

2.1.5 我国注册会计师提供的业务

为贯彻落实国务院办公厅转发《财政部关于加快发展我国注册会计师行业的若干意见》（国办发〔2009〕56号）文件精神，深化行业学习实践活动成果，更好地服务于我国经济社会发展，进一步扩大注册会计师行业市场空间，不断推动会计师事务所做大做强、做精做专，实现行业多元化、产业化、国际化发展。中国注册会计师协会前后印发了《关于贯彻落实国务院办公厅转发财政部关于加快发展我国注册会计师行业若干意见的实施意见》和《会计师事务所服务经济社会发展新领域业务拓展工作方案》，在此基础上，中注协借鉴境外经验，结合我国经济社会发展对注册会计师行业专业服务的需求，于2010年5月制定完成了《注册会计师业务指导目录（2010年）》，其中列出注册会计师业务11大类、262项，并将相关业务项目所涉及的主要法律依据、报告使用者、委托人、注册会计师胜任能力要求、执业准则等逐项加以说明。编订该《指导目录》，旨在为会计师事务所深入理解行业功能作用、大力拓展新业务领域提供工作思路，也向委托人、报告使用者及其他社会公众展示了注册会计师为经济社会发展所提供鉴证与咨询服务的"全貌"。

这份指导目录印发后得到了行业内外的广泛欢迎，于是，中注协又于2011年跟踪把握经济社会发展新变化和对注册会计师行业服务新需求，对《注册会计师业务指导目录（2010年）》进行了修订和补充，编订了《注册会计师业务指导目录（2012年）》。这份《指导目录》中所列的注册会计师业务项目共计289项，包括鉴证业务（180项）、相关服务业务（109项）。其中新增27项，包括鉴证业务22项，相关服务业务5项。这些业务项目，既包括审计业务，也包括非审计业务；既包括已经开展的业务，也包括需要进一步拓展和开发的新业务。依然将业务项目所涉及的法律依据、报告使用者、委托人、专业胜任能力要求、业务开展情况等逐项加以说明。

根据这份《指导目录》注册会计师所能提供的业务主要有两类鉴证业务和相关咨询服务业务，其中鉴证业务包括：（1）证券、期货相关业务；（2）金融、保险相关业务；（3）国有企业相关业务；（4）外商投资企业相关业务；（5）财政预算资金相关业务；（6）非营利机构及其组织相关业务；（7）其他领域鉴证业务。以上每类业务下又包括报表审计业务、专项审计业务和其他鉴证业务等三类，每一类下有若干项具体业务，然后针对这些业务逐项就其涉及的法律依据、报告使用者、委托人、专业胜任能力要求、业务开展情况予以说明。比如，以上七类鉴证业务中共计 180 项业务，其中证券、期货相关业务有 33 项，在这 33 项业务中有 12 项是报表审计业务，这 12 项报表业务中第一项是 IPO 审计业务。

具体到 IPO 业务来说，其主要法律依据是《证券法》（中华人民共和国主席令〔2005〕第 43 号）第 52 条、《上海证券交易所股票上市规则》（2008 年修订）、《深圳证券交易所股票上市规则》（2008 年修订）、《深圳证券交易所创业板股票上市规则》、《公开发行证券的公司信息披露内容与格式准则第 28 号——创业板公司招股说明书》（证监会公告〔2009〕第 17 号）、《公开发行证券的公司信息披露内容与格式准则第 29 号——首次公开发行股票并在创业板上市申请文件》（证监会公告〔2009〕第 18 号）。

其业务属性是报表审计业务（法定专营业务）。

该业务的内容是，针对所有在中国境内首次公开发行股票并在主板、创业板、三板上市的公司在申请文件中涉及的三年及一期财务报表进行审计。同时，根据相关规定，注册会计师还应当同时出具盈利预测审核报告、内部控制鉴证报告、非经常性损益明细表专项审计报告、前次募集资金使用情况的专项审核报告。

它的报告使用者是社会公众。

它的委托人是拟上市的公司（包括主板、创业板和三板市场）的审计委员会或拟上市公司全体股东。

该业务的专业能力胜任要求是，熟悉中国资本市场、上海、深圳交易所相关法律、法规、政策规定；了解主板、创业板和三板市场市场信息披露及其监管流程与控制。

该业务的开展情况目前是按照现行的法律法规规定开展正常。

根据这份《指导目录》，除了 180 项鉴证业务外，还有 109 项相关咨询服务业务。这些相关咨询服务业务包括：（1）管理咨询业务；（2）会计服务业务；（3）税务服务业务；（4）执行商定程序业务。每类业务下面又分为若干小类业务，比如管理咨询业务有 60 项具体业务，具体包括为政府及其职能部门提供的管理咨询服务、与企业日常经营管理相关的管理咨询服务、涉及企业购并重组的管理咨询服务、涉及企业争端分析与调查的管理咨询服务七小类。其中为政府及其职能部门提供的管理咨询服务有 3 项具体业务，第一项是预算绩效管理咨询服务。

预算绩效管理咨询服务的主要法律依据：《关于推进预算绩效管理的指导意见》（财预〔2011〕416 号）；它的业务属性是咨询服务业务（自愿委托业务）；该业务的内容是，注册会计师利用专业知识及其积累的经验和声誉协助政府及其相关职能部门设计预算绩效管理规章制度，完善预算支出绩效评价办法，健全预算绩效评价指标体系，建立绩效评价结果反馈制度，推进预算绩效管理信息系统建设，为预算绩效管理提供制度和技术支撑；这一业务的委托人是政府及其相关职能部门；这一业务对业务主体的专业能力胜任要求是，精通政府预算管理相关政策法规、精通政府会计制度、熟悉预算绩效评价和考核的技术和方法；目前该业务的开展情况是，有些会计师事务所已经参与到政府相关职能部门的预算绩效管理工作中，有待进一步拓展。

2.2 审计及审计主体的类别

审计的发展历史表明，审计环境的不断变化促使审计的内涵和外延越来越丰富，审计的形态也呈多样化发展。正确地理解并掌握不同的审计形态，有利于全面深入地认识审计，积极有效地组织并开展审计工作，也利于探索和开拓新的审计领域。以下我们只介绍最能体现审计本质的审计类型。

2.2.1 审计类型

注册会计师执行的审计业务最常见的是：财务报表审计、合规性审计和绩效审计。

1）财务报表审计（financial statement audit）

财务报表审计是指审查公司编制的一套完整的财务报表（资产负债表、利润表、现金流量表、股东权益变动表和报表附注），以确定这些报表反映的信息是否符合既定标准的系统过程。所谓既定标准通常是指可适用的财务报告框架，例如在美国，它是指一般公认会计原则，在我国它是指企业会计准则和相关的会计制度。当然，对于某些特殊公司、组织，可能还存在特殊行业的制度原则及特殊业务原则，如银行及类似金融机构的会计制度。

财务报表审计的使用者涉及范围极为广泛，包括股东、债权人、主管机构和其他利益相关者。但是，正如我们在第1章所提到的一样，要是每个使用者都亲自去检查公司相关记录以获得有关报表可靠性的信息或者分别聘请注册会计师对企业进行审计，显然是不经济的。因此，此类审计通常是由公司的治理层或类似机构聘用注册会计师根据既定标准来完成。

2）合规性审计（compliance audit）

合规性审计是指对一个单位的某些财务或经营活动收集并评价证据以确定其是否按照既定的标准来执行。其目的是为了确定被审计单位是否遵循了相关部门与单位的特定手续、规则或条例。在这种审计中，既定标准有很多来源。例如，公司管理层可能要求其内部注册会计师针对其已制定的内部控制程序（如每天必须将收到的现金如数存入银行，出纳员与会计员分离等）是否得到应有的执行进行合规性审计。

又比如，某项债券合同、贷款合同，可能要求公司保持一些特定的财务比率，并在发行债券期间定期提留款项，形成偿债基金。通常此类合规性审计是由注册会计师完成的。同样，在政府审计中，合规性审计的运用也较为广泛。在每个国家，公司、非营利性组织、政府单位和个人，都必须遵守上级主管部门所制定的各种法规。比如，一个公司，它必须遵守国家有关劳动部门的法律规定和环境保护的法规，还必须遵守有关税务部门的所得税和其他税法规定等。总之，几乎每一个公司和非营利性组织都有一些既定的政策、合同协议和法律要求而引起对合规性审计的需要。

3）绩效审计（performance audit）

绩效审计类似于经营审计，其前身是效率、效果及经济性审计（“3E 审计”）。绩效审计是指审查一个公司或组织的经营程序和方法以确定其经营效率、效果和经济性（efficiency、effectiveness、economy）。在这种审计结束前，往往要向被审计单位的管理层提出改善经营管理的建议。

由于在不同部门、行业中衡量经营的效率、效果和经济性有不同的方法，因此要描述如何实施典型的绩效审计是不太可能的。例如，在某一公司里，审计销售部门的绩效也许通过评价销售数量（金额）与占用营业点面积的比例或存货周转率来评价经营效率；而在另一个批发公司中，注册会计师则审查销售的现销比重和售后服务的满意度。绩效审计的对象不仅仅局限于会计，而且涉及审查评价公司的组织结构、计算机操作、生产方法、市场营销以及任何注册会计师能够胜任的领域。

对于不同行业、部门和公司，绩效审计很难有一个统一的标准，因此绩效审计的执行和结论报告也没有统一的规范。对经营效率和效果的客观评价远比对财务报表审计的表达是否符合企业会计准则和制度规定的客观评价要困难得多。因而从某种意义上讲，绩效审计更接近于管理咨询。

表 2-1 总结了上述三种类型的审计，为每种类型分别列举实例，并且指出了每种审计的关键要素。

表 2-1　　　　三种类型的审计举例

审计种类	实例	信息	既定标准	符合程度	证据来源
财务报表审计	上市公司年度财务报表审计	公司的财务报表	企业会计准则和制度	公允性 合法性	凭证、记录和外来证据
合规性审计	确定贷款存续期是否符合银行要求	公司记录	贷款合同条款	合规性	财务报表和注册会计师的计算
绩效审计	评价某分部工资处理的电算化系统的工作效率和效果	每月处理的工资记录数及该部门的成本和出现错误的数额	公司就工资部门的效率性和效果性设定的标准	执行程度和效果	错误报告、工资记录及工资处理成本

2.2.2　注册会计师的种类

目前职业界中有几种不同种类的注册会计师，最常见的有注册会计师、政府审计人员、内部审计人员。

1）注册会计师

在我国只有这一个正式称谓，注册会计师，简称 CPA，注册会计师不为聘请其执行审计业务的经济主体所雇佣，因此他们要为自己的服务行为收取一定的费用。他们主要负责审计所有的上市公司、绝大多数的大型公司、众多小型公司及非营利性组织公布的历史财务报表，以满足信息使用者的需要以及管理机构的要求。注册会计师业务向合规性审计和绩效审计方向拓展，他们执行其他保证服务的数量也正在逐渐增加。

2）政府审计人员

政府审计是指审计机关监督各级政府机关财政收支以及有关经济活动的真实性、合法性、效益性，维护国家经济安全，推进民主法治，促进廉政建设，保障国家经济和社会健康发展。政府审计人员代表政府组织执行审计，因而国家审计人员基本属于国家公务员。在我国，执行政府审计的审计机关是国务院设置的审计署和县级以上地方人民政府设立的审计机关（审计厅或审计局）。国家审计人员按级别的不同分为高级注册会计师、注册会计师和助理注册会计师。

3）内部审计人员

内部审计，是指组织内部的一种独立客观的监督和评价活动，它通过审查和评价经营活动及内部控制的适当性、合法性和有效性来促进组织目标的实现。大公司的内部审计部门可能有上百名雇员，他们通常直接向总经理或高级主管，甚至是董事会下设的审计委员会报告工作。内部审计师可为管理部门提供有价值的信息，便于他们制定并提高企业经营效果的决策。内部审计师是由公司雇用，替管理层执行审计职能的人员。内部审计师的职责因雇主的要求不同而不同。有的内部审计部门只有一两名员工，且其主要工作是日常的合规性审计；有的内部审计部门拥有过百人的员工，他们的职责也各不相同，许多甚至超出了会计的范围。许多内部审计师从事经营审计或计算机系统评价。

为了确保内部审计师必须独立于单位内部的其他经营职能部门，内部审计一般都是直接向总经理或高级主管，或者是董事会下设的审计委员会报告工作。但只要存在雇佣关系，内部审计就不可能真正意义地独立于企业。由于内部审计师缺乏独立性，企业外部的信息使用者不愿信赖仅被内部审计师验证过的信息，独立性的缺乏也正是内部审计师和注册会计师的主要区别。

2.3 会计师事务所

随着资本市场的蓬勃发展，注册会计师作为经济卫士的作用不言而喻，而会计师事务所是注册会计师依法承办业务的机构。纵观注册会计师行业在各国的发展，会计师事务所的组织形式和机构设置有其不同于一般企业的特色。

2.3.1　会计师事务所的组织结构

目前，国际注册会计师行业主要有个人独资、普通合伙制、有限公司制、有限责任合伙制等组织形式。根据《中华人民共和国注册会计师法》的有关规定，我国会计师事务所的组织结构只能采取合伙会计师事务和有限责任会计师事务所两种形式。但是，2010 年 7 月财政部下发的《关于推动大中型会计师事务所采用特殊普通合伙组织形式的暂行规定》（财会〔2010〕12 号）指出，大型会计师事务所应当于 2010 年 12 月 31 日前转制为特殊普通合伙组织形式；鼓励中型会计师事务所于 2011 年 12 月 31 日前转制为特殊普通合伙组织形式。

1）独资会计师事务所

独资会计师事务所由具有注册会计师执业资格的个人独立开业，承担无限责任。它的优点是，对执业人员的需求不多、容易设立、执业灵活，能够在代理记账、代理纳税等方面很好地满足小型企业对注册会计师服务的需求，虽承担无限责任，但实际发生风险的程度相对较低。缺点是无力承担大型业务，缺乏发展后劲。

2）普通合伙制会计师事务所

普通合伙制会计师事务所是由两位或两位以上注册会计师组成的合伙组织。合伙人按照出资比例或者协议约定，以各自的财产对事务所的债务承担无限连带责任。它的优点是，在风险的牵制和共同利益的驱动下，促使事务所强化专业发展，扩大规模，提高规避风险的能力；缺点是建立一个跨地区、跨国界的大型会计师事务所要经历一个漫长的过程。同时，任何一个合伙人在执业中的失误或舞弊行为，都可能给整个会计师事务所带来灭顶之灾，使之一日之间土崩瓦解。

3）有限责任公司制会计师事务所

有限责任公司制会计师事务所是由注册会计师认购其会计师事务所股份，并以其所认购股份对会计师事务所承担有限责任。会计师事务所以其全部资产对其债务承担有限责任。在我国，注册有限责任公司制会计师事务所还要符合下列条件：（1）不少于 30 万元的注册资本；（2）有一定数量的专职从业人员，其中至少有 5 名注册会计师；（3）国务院财政部门规定的业务范围和其他条件。有限责任公司制会计师事务所的优点是，可以通过公司制形式迅速聚集一批注册会计师，建立规模型会计师事务所，承办大型业务；其缺点表现在于风险责任的不合理，有限责任制以其股东在事务所中的出资额为限承担执业责任，淡化了股东的风险约束和赔偿责任，不利于事务所“人合”文化的确立。而有限责任制最为束缚事务所的表现在于其对合伙人数量限制在 50 人以内，这使得事务所在扩大规模方面被套上了枷锁。

4）有限责任合伙制（特殊普通合伙制）会计师事务所

在我国被称为特殊普通合伙制事务所，是指由两个或两个以上普通合伙人组成，依《合伙企业法》核准注册，当一个合伙人或者数个合伙人在执业活动中因故意或者重大过失造成合伙企业债务时，应当承担无限责任或者无限连带责任，其他合伙人以其在合伙企业中的财产份额为限承担责任。合伙人在执业活动中非因故意或者重大过失造成的合伙企业债务以及合伙企业的其他债务，由全体合伙人承担无限连带责任的实体。而且，在采用普通合伙制形式的会计师事务所当中，合伙制“一人犯法，全体受罚”的无限责任同样不适应现代事务所的发展现实。

特殊普通合伙制作为一种新型合伙组织形式，既保留了传统合伙制下的个人责任的特色，又把合伙人的法律责任风险控制在一定范围内，使责任承担更加公平，令专业人士既感到压力，又不至于丧失信心。这种组织形式是为顺应经济发展对注册会计师行业的要求于20世纪90年代初期兴起的。到20世纪90年代后期，国际大型会计公司已完成了向有限责任合伙制的转型，其他国家和地区的执业机构的转型目前正在进行中。在它们的主导下，许多国家和地区的大中型会计师事务所也陆续开始转型。

2.3.2 会计师事务所的级别制度

会计师事务所的组织级别一般包括合伙人或股东、高级经理、督导人员、项目经理或主管注册会计师和助理人员等。

合伙人（partners）：是会计师事务所的所有者，相互之间承担无限连带责任，他本人必须是注册会计师，并对事务所各项业务承担最后连带责任。他的主要职能是寻找客户、维持和发展客户、审阅工作底稿、签发审计报告。除此之外，还要负责会计师事务所的日常管理和人员培训。

高级经理（managers）：是会计事务所的高级管理人员，一般也是注册会计师。其工作主要是拟订审计计划与程序、编制工作预算、监督审计计划的执行、解决审计过程中出现的问题、复核工作底稿、草拟审计报告、负责具体的日常管理工作。由于经理不是所有者，一般说来，他不代表事务所与客户签订委托书或签发审计报告。

督导（supervisors）：是经理的下属职员，一般负责草拟审计程序、组织实施现场审计工作、监督审计进度、复核审计工作底稿、处理审计技术问题、分析工作预算执行情况。

项目经理或主管注册会计师（seniors）：指获得注册会计师资格的具体工作人员，主要执行现场工作。如开展具体审计程序，分配、指导和检查助理人员工作，汇总工作底稿，编写阶段总结，考核助理人员业务能力等。

助理人员（staff assistants）：有些国家也称为练习生，一般是指没有获得注册会计师资格的工作人员。新的员工通常从担任助理人员开始，在每一级别工作两到三年，最后成为合伙人。

虽然这些职位在不同的事务所中名称各不相同，但结构大致一样。本书中提到的注册会计师是指在审计中执行某一方面审计工作的人。在较大的审计业务中，通常需要配备一至多名各个级别的注册会计师。表2-2总结了事务所内不同级别的职员应具备的工作经验和各自职责，正如表中所述，职位越高，其对应的职责也越大。此外，员工们可通过参与各种业务获得不同的工作经验，但随着审计技术和计算机的不断发展，新近从业的助理人员将被赋予更大的责任、面临着更大的挑战。

表 2-2　**职员的级别与责任**

级别	平均工作经验	主要责任
助理人员	0—2 年	执行大部分细节审计工作
项目经理或主管注册会计师	2—5 年	协调并负责外勤工作，包括对助理人员进行复核和督导
高级经理与督导	5—10 年	帮助项目经理计划和管理审计工作、复核项目经理的工作，并负责与客户的沟通与联系。一个高级经理人员可能同时负责多项业务
合伙人	10 年以上	复核整个审计工作，参与制定重要的审计决策；由于合伙人是事务所的所有者，故对审计工作和客户提供的服务承担最终责任

事务所级别层次的本质在于促使员工胜任能力的提高。因为每一级别的审计工作人员都要对下级注册会计师的工作进行督导和复核，例如，项目经理或主管注册会计师直接对助理人员的工作进行督导，而助理人员的工作又由项目经理、高级经理和合伙人进行复核。

2.4　审计职业组织

在我国，与审计职业有关的组织主要有中国注册会计师协会、政府审计机关和中国内部审计协会等。

1）中国注册会计师协会

中国注册会计师协会（The Chinese Institute of Certified Public Accountants，缩写为 CICPA）是由 1988 年 11 月 15 日成立并接受财政部监督、指导的中国注册会计师协会和 1992 年 9 月 8 日成立并接受审计署监督、指导的中国注册审计师协会于 1995 年 6 月 19 日联合组成的注册会计师组织。根据《中华人民共和国注册会计师法》，中国注册会计师协会是注册会计师行业的全国组织，接受财政部、审计署和民政部的监督、指导。省、自治区、直辖市注册会计师协会是注册会计师行业的地方组织。

中国注册会计师协会的宗旨是服务、监督、管理、协调，即以诚信建设为主线，服务本会会员，监督会员的执业质量、职业道德，依法实施注册会计师行业管理，协调行业内、外部关系，维护社会公众利益和会员的合法权益，促进行业健康发展。

中国注册会计师协会依法履行以下职责：（1）审批和管理本会会员，指导地方注册会计师协会办理注册会计师注册；（2）拟订注册会计师执业准则、规则，监督、检查实施情况；（3）组织对注册会计师的任职资格、注册会计师和会计师事务所的执业情况进行年度检查；（4）制定行业自律管理规范，对违反行业自律管理规范的行为予以惩戒；（5）组织实施注册会计师全国统一考试；（6）组织和推动会员培训工作；（7）组织业务交流，开展理论研究，提供技术支持；（8）开展注册会计师行业宣传；（9）协调行业内、外部关系，支持会员依法执业，维护会员合法权益；（10）代表中国注册会计师行业开展国际交往活动；（11）指导地方注册会计师协会工作；（12）办理法律、行政法规规定和国家机关委托或授权的其他有关工作。

根据《中华人民共和国注册会计师法》的规定，中国注册会计师协会组织实施注册会计师全国统一考试办法。凡参加注册会计师全国统一考试合格者并从事审计业务工作 2 年以上的，可以向省、自治区、直辖市注册会计师协会申请注册，符合条件者准予注册成为中国注册会计师协会的个人会员。个人会员分为执业会员和非执业会员。其中，依法取得中国注册会计师执业证书的，为执业会员。在我国执业注册会计师还必须加入会计师事务所，会计师事务所作为协会的团体会员，便于对注册会计师实施有效的监督。

为提高注册会计师的执业水平和诚信意识，中注协先后制定并实施了近 20 项规章和管理办法规范注册会计师考试，将注册会计师职业道德要求纳入注册会计师考试内容，并以财政部令的形式发布注册会计师考试违规行为的处理办法，筑起了行业诚信建设的第一道防线。此外，还先后制定实施了《注册会计师注册办法》、《中国注册会计师继续教育制度》、《注册会计师任职资格检查办法》等一系列规章制度，开发应用管理软件，实时记录注册会计师执业信息，并通过每年的任职资格检查，坚决淘汰违反职业道德或不符合相关执业规定的注册会计师。

针对注册会计师行业的执业特点，中注协建立了由业务报备、执业质量检查、行业惩戒和会员诚信档案制度组成的行业监管体系。结合每年事务所执业质量检查制度和诚信档案记录制度，对存在违规执业行为的事务所，采取行业惩戒措施，以净化执业环境。同时加大大案要案查处的力度，根据重大投诉举报，查处了一大批重大案件，有效提高了审计质量。

2）政府审计机关

我国的政府审计机关是以《中华人民共和国宪法》为依据设置的，是代表政府依法行使审计监督权的行政机关，它具有《中华人民共和国宪法》赋予的独立性和权威性。《中华人民共和国宪法》第 91 条规定：“国务院设立审计机关，对国务院各部门和地方各级政府的财政收支，对国家的财政金融机构和企业事业组织的财务收支，进行审计监督。审计机关在国务院总理的领导下，依照法律规定独立行使审计监督权，不受其他行政机关、社会团体和个人的干涉。”第 109 条规定：

“县级以上的地方各级人民政府设立审计机关。地方各级审计机关依照法律规定独立行使审计监督权，对本级人民政府和上一级审计机关负责。”

我国政府审计最高组织机构是中华人民共和国审计署，它是根据 1982 年 12 月 4 日第五届全国人民代表大会第四次会议通过的《中华人民共和国宪法》第 91 条的规定，于 1983 年 9 月 15 日正式成立的。审计署隶属于国务院，在国务院总理的领导下，主管全国的审计工作。

按照第九届全国人民代表大会第一次会议批准的国务院机构改革方案和国务院办公厅关于审计署职能配置、内设机构和人员编制的规定，审计署的主要职责是：(1) 拟定审计方针政策，参与制定审计、财经方面的法律、法规；制定审计规章制度并监督其执行情况；办理地方性审计法规和规章的备案审查；组织领导、协调监督各级审计机关的业务。(2) 向国务院报告并向国务院有关部门通报审计情况，提出制定和完善有关政策法规、宏观调控措施的建议。(3) 依据《中华人民共和国审计法》的规定，直接进行下列审计：①中央财政预算执行情况和其他财政收支；②中央各部门、事业单位及下属单位的财务收支；③省级人民政府预算的执行情况和决算；④中央银行的财务收支和中央金融机构的资产、负债和损益状况；⑤国务院各部门管理的和受国务院委托由社会团体管理的社会保障基金、环境保护资金、社会捐赠资金及其他有关基金、资金的财务收支；⑥国际组织和外国政府援助、贷款项目的财务收支；⑦其他法律法规规定应由审计署进行的审计。(4) 向国务院总理提交中央预算执行情况的审计结果报告；受国务院委托向全国人大常委会提出中央预算执行情况和其他财政财务收支审计工作报告。(5) 组织实施对贯彻执行国家财经方针政策和宏观调控措施情况的行业审计、专项审计和审计调查；组织地方审计机关对党政领导干部进行任期经济责任审计；依法受理被审计单位对审计机关审计决定的复议申请。(6) 与省级人民政府共同领导省级审计机关，协同办理省级审计机关负责人的任免事项；管理派驻地方的审计特派员办事处。(7) 根据有关法律法规和国务院规定，配合稽查特派员对国有重点大型企业和国家重点建设项目进行审计监督；组织对其他国有企业和国家建设项目的审计监督。(8) 组织实施对内部审计的指导与监督；监督社会审计组织的审计业务质量；组织审计专业培训。(9) 组织开展审计领域的国际交流活动。(10) 承办国务院交办的其他事项。

3）中国内部审计协会

中国内部审计协会前身为中国内部审计学会，成立于 1987 年。1998 年经审计署批准，将学会更名为协会，使其成为对企业、事业行政机关和其他事业组织的内审机构进行行业自律管理的全国性社会团体组织，接受审计署和民政部的监督、指导。中国内部审计协会的宗旨是遵守宪法、法律、法规和国家政策，遵守社会道德风尚；协会的基本职能是管理、宣传、交流、服务，即对内部审计实行自律性行业管理，为内部审计机构和内部审计人员提供业务指导并开展各种专业服务活动，通过宣传、交流，扩大内部审计的影响，维护内部审计机构的独立性、权威性和内部审计人员的合法权益，促进内部审计队伍素质的提高。

中国内部审计协会依据《中华人民共和国审计法》、《审计署关于内部审计工作的规定》、《中国内部审计协会章程》开展工作。根据《中国内部审计协会章程》第6条规定，中国内部审计协会的业务范围主要有：（1）制定内部审计准则、职业道德标准并监督检查其实施情况；向有关部门提出涉及内部审计需要立法的意见和建议。(2）调查研究内部审计发展中的新问题，提出指导内部审计工作的意见和建议。(3）组织内部审计业务培训，开展后续教育，推动内部审计人员持证上岗制度和内部审计技术职称考试制度的建立和完善。(4）开展内部审计理论和实务研究；总结交流内部审计的工作经验；办好《中国内部审计》会刊。(5）维护会员合法权益。（6）提供内部审计咨询等中介服务；协调行业内、外部关系。(7）开展国际交往活动；在中国组织实施国际注册内部审计师（英文缩写 CIA）的统一考试；办理国际注册内部审计师协会会员的审核、申报工作。(8）办理国家法律、行政法规规定和审计机关委托或授权的其他有关工作。

第3章 审计职业规范

学习目的与要求

本章以职业特征为切入点，简要介绍了审计职业规范。通过本章学习要求学生熟练掌握注册会计师执业准则、职业行为规范和质量控制准则。

教学重点与难点

中国注册会计师执业准则、职业道德规范和质量控制准则。

3.1 作为一种职业的审计

威伦斯开曾经说过，一个行业如果希望显示其职业权威，就必须为自己找到技术基础，宣布自己有唯一的管辖权，把技能和管辖权与培训标准联系起来，使公众相信自己提供的服务是唯一值得信赖的。他们基本上都应该上过某一行业学校，当过学徒，组成某种行会，对进入该行业的资格进行管制，并为他们的服务取得法律认可的地位。但是他们能否取得职业地位，还要取决于从业者对一系列体现职业特点的道德规范的遵循程度，这些道德规范不仅表明从业者技术娴熟、服务优质，同时也表明他坚持服务目标。安德鲁·D. 钱伯斯等曾在此基础上引用格林伍德用以衡量职业标准的5个特征（理论体系、职业权威、社会认可、道德的管理准则和职业文化）论述了内部审计职业化的结论。尽管不同的人和组织对于职业的定义标准各不相同，《蒙哥马利审计学》在其十二版认为人们对此的共识是，可称之为职业的活动必须具备下列特征：

（1）职业地位需得到正式认可，即满足加入标准后，由某政府机构颁发许可证；

（2）具备专门知识的团体，这种专门知识通常是通过正规教育获得的；

（3）存在用于规范行为的道德守则，以及保证道德守则得以遵守的手段；

（4）公众对其职业地位的非正式认可与接受，以及公众对其执行的工作感兴趣；

（5）职业人员承认其社会义务并不仅限于为某一特定客户服务。

从上述职业活动必须具备的5个特征来说，审计完全具备了作为一种职业所必需的特征。各个国家或地区的法律都规定，审计的执业权仅限于那些已经获得了各个国家或地区颁发注册会计师资格证书的人。只有那些通过了各国或地区的注册会计师考试，并按要求的规定，满足了特定的教育和工作经验的人，才能拥有注册会计师资格。社会公众对那些具备注册会计师资格的人有着特别的期待，期待他们在执业时能够具备高程度的专业水平。产生这种期待的原因一方面是因为他们的执行水准直接关系到社会公众的利益；另一方面是，这些具备注册会计师资格的人都要经过各个国家或地区的统一考试，而考试的难度又是众所周知的。

审计人员必备的专业知识通常需要经过正规的专业教育与学习来获得，此外，审计人员还要通过在职培训和后续教育来补充自己的专业知识，以满足执业所必需的专业技能。正规的教育背景及通过统一考试是进入这一职业的门槛，后续教育是充实执业人员自身知识，确保执业人员专业胜任能力的一种必要手段与方式。

在通过考试并满足教育与工作经验方面的要求之后，获得注册会计师资格的人员都必须遵守对应资格颁发团体（注册会计师协会）的职业道德规范，内部审计人员也有类似的规范。各国或各地区注册会计师协会的职业道德及其贯彻执行的目标是，保证作为协会会员（拥有其颁发的资格证书的人员）的注册会计师接受并承担其对社会公众、客户和同行的高度责任。

应该说社会公众已经将注册会计师看作一种职业。在我国有很多大学设立了会计学院或者会计系，制订了有关会计专业教学培养的计划，中国注册会计师协会还为此专门在近二十所院校开设了会计学专业（注册会计师专门化方向），并建立了各种独立的机制以审定和评估各专业院校的教学方案。社会公众对审计职业所从事的工作，特别是审计工作，怀有浓厚的兴趣，对其提供的各种保证服务也兴趣日增。几乎没有谁愿意聘请一个不具备专业资格的人来审计其需要对外公开的财务或其他信息。近十几年来，审计职业界所提供的服务已经远远超出了其传统审计业务，这引起了业内外的共同关注。

审计人员对社会公众所承担的义务远远超出了为具体审计客户服务的范畴，这是一个不争的事实。审计人员不仅对其审计客户承担着不可推卸的义务与职责，而且他们也意识到审计服务的需求者早已不再局限于审计客户自身，这一需求群体还包括其他众多团体——现有和潜在的投资者及债权人、供应商、雇员、顾客以及各相关监管机构。现有的历史和审计职业人士的理念均已表明，社会公众是注册会计师的唯一委托人。

3.2 注册会计师执业准则

注册会计师执业准则是指会计师事务所和审计人员在执业过程中必须遵循的技术行为规范，是衡量审计人员工作质量的权威性标准，是审计职业规范体系的重要组成部分。审计人员执业准则在各国注册会计师职业界都受到重视，不仅仅是因为它在审计实务中发挥着重要作用，还因为它的作用已经超出了业务工作的范围，对整个审计职业的发展起到了促进作用。总的看来，执业准则的作用可归纳为以下几点：

（1）有利于提高审计人员的工作质量。审计执业准则对审计人员的任职条件、业务能力及其在工作中应保持的职业谨慎等做出了规定，这为保证审计人员的工作质量创造了条件。同时，审计执业准则对审计人员工作的基本程序和方法，以及工作报告的撰写方式和要求等也作了详细规定，使审计人员的工作有了统一的执行规范和标准，从而有助于工作质量的提高。审计人员只有严格按照审计执业准则的规定进行工作，才有可能实现审计人员的工作目标。

（2）有利于社会了解审计人员的工作，赢得社会公众的信任。社会公众的信任是审计职业赖以生存和发展的前提和基础。审计执业准则不仅是审计人员的执业指南，同时也是审计职业界对工作质量提出的要求。制定、实施审计执业准则，使社会能够了解审计人员工作的基本要求，有助于加强审计职业规范管理，维护行业的整体形象，从而赢得社会公众的信赖。

（3）有利于明确审计人员的责任，维护会计师事务所和审计人员的合法权益。审计执业准则规定了审计人员责任的最低要求。只要审计人员按照准则要求执业，就可最大限度地降低执业风险。当审计人员受到不公正的指责和控告时，执业准则就成为划清责任界限、评判执业质量的重要依据。审计人员可以利用执业准则来保护自身的合法权益。

（4）有利于推动审计理论的研究，促进审计经验的交流。审计执业准则是审计人员实践工作经验的总结和升华。作为审计理论的重要组成部分，审计执业准则的制定、实施和发展，可以促进审计理论水平的提高。而且，通过各国执业准则的协调，有利于推动国际间的审计经验和学术交流，促进全球经济的共同繁荣和发展。

审计人员执行审计业务，必须遵循其执业规范，具有独特地位的注册会计师更是如此。在审计理论与实务中，审计执业规范体系既是指导审计人员科学合理进行工作的标准，也是衡量审计机构及人员素质及工作质量的准绳。制定审计执业规范是各国或地区审计职业界致力于其工作标准化建设、提高审计人员执业水平、维系其职业形象的共同举措。中国注册会计师协会自 1996 年 1 月起，先后陆续颁布了一系列的执业规范，初步构建了具有中国特色的注册会计师执业规范体系。本部分以及随后两个部分将简要阐述这一执业规范体系，并在对应的部分中适当地介绍国外执业规范情况。

3.2.1　国际审计准则简介

国际审计准则（International Standards on Auditing，ISAs）是由国际会计师联合会（International Federation of Accountants，IFAC）下的国际审计保证准则委员会

（International Auditing and Assurance Standards Board，IAASB）发布的。该联合会是一个世界性的会计组织，拥有120个国家中的163个成员，代表全球250多万名会计人员。为了加强国际间的经验交流，创造良好的国际投资环境，发展全球统一的会计准则和审计准则已成为一种趋势。国际审计保证准则委员会的工作就是通过对不同的审计和鉴证职能发布公告，提高全球审计实务和其他相关服务的统一性，并且推动这些公告在世界范围内得到认可。

国际审计准则并不凌驾于各国财务和其他信息的审计规则之上，因为每个国家都有规范本国审计活动的审计规则。这些规则是由政府或相关管制部门（如我们国家的中国注册会计师协会，或像澳大利亚审计保证准则委员会或西班牙注册会计师协会等职业团体）制定的。

国际审计准则包括基本准则和必要程序以及以解释性资料和其他资料的形式表述的相关指南。其中的《国际审计准则第120号——国际审计准则框架》包括引言、财务报告框架、审计和相关服务框架、保证程度、审计、相关服务、注册会计师与财务信息的关联等内容，旨在阐明与注册会计师可能提供的服务相关的国际审计准则框架。其余各准则都是就该准则所包括的主题加以研究、制定和公布的，或者适应各个时期社会的要求和有关团体的要求而制定和发布的。

目前，国际审计准则已被广泛接受。国际会计师联合会的最新调查表明，已有100多个国家直接采纳或经过适当修改后采纳国际审计准则，或者使用与国际审计准则可比的国家准则以消除差异。国际审计保证准则委员会也正在采取措施提高与世界范围内的利益相关者的合作，以便国家准则与国际准则更紧密地趋同。

3.2.2 中国注册会计师执业准则

在许多国家，注册会计师执业规范是一种行业自律规范。在我国，根据《中华人民共和国注册会计师法》第三十五条规定，注册会计师执业准则由中国注册会计师协会负责拟订，报经财政部批准后施行，因此，它具有行政法规的性质。中国注册会计师的职业规范体系包括四个部分：注册会计师执业准则、质量控制准则、职业道德准则和后续教育准则。本节主要介绍中国注册会计师执业准则的内容。

1）中国注册会计师执业准则体系简介

根据《中华人民共和国注册会计师法》第35条规定，经财政部批准，中国注册会计师协会早在1994年5月就开始筹备研究制定中国注册会计师独立审计准则，同年10月组织起草小组正式开展工作。从1996年1月1日财政部批准实施第一批中国注册会计师独立审计准则开始，至2003年4月止，已发布6批独立审计准则，共48个项目，初步形成了注册会计师职业规范体系。

但随着我国市场经济发展要求的不断变化，原有的审计准则体系已不能适应我国实际情况和国际趋同的需要。因此，财政部于2006年2月15日，发布了48项中国注册会计师执业准则，自 2007 年 1 月 1 日起在境内会计师事务所施行。这标志着我国已经建立起一套适应市场经济发展要求、顺应国际趋同大势的审计准则体系，我国审计准则的建设实现了历史性突破。2010 年 11 月，财政部发布了《中国注册会计师审计准则第 1101 号——注册会计师的总体目标和审计工作的基本要求》等 38 个准则，自 2012 年 1 月 1 日起施行，修订后的执业准则变更为 51 项。

2006 年发布的《中国注册会计师执业准则》替代了我国原来的《独立审计准则》，而且不再对注册会计师的多种鉴证业务笼统地使用“审计”二字，体现了我国注册会计师业务发展多元化的需要，扩大了准则的适用范围。此外，执业准则在框架体系、项目构成和核心内容等方面还充分体现了与国际准则趋同的要求。例如，在审计准则的内容上，充分采用了国际审计准则所有的基本原则和核心程序，在审计的目标与原则、风险的评估与应对、审计证据的获取和分析、审计结论的形成和报告等所有重大方面，均与国际审计准则保持了一致。

2）中国注册会计师执业准则体系的框架与结构

2010 年新修订的中国注册会计师执业准则体系包括鉴证业务基本准则 1 项、审计准则 44 项、审阅准则 1 项、其他鉴证业务准则 2 项、相关服务准则 2 项和会计师事务所质量控制准则 1 项，共计 51 项。

从内容体系上看，中国注册会计师执业准则首先可分为业务准则和质量控制准则两大类。其中，业务准则按其性质不同分为鉴证业务准则和相关服务准则；鉴证业务准则又分为两个层次：第一层次为鉴证业务基本准则；第二层次为鉴证业务具体准则。鉴证业务按其提供的保证程度和鉴证对象的不同，可分为审计业务、审阅业务和其他鉴证业务，因而，鉴证业务准则具体又包括审计准则、审阅准则和其他鉴证业务准则。中国注册会计师执业准则体系，如图 3-1 所示。

从结构上看，中国注册会计师执业准则体系由准则和指南两个层次组成。第一层次为财政部于 2010 年修订的 51 项准则。准则主要规范注册会计师应当做什么，不应当做什么，而没有阐明为什么这样规定和怎样操作。由于我国准则是财政部规范性文件，因而对国际审计准则中包含的举例等解释说明性材料，未能写入准则正文。

第二层次为中国注册会计师协会在注册会计师执业准则框架下，于 2010 年 11 月 1 日新修订发布的《中国注册会计师执业准则应用指南》，自 2012 年 1 月 1 日起与《中国注册会计师执业准则》同步施行。

指南是对注册会计师执业准则的细化、深化和具体化，为帮助广大注册会计师正确理解和运用准则，提供可操作性的指导意见，覆盖所有准则项目，具有内容全面、可操作性强、贴近实务、坚持国际趋同的要求等特点，与注册会计师执业准则构成一个完整的注册会计师执业规范体系。指南利用其体例相对灵活的特点，针对具有概念框架功能的准则，进一步系统阐述其理论基础、规范的理由和对执业的影响，指导注册会计师理解执业理念和方法论；针对具有实务操作功能的准则，重点

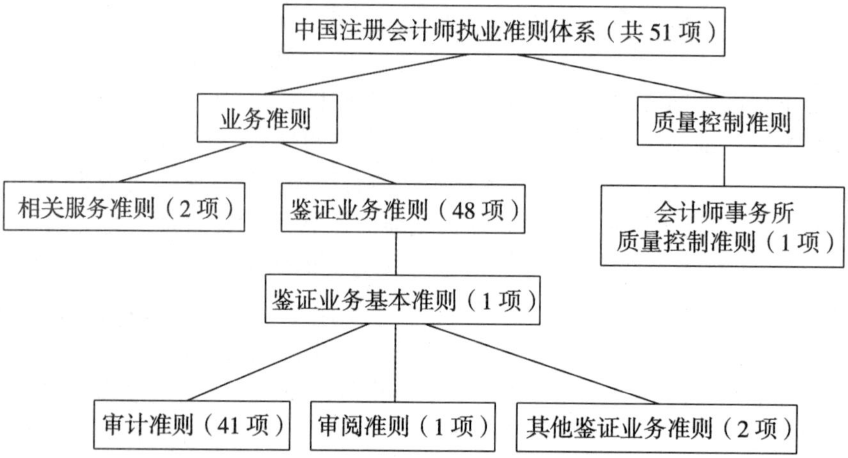

图 3-1　中国注册会计师执业准则体系

阐述其核心程序和具体方法，通过大量的解释、说明、举例和图示，指导注册会计师正确运用程序和具体方法，并根据中国审计准则委员会与国际审计与鉴证准则理事会发表联合声明的精神，将国际审计准则解释说明性材料写入指南，以进一步体现与国际审计准则趋同的要求。

由于执业准则在理念和方法上的变化较大，指南以执业准则为依据，密切结合审计理论和实务成果，重点解决了注册会计师在运用准则时面临的十大问题：一是如何运用审计风险模型；二是如何计划审计工作；三是如何进行风险评估；四是如何实施控制测试；五是如何应对舞弊风险；六是如何编制工作底稿；七是如何运用重要性水平；八是如何确定抽样规模；九是如何确定审计意见；十是如何审计新兴和复杂领域，以使注册会计师顺利实现由老准则向新准则的过渡。

新修订后的准则的特点：一是扩大了审计准则的适应性，以使审计准则能够适用于审计不同的会计主体；二是审计准则采用了新体例，由以下 5 部分构成："总则"、"定义"、"目标"、"要求" 和 "附则"；三是进一步强化了风险导向审计的思想，除修订核心风险审计准则外，对其他审计准则也作出修改，将风险导向审计理念全面彻底地贯彻到整套审计准则中。

3）中国注册会计师执业准则体系的编号

中国注册会计师执业准则体系借鉴了会计科目编号原理进行编号。注册会计师执业准则编号由四位数组成，其中：千位数代表不同类别的准则，如："1" 代表审计准则；"2" 代表审阅准则；"3" 代表其他鉴证业务准则；"4" 代表相关服务准则；"5" 代表质量控制准则。百位数代表某一类别准则下的大类，如审计准则下分为六个大类："1" 代表一般原则与责任；"2" 代表风险评估与应对；"3" 代表审计证据；"4" 代表利用其他主体的工作；"5" 代表审计结论与报告；"6" 代表特殊领域审计。十位数和个位数则分别代表其所属的小类和顺序号。新执业准则体系的编号体现了良好的可扩容性。因为准则的制定是一个不断完善的动态过程，这就使将来陆续制定的新准则按其分类都可以在执业准则体系中找到其位置，也有助于我们对准则体系的研究和修订。

4）中国注册会计师鉴证业务基本准则

《中国注册会计师鉴证业务基本准则》是鉴证业务准则的统领，是对注册会计师执行鉴证业务的基本要求和规范，是制定中国注册会计师审计准则、中国注册会计师审阅准则以及中国注册会计师其他鉴证业务准则的基本依据。该准则的目的在于规范注册会计师执行鉴证业务，明确鉴证业务的目标和要素，确定中国注册会计师审计准则、中国注册会计师审阅准则、中国注册会计师其他鉴证业务准则适用的鉴证业务类型。

该准则共九章六十条，主要对鉴证业务的总则、定义与目标、业务承接，以及鉴证业务的三方关系、鉴证对象、标准、证据、鉴证报告等鉴证业务的要素进行阐述。

（1）鉴证业务的定义与目标。

鉴证业务是注册会计师对鉴证对象信息提出结论，以增强除责任方之外的预期使用者对鉴证对象信息信任程度的业务。鉴证对象信息是按照标准对鉴证对象进行评价和计量的结果，而且鉴证对象信息应当恰当反映既定标准运用于鉴证对象的情况，反之，鉴证对象信息就可能存在错报，而且可能存在重大错报。

鉴证业务分为基于责任方认定的业务和直接报告业务。在前一类业务中，责任方对鉴证对象进行评价或计量，鉴证对象信息以责任方认定的形式为预期使用者获取；在后一类业务中，注册会计师直接对鉴证对象进行评价或计量，或者从责任方获取对鉴证对象评价或计量的认定，而该认定无法为预期使用者获取，预期使用者只能通过阅读鉴证报告获取鉴证对象信息。

鉴证业务的目的是改善信息的质量或内涵，增强除责任方之外的预期使用者对鉴证对象信息的信任程度，即适当保证或提高鉴证对象信息的质量。鉴证业务的保证程度分为合理保证和有限保证，其目标是要求注册会计师将相应的鉴证业务风险降低至对应业务环境下可接受的低水平，并以此作为以积极（或消极）方式提出鉴证结论的基础。

（2）业务承接。

在接受委托前，注册会计师应当从业务约定事项、鉴证对象特征、使用的标准、预期使用者的需求、责任方及其环境的相关特征以及可能对鉴证业务产生重大影响的事项、交易、条件和惯例等方面初步了解业务环境，之后，注册会计师应当考虑承接该业务是否满足独立性和专业胜任能力等相关职业道德规范的要求。一般情况下，只有当注册会计师认为符合独立性和专业胜任能力等相关职业道德规范的要求，且拟承接业务的鉴证对象适当、目的合理、所用标准适当且预期使用者能够获取该标准、注册会计师能够就此业务获取充分适当的证据以支持其结论、鉴证结论以书面报告表述且表述形式与所提供的保证程度相适应时，注册会计师才能将其作为鉴证业务予以承接。反之就不能将其作为鉴证业务予以承接，此时可以提请委托人将其作为非鉴证业务，以满足预期使用者的需要。

对已承接的鉴证业务，除非有合理的理由，否则注册会计师不应将该项业务变更为非鉴证业务，或将合理保证的鉴证业务变更为有限保证的鉴证业务。如果业务环境变化影响到预期使用者的需求，预期使用者对该项业务的性质存在误解时，注册会计师可以应委托人的要求，考虑同意变更该项业务。如有变更，注册会计师不应忽视变更前获取的证据。

（3）鉴证业务的三方关系。

鉴证业务涉及的三方关系人包括注册会计师、责任方和预期使用者。责任方与预期使用者可能是同一方，也可能不是同一方。是否存在三方关系人是判断某项业务是否属于鉴证业务的重要标准之一。如果某项业务不存在除责任方之外的其他预期使用者，那么该业务不构成一项鉴证业务。鉴证业务还会涉及委托人，但委托人不是单独存在的一方，委托人通常是预期使用者之一，委托人也可能由责任方担任。三方之间的关系是，注册会计师对由责任方负责的鉴证对象信息提出结论，以增强除责任方之外的预期使用者对鉴证对象信息的信任程度。

①注册会计师。注册会计师是指取得注册会计师证书并在事务所执业的从业人员，有时也指其所在的事务所。如果鉴证业务涉及的特殊知识和技能超出了注册会计师的能力，注册会计师可以利用专家协助执行鉴证业务。在这种情况下，注册会计师应当确信包括专家在内的项目组整体已经具备执行该项鉴证业务所需的知识和技能，并充分参与该项鉴证业务和了解专家所承担的工作。

②责任方。在直接报告业务中，责任方是指对鉴证业务负责的组织或人员；在基于责任方认定的业务中，责任方是指对鉴证对象信息负责并可能同时对鉴证对象负责的组织或人员。前者如在系统鉴证业务中，注册会计师直接对系统的有效性进行评价并出具报告，该业务的鉴证对象是被鉴证单位系统的有效性，责任方是对该系统负责的组织或人员，即被鉴证单位的管理层；后者如在企业聘请注册会计师对企业管理层编制的财务报表进行鉴证中，鉴证信息是财务报表，由该企业的管理层负责，企业管理层为责任方，该业务的鉴证对象是企业的财务状况、经营成果和现金流量，它同样由企业管理层负责。责任方可能是鉴证业务的委托人，也可能不是委托人。

注册会计师通常提请责任方提供书面声明，表明责任方已按照既定标准对鉴证对象进行评价或计量，无论该声明是否能为预期使用者获取。

③预期使用者。预期使用者是指预期使用鉴证报告的组织或人员。责任方可能是预期使用者，但不是唯一的预期使用者。

注册会计师可能无法识别使用鉴证报告的所有组织和人员，尤其是在各种可能的预期使用者对鉴证对象存在不同的利益需求时。此时，预期使用者主要是指那些与鉴证对象有重要和共同利益的主要利益相关者。例如，在上市公司财务报表审计中，预期使用者主要是指上市公司的股东。注册会计师应当根据法律法规的规定或与委托人签订的协议来识别预期使用者。

（4）鉴证对象。

鉴证业务的多样性蕴含着鉴证对象与鉴证对象信息的多样性。在注册会计师提供的鉴证业务中，鉴证对象与鉴证对象信息的主要形式有：①当鉴证对象为财务业绩或状况时（如历史或预测的财务状况、经营成果和现金流量），鉴证对象信息就是财务报表；②当鉴证对象为非财务业绩或状况时（如企业的运营情况），鉴证对象信息可能是反映效率或效果的关键指标；③当鉴证对象为物理特征时（如设备的生产能力），鉴证对象信息可能是有关鉴证对象物理特征的说明文件；④当鉴证对象为某种系统和过程时（如企业的内部控制或信息技术系统），鉴证对象信息可能是关于其有效性的认定；⑤当鉴证对象为一种行为时（如遵守法律法规的情况），鉴证对象信息可能是对法律法规遵守情况或执行效果的声明。

鉴证对象信息是按照标准对鉴证对象进行评价或计量的结果，它应当恰当反映既定标准运用于鉴证对象的情况。而鉴证对象具有不同的特征，可能表现为定性或定量、客观或主观、历史或预测、时点或期间。这些特征又将影响到鉴证对象信息和注册会计师的鉴证结论，具体地说，这些特征将会对下列方面产生影响：①按照标准对鉴证对象进行评价或计量的准确性；②证据的说服力。

鉴证对象适当与否是注册会计师能否将一项业务作为鉴证业务予以承接的前提。适当的鉴证对象应当同时具备以下条件：①鉴证对象可以识别；②不同的组织或人员对鉴证对象按照既定标准进行评价或计量的结果合理一致；③注册会计师能够收集与鉴证对象有关的信息，获取充分适当的证据，以支持其提出适当的鉴证结论。

不适当的鉴证对象可能会误导预期使用者或造成工作范围受到限制，注册会计师在发现这种情况时，应当结合具体重要性水平，考虑出具保留结论、否定结论或无法提出结论的报告。在适当的情况下，注册会计师还可以考虑解除业务约定。

（5）标准。

标准是鉴证业务中不可或缺的一项要素，是用于评价或计量鉴证对象的基准，责任方和注册会计师都需要利用它来对鉴证对象进行度量。注册会计师在运用职业判断对鉴证对象做出合理一致的评价或计量时，需要有适当的标准。这些标准可以是正式的规定，也可以是某些非正式的规定，只要具备以下特征即可作为适当的标准：①相关性，相关的标准有助于得出结论，便于预期使用者做出决策；②完整性，完整的标准不应忽视在业务环境中可能影响得出结论的相关因素，当涉及列报时，还包括列报的基准；③可靠性，可靠的标准能够使能力相近的注册会计师在相似的业务环境中，对鉴证对象做出合理一致的评价或计量；④中立性，中立的标准有助于得出无偏向的结论；⑤可理解性，可理解的标准有助于得出清晰、易于理解、不会产生重大歧义的结论。

注册会计师应当考虑运用于具体业务的标准是否具备上述特征，以评价该标准对此项业务的适用性。但是注册会计师基于自身的预期、判断和个人经验对鉴证对象的评价或计量不构成适当的标准。标准可能是由法律法规规定的，或由政府主管部门或国家认可的专业团体依照公开、适当的程序发布的，也可能是专门制定的。无论如何，标准应该能够为预期使用者获取，以使预期使用者了解鉴证对象的评价或计量过程。如果确定的标准仅能为特定的预期使用者获取，或仅与特定的目的相关，鉴证报告的使用也应限于这些特定的预期使用者或特定目的。

鉴证业务所用标准的适当性还是注册会计师决定是否接受该业务的前提，如果某项鉴证业务所用的标准不适当，注册会计师一般不能将其作为一项鉴证业务来承接。但是，如果委托人能够确认鉴证对象的某个方面适用于该标准，注册会计师可以针对该方面执行鉴证业务，但在鉴证报告中应当说明该报告的内容并非针对鉴证对象整体，或者是能够选择或设计适用于鉴证对象的其他标准，则注册会计师可以考虑将其作为一项新的鉴证业务。

（6）证据。

注册会计师应当以职业怀疑态度进行计划并执行鉴证业务，获取有关鉴证对象信息是否不存在重大错报的充分、适当的证据。注册会计师应当及时对制订的计划、实施的程序、获取的相关证据以及得出的结论做出记录。注册会计师在计划和执行鉴证业务，尤其是在确定证据收集程序的性质、时间和范围时，应当考虑重要性、鉴证业务风险以及可获取证据的数量和质量。

如果针对某项认定从不同来源获取的证据与获取的不同性质的证据能够相互印证，则与该项认定相关的证据通常具有更强的说服力。例如，从企业外部独立来源获取的信息可以增强注册会计师对责任方提供认定的信任程度。相反，如果从不同来源获取的证据或获取的不同性质的证据不一致，则可能表明某项证据不可靠，注册会计师应当追加必要的程序予以解决。另一方面，注册会计师在获取与鉴证业务有关的证据时，还可以考虑证据取得成本与所获证据有用性之间的关系，但不应仅以获取证据的困难和成本为由减少不可替代的程序。

在评价证据的充分性和适当性以支持鉴证报告时，注册会计师应当运用职业判断，并保持职业怀疑态度。

（7）鉴证报告。

注册会计师应当出具含有鉴证结论的书面报告，该鉴证结论应当说明注册会计师就鉴证对象信息获取的保证。注册会计师还应该考虑其他报告责任，包括在适当时与治理层的沟通。鉴于鉴证业务类型的不同，鉴证结论的表述形式也有所不同，在基于责任方认定的业务中，注册会计师的鉴证结论可以采用以下两种表述形式：①明确提及责任方认定，如“我们认为，责任方做出的‘根据××标准，内部控制在所有重大方面是有效的’这一认定是公允的”；②直接提及鉴证对象和标准，如

“我们认为，根据××标准，内部控制在所有重大方面是有效的”。在直接报告业务中，注册会计师应当明确提及鉴证对象和标准。

注册会计师提出鉴证结论的方式也有两种，一种是积极方式，另一种是消极方式。在合理保证的鉴证业务中，注册会计师应当以积极方式提出结论，如“我们认为，根据××标准，内部控制在所有重大方面是有效的”或“我们认为，责任方做出的‘根据××标准，内部控制在所有重大方面是有效的’这一认定是公允的”。在有限保证的鉴证业务中，注册会计师应当以消极方式提出结论，如“基于本报告所述的工作，我们没有注意到任何事项使我们相信，根据××标准，××系统在任何重大方面是无效的”或“基于本报告所述的工作，我们没有注意到任何事项使我们相信，责任方做出的‘根据××标准，××系统在所有重大方面是有效的’这一认定是不公允的”。

在鉴证业务所涉及的工作范围受到限制、责任方认定未在所有重大方面做出公允表达、鉴证对象信息存在重大错报或标准、鉴证对象不适当时，注册会计师都应该考虑重要性，考虑偏离无保留结论的鉴证结论报告。

（8）鉴证业务准则与其他准则之间的关系。

注册会计师执行历史财务信息审计业务、历史财务信息审阅业务和其他鉴证业务时，应当遵守依据该准则制定的审计准则、审阅准则和其他鉴证准则。如果一项鉴证业务只是某项综合业务的构成部分，该准则仅适用于该业务中与鉴证业务相关的部分。如果某项业务不存在除责任方之外的其他预期使用者，但在其他所有方面符合审计准则、审阅准则或其他鉴证业务准则的要求，注册会计师和责任方可以协商运用该准则的原则。但在这种情况下，注册会计师的报告中应注明该报告仅供责任方使用。

当注册会计师在执行司法诉讼的过程中中涉及会计、审计、税务或其他事项的鉴证业务时，除有特定要求者外，应当参照该准则进行办理。

某些业务可能符合鉴证业务的定义，使用者可能从业务报告的意见、观点或措辞中推测某种程度的保证，但如果满足下列要求所有条件，注册会计师执行这些业务不必遵守该准则：①注册会计师的意见、观点或措辞对整个业务而言仅是附带性的；②注册会计师出具的书面报告被明确限定为仅供报告中所提及的使用者使用；③在与特定预期使用者达成的书面协议中，该业务未被确认为鉴证业务；④在注册会计师出具的报告中，该业务未被称为鉴证业务。

5）中国注册会计师审计准则

审计准则用以规范注册会计师执行历史财务报表审计。在提供审计业务时，注册会计师对财务报表是否不存在重大错报提供合理保证，并以积极方式提出结论。审计准则是整个执业准则体系的核心。财政部 2010 年 11 月 1 日修订后的中国注册会计师执业准则体系有 44 项审计准则，包括 6 类，即一般原则与责任、风险评估与风险应对、审计证据、利用其他主体的工作、审计结论与报告和特殊领域。

（1）一般原则与责任。

规范审计业务的一般原则与责任的准则具体包括《中国注册会计师审计准则第 1101 号——注册会计师的总体目标和审计工作的基本要求》、《中国注册会计师审计准则第 1111 号——就审计业务约定条款达成一致意见》、《中国注册会计师审计准则第 1121 号——对财务报表审计实施的质量控制》、《中国注册会计师审计准则第 1131 号——审计工作底稿》、《中国注册会计师审计准则第 1141 号——财务报表审计中与舞弊相关的责任》、《中国注册会计师审计准则第 1142 号——财务报表审计中对法律法规的考虑》、《中国注册会计师审计准则第 1151 号——与治理层的沟通》、《中国注册会计师审计准则第 1152 号——向治理层和管理层通报内部控制缺陷》和《中国注册会计师审计准则第 1153 号——前任注册会计师和后任注册会计师的沟通》9 项。

（2）风险评估与应对。

对风险评估与应对进行规范的审计准则共有 6 项，包括《中国注册会计师审计准则第 1201 号——计划审计工作》、《中国注册会计师审计准则第 1211 号——通过了解被审计单位及其环境识别和评估重大错报风险》、《中国注册会计师审计准则第 1221 号——计划和执行审计工作时的重要性》、《中国注册会计师审计准则第 1231 号——针对评估的重大错报风险采取的应对措施》、《中国注册会计师审计准则第 1241 号——对被审计单位使用服务机构的考虑》和《中国注册会计师审计准则第 1251 号——评价审计过程中识别出的错报》。

（3）审计证据。

审计证据是注册会计师发表审计意见的基础。与审计证据有关的审计准则共有 11 项，包括《中国注册会计师审计准则第 1301 号——审计证据》、《中国注册会计师审计准则第 1311 号——对存货、诉讼和索赔、分部信息等特定项目获取审计证据的具体考虑》、《中国注册会计师审计准则第 1312 号——函证》、《中国注册会计师审计准则第 1313 号——分析程序》、《中国注册会计师审计准则第 1314 号——审计抽样》、《中国注册会计师审计准则第 1321 号——审计会计估计（包括公允价值会计估计）和相关披露》、《中国注册会计师审计准则第 1323 号——关联方》、《中国注册会计师审计准则第 1324 号——持续经营》、《中国注册会计师审计准则第 1331 号——首次审计业务涉及的期初余额》、《中国注册会计师审计准则第 1332 号——期后事项》和《中国注册会计师审计准则第 1341 号——书面声明》。

（4）利用其他主体的工作。

设计利用其他主体的工作的审计准则共有 3 项，包括《中国注册会计师审计准则第 1401 号——对集团财务报表审计的特殊考虑》、《中国注册会计师审计准则第 1411 号——利用内部审计人员工作》和《中国注册会计师审计准则第 1421 号——利用专家的工作》。

（5）审计结论与报告。

涉及审计结论与报告的审计准则共有 5 项，包括《中国注册会计师审计准则第 1501 号——对财务报表形成审计意见和出具审计报告》、《中国注册会计师审计准则第 1502 号——在审计报告中发表非无保留意见》、《中国注册会计师审计准则第 1503 号——在审计报告中增加强调事项段和其他事项段》、《中国注册会计师审计准则第 1511 号——比较信息：对应数据和比较财务报表》和《中国注册会计师审计准则第 1521 号——注册会计师对含有已审计财务报表的文件中的其他信息的责任》。

（6）特殊领域审计。

与特殊审计有关的审计准则共有 10 项，包括《中国注册会计师审计准则第 1601 号——对按照特殊目的编制基础编制的财务报表审计的特殊考虑》、《中国注册会计师审计准则第 1602 号——验资》、《中国注册会计师审计准则第 1603 号——对单一财务报表和财务报表特定要素审计的特殊考虑》、《中国注册会计师审计准则第 1604 号——对简要财务报表出具报告的业务》、《中国注册会计师审计准则第 1611 号——商业银行财务报表审计》、《中国注册会计师审计准则第 1612 号——银行间函证程序》、《中国注册会计师审计准则第 1613 号——与银行监管机构的关系》、《中国注册会计师审计准则第 1631 号——财务报表审计中对环境事项的考虑》、《中国注册会计师审计准则第 1632 号——衍生金融工具的审计》和《中国注册会计师审计准则第 1633 号——电子商务对财务报表审计的影响》。

6）中国注册会计师审阅准则

审计业务和审阅业务都属于鉴证业务，注册会计师在执行审计业务或审阅业务时，都必须保持形式上和实质上的独立，但两者之间亦有着明显的区别。

下面分别以财务报表审计和财务报表审阅为例说明两者之间的区别，主要体现在以下几个方面：

（1）业务目标不同。审计业务的目标是在可接受的低审计风险水平下，以积极方式对财务报表整体发表审计意见；而审阅业务的目标是在可接受的审阅风险水平下，以消极方式对财务报表整体发表审阅意见。

（2）提供保证的程度不同。审计业务提供的是合理保证；而审阅业务提供的是有限保证。审阅业务提供的保证水平低于审计业务提供的保证水平。

（3）提出结论的方式不同。审计业务是以积极方式提出结论；而审阅业务是以消极方式提出结论。

（4）所使用的程序和方法不同。审计程序的实施范围较广、程度较深、种类较多，包括检查记录或文件、检查有形资产、观察、询问、函证、重新计算、重新执行、分析程序等，所需证据的数量一般较多；而审阅业务主要以询问和分析程序为主，只有当有理由相信所审阅的财务报表可能存在重大错报时才需要追加其他程序，所需证据的数量一般较少。

（5）执业标准不同。注册会计师执行审计业务应当遵循中国注册会计师审计准则；而执行审阅业务时，应当遵循中国注册会计师审阅准则。

审阅准则是用以规范注册会计师执行历史财务信息的审阅业务。在提供审阅服务时，注册会计师对所审阅信息是否不存在重大错报提供有限保证，并以消极方式提出结论。

目前，我国财政部发布的中国注册会计师审阅准则只有 1 项，即《中国注册会计师审阅准则第 2101 号——财务报表审阅》。该准则共七章三十一条，对审阅范围和保证程度、业务约定书、审阅计划、审阅程序和审阅证据、结论和报告等进行了重要说明，以规范注册会计师执行财务报表审阅业务。

7）中国注册会计师其他鉴证业务准则

其他鉴证业务准则是用以规范注册会计师执行历史财务信息审计或审阅以外的其他鉴证业务，根据鉴证业务的性质和业务约定书的要求，提供有限保证或合理保证。其他鉴证业务主要包括预测性财务信息的审核、内部控制鉴证等。

目前，我国财政部发布的中国注册会计师其他鉴证业务准则有 2 项。《中国注册会计师其他鉴证业务准则第 3101 号——历史财务信息审计或审阅以外的鉴证业务》，共十章七十七条，旨在规范注册会计师执行历史财务信息审计或审阅以外的鉴证业务。准则从业务的承接与保持业务、计划与执行业务、利用专家工作、获取证据、考虑期后事项、形成工作记录、编制鉴证报告、其他报告责任等方面对注册会计师执行其他鉴证业务作出了规定。《中国注册会计师其他鉴证业务准则第 3111 号——预测性财务信息的审核》，共九章三十条，用于规范注册会计师执行预测性财务信息审核业务。该准则从保证程度、接受业务委托、了解被审核单位、涵盖期间、审核程序、列报和审核报告等方面进行了说明。

8）中国注册会计师相关服务准则

注册会计师提供的专业服务包括鉴证业务和相关服务。相关服务主要包括对财务信息执行商定程序、代编财务信息、提供税务咨询和管理咨询等。由于这些业务性质属于代理、咨询服务，因此，注册会计师在提供相关服务时，不提供任何程度的保证。注册会计师对相关服务业务出具报告时，应当与鉴证报告明确区分，即相关服务业务与鉴证业务两者之间有明显的区别，其具体区别前文已有论述。相关服务准则用以规范注册会计师执行除鉴证业务以外的其他相关服务业务，如代编会计报表、执行商定程序、管理咨询、税务咨询和其他服务等。

目前，我国财政部发布的中国注册会计师相关服务准则有 2 项，分别是《中国注册会计师相关服务准则第 4101 号——对财务信息执行商定程序》和《中国注册会计师相关服务准则第 4111 号——代编财务信息》。这 2 项准则分别从业务约定书、计划、程序与记录、报告等方面对注册会计师执行商定程序和代编财务信息业务进行了规定。注册会计师执行这两种相关服务都没有独立性要求，且对出具的报告不发表任何鉴证意见。

3.3　职业行为规范

可称之为职业的活动必须存在于用于规范行为的道德守则，以及保证道德守则得以遵守的手段中。所有的职业都应该有对应的职业道德，以规定什么样的行为才是职业中成员的道德行为。审计职业也概莫能外。所谓职业道德是指某一职业组织以公约、守则等形式公布的，其会员自愿接受的职业行为标准。而注册会计师的职业道德，是指注册会计师职业品德、职业纪律、专业胜任能力及职业责任等的总称。

注册会计师的职业性质决定了其所担负的是对社会公众的责任。为使注册会计师切实担负起这一神圣的职责，为社会公众提供高质量、可以信赖的专业服务，在公众中树立起良好的职业形象和职业信誉，就必须大力加强注册会计师的职业道德教育，强化注册会计师的职业道德意识，提高注册会计师的职业道德水准。因此，制定并实施注册会计师职业道德准则具有十分重要的意义。

3.3.1　美国注册会计师协会的职业道德规范

目前世界上许多国家都颁布了自己的注册会计师职业道德规范，但以美国注册会计师协会制定的职业道德规范的内容最为全面，成为其他许多会计职业组织制定职业道德规范的参考典范。

美国注册会计师协会制定的职业道德规范由 4 部分组成，分属 4 个层次。最高层次的是“职业道德原则”，然后依次是“行为规则”、“行为规则解释”和“道德裁决”。

1）职业道德原则

职业道德原则对注册会计师应当具备的思想方式和行为方式作了一般性规定，包括 6 条原则并对这些原则的讨论，即责任、公众利益、正直、客观性和独立性、应有的谨慎、服务的范围和性质，其代表了道德行为的理想标准，是道德规范的基础，不具有强制性。

2）行为规则

行为规则是职业道德原则的具体化，具有可操作性，它确定了可以接受的职业行为的最低水准。目前，行为规则包括：（1）独立性；（2）正直和客观；（3）一般准则；（4）准则的遵守；（5）会计原则；（6）委托人的机密信息；（7）或有收费；（8）有损信誉的行为；（9）广告及其他招揽客户的形式；（10）佣金和介绍费；（11）组织形式和名称等规则。行为规则是注册会计师在从事公共会计业务时必须遵守的规则，具有强制性。只有当美国注册会计师协会会员以三分之二以上的票数通过后，才能修改相关规则。

3）行为规则解释

行为规则解释是美国注册会计师协会的职业道德部分对行为规则的详细解释说

明。由于经常有会员就某一具体规则的理解不同而提出问题，因而有必要对行为规则做公开解释。美国注册会计师协会职业道德部成立了一个主要由执行公共业务的执业人员组成的委员会对行为规则做出解释。在解释最终定稿之前，要向职业界征求意见。虽然行为规则解释不具有强制性，但如果会员出现未执行规则解释的行为时，要在纪律检查听证会上说明背离解释的合理理由。

4）道德裁决

道德裁决是美国注册会计师协会职业道德部执行委员会根据一些具体情况所作的解释，也是行为规则和规则解释在具体情况和案件中的应用。同行为规则解释一样，道德裁决也不具有强制性，但要求会员说明任何背离的合理理由。

3.3.2 国际会计师联合会职业道德准则

国际会计师联合会道德委员会自1980年开始，截至1988年年底，共制定了12项国际会计师职业道德准则。国际会计师联合会的《职业道德规范》，是由联合会的道德委员会建立并经理事会批准颁布的。在与各国的规定不一致或相抵触时，按照国际会计师联合会宪章的要求，各成员团体应该在可行时和行得通的范围内设法贯彻该规范，但该规范是劝导性而非命令性的，是建议而不是要求。该规范包括三部分：

第一部分适用于所有职业会计师，除非有特别说明。职业会计师是指国际会计师联合会的成员组织的会员。不论其是在执行公共业务（包括个人执业者、合伙所或公司），还是在工业部门、商业部门、政府部门或教育部门工作。适用于所有职业会计师的职业道德规范包括公正性和客观性、道德冲突的解决、专业胜任能力、保密、税务服务、跨国活动、宣传等。

第二部分适用于执行公共业务的职业会计师。执行公共业务的职业会计师是指向客户提供专业服务的合伙人或类似职业人员、执业机构的雇员（不论其专业服务类别，如审计、税务或咨询），以及在执业机构中负有管理职责的职业会计师。适用于执行公共业务的职业会计师的职业道德规范包括鉴证业务的独立性、专业胜任能力以及与利用非会计师有关的责任、收费与佣金、与公共会计师不相容的活动、客户的资金、与其他执行公共业务的职业会计师的关系、广告与招揽。

第三部分适用于受雇的职业会计师，适当时也可适用于执行公共业务的职业会计师。受雇的职业会计师是指受雇于工业、商业、公共或教育部门的职业会计师。适用于受雇的职业会计师的职业道德规范包括忠诚的冲突、对同行的支持、专业胜任能力、信息的表述等。

3.3.3 中国注册会计师职业道德规范

中国注册会计师协会自1988年成立以来，始终致力于注册会计师的道德标准建设和道德教育。1992年，该协会发布了《中国注册会计师职业道德守则》（试行）。1996 年 12 月 26 日，经财政部批准，中国注册会计师协会印发了《中国注册会计师职业道德基本准则》，于 1997 年 1 月 1 日起施行，以代替《中国注册会计师职业道德守则》（试行）。2002 年 6 月 25 日，为加强注册会计师行业的诚信建设，规范注册会计师职业道德行为，提高注册会计师职业道德水准，维护注册会计师职业形象，保护社会公众利益，中国注册会计师协会制定了《中国注册会计师职业道德规范指导意见》（以下简称《指导意见》），对注册会计师在执业活动中如何遵循职业道德的要求加以具体指导，并于 2002 年 7 月 1 日起施行。中国注册会计师协会于 2010 年 7 月 1 日施行新的《中国注册会计师职业道德守则》和《中国注册会计师协会非执业会员职业道德守则》。其中，《中国注册会计师职业道德守则》具体包括《中国注册会计师职业道德守则第 1 号——职业道德基本原则》、《中国注册会计师职业道德守则第 2 号——职业道德概念框架》、《中国注册会计师职业道德守则第 3 号——提供专业服务的具体要求》、《中国注册会计师职业道德守则第 4 号——审计和审阅业务对独立性的要求》、《中国注册会计师职业道德守则第 5 号——其他鉴证业务对独立性的要求》。

1）职业道德基本原则

为了规范注册会计师职业行为，提高注册会计师职业道德水平，维护注册会计师职业形象，注册会计师必须遵守一系列前提或一般原则。这些原则包括：诚信、独立、客观、专业胜任能力和应有的职业关注、保密和职业行为。

（1）诚信。

诚信原则要求会员应当在所有的职业关系和商业关系中保持正直和诚实，秉公处理、实事求是，不应在明知的情况下与其发生关联的情况：含有重大虚假或误导性陈述；含有草率提供的陈述或信息；遗漏或掩盖应当包括的信息，而遗漏或掩盖这些信息将产生误导。

（2）独立。

独立是指不受外来力量控制、支配，按照一定之规行事。独立原则通常是对注册会计师提出的要求。在执行鉴证业务时，注册会计师必须保持独立性。传统的观点认为，注册会计师的独立性包括实质上的独立和形式上的独立。如果注册会计师不能与客户保持独立，而是存在经济利益、关联关系，或屈从于外界压力，就很难取信于社会公众。

实质上的独立是一种内心状态，要求注册会计师在提出结论时不受有损于职业判断的因素影响，能够诚实、公正行事，并保持客观和职业怀疑态度。

形式上的独立要求注册会计师避免出现重大的事实和情况，使得一个理性且掌握充分信息的第三方在权衡这些事实和情况后，很可能推定会计师事务所或项目组成员的诚信、客观或职业怀疑态度已经受到损害。

（3）客观。

客观是指按照事物的本来面目去考察，不添加个人偏见。客观原则要求会员不应因偏见、利益冲突以及他人的不当影响而损害职业判断。独立于鉴证客户是遵循客观性基本原则的内在要求，注册会计师应当从实质上和形式上独立于鉴证客户。

如果某一情形或关系导致偏见或者对职业判断产生不当影响，注册会计师不应提供相关专业服务。

（4）专业胜任能力和应有的职业关注。

专业胜任能力和应有的关注原则要求会员应当保持专业胜任能力，将专业知识和技能始终保持在应有的水平之上，以适应当前实务、法律和技术的发展，确保客户或雇佣单位能够得到合格的专业服务。同时，在提供专业服务时，会员应当保持应有的关注，遵守职业准则和技术规范，勤勉尽责。

专业胜任能力是指注册会计师应具有专业知识、技能和经验，能够经济、有效地完成客户委托的业务。如果注册会计师不能保持并提高专业胜任能力，就难以完成工作。如果注册会计师在缺乏足够的知识、技能和经验的情况下提供专业服务，就构成了一种欺诈。专业胜任能力可分为两个独立阶段：①专业胜任能力的获取；②专业胜任能力的保持。注册会计师应当持续了解并掌握相关的专业技术和业务的发展，以保持专业胜任能力，从而可以胜任特定的受托业务。

应有的关注，要求注册会计师勤勉尽责，按照有关工作要求，认真、全面、及时地完成工作任务。在审计过程中，注册会计师应当保持职业怀疑态度，获取和评价审计证据，并确保在其授权下工作的人员得到适当的培训和督导。在适当情况下，注册会计师应当使客户、雇佣单位和专业服务的其他使用者了解专业服务的固有局限性。

（5）保密。

由于注册会计师的职业关系，可以接触到客户的众多涉密信息。保密原则要求会员应当对因职业关系和商业关系而获知的信息予以保密。会员应当对因职业关系和商业关系获知的信息予以保密，避免出现下列行为：①除非法律法规和职业规范允许或要求，在未经适当且特别授权的情况下，向会计师事务所或雇佣单位以外的第三方披露由于职业关系和商业关系获知的涉密信息；②利用因职业关系和商业关系获知的涉密信息为自己或第三方谋取利益。

同时注册会计师在社会交往中应当遵循保密原则，应当警惕无意泄密的可能性，特别是向直系亲属、近亲属以及关系密切的商业伙伴。

注册会计师还应当对其预期的客户或雇佣单位的信息予以保密。在终止与客户或雇佣单位的关系以后，注册会计师仍然应当对在职业关系和商业关系中获知的信息保密。

出现下列情况时注册会计师可以披露客户的涉密信息：①法律法规允许披露，并且取得客户或雇佣单位的授权。②法律法规要求披露，包括为法律诉讼出示文件或提供证据，以及向有关监管机构报告发现的违法行为。③会员有义务和权利披露且法律法规未予禁止，包括接受注册会计师协会或监管机构的质量检查；答复注册会计师协会或监管机构的询问和调查；在法律诉讼程序中维护自身的职业利益；遵守执业准则或道德要求。

（6）职业行为。

职业行为原则要求注册会计师应当遵守相关法律法规，避免发生任何注册会计师已知悉或应当知悉的有损职业声誉的行为。如果一个理性且掌握充分信息的第三方，在权衡当时所获得的所有具体事实和情况后，有可能认定某一行为将对职业声誉产生负面影响，会员应当避免这种行为。

在推介自身和工作时，注册会计师不应损害职业形象，不应有：对其能够提供的服务、拥有的资质以及积累的经验进行夸大宣传；对其他注册会计师的工作进行贬低或比较。

2）职业道德概念框架

注册会计师可能在履行工作职责时受到压力，使其行为或行动方式对职业道德基本原则产生威胁。而职业道德概念框架，就是帮助注册会计师遵循职业道德的基本原则，履行维护公众利益的职责。

职业道德概念框架旨在为会员提供解决职业道德问题的思路，要求会员：①识别对遵循职业道德基本原则的威胁；②评价已识别威胁的重要程度；③采取必要的防范措施消除威胁或将其降至可接受的水平。

职业道德概念框架适用于会员应对威胁职业道德基本原则的各种情形，其目的在于防止会员认为只要本守则未明确禁止的情形就是允许的。

（1）对遵循职业道德基本原则的威胁。

对遵循职业道德基本原则的威胁可能产生于各种情形或关系。某一情形或关系可能产生多种威胁，某种威胁也可能影响对多项职业道德基本原则的遵循。威胁可以归纳为以下 5 类：

产生自身利益威胁，主要包括：①鉴证业务项目组成员在鉴证客户中拥有直接经济利益或重大的间接经济利益；②事务所收费主要来源于某一鉴证客户；③过分担心失去某项业务；④与鉴证客户存在密切的商业关系；⑤对鉴证业务采取或有收费的方式；⑥可能与鉴证客户发生雇佣关系。

产生自我评价威胁，主要包括：①鉴证小组成员曾是鉴证客户的董事、经理、其他关键管理人员或能够对鉴证业务产生直接重大影响的员工；②为鉴证客户提供直接影响鉴证业务对象的其他服务；③为鉴证客户编制属于鉴证业务对象的数据或其他记录；④为客户设计或运行财务系统后，对其财务系统的有效性进行鉴证。

产生过度推介威胁，主要包括：①事务所推介审计客户的股份；②在鉴证客户与第三方发生诉讼或纠纷时，注册会计师担任该客户的辩护人。

产生密切关系威胁，主要包括：①与项目组成员关系密切的家庭成员是鉴证客户的董事、经理、其他关键管理人员或能够对鉴证业务产生直接重大影响的员工；②鉴证客户的董事、经理、其他关键管理人员或能够对鉴证业务产生直接重大影响的员工是会计师事务所的前高级管理人员；③会计师事务所的高级管理人员或签字注册会计师与鉴证客户长期交往；④接受鉴证客户或其董事、经理、其他关键管理人员或能够对鉴证业务产生直接重大影响的员工的贵重礼品或超出社会礼仪的款待。

产生外界压力威胁，主要包括：①在重大会计、审计等问题上与鉴证客户存在意见分歧而受到解聘威胁；②受到客户起诉威胁；③受到鉴证客户降低收费的压力而不恰当地缩小工作范围；④注册会计师受到事务所合伙人的压力。

（2）防范措施。

防范措施是指可以消除威胁或将其降至可接受水平的行动或其他措施。防范措施包括下列两大类：一是由行业、法律法规或监管机构规定的防范措施；二是在工作环境中的防范措施。

由行业、法律法规或监管机构规定的防范措施包括：①取得会员资格需要的教育、培训和经验要求；②持续职业发展的要求；③公司治理规定；④职业准则；⑤行业或监管机构的监控和惩戒程序；⑥由依法授权的第三方对会员编制的报告、报表、沟通函件或其他信息进行外部复核。

3）注册会计师对职业道德概念框架的具体运用

注册会计师防范威胁职业基本原则遵循的措施有两大类，前述已介绍了由行业、法律法规或监管机构规定的防范措施，这里主要介绍注册会计师在工作环境中的防范具体情形。

①利益冲突。如果注册会计师与客户存在直接竞争关系，或与客户的主要竞争者存在合营或类似关系，可能对客观性产生威胁。如果注册会计师为存在利益冲突、对所涉交易或事项存在争议的两个或多个客户提供服务，同样可能对客观和保密原则产生威胁。

②客户寻求第二次意见。某实体不是注册会计师的现行客户，但该实体要求注册会计师对现任注册会计师对有关交易和处理意见提供第二次意见。如果第二次意见不是基于现任注册会计师可获得的相同事实，或是基于不充分的证据，可能对其专业胜任能力和应有的关注产生威胁。

③收费及其他类型的报酬。在专业服务的谈判中，注册会计师可以其认为适当的收费报价。但如果报价过低，可能导致不能按照适用的执业准则执行业务，将对专业胜任能力和应有的关注产生威胁。威胁存在与否及其重要程度取决于报价水平和所提供服务等因素。

④专业服务营销。注册会计师应当诚实、实事求是，不应出现下列行为：对提供的服务、拥有的资质或具备的经验夸大宣传；通过无根据的比较，贬低其他注册会计师。

⑤礼品和招待。如果注册会计师接受客户的礼物，可能对客观性产生自身利益威胁；由于这种行为有可能会被公开而可能对客观性产生外在压力威胁。除非一个

理性且掌握充分信息的第三方，在权衡所有具体事实和情况后，认为礼品或招待的价值微小且对客观性无影响。

4）审计、审阅和其他鉴证业务对独立性的要求

独立性是注册会计师执行鉴证业务的灵魂，如果注册会计师不能和客户保持实质上和形式上的独立，注册会计师出具的鉴证意见就难以取信于社会公众。

独立性概念框架是指解决独立性问题的思路和方法，用以指导注册会计师：①识别对独立性的不利影响；②评价不利影响的严重程度；③必要时采取防范措施消除不利影响或将其降低至可接受的水平。如果无法采取适当的防范措施消除不利影响或将其降低至可接受的水平，注册会计师应当消除产生不利影响的情形，或者拒绝接受审计业务委托或终止审计业务。

注册会计师应当在业务期间和财务报表涵盖的期间独立于审计客户。业务期间自审计项目组开始执行审计业务之日起，至出具审计报告之日止。如果审计业务具有连续性，业务期间结束日应以其中一方通知解除业务关系或出具最终审计报告两者时间孰晚为准。

影响注册会计师独立性的具体情形如下：

（1）经济利益。

经济利益是指从某一实体的股票、债券及其他证券、贷款及其他债务工具中获取的利益，包括取得这种利益及与其直接相关的衍生工具的权利和义务。

直接经济利益包括：个人或实体直接拥有并控制的经济利益（包括授权他人管理的经济利益）；个人或实体通过集合投资工具、房地产、信托或其他中间工具而拥有的经济利益，且能够对这些工具施加控制或有能力影响投资决策。

间接经济利益包括：个人或实体通过集合投资工具、房地产、信托或其他中间工具拥有的经济利益，但不能对这些工具施加控制，或没有能力影响投资决策。

（2）贷款和担保以及商业关系、家庭和个人关系。

会计师事务所、审计项目组成员或其主要近亲属从银行或类似金融机构等审计客户取得贷款，或获得贷款担保，可能对独立性产生不利影响。

（3）与审计客户发生雇佣关系。

如果审计客户的董事、管理层或所处职位可以对客户的会计记录或财务报表的编制施加重大影响的员工，曾经是审计项目组的成员或会计师事务所的合伙人，可能产生密切关系威胁或外在压力威胁。

（4）最近曾任审计客户的董事、高级管理人员或员工。

如果审计项目组成员最近曾任审计客户的董事、高级管理人员或员工，可能产生自身利益威胁、自我评价威胁或密切关系威胁。如果没有任何防范措施可以消除这种威胁或将其降至可接受的水平，会计师事务所不应安排该人员作为审计项目组成员。

（5）事务所高级职员与审计客户的长期关联。

事务所高级职员与审计客户长期关联，可能产生密切关系威胁和自身利益威胁。如执行公众利益实体审计业务的关键审计合伙人，其任职时间不应超过 5 年。在这段时间结束后的两年内，该人员不应再次成为项目组成员或担任该客户的关键审计合伙人。其不得参与的工作包括：审计、质量控制、咨询或者以其他方式直接影响业务结果。在特殊情况下，其任职期间可以延长一年。

（6）收费。

逾期收费，如果审计客户长期未支付应付的审计费用，尤其是大部分费用在下一年度出具审计报告之前仍未支付，可能产生自身利益威胁。会计师事务所对审计业务以直接或间接形式的或有收费方式收取费用，将产生重大的自身利益威胁和过度推介威胁，没有防范措施可以消除威胁或将其降至可接受的水平。

3.4 会计师事务所质量控制准则

审计质量主要受会计师事务所的理性自利行为及其成员的正直性的影响。确保会计师事务所审计质量的第一步就是将质量控制措施引入审计过程之中，在业务层次建立质量控制措施。所以，不少国家和地区在颁布和执行业务准则的同时，还制定了业务质量控制准则，以促进会计师事务所及其成员的工作质量，并确保其遵循技术和道德标准的要求。

3.4.1 质量控制的含义和作用

所谓质量控制是指会计师事务所为确保工作质量符合注册会计师执业准则的要求而建立和实施的控制政策和程序的总称。其中，控制政策是指会计师事务所为确保实现质量控制目标所采取的基本方针及策略；控制程序是指会计师事务所为贯彻执行质量控制政策而采取的具体措施和方法。控制政策指引和统率控制程序，控制程序是控制政策的具体化和实现途径与方法。一般来说，质量控制的基本方针及策略对每个会计师事务所而言是相同的，但是为贯彻执行质量控制政策而应采取的具体控制程序，却会因各会计师事务所的具体情况不同而不同。

质量控制的主要作用如下：

（1）质量控制是保证注册会计师执业准则得到遵守和落实的重要手段。如果没有质量控制，则无法达到注册会计师执业准则的要求和预期目的。

（2）质量控制是会计师事务所内部控制体系的重要组成部分，且在该体系中居于核心地位。会计师事务所面临激烈的同业竞争、广泛的社会监督和法律诉讼案件的威胁。因此，建立健全质量控制是完善会计师事务所内部控制体系的根本措施。

（3）质量控制是会计师事务所生存和发展的基本条件，是整个注册会计师行业赢得社会信任的重要措施。质量控制的好坏不仅关系着会计师事务所的生存和发展，而且直接关系到整个注册会计师职业的存亡。

3.4.2　我国会计师事务所质量控制准则

目前，在财政部发布的中国注册会计师新执业准则体系中，涉及质量控制的准则有《质量控制准则第 5101 号——会计师事务所对执行财务报表审计和审阅、其他鉴证和相关服务实施的质量控制》和《中国注册会计师审计准则第 1121 号——对财务报表审计实施的质量控制》。值得特别说明的是，前者是从整个会计师事务所层面上进行规范，适用于包括鉴证业务在内的各项业务；而后者是从执行审计项目的负责人层面上进行规范，仅适用于历史财务信息审计业务，因而把其列入了审计准则之中，但从其本质上来看，应该都属于质量控制准则的范畴。这两项准则联系紧密，前者是制定后者的依据。本节重点介绍《质量控制准则第 5101 号——会计师事务所对执行财务报表审计和审阅、其他鉴证和相关服务实施的质量控制》（以下简称《业务质量控制》准则）的内容。

（1）业务质量控制的目的和要素。

《业务质量控制》准则是用以规范会计师事务所在执行各类业务时应当遵守的质量控制政策和程序。会计师事务所应当根据质量控制准则并结合具体情况，制定合适的质量控制制度，包括质量控制政策和程序。会计师事务所应当根据准则制定适用于自身的质量控制制度，以合理实现质量控制的两大目标：①保证会计师事务所及其人员遵守法律法规、职业道德规范以及中国注册会计师审计准则、审阅准则、其他鉴证业务准则和相关服务准则的规定；②保证会计师事务所和项目负责人根据具体情况出具恰当的报告。

会计师事务所业务质量控制制度应当包括针对下列要素而制定的政策和程序：①对业务质量承担的领导责任；②职业道德规范；③客户关系和具体业务的接受与保持；④人力资源；⑤业务执行；⑥业务工作底稿；⑦监控。

会计师事务所应当针对上述 7 项要素来制定质量控制制度，并形成书面文件，传达至事务所全体人员。

（2）对业务质量承担的领导责任。

会计师事务所应当制定政策和程序，培育以质量为导向的内部文化。这些政策和程序应当要求会计师事务所主任会计师对质量控制制度承担最终责任，或委派具备足够、适当的经验和能力的人员，赋予其必要的权限以承担质量控制制度运作责任。

会计师事务所培育以质量为导向的内部文化，就是要在会计师事务所内形成和传播质量至上的内部文化，这一文化的形成有赖于会计师事务所各级管理层的努力。会计师事务所的领导层及其做出的示范对其事务所内部文化的形成具有重大的影响作用，所以，事务所各级管理层应当通过清晰、一致及经常的示范和信息传达，强调质量控制政策和程序的重要性以及下列要求：按照法律法规、职业道德规范和业务准则的规定执行工作；根据具体情况出具恰当的报告。会计师事务所的领导层应当树立质量至上的意识。

（3）职业道德规范。

会计师事务所应当制定政策和程序，以合理保证会计师事务所及其人员遵守职业道德规范。会计师事务所如果不能合理保证职业道德规范得到遵守，就无法保证业务质量。所以，会计师事务所应当强调遵守职业道德规范的重要性，并通过事务所领导层的示范、对所有人员进行必要的教育与培训，并辅之以适当的监控、对违反职业道德规范的行为予以相应的处理等途径来强化事务所内所有人员遵守职业道德规范的意识。

会计师事务所应当制定政策和程序，以合理保证会计师事务所及其人员，包括聘用的专家和其他需要满足独立性要求的人员，保持职业道德规范要求的独立性。这些政策和程序应当使会计师事务所能够：①向相关人员传达独立性要求；②识别和评价对独立性造成威胁的情况和关系，并采取适当的防护措施以消除对独立性的威胁，或将其降至可接受的水平。在必要时，解除业务约定。

会计师事务所应当制定政策和程序，以合理保证能够获知违反独立性要求的情况，便于采取行动予以解决。这些政策和程序包括以下要求：①所有应当保持独立性要求的人员，将注意到的违反独立性要求的情况立即告知会计师事务所；②会计师事务所将已识别的违反这些政策和程序的情况，立即传达给需要与会计师事务所共同处理这些情况的项目负责人，以及需要采取适当行动的会计师事务所内部其他相关人员和受独立性要求约束的人员；③项目负责人、会计师事务所内部的其他相关人员，以及需要保持独立性的其他人员，在必要时，立即向会计师事务所告知他们为解决有关问题采取的行动，以便会计师事务所能够决定是否应当采取进一步的行动。

会计师事务所应当为需要保持独立性的人员提供关于独立性政策和程序的培训。会计师事务所应当至少每年一次向所有受独立性要求约束的人员获取其遵守独立性政策和程序的书面确认函。会计师事务所应当对所有的上市公司财务报表进行审计，按照法律法规的规定定期轮换项目负责人。

（4）客户关系和具体业务的接受与保持。

会计师事务所应当制定有关客户关系和具体业务接受与保持的政策和程序，以合理保证只有在下列情况下，才能接受或保持客户关系和具体业务：①已考虑客户的诚信，没有信息表明客户缺乏诚信；②具有执行业务必要的素质、专业胜任能力、时间和资源；③能够遵守职业道德规范。

针对有关客户的诚信，会计师事务所应当考虑下列主要事项：①客户主要股东、关键管理人员、关联方及治理层的身份和商业信誉；②客户的经营性质；③客户主要股东、关键管理人员及治理层对内部控制环境和会计准则等的态度；④客户是否过分考虑将会计师事务所的收费维持在尽可能低的水平；⑤工作范围受到不适当限制的迹象；⑥客户可能涉嫌洗钱或其他刑事犯罪行为的迹象；⑦变更会计师事务所的原因。

会计师事务所可以通过下列途径，获取与客户诚信相关的信息：①与为客户提供专业会计服务的现任或前任人员进行沟通，并与其讨论；②向会计师事务所其他人员、监管机构、金融机构、法律顾问和客户的同行等第三方询问；③从相关数据库中搜索客户的背景信息。

在确定是否具有接受新业务所需的必要素质、专业胜任能力、时间和资源时，《业务质量控制》准则规定了会计师事务所应当考虑下列事项，以评价新业务的特定要求和所有相关级别的现有人员的基本情况：①会计师事务所人员是否熟悉相关行业或业务对象；②会计师事务所人员是否具有执行类似业务的经验，或是否具备有效获取必要技能和知识的能力；③会计师事务所是否拥有足够的具有必要素质和专业胜任能力的人员；④在需要时，是否能够得到专家的帮助；⑤如果需要进行项目质量控制复核，是否具备符合标准和资格要求的项目质量控制复核人员；⑥会计师事务所是否能够在提交报告的最后期限内完成业务。

在确定是否接受新业务时，会计师事务所还应当考虑接受该业务是否会导致现实或潜在的利益冲突。如果识别出潜在的利益冲突，会计师事务所应当考虑接受该业务是否适当。在确定是否保持客户关系时，会计师事务所应当考虑在本期或以前业务执行过程中发现的重大事项，及其对保持客户关系可能造成的影响。当识别出问题而又决定接受或保持客户关系或具体业务时，会计师事务所应当记录问题并确定如何解决相关问题。

（5）人力资源。

会计师事务所应当制定政策和程序，合理保证拥有足够的具有必要素质和专业胜任能力并遵守职业道德规范的人员，以使会计师事务所和项目负责人能够按照法律法规、职业道德规范和业务准则的规定执行业务，并根据具体情况出具恰当的报告。会计师事务所制定的人力资源政策和程序应当解决下列人事问题：①招聘；②业绩评价；③人员素质；④专业胜任能力；⑤职业发展；⑥晋升；⑦薪酬；⑧人员需求预测。

招聘是人力资源管理的首要环节。因此，会计师事务所应当制定招聘程序，以选择正直的、通过发展能够具备执行业务所需的必要素质和专业胜任能力的人员。

由于执业环境和工作要求在不断发生变化，会计师事务所应当采取措施确保人员持续保持必要的素质和专业胜任能力。会计师事务所可以通过下列途径提高人员素质和专业胜任能力：职业教育、职业发展（包括培训）、传授工作经验、由经验更丰富的员工提供辅导等。会计师事务所应当在人力资源政策和程序中强调对各级别人员进行继续培训的重要性，并提供必要的培训资源和帮助，以使人员能够发展并保持必要的素质和专业胜任能力。

会计师事务所应当制定业绩评价、薪酬及晋升程序，对发展和保持专业胜任能力并遵守职业道德规范的人员给予应有的肯定和奖励。其业绩评价、薪酬及晋升程序应当强调：①使人员知晓会计师事务所对业绩和遵守职业道德规范的期望；②向人员提供业绩、工作进步及职业发展方面的评价和咨询；③帮助人员了解提高业务质量及遵守职业道德规范是晋升的主要途径，而不遵守会计师事务所的政策和程序可能招致惩戒。

会计师事务所应当对每项业务委派至少一名项目负责人，并制定政策和程序，明确下列要求：①将项目负责人的身份和作用告知客户管理层和治理层的关键人员；②项目负责人具有履行职责必要的素质、专业胜任能力、权限和时间；③清楚界定项目负责人的职责，并告知该项目负责人。会计师事务所应监控项目负责人的工作负荷及可供调配的项目负责人数量，以使项目负责人有足够的时间履行职责。

会计师事务所应当委派具有必要素质、专业胜任能力和时间的员工，按照法律法规、职业道德规范和业务准则的规定执行业务，以使会计师事务所和项目负责人能够根据具体情况出具恰当的报告。会计师事务所还应当制定程序，评价员工的素质和专业胜任能力。

在委派项目组以及确定所需的监督层次时，会计师事务所应当考虑员工是否具有下列方面的素质和专业胜任能力：①通过适当的培训和参与业务，获得执行类似性质和复杂程度业务的知识和实务经验；②掌握法律法规、职业道德规范和业务准则的规定；③具有相关技术知识，包括信息技术知识；④熟悉客户所处的行业；⑤具有职业判断能力；⑥掌握会计师事务所质量控制政策和程序。

（6）业务执行。

会计师事务所应当制定政策和程序，以合理保证按照法律法规、职业道德规范和业务准则的规定执行业务，使会计师事务所和项目负责人能够根据具体情况出具恰当的报告。

会计师事务所在制定指导、监督与复核政策和程序时，应当考虑：①如何将业务情况简要告知项目组，使项目组了解工作目标；②保证适用的业务准则得以遵守的程序；③业务监督、员工培训和辅导的程序；④对已实施的工作、做出的重大判断以及拟出具的报告进行复核的方法；⑤对已实施的工作及其复核的时间和范围做出适当的记录；⑥保证所有的政策和程序是合时宜的。

项目组的所有成员应当了解拟执行工作的目标。项目负责人应当通过适当的团队工作和培训，使经验较少的项目组成员清楚了解所派工作的目标。项目负责人还要对业务执行以下监督：追踪业务进程；考虑项目组各成员的素质和专业胜任能力，以及是否有足够的时间执行工作，是否理解工作指令，是否按照计划的方案执行工作；解决在执行业务过程中发现的重大问题，考虑其重要程度并适当修改原计划的方案；识别在执行业务过程中需要咨询的事项，或需要由经验较丰富的项目组成员考虑的事项。在项目组内应该由经验较丰富的人员复核经验较少的人员执行的工作，在具体复核时复核人员应该考虑：工作是否已经按照法律法规、职业道德规范和业务准则的规定执行；重大事项是否已经提请进一步考虑；相关事项是否已经进行适当的咨询，由此形成的结论是否已经得到记录和执行；是否需要修改已执行工作的性质、时间和范围；已执行的工作是否支持形成的结论，并得以适当记录；获取的证据是否充分适当；业务程序的目标是否实现。

项目组在业务执行过程中时常会遇到各种各样的疑难问题或者争议事项，这些问题或事项一时之间无法在业务组内予以解决，通常需要向项目组之外的适当人员咨询。所以，会计师事务所应当建立政策和程序，以合理保证：①就疑难问题或争议事项进行适当咨询；②可获取充分的资源进行适当咨询；③咨询的性质和范围得以记录；④咨询形成的结论得到记录和执行。会计师事务所内部应当鼓励形成良好的咨询文化；合理确定咨询事项；适当确定被咨询者；充分提供相关事实；考虑利用外部咨询；完整记录咨询情况并得到认可。

会计师事务所应当制定政策和程序，以处理并解决项目组内部、项目组与被咨询者之间以及项目负责人与项目质量控制复核人员之间的意见分歧。形成的结论应当得以记录和执行，并规定只有在意见分歧问题得到解决后，项目负责人才能出具报告。

会计师事务所应当制定政策和程序，要求对特定业务实施项目质量控制复核，以客观评价项目组做出的重大判断以及在准备报告时得出的结论。这种复核通常包括：与项目组负责人进行讨论；复核财务报表或其他业务对象信息及报告，尤其是考虑报告是否适当；选取与项目组做出重大判断及形成结论有关的工作底稿进行复核。这些复核的范围取决于业务的复杂程度和出具不恰当报告的风险。

在对上市公司财务报表审计实施项目质量控制复核时，复核人员应当考虑：①项目组就具体业务对会计师事务所独立性做出的评价；②在审计过程中识别的特别风险以及采取的应对措施；③做出的判断，尤其是关于重要性和特别风险的判断；④是否已就存在的意见分歧、其他疑难问题或争议事项进行适当的咨询，以及咨询得出的结论；⑤在审计中识别的已更正和未更正的错报的重要程度及处理情况；⑥拟与管理层、治理层以及其他方面沟通的事项；⑦所复核的审计工作底稿是否反映了针对重大判断执行的工作，是否支持得出的结论；⑧拟出具的审计报告的适当性。在对上市公司财务报表审计以外的其他业务实施项目质量控制复核时，项目质量控制复核人员可以根据具体情况考虑上述部分或全部事项。

会计师事务所应当制定政策和程序，保证项目质量控制复核人员的客观性。在确定项目质量控制复核人员时，会计师事务所应当避免下列情形：复核人员由项目负责人挑选；复核人员在复核期间以其他方式参与该业务；复核人员代替项目组进行决策；存在可能损害复核人员客观性的其他情形。如果复核人员不能保持客观性，会计师事务所应当委派其他人员或聘请具有适当资格的外部人员，担当项目质量控制复核人员。

（7）业务工作底稿。

会计师事务所应当制定政策和程序，以使项目组在出具报告后及时将工作底稿归整为业务档案。会计师事务所应当根据业务的具体情况，确定适当的业务工作底稿归档期限。对历史财务报表审计和审阅业务、其他鉴证业务，业务工作底稿的归档期限为报告日后六十天内。如果针对客户的同一财务信息执行不同的委托业务，需要出具两个或多个不同的报告，会计师事务所应当将其视为不同的业务，并且根据制定的政策和程序，在规定的归档期限内分别将业务工作底稿归整为最终业务档案。

会计师事务所应当制定政策和程序，以安全保管业务工作底稿并对业务工作底稿保密；保证业务工作底稿的完整性；便于使用和检索业务工作底稿；按照规定的期限保存业务工作底稿。

会计师事务所应当制定政策和程序，以履行对业务工作底稿所含信息的保密义务，除《中国注册会计师职业道德守则》规定的保密义务的豁免情况外，会计师事务所都应当对业务工作底稿包含的信息予以保密。同时，会计师事务所还应当制定政策和程序，以使业务工作底稿保存期限满足法律法规的规定及会计师事务所的需要。对历史财务报表审计和审阅业务、其他鉴证业务，会计师事务所应当自业务报告日起，对业务工作底稿至少保存十年。

业务工作底稿的所有权属于会计师事务所。会计师事务所可以自主决定允许客户获取业务工作底稿的部分内容，或摘录部分工作底稿，但披露这些信息不得损害会计师事务所执行业务的有效性。对于鉴证业务，披露这些信息不得损害会计师事务所及其人员的独立性。如果披露这些信息会损害会计师事务所执行业务的有效性，就不应当满足客户的要求。尤其是如果披露这些信息会损害会计师事务所及其人员的独立性时，就不得向客户提供相关的工作底稿信息。

（8）监控。

会计师事务所应当制定监控政策和程序，以合理保证在质量控制制度中的政策和程序是相关、适当的，并且正在有效运行。这些监控政策和程序应当包括持续考虑和评价会计师事务所的质量控制制度，如定期选取已完成的业务进行检查。

会计师事务所质量控制制度的监控应当由具备专业胜任能力的人员进行具体实施，会计师事务所可以委派主任会计师、副主任会计师或具有足够经验和权限的其他人员履行监控责任，监控的内容包括质量控制制度设计的适当性和有效性。这些内容具体包括（但不局限于）：确定质量控制制度的完善措施，包括要求对有关教育与培训的政策和程序提出反馈意见；与会计师事务所适当人员沟通已识别的质量控制制度在设计、理解或执行方面存在的缺陷；由会计师事务所的适当人员采取追踪措施，以对质量控制政策和程序及时做出必要的修正；法律法规、职业道德规范和业务准则的新变化，以及会计师事务所的政策和程序如何适当反映这些变化；有关独立性政策和程序遵守情况的书面确认函；职业发展（包括培训）；与接受和保持客户关系及具体业务相关的决策等。

会计师事务所应当周期性地选取已完成的业务进行检查，周期最长不能超过3

年，在每个周期内，应对每个项目负责人的业务至少选取一项予以检查。会计师事务所还应当每年至少一次将质量控制制度的监控结果传达给项目负责人及会计师事务所内的其他适当人员，以使会计师事务所及其相关人员能够在其职责范围内及时采取适当的行动。传达的信息应当包括已实施的监控程序、实施监控程序得出的结论以及系统性的、重复出现的或其他重大的缺陷及其整改措施。

第4章 审计人员的职业责任与法律责任

学习目的与要求

本章以社会公众对审计职业的期望为视角介绍了审计职业责任和审计人员的法律责任。通过本章的学习，要求学生能够区分审计职业责任与法律责任这两个概念，了解审计人员的职业责任和法律责任以及审计职业规避法律责任的措施。

教学重点与难点

审计职业责任与审计人员的法律责任之间的区别以及各自所包含的内容。

4.1 审计人员的职业责任

任何一个职业所应承担的职责与其社会地位之间有着直接的联系。就审计职业而言，只有当审计人员准备承担责任并对其因未能满足规定的要求所引起的后果负责时，其地位和执业能力才会被认可，否则他们出具的报告毫无意义，也就无所谓什么社会地位。审计人员职业责任的概念通常从两个相关的内容中反映出来：对什么负责和对谁负责。对这两个问题的回答主要包含在职业界的各种技术和道德准则中。如审计准则规定，审计人员有责任计划和执行审计，以便为财务报表中是否不存在因错误或舞弊而引起的重大错报获得合理保证。可见审计人员的职业责任主要是对发现错误与舞弊和不法行为的责任。另外，为了更好地履行这一责任，审计人员还要在具体执业过程中针对其执业发现的相关问题与相关责任人或其他相关人员进行沟通。所以，审计人员的职业责任又体现在就审计过程中的审计发现结果的沟通责任。

4.1.1 对发现错误与舞弊和不法行为的责任

1）错误与舞弊

审计准则将错报分成两类：错误和舞弊。这两类错报均有重要与不重要之分。“错误”是指财务报表中的“无意”错报；“舞弊”则是指“故意”错报。例如，在销售发票中单价和数量的乘积计算有误，在确定存货的成本与市价孰低时忽略了较为陈旧的原材料，就是错误的两个例子。

舞弊可以分成两类：侵占资产和虚假财务报告。前者通常称为贪污或雇员舞弊；后者通常称为管理层舞弊。例如，收银员在销货时拿走货款而不记入收银机，就是侵吞资产的例子；而为提高报告盈余而蓄意高估邻近资产负债表日的销售额，则是虚假财务报告的例子。

2）审计人员对发现重大错误的责任

审计人员要花费大量时间计划和执行审计，以便发现管理层及其雇员所犯的无意识错误。审计人员可以发现各种各样的错误，如收集和处理用以编制财务报表的数据时出现的错误；遗漏某项金额或披露；疏忽或误解有关事实导致不正确的会计估计等。

3）审计人员对发现舞弊的责任

审计准则没有就审计人员检查错误的责任与检查舞弊的责任予以区分，不管是错误还是舞弊，审计人员都必须高度保证财务报表不存在重大错报。同时也认识到，发现舞弊通常要比发现错误更困难，因为犯有舞弊行为的管理层或雇员总是试图掩盖其舞弊行为的。但是，这些困难并不能改变审计人员恰当计划和执行审计的责任，舞弊风险是审计人同必须要考虑的特别风险。

虚假财务报告导致的舞弊与侵占资产导致的舞弊之间存在着重要区别。虚假财务报告是为欺骗财务报表使用者而作出的故意错报（包括对财务报表金额或披露的遗漏）；而资产被侵占，则损害股东、债权人和其他人，因为资产的合法所有人已无法再得到这些资产。这两类舞弊都会给使用者造成潜在危害。一般来说，虚假财务报告是管理层的舞弊，通常凌驾于内部控制之上，有时雇员并不知晓。例如，决定漏报一项有关未决诉讼的重要附注。而侵占资产通常是（但不总是）雇员而不是管理层的舞弊，并且金额常常不重要。

审计人员应当评价虚假财务报告和资产侵占的风险。审计人员为了评估舞弊风险，应该收集信息确定舞弊条件存在的程度。当因舞弊引起的错报发生时，一般存在以下三个条件：一是动机/压力——管理层或雇员具有舞弊的动机和压力；二是机会——环境为管理层或雇员舞弊提供了机会；三是态度/理性——从态度、本质，或道德价值上，管理层或雇员故意做出不诚实的行为，或者他们处在压力很大的环境中，以至于理性地做出不诚实的行为。

针对舞弊存在与否的判断条件，审计人员应该考虑如下情况：①与虚假财务报告和侵占资产有关的特殊风险因素；②从有经验的审计项目小组成员处获得关于他们对公司及其行业所了解的信息，包括因舞弊导致的重大错报是如何引起怀疑和在哪些地方可疑；③管理层对审计人员提问的回答，这些问题是关于他们对舞弊风险的看法，针对具体可识别舞弊风险的现行程序和控制的看法；④在计划时获得分析性程序的结果，这些结果暗示了难以置信或未预期的分析性关系；⑤从诸如客户接受和轮换决策，财务报表的期中复核和固有风险等的考虑中所获得的了解。

审计人员应当使用相关信息识别因舞弊引起的重大错报风险。如果识别了因舞弊引起的重大错报风险，审计人员就首先应该与管理层交流这些发现结果，以获得管理层对于潜在舞弊和设计用于预防或侦查错报的现有程序的看法，并应当使用以下三种方法对这些风险做出反应：①设计和执行针对识别舞弊风险的审计程序，例如，由于存在存货舞弊的风险，审计人员可以出其不意地走访存货所在地；②针对舞弊风险改变整个审计行动，例如，变更或重组审计项目组成员，持更审慎的职业怀疑态度，执行严格的质量控制程序；③执行相关程序以应对管理层凌驾内部控制之上的风险，例如，审计人员可以检查对大额或异常交易所进行的非正常调整或合并。

在审计完成时，审计人员还应该再次评价报表是否存在重大错报风险未被发现的可能性，考虑是否需要追加审计程序。

4）审计人员对发现不法行为的责任

在审计准则中，“不法行为”被定义为：“除了舞弊之外”的其他违反法律或政府法规的行为。违反企业所得税法和违反环境保护法，就是不法行为的两个例子。

（1）有直接影响的不法行为。

一些违反法律或法规的行为会对财务报表的特定账户余额产生直接财务影响。例如，违反企业所得税法就会直接影响所得税费用和应交税费——应交所得税。根据审计执业准则的要求，审计人员对这些有直接影响的不法行为应承担的责任，与对错误和舞弊承担的责任相同。因此，在每一次审计中，审计人员都通常要评价是否有证据表明存在严重违反企业所得税法的行为。具体可以是：与被审计单位的雇员进行讨论，并审查每月的企业所得税申报表和年度所得税汇算清缴申报表。

（2）有间接影响的不法行为。

绝大多数的不法行为只间接影响财务报表。例如，如果被审计单位违反了环境保护法，那么，只有在对被审计单位被处以罚款或制裁时，才会对所审财务报表产生影响。潜在的重要罚款和制裁，因可能最终要支付潜在金额，所以需要披露这一或有负债，从而间接影响财务报表。这就是有间接影响的不法行为。可能具有间接影响的不法行为的其他例子有：违反内幕证券交易法规、违反民事权利法和违反联邦雇员安全规定等。

审计执业准则明确规定，审计人员对发现有间接影响的不法行为不提供任何保证。审计人员缺乏法律专长，并且不法行为与财务报表之间的关系常常又是间接的，这使得要求审计人员承担发现那些不法行为的责任是不切实际的。

（3）审计人员发现和报告不法行为的责任可分为三个层次。

①没有理由认为存在有间接影响的不法行为时的证据收集。审计中通常用于查找错误和舞弊的许多审计程序，也可用于发现不法行为。例如，阅读董事会的会议

记录，向被审计单位律师询问有关诉讼的情况等，就属于这类程序。审计人员还应当向管理层询问，他们所建立的旨在防止不法行为的政策，以及他们是否知道被审计单位已经违反的所有法律或法规。除了这些程序之外，除非有理由认为可能存在有间接影响的不法行为，否则审计人员就不应当进行查找。

②有理由认为可能存在有直接影响或有间接影响的不法行为时的证据收集和其他措施。审计人员可以通过多种途径，发现可能存在不法行为的迹象。例如，会议记录可能表明一个政府部门正在进行一项调查，或者审计人员可能已经发现被审计单位已向顾问或政府官员支付了巨额款项。

当审计人员认为可能已经发生了不法行为时，有必要采取以下几项措施：第一，审计人员应当向可能涉及这一潜在不法行为的管理层之上级部门进行询问。第二，审计人员应当向被审计单位法律顾问或精通该潜在不法行为的其他专家进行咨询。第三，审计人员应当考虑收集更多的证据，以确定是否确实存在不法行为。所有这三项措施，都是专门为审计人员提供涉嫌不法行为是否确实存在的信息。

③审计人员确知某项不法行为时的措施。在已经查明存在某项不法行为时，第一项措施就是考虑它对财务报表的影响，包括披露的充分性。这些影响可能非常复杂，并且难以解决。例如，违反民事权利法，可能涉及巨额罚款，也可能导致客户的流失或关键雇员的流失，从而可能严重影响未来收入和费用。如果审计人员认为有关不法行为的披露不充分，他就应当相应地修正审计报告。

审计人员也应当考虑这些不法行为对他与管理层之间关系的影响。如果管理层知道既存的不法行为，但没有告知审计人员，则在其他讨论中，管理层的诚信度就值得怀疑。

审计人员应当与审计委员会或其他具有同等权力的部门进行沟通，以确信他们了解既存的不法行为。沟通可以是口头的，也可以是书面的。如果是口头沟通，则沟通和讨论的性质应当在工作底稿中进行记录。如果客户既拒绝接受审计人员修正后的报告，又不对既存的不法行为采取恰当的补救措施，则审计人员可能认为有必要退出该审计业务。如果该被审计单位是上市公司，则审计人员还必须直接向证券管理部门报告有关事宜。这些决策比较复杂，审计人员通常要向其法律顾问寻求咨询。

4.1.2　审计过程中就审计发现结果进行沟通的责任

审计人员有责任就与其审计工作相关的某些信息或事件进行沟通。这些责任有些是审计准则规定的，有些是由法律法规规定的。例如，审计准则要求审计人员就管理层是否恰当地履行报告义务向被审计单位的审计委员会进行报告，或者是报告其他一些事宜，比如，重大差错、舞弊和不法行为，以及审计人员在审计过程中注意到的在内部控制设计或运行过程中存在的重大缺陷。审计人员在审计过程中通常会获得一些信息，这些信息可能会帮助审计委员会实现其监督被审计单位财务报告过程的职责，也能帮助管理层进行日常管理。在美国，美国注册会计师协会上市公司业务部还曾要求审计人员向审计委员会汇报其管理咨询业务收入。另外，美国《1995 年私人证券诉讼改革法案》还要求审计人员向证券交易委员会通报某些情况下的重大不法行为。《中国注册会计师审计准则第 1141 号——财务报表审计中与舞弊相关的责任》第 41 条规定："如果在审计过程中发现管理层和治理层的重大舞弊，审计人员应当考虑征询法律意见，以采取适当措施，应当根据法律法规的规定，确定是否向监管机构报告管理层和治理层的重大舞弊。"

1）就有关舞弊事项进行沟通的责任

当审计人员注意到可能的舞弊行为后，应该确认其对所审财务报表的潜在影响，并确定是否需要进一步收集大量的证据以做出舞弊存在的结论。如果由于存在舞弊而使得所审财务报表存在重大错报，则审计人员就应该坚持要求调整财务报表，否则就应当对所审财务报表发表保留或否定意见。此外，如果有证据表明被审计单位的财务报表存在舞弊行为，就应当提请适当层次的能够对相关事项采取适当措施的管理层注意该事项。根据《中国注册会计师审计准则第 1141 号——财务报表审计中与舞弊相关的责任》第 74 条的规定："所谓适当层次的管理层是指至少高出涉嫌舞弊人员一个级别的管理层。"依据《中国注册会计师审计准则第 1141 号——财务报表审计中与舞弊相关的责任》第 44 和 45 条规定："如果发现舞弊涉及管理层、在内部控制中承担重要职责的员工以及其舞弊行为可能对财务报表产生重大影响的其他人员，审计人员应当尽早将此类事项与治理层沟通。"

然而，通常情况下，审计人员并无责任将舞弊行为向被审计单位的高级管理层和治理层之外的其他团体进行披露或报告（除非该行为将影响到对所审财务报表的审计意见），而且审计人员还要受到关于保密的道德与法律义务的限制。但是，在某些情况下，审计人员有责任向被审计单位之外的团体履行告知义务。例如，如果在审计过程中审计人员发现管理层和治理层的重大舞弊行为，则他们就应该考虑征询法律意见以确定采取适当的措施。审计人员应该根据法律法规的规定，确定是否向监管机构报告管理层的重大舞弊。如果法律法规规定审计人员有就管理层和治理层的重大舞弊进行报告的义务，他们就应该按照法律法规的规定进行报告。因为这种报告或披露与审计人员关于保密的道德和法律义务之间的潜在利益冲突可能会很复杂，所以，审计人员在确定予以披露或报告之前，一般要向其法律顾问进行咨询。

2）就所发现的不法行为进行沟通的责任

根据审计准则的要求，审计人员就发现的不法行为的沟通责任与所发现的舞弊的沟通责任大致一样。例如，依据《中国注册会计师审计准则第 1142 号——财务报表审计中对法律法规的考虑》的有关规定："审计人员应该将其注意到的被审计单位的不法行为与被审计单位的治理层进行沟通，或获取治理层已获知该不法行为的证据。"如果审计人员认为不法行为是故意和重大的，那么他们就应当就发现的情况立即与治理层进行沟通；要是审计人员怀疑不法行为涉及高级管理层，他们就应当向被审计单位内部的审计委员会或监事会等更高层次的机构报告。这种沟通有利于审计人员履行其职业责任，为被审计单位治理层履行其对管理层的监督责任提供有用信息。

这种沟通应该尽早进行，以便于治理层要求管理层和相关人员尽早采取措施，做出适当处理。但是这种沟通的内容并不针对被审计单位存在的所有不法行为，而仅仅是就审计人员通过实施执业准则规定的审计程序所注意到的已确定的不法行为。

如果治理层已获知管理层的不法行为，审计人员可以不再与其进行沟通，但是审计人员应当取得治理层已获知该不法行为的有关审计证据。例如，审计人员在实施审计程序时，查找和核实不法行为时曾与治理层进行了沟通，并要求其在相关的审计记录中签字，那么该记录就是表明治理层已获知该不法行为的审计证据。治理层可能在日常监督活动中已经获知某项不法行为，审计人员也应该获取其已获知该不法行为的有关审计证据。

与舞弊沟通责任一样，一般情况下，审计人员无责任就被审计单位的不法行为与被审计单位之外的团体进行沟通。但是如果审计人员在审计过程中发现被审计单位存在严重的不法行为时，就应当考虑是否要求其向监管机构报告。在这里，审计人员首先判断该不法行为是不是严重的，然后了解相关法律法规是否要求报告不法行为，最后考虑采取何种方式、何时以及向谁报告。一般来说，所谓严重主要是指有重大法律后果或涉及社会公众利益，例如，商业银行监管法规可能要求审计人员报告商业银行参与洗钱行为。

如果审计人员无法确定是否有相关法律法规要求向监管机构报告发现的不法行为，或者无法确定某项不法行为是否应该向监管机构报告，审计人员通常需要征询相关的法律意见，然后再确定如何处理。

3）就已发现的内部控制缺陷进行沟通的责任

《中国注册会计师审计准则第1211号——通过了解被审计单位及其环境识别和评估重大错报风险》要求审计人员向适当层次的管理层或治理层报告其在审计过程中所注意到的，与内部控制组成部分的设计或运行相关并存在重大缺陷的事项，这些内部控制缺陷会对被审计单位按照管理层在财务报表中所作的认定来记录、处理、汇总和报告财务数据的能力产生不利影响，因此执业规范要求审计人员以书面的形式就此类事项进行沟通。但是，审计人员并没有责任对此执行进一步的扩展程序。

除这些事项外，审计人员通常还会观察到被审计单位不太重要的内部控制事项和经营管理有待改进的情况。这些事项信息也应和被审计单位进行交流与沟通。实现这种目的的沟通形式通常是一份单独的信函，称为管理建议书。虽然执业准则对管理建议书不作要求，但是，审计人员通常将之作为一种审计的增值服务提供给被审计单位。

4）需要与被审计单位治理层（或类似机构）沟通的其他情况

《中国注册会计师审计准则第 1151 号——与治理层的沟通》要求审计人员确保与审计执行相关的某些事项均已由审计人员或管理层与负责财务报告过程的组织进行了沟通。需要沟通的事项包括：

（1）审计人员应当就其责任直接与被审计单位治理层沟通，并向治理层明确说明审计人员的责任是对管理层在治理层监督下编制的财务报表发表意见，对财务报表的审计并不能减轻管理层和治理层的责任，审计人员通常将此类沟通事项包含在他们的审计业务约定书中；

（2）审计人员有责任按照审计准则的规定执行审计业务，发表审计意见，并就其财务报表审计过程中发现的，且与治理层履行对财务报告过程监督职责相关的重大事项与治理层进行沟通；

（3）审计准则并不要求审计人员专门为识别与治理层沟通的补充事项设计程序，但如果审计人员注意到根据其职业判断认为重大且与治理层责任相关的补充事项，并且这些事项没有通过其他渠道与治理层作过有效沟通时，审计人员应当就这些事项与治理层沟通；

（4）如果存在要求和商定沟通的其他事项，审计人员还有责任就这些事项与治理层沟通。

有关这方面的内容在第 14 章有更详细的阐述。

4.2 审计人员法律责任概述

任何一种职业，其所应承担的责任与其社会地位之间都有着直接的联系。对审计人员来说，只有当准备承担责任并对因未能满足规定的要求而引起的后果负责时，其地位和执业水平才会被认可。随着社会公众对审计人员的期望日益提高，其所担负的法律责任也在不断加大，这在世界各国已成为一种趋势。

4. 2. 1 审计人员法律责任的涵义

审计人员的职业责任与审计人员的法律责任这两个术语经常令人感到困惑不解，甚至人们常将“审计人员的法律责任”与“审计人员的责任”一并使用，但是，二者之间仍是有些细微差别的。有人将“责任”视为“职业责任”的同义词，而将“法律责任”看作社会强制人们履行职业责任，及遵守执业准则，以及向错误行为的受害者提供补偿的一种手段。从这个意义上来说，我们认为审计人员的法律责任是指审计人员在承办业务过程中未能履行合同条款，或者未能保持应有的职业谨慎，或者出于故意不作充分披露，出具不实报告，致使审计报告的使用者遭受损失，依照有关法律法规，审计人员或会计师事务所应承担的责任。

为了切实保证执业的质量和水平，任何一个国家都强调专业人员的法律责任，也大都订立了相应的法律责任条款。与其他职业相比，审计职业所负的法律责任更加重大。比如，对于律师和医生而言，若他们发生过失，受害人往往只是患者或少数委托人；如果审计人员发生过失，则可能使成千上万的人受到连累，蒙受损失，因为依赖和利用被审计单位管理层编制的财务报表和审计人员出具的审计报告作为决策依据的人们，不仅包括现有的投资者、债权人，而且还包括潜在的投资者、债权人、消费者、雇员、政府有关部门等所有关心被审计单位的人。西方审计职业界有句谚语“社会公众是审计人员的唯一委托人”，它恰如其分地表达了审计人员对社会公众负责的显著特性。

4.2.2　审计人员法律责任的成因

审计人员被控告的原因可能是多方面的：有的是被审计单位方面的责任；有的是审计人员的责任；有的是双方的责任；还有的是使用者错误理解审计人员的责任而控告审计人员。

1）被审计单位方面的责任

（1）错误、舞弊和违反法规的行为。被审计单位的责任主要是指错误、舞弊和违反法规的行为，可能会遭受到被审计单位及有关方面的控告。错误是指导致财务报表错报的非故意行为，主要包括：①为编制财务报表而收集和处理数据时发生失误；②由于疏忽和误解有关事实而做出不恰当的会计估计；③在运用与确认、计量、分类或列报与披露相关的会计政策时发生失误。舞弊是指被审计单位的管理层、治理层、员工或第三方使用欺骗手段获取不当或非法利益的故意行为。舞弊和错误的区别在于导致财务报表发生错报的行为是故意行为还是非故意行为。

防止或发现错误与舞弊是被审计单位治理层和管理层的责任。治理层有责任监督管理层建立和维护内部控制。管理层有责任在治理层的监督下建立良好的控制环境，维护有关政策和程序，以保证有序和有效地开展业务活动，包括制定和维护与财务报告可靠性相关的控制，并对可能导致财务报表发生重大错报的风险实施管理。而审计人员有责任按照中国注册会计师审计准则的规定实施审计工作，获取财务报表在整体上不存在源自于舞弊或错误的重大错报的合理保证。因此，审计人员应当在整个审计过程中保持职业怀疑态度。但由于审计的固有局限，即使按照审计准则的规定恰当地计划和执行审计工作，审计人员也不能对所审财务报表整体不存在重大错报获得绝对保证，因此不能苛求审计人员发现和揭露财务报表中所有的错误和舞弊。因此，既不能要求审计人员对所有未查出的财务报表中的错误与舞弊情况负责，也不意味着审计人员对未查出的财务报表中的重大错误与舞弊没有任何责任，关键要看未能查出的原因是否源自审计人员本身的过失。

违反法规行为，是指被审计单位有意或无意地违反会计准则和相关会计制度之外的法律法规的行为。审计人员不需对被审计单位遵守法律法规情况实施超出财务报表审计范围的其他审计程序。

保证经营活动符合法律法规的规定，防止和发现违反法规行为是被审计单位管理层的责任。除审计准则规定的审计程序以外，审计人员不应当、也不能对防止被审计单位违反法规行为负责，但执行年度财务报表审计可能是遏制违反法规行为的一项措施。对发现的被审计单位的违反法规的行为，审计人员应当立即与治理层沟通，或向律师寻求帮助。如果审计人员认为已发现的违反法规的行为对所审财务报表有重大影响，且未能在所审财务报表中得到恰当反映，审计人员应当出具保留意见或否定意见的审计报告。如果因被审计单位的阻挠而无法获取充分适当的审计证据，以评价是否发生或可能发生对所审财务报表具有重大影响的违反法规的行为，审计人员应当根据审计范围受到限制的程度出具保留意见或无法表示意见的审计报告。如果因审计范围受到被审计单位以外的其他条件限制而无法确定违反法规的行为是否发生，审计人员应考虑其对审计报告的影响。

（2）经营失败。被审计单位在经营失败时，也可能会连累到审计人员。通常，投资者将资本投入被审计单位或信贷者将资金借给被审计单位后，就面临某种程度的经营风险。也就是说，被审计单位此后可能会由于经济或经营条件的变化，比如经济萧条、决策失误或同行之间的激烈竞争等，而导致无力归还借款或无法达到投资者期望的收益。反映经营风险的极端情况就是经营失败，企业破产倒闭。

出现经营失败时，审计失败可能存在，也可能不存在。如果审计人员按照审计准则的要求实施了审计，没有发表不恰当的审计意见，或者审计人员按照审计准则实施了审计，在审计中未能发现并揭露被审计单位持续经营能力存在的问题，这都不属于审计失败。只有审计人员在审计过程中未能遵循审计准则的要求，未能尽到应有的职业谨慎，而发表了错误的审计意见，才属于审计失败。在审计失败的情况下，因审计人员的过失而遭受损失的人可望从会计师事务所或其保险公司取得赔偿。尽管审计工作的复杂性致使很难在实践中确定审计人员是否尽到应有的职业谨慎，根据司法传统也很难判定谁能胜诉，但是，审计人员一旦出现过失，未能保持应有的职业谨慎，最终还是会使会计师事务所蒙受损失的。

2）审计人员自身方面的原因

如果不是审计人员方面的原因，给被审计单位或第三者造成损失，审计人员将不负法律责任。但是，也有些会计师事务所和审计人员因违约、过失和欺诈等行为招惹官司。

（1）违约。违约是指审计人员未能达到审计业务约定书的要求，如未能按期出具审计报告、未能履行保密责任等。当此等违约行为给他人造成损失时，审计人员应负违约责任。

（2）过失。过失是指审计人员在执行审计业务时没有保持应有的职业谨慎。评价审计人员的过失，是以其他称职的审计人员在相同条件下可做到的谨慎为标准。当过失给他人造成损害时，审计人员应负过失责任。通常将过失按其程度不同分为普通过失和重大过失。

普通过失又称“一般过失”，是指审计人员没能保持职业上应有的职业谨慎，表现为没有遵守执业准则或没有按照执业准则的基本要求执行审计。比如，未按特定项目取得必要和充分的审计证据，可视为普通过失。重大过失，是指审计人员没有保持起码的职业谨慎，表现为根本没有遵循执业准则或没有按照执业准则的基本要求执行业务。

另外，还有一种过失叫“共同过失”，即对他人过失，受害方自己未能保持合理的谨慎也蒙受损失。发生共同过失时，审计人员和客户双方都存在责任。比如，审计人员没有发现被审计单位现金等资产短缺时，既有审计人员未能发现的过失，也有被审计单位缺乏适当的内部控制或内部控制无效的过失。

“重要性”和“内部控制”这两个概念有助于区分审计人员的普通过失和重大过失。

首先，如果财务报表中存在重大错报事项，审计人员运用常规审计程序通常应能够发现，若因工作疏忽而未能将重大错报事项查出来，就很可能在法律诉讼中被解释为重大过失。如果财务报表有多处错报事项，每一处都不算重大，但综合起来对财务报表的影响却较大，也就是说，财务报表作为一个整体可能严重失实。在这种情况下，法院一般认为审计人员具有普通过失，而非重大过失，因为常规审计程序发现每处较小错报事项的概率也较小。

其次，审计人员对财务报表项目实施的实质性程序受到控制测试结果的影响。如果内部控制不太健全，审计人员应当调整实质性程序的性质、时间和范围，这样，一般都能合理确信发现由此而产生的重大错报，否则就具有重大过失的性质。相反的情况是，内部控制本身非常健全，但由于员工串通舞弊，导致设计良好的内部控制失效。由于审计人员查出这种错报事项的可能性相对较小，因而一般会认为审计人员没有过失或只具有普通过失。

（3）欺诈。欺诈，又称审计人员舞弊，是指以欺骗或坑害他人为目的的一种故意的错误行为。作案具有不良动机是欺诈的重要特征，也是欺诈与过失的主要区别之一。对于审计人员而言，欺诈就是为了达到欺骗他人的目的，明知被审计单位的财务报表有重大错报，却加以虚伪陈述，出具无保留意见的审计报告。

与欺诈相关的另一个概念是“推定欺诈”，又称“涉嫌欺诈”，是指虽无故意欺诈或坑害他人的动机，但却存在极端或异常的过失。推定欺诈和重大过失这两个概念的界限往往很难界定。美国许多法院曾经将审计人员的重大过失解释为推定欺诈，特别是近年来有些法院放宽了“欺诈”一词的范畴，使得推定欺诈和欺诈在法律上成为等效的概念。这样，具有重大过失的审计人员的法律责任就进一步加大了。

3）财务报表使用者的误解

来自财务报表使用者方面的原因一般是财务报表使用者对财务报表信息的错误理解。委托人或第三者错误理解财务报表信息，进而做出错误的决策，从而导致损失，这是信息使用者自身知识、理解力存在不足的结果。这样的损失不应该由审计人员来承担。

来自财务报表使用者方面的原因还有财务报表信息使用者不能正确区分被审计单位管理层的责任和审计人员的责任。在财务报表审计中，审计人员的责任是按照中国注册会计师审计准则的规定对财务报表发表审计意见；在被审计单位治理层的监督下，按照适用的会计准则和相关的会计制度的规定编制财务报表是被审计单位管理层的责任。审计人员的责任不能减轻或替代被审计单位管理层和治理层的责任。在被审计单位发现经营失败时，由于财务报表使用者不能区分这两种责任，加上可能因为遭受了损失而希望得到补偿，往往会将审计人员送上被告席，而不管错在何方。

另外，审计期望差也是导致审计人员需要承担法律责任的原因之一。审计期望差我们在前面已经讨论过了。由于审计人员的审计工作受审计技术和成本的限制，他们是不可能查出被审计单位财务报表中的所有错误与舞弊的，但是社会公众却不以为然，他们一旦发现所依据的财务报表存在源自错误或舞弊的重大错报，发生损失时就会向审计人员提起诉讼要求赔偿。

4.3 审计人员法律责任的种类

审计人员承担的法律责任根据不同标准可划分为不同的类别。例如，按承担责任的主体不同可分为审计人员的法律责任和会计师事务所的法律责任；按承担责任的形式不同可分为行政责任、民事责任和刑事责任；按承担责任的对象不同可分为对客户的责任和对第三方的责任等。

4.3.1 行政责任、民事责任和刑事责任

审计人员因违约、过失或欺诈给被审计单位或其他利害关系人造成损失的，按照有关法律和规定，可能被判负有行政责任、民事责任或刑事责任。这三种责任可单处，也可并处。

1）行政责任

行政责任是指审计人员或会计师事务所违反有关行政管理的法律法规规定，但尚未构成犯罪的行为所依法应当承担的法律后果。行政责任分为行政处分和行政处罚。前者是对国家工作人员的行政违法行为给予一定的处罚，包括警告、记过、降级、降职、撤职、开除等；后者是指国家行政机关及其他依法可以实施行政处罚的组织，对违反行政法律、法规、规章，但尚不构成犯罪的公民、法人及其组织实施的制裁行为，包括警告、罚款、没收违法所得、责令停产停业、暂扣或者吊销营业执照、行政拘留等。对审计人员个人来说，行政处罚包括警告、暂停执业、吊销注册会计师证书；对于会计师事务所来说，行政处罚包括警告、没收违法所得、罚款、暂停执业、撤销等。

2）民事责任

民事责任是指审计人员或会计师事务所对由于自己违反合同义务或因民事侵权行为而对受害者承担的赔偿损失的责任。承担民事责任的形式通常表现为赔偿受害人的经济损失。

违反合同是指审计人员在执行业务时因违反合同中的条款而应承担法律责任的行为。在审计业务中，会计师事务所与客户之间签订的业务约定书具有合同性质。审计业务约定书是会计师事务所与客户之间设立、变更、终止民事关系的协议，明确了签约双方的权利义务关系，具有法律效力。一般而言，审计人员的义务主要包括两项：一是按时、按质完成审计业务；二是保守客户的商业秘密。如果审计人员不履行义务，或不按约定条件履行义务，客户就有权要求履行或采取补救措施，并有权要求审计人员承担民事赔偿责任。

民事侵权行为是指不法侵占他人财产和侵害人身权利的行为。如果审计人员由于自身的过失或欺诈，对外提供了不恰当的审计报告，而社会公众根据该审计报告做出了错误的决策，造成了财产损失，就可以认为是审计人员的过错行为造成了报表使用者的财产损失，属于民事侵权行为。

3）刑事责任

刑事责任是指审计人员由于重大过失、欺诈行为触犯了刑法所应承担的法律责任。刑事责任的形式包括：罚金、拘役、有期徒刑。刑法是对严重危害社会的行为进行的规范。在审计人员的行为严重影响整个社会经济秩序时，就要承担刑事责任，受到刑法的处罚。

一般来说，因违约和过失可能使审计人员负行政责任和民事责任，因欺诈可能会使审计人员负民事责任和刑事责任。

4.3.2　对客户的责任

针对审计人员的诉讼最常见的是客户提起的诉讼案件。此类案件内容涉及的范围很广，包括指控审计人员未能在商定日期内完成一项非审计业务，或是不恰当地退出审计业务，或是未能发现贪污行为（盗窃资产），或是违反对审计人员的保密性要求等。

典型的诉讼案件是指控审计人员在执行审计中因过失而未能发现雇员的贪污行为。这种诉讼可以违约为由，也可以过失导致的民事侵权行为为由，或者同时指控这两种行为。以民事侵权行为为由较为常见，其可获得的赔偿金额通常要高于以违约为由的赔偿金额。民事侵权行为的依据可以是普通过失、重大过失或欺诈。

涉及指控过失案件的关键问题常常在于如何确定所要求的谨慎程度。虽然人们普遍认为人无完人，即使职业人员也不例外。在绝大多数情况下，审计判断上的任何重大差错或错误至少会导致人们假定审计人员有过失行为，因而职业人员不得不为之辩护。在审计环境中，没有遵守执业准则要求通常是认定过失的决定性证据。

4.3.3 对第三方的责任

这里所说的第三方是指与会计师事务所鉴证业务约定书以外的其他相关人士或团体（包括委托单位现有与潜在的股东、供应商、客户、银行及其他债权人或政府机关等）。虽然上述相关人士、团体与审计人员之间不存在契约关系，但对他们因为依赖已审计财务报表及有关资料中的失实误导而造成的损失，审计人员在特定条件下也应负有法律责任。由此可见，审计人员的法律责任范围呈现不断扩大之趋势。并且，审计人员对第三方的法律责任是相当复杂的问题。有关这一方面，美国的审计人员对第三方的责任最具有代表性，以下予以简单介绍。

1）习惯法下审计人员对于第三方的责任

（1）审计人员对受益第三方的责任。

所谓受益第三方，主要是指合同（业务约定书）中所指明的人，但此人既非要约人，又非承诺人，例如，审计人员知道被审计单位委托他对财务报表进行审计的目的是为了获得某家银行的贷款，那么这家银行就是受益第三方。受益第三方同样享有委托单位和会计师事务所所订合同中的权利，也就是说，如果审计人员的过失（包括普通过失）给依赖审计人员审计过的财务报表的受益第三方造成了损失，受益第三方就可以以指控审计人员具有过失为由而向法院提起诉讼，追回其遭受的损失。

（2）审计人员对其他第三方的责任。

其他第三方是指合同中没有指明的使用被审计单位财务报表和审计报告的人，如实际或潜在的股东、供货商、银行、其他信贷人、职工以及客户等。审计人员对于其他第三方是否应承担责任，习惯法和成文法的判定有所不同。

在习惯法下，若是普通过失，审计人员不对未曾指明的其他第三方负责，若是重大过失或欺诈行为，审计人员则应当对未指明的其他第三方负责。

但是自20世纪80年代以来，许多法院判定具有普通过失的审计人员对可以合理预见的第三方负有责任。所谓可以合理预见的第三方，是指审计人员在正常情况下能够预见将依赖财务报表的人。

2）成文法下审计人员对第三方的责任

在美国，涉及审计人员责任的成文法主要有两个，即《1933年证券法》和《1934年证券交易法》。当受害的第三方指控审计人员时，首先应当选择这种指控是根据习惯法还是根据成文法（如果有适用的法律的话）而提出的。由于《1933年证券法》和《1934年证券交易法》允许集团诉讼（即某一类人，如全体股东成为原告），并要求审计人员按照严格的标准行事，因此，大多数指控审计人员的公开发行证券的公司的股东或债券持有人都是根据联邦成文法提出诉讼的。

（1）《1933年证券法》下对第三方的责任。

《1933年证券法》规定："凡是公开发行证券（包括股票和债券）的公司，必须向证券交易委员会呈送登记表，其中包括经审计人员审计过的财务报表。如果登记表中有重大的误述或遗漏事项，那么呈送登记表的公司及其审计人员都对于证券的原始购买人负有责任，不管是普通过失还是重大过失。任何购买了登记表所列证券的第三方（即证券的原始购买人），只要能证明他遭受了损失以及财务报表是令人误解的，则都可以指控审计人员并追回损失。”

（2）《1934 年证券交易法》下对第三方的责任。

《1934 年证券交易法》规定：“每个证券交易委员会管辖下的公开发行公司（具有 100 万美元以上的总资产和 500 位以上的股东），均需向证券交易委员呈送经审计人员审计过的年度财务报表。如果这些年度财务报表令人误解，呈送公司和它的审计人员对于买卖公司证券的任何人均负有责任，除非确能证明他的行为出于善意，且并不知道财务报表是虚伪不实或令人误解的。”

4.3.4　我国关于审计人员的法律责任的规定

在我国，随着客户及利益相关人自我保护意识的逐渐增强，审计人员的法律责任问题越来越突出。因此，为了强化审计人员的责任意识，提高其执业质量，近年来我国颁布的不少重要的经济法律、法规中都有针对会计师事务所、审计人员法律责任的条款，其中比较重要的有《中华人民共和国注册会计师法》（以下简称《注册会计师法》）、《中华人民共和国公司法》（以下简称《公司法》）、《中华人民共和国证券法》（以下简称《证券法》）及《中华人民共和国刑法》（以下简称《刑法》）等。

1）《注册会计师法》的规定

我国《注册会计师法》是一部规范会计师事务所和注册会计师行为以及规范注册会计师职业发展的重要法规。《注册会计师法》不仅昭示着我国注册会计师事业正式走上法制化、规范化的道路，并逐步与国际惯例趋同，同时还为明确注册会计师的法律责任提供了直接的法律依据。

《注册会计师法》第 14 条和第 15 条规定了注册会计师的业务范围，包括审计业务、会计咨询和会计服务业务，并在第 16 条第二款中明确规定：“会计师事务所对本所注册会计师依照前款规定承办的业务，承担民事责任。”

《注册会计师法》还特别就注册会计师执业过程中的职责作了规定。第 20 条规定：“注册会计师执行审计业务，遇到下列情况之一的，应当拒绝出具有关报告：（1）委托人示意其作不实或者不当证明的；（2）委托人故意不提供有关会计资料和文件的；（3）因委托人有其他不合理要求致使注册会计师出具的报告不能对财务会计的重要事项做出正确表述的。”第 21 条又规定：“注册会计师执业审计业务，必须按照执业准则、规则确定的工作程序出具报告。注册会计师执行审计业务出具报告时，不得有下列行为：（1）明知委托人对重要事项的财务会计处理与国家有关规定相抵触，而不予指明；（2）明知委托人的财务会计处理会直接损害报告使用人或者其他利益人的利益，而予以隐瞒或者作不实的报告；（3）明知委托人的财务会计处理会导致报告使用人或者其他利害关系人产生重大误解，而不予指明；（4）明知委托人的财务报表的重要事项有其他不实内容，而不予指明。对委托人有前款所列行为，注册会计师按照执业准则、规则应当知道的，适用前款规定。”对于违反这些规定的，会计师事务所和注册会计师应分别承担法律责任。对此，《注册会计师法》第39条规定：“会计师事务所违反本法第20条、第21条规定的，由省级以上人民政府财政部门给予警告，没收违反所得，可以并处违法所得一倍以上五倍以下的罚款；情节严重的，可以由省级以上人民政府财政部门暂停其经营业务或者予以撤销。注册会计师违反本法第20条、第21条规定，由省级以上的人民政府财政部门给予警告，情节严重的，可以由省级以上的人民政府财政部门暂停其执行业务或者吊销注册会计师证书。会计师事务所、注册会计师违反本法第20条、第21条的规定，故意出具虚假的审计报告、验资报告，构成犯罪的，依法追究刑事责任。”

此外，《注册会计师法》第42条还明确规定：“会计师事务所违反本法规定，给委托人、其他利害关系人造成损失的，应该依法承担赔偿责任。”

可见，《注册会计师法》对注册会计师的法律责任已做出了基本规定。虽然这些规定还有待具体化，但毕竟为我国注册会计师职业明确其法律责任提供了直接的法律依据。

2）《证券法》的规定

《证券法》中涉及审计人员法律责任的内容有第173条、第193条、第201条、第207条、第223条、第225条、第226条等，其核心是要求：为证券的发行、上市或证券交易活动出具审计报告的专业机构和人员必须按照执业规则规定的程序出具报告，并对其所出具报告内容的真实性、准确性和完整性负责。这些相关条款就不再一一摘录了。

3）《公司法》的规定

2006年1月1日开始施行的《公司法》第165条规定：“公司在每一会计年度终了时，需编制财务会计报告并依法经会计师事务所审计，财务报表应该按照法律法规制定。”这一条款的规定一方面扩大了审计人员的业务量，但也增加他们的潜在法律责任。因为从此所有的公司都必须在每个会计年度终了接受审计人员的审计，其间还有许多小公司为追求经济利益而减少纳税，财务报表失真现象严重，这无形中增加了审计人员的潜在法律责任。

根据《公司法》第208条的规定：

“承担资产评估、验资或者验证的机构提供虚假材料的，由公司登记机关没收违法所得，处以违法所得一倍以上五倍以下的罚款，并可以由有关主管部门依法责令该机构停业、吊销直接责任人员的资格证书，吊销营业执照。

承担资产评估、验资或者验证的机构因过失提供重大遗漏报告的，由公司登记机关责令改正，情节严重的，处以违法所得一倍以上五倍以下的罚款，并可以由有关主管部门依法责令该机构停业、吊销直接责任人员的资格证书，吊销营业执照。

承担资产评估、验资或者验证的机构因其出具的评估结果、验资或者验证证明不实，给公司债权人造成损失的，除能够证明自己没有过错的外，在其评估或者证明不实的金额范围内承担赔偿责任。”

《公司法》第 216 条规定：“违反本法规定，构成犯罪的，依法追究刑事责任。”

4）《刑法》的规定

《刑法》第 229 条规定：“承担资产评估、验资、验证、会计、审计、法律服务等职责的中介组织的人员故意提供虚假证明文件，情节严重的，处五年以下有期徒刑或者拘役，并处罚金。

前款规定的人员，索取他人财物或者非法收受他人财物，犯前款罪的，处五年以上十年以下有期徒刑，并处罚金。

第一款规定的人员，严重不负责任，出具的证明文件有重大失实，造成严重后果的，处三年以下有期徒刑或者拘役，并处或者单处罚金。”

5）最高人民法院的规定

2002 年 1 月 15 日《最高人民法院关于受理证券市场因虚假陈述引发的民事侵权纠纷案件有关问题的通知》中指出：“虚假陈述民事赔偿案件，是指证券市场上证券信息披露义务人违反《证券法》规定的信息披露义务，在提交或公布的信息披露文件中做出违背事实真相的陈述或记载，侵犯了投资者合法权益而发生的民事侵权索赔案件。”这一通知是对《证券法》中有关虚假陈述责任规定的落实，规定了对虚假陈述民事赔偿案件被告的虚假陈述行为，需经中国证监会及其委托机构调查并处做出生效处罚决定后，法院依法受理。审计人员的民事责任受到这个司法解释的约束。

4.4　审计人员法律责任的规避

随着责任方、预期使用者自我保护意识的逐渐增强，审计人员的法律责任问题越来越突出。面对日益增多的法律诉讼问题，审计人员及行业应该如何合理应对已成为审计人员职业无法回避的问题。具体来说，对于审计人员的法律责任的规避，可从审计职业界和审计人员个人两个方面进行探讨。

4.4.1　审计职业界规避法律责任的对策

作为审计职业组织的注册会计师协会及职业主管部门应采取各种措施，协助会计师事务所和审计人员应对法律诉讼。职业界可采取的主要措施包括：

1）加强审计理论研究

坚持审计理论研究非常重要，它有助于探索更好的方法，用以揭露无意的重要错报或舞弊行为、向报表使用者传达审计结果、保证注册会计师的独立性等。美国注册会计师协会（AICPA）、各会计师事务所以及各大学已经进行了大量的研究工作。例如，有的会计师事务所为此提供了巨额的科研基金。我国财政部、中注协及高校等单位也组织了大量的人力、物力、财力对审计理论进行研究。

2）制定准则和规则

职业界必须持之以恒地评议、修订和制定准则及规则，以适应审计变化的需要。当社会需要发生变化或从经验与研究中产生了新技术时，职业界必须发布新的审计准则和职业行为守则。像安然事件后，世界各国的职业界都对自己原有的执业准则进行了补充与修缮。

3）制定保护审计人员的要求

职业界可以通过要求所有的执业人员都遵守本行业的一些优秀执业者所采用的良好方法，以保护审计人员。例如，美国注册会计师协会规定，对于所有的审计业务，都要求从业人员取得书面的“管理层声明书”，就属于这种要求。当然，这些要求不应当与满足使用者的需要相冲突。

4）建立同业复核制度

对事务所的实务和程序进行定期检查，是教育执业人员和发现不遵守职业准则的事务所的一种有效方法。

5）反击诉讼

会计师事务所必须持续地反击那些“莫须有”的诉讼。尽管从短期看，胜诉成本要高于庭外和解成本，但从长远来看，胜诉还是一种更经济的选择。

6）教育使用者

职业界必须重视教育投资者和其他财务报表使用者，使他们理解审计意见的含义以及注册会计师的工作范围和性质。必须让使用者懂得，注册会计师并不对所有记录进行100%的测试，也不保证公司财务记录的准确性和被审计单位的未来前景。还要教育使用者懂得会计和审计都不可能像人们想象的那样达到十全十美的境地，因此无法做到完全准确。

7）对行为不当的会员进行制裁

任何职业都有责任对其成员进行监督，审计职业也应对行为不当的成员予以惩罚。

8）加强与法律界的沟通

在美国，商界人士、医师及其他职业界，包括审计职业界在内，都在为减少其法律责任进行游说。这些游说者降低了法律责任成本，从而可以减少其职业保险成本，进而降低审计需求者的成本。在我国，中注协也与人大法工委、国务院法制局、最高人民法院等单位进行沟通，以加强审计职业界与法律界的相互理解。

4.4.2　审计人员规避法律责任的对策

审计人员个人也可采取一些具体行动，使其法律责任最小化。一些较为常见的做法是：

1）增强职业道德意识，遵守专业标准和职业道德要求

审计人员对未能查出的财务报表中的重大错误或舞弊是否应承担法律责任，取决于审计人员自身是否有过失或欺诈行为。而判断审计人员是否有过失或欺诈行为的关键在于审计人员是否按照执业准则的要求执业。因此，保持良好的职业道德，严格遵守专业标准，对于审计人员避免法律诉讼或在诉讼中保护自己具有极其重要的意义。一般来说，只要审计人员严格遵守各项专业标准和职业道德准则的要求，执业时保持认真与谨慎，一般就不会发生过失，至少不会发生重大过失。所以，审计人员一定要保持应有的职业关注，理解和掌握各项专业标准和职业道德的要求，并在执业时严格遵守。

2）建立健全会计师事务所质量控制制度

质量控制是会计师事务所各项管理工作的核心和关键，因此，我国的每一家会计师事务所不仅应当根据《质量控制准则第 5101 号——会计师事务所对执行财务报表审计和审阅、其他鉴证和相关服务业务实施的质量控制》的要求，考虑自身规模和业务特征等因素来制定事务所的质量控制制度，而且还应当按照《中国注册会计师审计准则第 1121 号——对财务报表审计实施的质量控制》的规定，建立业务执行的复核和项目质量控制复核，以确保会计师事务所每个审计业务都按照执业准则的要求执行业务，从而使整个会计师事务所的工作质量得以保证。

3）审慎地选择客户

会计师事务所接受委托之前，一定要采取必要的措施调查客户的诚信，弄清其委托目的，尤其是在执行特殊目的鉴证业务时更应如此。会计师事务所在选择被审计单位时，需要注意以下三个方面：第一，只接受诚信的被审计单位的委托；第二，在选择被审计单位时应注意其经营状况是否良好，如果被审计单位已陷入财务或法律困境，会计师事务所在接受委托时就应该特别谨慎；第三，在选择被审计单位时应注意其所处行业的特点，如果该行业的业务具有极强的专业技术性，那么会计师事务所就要考虑是否有熟悉该业务的人员，或者能得到相关专家的帮助，否则，应拒绝接受委托。

4）与委托人签订审计业务约定书，以减少或最小化误解

审计业务约定书是确定审计人员和委托人的责任，并具有法律效力的一个重要文件。当然，会计师事务所不论承办何种业务，都应与委托人签订业务约定书，并对合同的条款、业务范围、双方职责以及审计费用等条款明确化。这样才能在发生法律诉讼时将一切口舌之争减少到最低限度。

5）深入了解被审计单位

审计实践证明，在很多诉讼案件中，审计人员之所以未能识别重大错误或舞弊，一个重要的原因就是他们不了解被审计单位所在行业的情况及被审计单位的业务活动。这样审计人员在执业中的思维和操作就会有局限，仅限于有关的会计资料，从而难以发现其中的错误或舞弊。因此，审计人员应以多种渠道和方式获得或掌握与审计相关领域的知识和技能，不断提高业务素质和专业判断能力，以满足完成各项业务的要求。

6）聘用和委派具有胜任能力的审计人员，并对他们提供充分的职业培训和职业咨询

不管各项准则、制度多么完善，其作用的发挥都受到执行人员能力的影响。并且对于大多数业务项目来说，相当多的工作是由缺乏经验的助理人员完成的，这样会计师事务所必然会存在较大的风险。因此，会计师事务所首先要把好招聘关，注意聘用德才兼备的人员，并把他配置到能够发挥其最大作用的岗位中去；其次还应注意在工作过程中对他们进行适当的指导和监督，不断加强员工的专业培训及其后续教育，以有效降低审计失败的风险。

7）提取风险基金和购买责任保险

在西方国家，购买职业保险是会计师事务所分散风险的普遍做法。尽管提取风险基金或购买责任保险不能帮助会计师事务所免除其可能受到的法律诉讼，但可以使会计师事务所在诉讼失败时将损失降低到最小限度。我国的《注册会计师法》也规定了会计师事务所应当按规定建立职业风险基金，办理职业保险，以增强事务所对巨大损失的抵御能力。

8）聘请懂行的律师或法律顾问

会计师事务所应尽可能聘请熟悉相关法规及审计人员法律责任的律师作为法律顾问，这样在日常的执业过程中，如遇重大法律问题，可及时向律师咨询，以消除可能存在的重大法律风险。而一旦发生法律诉讼后，事务所也应聘请有经验的律师参与诉讼，以运用法律武器避免承担不必要的法律责任。

第5章 审计目标及其实现

学习目的与要求

本章主要介绍审计目标及其实现。通过本章的学习，要求学生熟悉把握由财务报表审计的总体目标经由管理层的认定概念予以具体化的逻辑过程，了解审计证据含义与决策及其评价与记录。

教学重点与难点

财务报表审计总体目标具体化的逻辑过程，审计证据决策及其评价。

5.1 审计目标

审计目标就是审计实践活动所期望达到的最终结果。社会经济环境在很大程度上影响着审计目标的定位，社会经济结构及企业权责结构的变化会促使审计目标的变化，审计目标体现的是在一定历史条件下，在社会经济结构及企业权责结构中占主导地位的审计需求者对审计工作所应达到的境界要求。

在西方，随着审计职业的发展，财务报表审计总体目标因审计环境的变化而不断地演进，大致经历了以下历程：早期以“查错揭弊”为主导，随后逐渐被“确定财务报表表达的公允性”所取代。关于验证财务报表是否公允表达作为财务报表审计总体目标，已是当前国际审计界的主流。比如，美国注册会计师颁布的《审计准则说明书第1号》指出：“独立审计人员对财务报表的审计目标，是对财务报表是否按照公认会计原则公允地反映财务状况、经营成果和现金流量发表意见。”英国1985年颁布的《公司法》要求，审计目标是在审计报告中，对被审计单位的财务报表是否给出真实与公允观念和遵守《公司法》发表意见。国际审计与保证准则委员会在国际审计准则中指出：“财务报表审计的目标是能够使审计人员对财务报表在所有重大方面是否按照适用的财务报告框架编制发表意见，发表意见的用词既可以是‘给出真实与公允的观念’，也可以是‘在所有重大方面，公允反映’，这两个用词等效。”

《中国注册会计师审计准则第1101号——注册会计师的总体目标和审计工作的

基本要求》第18条：就大多数通用目的财务报告编制基础而言，注册会计师针对财务报表是否在所有重大方面按照财务报告编制基础编制并实现公允反映发表审计意见。简而言之，我国的财务报表审计总体目标就是对财务报表的合法性和公允性发表意见。

在评价财务报表的合法性时，审计人员应当考虑：财务报表是否充分披露了选择和运用的重要会计政策；选择和运用的会计政策是否符合适用的财务报告编制基础，并适合被审计单位的具体情况；管理层作出的会计估计是否合理；财务报表列报的信息是否具有相关性、可靠性、可比性和可理解性；财务报表是否作出充分披露，使财务报表使用者能够理解重大交易和事项对财务报表所产生的信息的影响；财务报表附注的术语是否适当。

在评价财务报表的公允性时，审计人员应当考虑：财务报表的整体列报、结构和内容是否合理；财务报表（包括相关附注）是否公允地反映了相关交易和事项。

5.2 审计目标的具体化

具体审计目标是审计总目标的进一步具体化。具体审计目标的确定有助于审计人员按照审计准则的要求收集充分、适当的审计证据，并根据项目的实际情况确定应收集的证据。财务报表审计总体目标的具体化是一个系统的过程。从逻辑上说，它是这样一个过程：审计人员在明确财务报表审计目标的基础上，明确审计人员与被审计单位管理层与治理层对所审财务报表的责任（这在前一章已经作过阐述）；然后，审计人员将所审财务报表涉及的交易与账户划分为若干审计分块（也就是若干交易循环），再确定管理层关于各类交易、账户余额和披露的认定；最后确定各类交易、账户余额和披露的一般审计目标，进而确定相对应的具体审计目标。

5.2.1 被审计单位管理层的认定

财务报表审计的总体目标是对被审计单位的财务报表的合法性和公允性发表意见。而所审财务报表是由被审计单位管理层关于财务报表各要素及相关披露的确认、计量、列报与披露的认定构成。审计人员一般是按照业务循环来组织实施财务报表审计的。为了便于收集到充分适当的审计证据，审计人员应以财务报表审计的总体目标为指导，以管理层的认定为基础，明确适用于各类交易和事项、期末账户余额、列报和披露的一般审计目标，然后再根据被审计单位的具体情况确定其相应的具体审计目标。

管理层的认定是指管理层对财务报表组成要素的确认、计量、列报与披露的做出的明确或隐含的表达。认定与审计目标密切相关，审计人员的基本职责就是确定被审计单位管理层对其财务报表的认定是否恰当。管理层在财务报表上的认定有些是明确表达的，有些则是隐含表达的。例如，管理层在资产负债表中列报存货及其金额，意味着做出了下列明确的认定：（1）记录的存货是存在的；（2）存货以恰当的金额包括在财务报表中，与之相关的计价或分摊调整已恰当记录。同时，管理层也做出下列隐含的认定：（1）所有应当记录的存货均已记录；（2）记录的存货都由被审计单位拥有。表 5-1 列示了管理层的认定。

表 5-1　**管理层的认定**

各类交易和事项层次的认定
发生：记录的交易和事项已经发生，且与被审计单位有关
完整性：所有应当记录的交易和事项均已记录
准确性：与交易和事项有关的金额及其他数据已恰当记录
截止：交易和事项已记录于正确的会计期间
分类：交易和事项已记录于恰当的账户
期末账户余额层次的认定
存在：记录的资产、负债和所有者权益是存在的
权利和义务：记录的资产由被审计单位拥有或控制，记录的负债是被审计单位应当履行的偿还义务
完整性：所有应当记录的资产、负债和所有者权益均已记录
计价和分摊：资产、负债和所有者权益以恰当的金额包括在财务报表中，与之相关的计价或分摊调整已恰当记录
列报和披露层次的认定
发生以及权利和义务：披露的交易、事项和其他情况已发生，且与被审计单位有关
完整性：所有应当包括在财务报表中的披露均已包括
分类和可理解性：财务信息已被恰当地列报和描述，且披露内容表述清楚
准确性和计价：财务信息和其他信息已公允披露，且金额恰当

1）与各类交易和事项相关的认定和审计目标

审计人员对所审计期间各类交易和事项运用的认定和审计目标通常分为下列类别：

（1）发生：记录的交易和事项已发生且与被审计单位有关。由发生认定推导的审计目标是已记录的交易并且是真实的。例如，如果没有发生销售交易，但在销售日记账中记录了一笔销售，则违反了该目标。

发生认定所要解决的问题是管理层是否把那些不曾发生的项目记入财务报表，它主要与财务报表组成要素是否被高估有关。

（2）完整性：所有应当记录的交易和事项均已记录。由完整性认定推导的审计目标是已发生的交易确实已经记录。例如，如果发生了销售交易，但没有在销售日记账和总账中记录，则违反了该目标。

发生和完整性两者强调的是相反的关注点。发生目标针对潜在的高估，而完整性目标则针对漏记交易（低估）。

（3）准确性：与交易和事项有关的金额及其他数据已恰当记录。由准确性认定推导出的审计目标是已记录的交易是按正确金额反映的。例如，如果销售交易中，发出商品的数量与账单上的数量不符，或是开账单时使用了错误的销售价格，或是账单中的乘积或加总有误，或是在销售日记账中记录了错误的金额，则违反了该目标。

准确性与发生、完整性之间存在区别。例如，若已记录的销售交易是不应当记录的（如发出的商品是寄销商品），则即使发票金额是准确计算的，仍违反了发生目标。再如，若已入账的销售交易是对正确发出商品的记录，但金额计算错误，则违反了准确性目标，但没有违反发生目标。在完整性与准确性之间也存在同样的关系。

（4）截止：交易和事项已记录于正确的会计期间。由截止认定推导出的审计目标是接近于资产负债表日的交易记录于恰当的期间。例如，如果本期交易推迟到下期，或下期交易提前到本期，均违反了截止目标。

（5）分类：交易和事项已记录于恰当的账户。由分类认定推导出的审计目标是被审计单位记录的交易经过适当分类。例如，如果将现销记录为赊销，将出售经营性固定资产所得的收入记录为营业收入，则导致交易分类的错误，违反了分类的目标。

2）与期末账户余额相关的认定和审计目标

审计人员对期末账户余额运用的认定和审计目标通常分为下列类别：

（1）存在：记录的资产、负债和所有者权益是存在的。由存在认定推导出的审计目标是记录的金额确实存在。例如，如果不存在某客户的应收账款，在应收账款试算平衡表中却列入了对该客户的应收账款，则违反了存在的目标。

（2）权利和义务：记录的资产由被审计单位拥有或控制，记录的负债是被审计单位应当履行的偿还义务。由权利和义务认定推导出的审计目标是资产归属于被审计单位，负债属于被审计单位的义务。例如，将他人寄售商品记入被审计单位的存货中，违反了权利的目标；将不属于被审计单位的债务记入账内，违反了义务的目标。

（3）完整性：所有应当记录的资产、负债和所有者权益均已记录。由完整性认定推导出的审计目标是已存在的金额均已记录。例如，如果存在某客户的应收账款，在应收账款试算平衡表中却没有列入对该客户的应收账款，则违反了完整性的目标。

（4）计价和分摊：认定与具体审计目标相同，即资产、负债和所有者权益以恰当的金额包括在财务报表中，与之相关的计价或分摊调整已被恰当记录。

3）与列报和披露相关的认定和审计目标

各类交易和账户余额的认定正确只是为列报正确打下了必要的基础，财务报表还可能因被审计单位误解有关列报的规定或舞弊等而产生错报。另外，还可能因被审计单位没有遵守一些专门的披露要求而导致财务报表错报。因此，即使审计人员审计了各类交易和账户余额的认定，实现了各类交易和账户余额的具体审计目标，也不意味着获取了足以对财务报表发表审计意见的充分、适当的审计证据。因此，审计人员还应当对各类交易、账户余额及相关事项在财务报表中列报和披露的正确性实施审计。

审计人员对列报和披露的认定和具体审计目标有以下四个：

（1）发生以及权利和义务：披露的交易、事项和其他情况已发生，且与被审计单位有关。将没有发生的交易、事项，或与被审计单位无关的交易和事项包括在财务报表中，则违反该目标。例如，复核董事会会议记录中是否记载了应收账款质押或售让等事项，询问管理层应收账款是否经过质押或售让，即是对列报的权利认定的运用。如果质押或售让应收账款则需要在财务报表中列报，说明其权利受到限制。

（2）完整性：所有应当包括在财务报表中的披露均已包括。如果应当披露的事项没有包括在财务报表中，则违反该目标。例如，检查关联方和关联交易，以验证其在财务报表中是否得到充分披露，即是对列报的完整性认定的运用。

（3）分类和可理解性：财务信息已被恰当地列报和描述，且披露内容表述清楚。例如，检查存货的主要类别是否已披露，是否将出售固定资产收入列为主营业务收入，即是对列报的分类和可理解性认定的运用。

（4）准确性和计价：财务信息和其他信息已公允披露，且金额恰当。例如，检查财务报表附注是否分别对原材料、在产品和产成品等存货成本核算方法作了恰当说明，即是对列报的准确性和计价认定的运用。

表5-2总括了管理层的认定与相应的审计目标。

表5-2　**管理层的认定与相应的审计目标**

认定	各类认定的含义	各类认定对应的审计目标
各类交易和事项层次		
发生	记录的交易和事项已发生，且与被审计单位有关	已记录的交易是真实的
完整性	所有应当记录的交易和事项均已记录	已发生的交易确实已经记录
准确性	与交易和事项有关的金额及其他数据已恰当记录	已记录的交易已按正确金额反映
截止	交易和事项已记录于正确的会计期间	接近资产负债表日的交易记录于恰当的期间

续表

认定	各类认定的含义	各类认定对应的审计目标
分类	交易和事项已记录于恰当的账户	被审计单位记录的交易经过适当分类
期末账户余额层次		
存在	记录的资产、负债和所有者权益是存在的	记录的金额确实存在
权利和义务	记录的资产由被审计单位拥有或控制，记录的负债是被审计单位应当履行的偿还义务	资产归属于被审计单位，负债属于被审计单位的义务
完整性	所有应当记录的资产、负债和所有者权益均已记录	已存在的金额均已记录
计价和分摊	资产、负债和所有者权益以恰当的金额包括在财务报表中，与之相关的计价或分摊调整已恰当记录	资产、负债和所有者权益以恰当的金额包括在财务报表中，与之相关的计价或分摊调整已恰当记录
列报和披露层次		
发生及权利和义务	披露的交易、事项和其他情况已发生，且与被审计单位有关	发生的交易、事项或与被审计单位有关的交易和事项包括在财务报表中
完整性	所有应当包括在财务报表中的披露均已包括	应当披露的事项包括在财务报表中
分类和可理解性	财务信息已被恰当地列报和描述，且披露的内容表述清楚	财务信息已被恰当地列报和描述，且披露的内容表述清楚
准确性和计价	财务信息和其他信息已公允披露，且金额恰当	财务信息和其他信息已公允披露，且金额恰当

5.3 审计目标实现的过程

审计目标是人们通过审计实践活动所期望达到的最终结果，所以，整个审计过程实质上是一系列审计目标的实现过程，因此审计人员在每次审计业务中都要为实现审计目标安排好审计工作。审计目标的实现过程通常包括计划审计工作、实施风险评估程序、实施控制测试和实质性程序，以及终结审计和出具审计报告四个阶段。这四个阶段在内容上是继起的，在性质上是递进的。这四个阶段主要包括以下工作：

1）计划审计工作

计划审计工作是整个审计工作的起点。为了保证审计目标的实现，审计人员必须在具体执行审计程序之前制订审计计划，对审计工作进行科学合理的安排。科学合理的审计计划不仅可以帮助审计人员有的放矢地去收集审计证据，以为其最终意见提供合理的基础；还可以帮助审计人员将审计成本保持在合理的水平上，提高审计工作的效率。一般来说，计划审计工作主要包括：在本期审计业务开始时开展初步业务活动；制定总体审计策略；制订具体审计计划等。计划审计工作不是审计业务的一个孤立阶段，而是一个持续的、不断修正的过程，贯穿于整个审计过程的始终。

2）实施风险评估程序

审计准则规定，审计人员必须实施风险评估程序，以此作为评估财务报表层次和认定层次重大错报风险的基础。所谓风险评估程序，是指审计人员实施的了解被审计单位及其环境和评估财务报表重大错报风险的程序。风险评估程序是审计人员在审计中必须执行的程序，了解被审计单位及其环境为审计人员在许多关键环节做出职业判断提供了重要基础。了解被审计单位及其环境实际上是一个连续和动态收集、更新与分析信息的过程，贯穿于整个审计过程。审计人员应当运用职业判断确定需要了解被审计单位及其环境的程度。一般而言，实施风险评估程序的主要工作包括：了解被审计单位及其环境；识别和评估财务报表层次和认定层次以及各交易层次、账户余额层次、列报认定层次的重大错报风险，包括确定需要特别考虑的重大错报风险以及仅通过实施实质性程序无法应对的重大错报风险等。

3）实施控制测试和实质性程序

审计人员实施风险评估程序并不足以为发表审计意见提供充分适当的审计证据，审计人员还应当实施进一步的审计程序，包括实施控制测试（必要时或决定测试时）和实质性程序。因此，审计人员在评估财务报表重大错报风险后，应当运用其专业判断，针对所评估的财务报表层次的重大错报风险确定总体应对措施，并针对所评估的认定层次的重大错报风险设计和实施进一步审计程序。控制测试与实质性程序之间有着密切的关系。如果审计人员认为被审计单位内部控制的可靠程度高，则实质性程序的工作量就可以大大减少；反之，实质性程序的工作量就会增加。

应当指出的是，作为进一步审计程序的类型之一，控制测试并非在任何情况下都需要实施，只有当存在下列情形之一时，审计人员才应当实施控制测试：（1）在评估认定层次重大错报风险时，预期控制的运行是有效的；（2）仅通过实质性程序无法提供认定层次充分适当的审计证据。但是无论如何，实质性程序都是必不可少的，而且，如果针对特别风险仅实施实质性程序时，审计人员应当使用细节测试，或将细节测试和实质性分析程序结合使用，以获取充分适当的审计证据。

4）终结审计和出具审计报告

审计人员在完成财务报表业务循环的进一步审计程序后，就可将所获得的审计证据综合评价，形成对财务报表是否公允反映的总体结论。这是一个主观性很强的过程，它高度依赖于审计人员的职业判断。审计的最终目的是审计人员必须对被审计单位财务报表出具书面审计报告。形成审计结论的过程包括：整理、评价执行审计业务中收集到的审计证据；复核审计工作底稿，审计期后事项；汇总审计差异，并提请被审计单位调整或作适当披露；形成审计意见，编制审计报告。这期间注册会计师必须合理运用职业判断，保持应有的职业谨慎态度，独立客观获取和评价所有审计证据，得出恰当的审计意见。

5.4 审计证据

实现审计目标必须以充分适当的审计证据为依据。整个审计过程，就是执行审计计划，收集审计证据，形成审计结论和意见的过程。

5.4.1 审计证据的基本观念

1）审计证据的含义

审计证据是指审计人员为了得出审计结论和形成审计意见而使用的信息。审计证据包括构成财务报表基础的会计记录所含有的信息和其他信息。这些信息的来源和性质各不相同，因此其说服力存在很大差异。如审计人员监盘有价证券的结果说服力很强，而被审计单位雇员对提问的答复说服力较弱。审计意见要令人信服，就必须要以充分适当的审计证据为依据。

2）审计证据的决策

对任何既定的审计业务，审计人员都可以采用多种方法来收集证据，以实现审计总体目标。审计人员在选择审计方法时，要考虑两个最关键的问题：一是审计人员履行职业责任必须收集充分适当的证据；二是应当使收集这些证据的成本最小化。其中，第一个问题是最重要的，但是，如果会计师事务所要保持其竞争力和盈利能力，成本最小化也是必须考虑的。如果不用控制成本，则做出证据决策就非常容易，审计人员就可以一直增加证据，而不考虑效率，直至他们可以充分肯定没有重大错报为止。

但是，审计人员基于成本效益的考虑不可能在审计中针对所有的项目均进行详查，即不能检查被审计单位全年所有的交易及账户余额等相关证据，而采取抽样审计的方法，因此，每个审计人员都要就所需审计证据的数量与质量做出决策。这是一个非常重要的审计判断。一般来说，审计证据的决策主要包括以下四个方面：(1）选用何种审计程序；(2）对选定的程序，应选取多大的样本规模；(3）应从总体中选取哪些项目；(4）何时执行这些程序。

以上四方面的内容是审计程序必不可少的内容。审计程序通常要把样本规模、选取项目和时间安排表达清楚，也就是要包括所有四方面的审计证据决策。

审计程序是指在审计过程中对所要获取的审计证据如何进行收集的详细指令。选用何种审计程序涉及的是用什么方法收集审计证据。一旦选取了一项审计程序，样本规模可以是所测总体中的一个项目至所有项目不等。对于每项审计程序，审计人员都必须做出应测试多少个项目的决策。同一程序所需样本规模因具体审计对象而异。在确定审计程序的样本规模之后，就必须确定应该测试总体中的哪些项目。例如，审计人员可以选择一定期间内的项目、可以选取金额最大的若干项目、可以随机选取项目、还可以选取审计人员认为最有可能出现差错的项目，或者结合这些方法选取所需的项目。财务报表审计通常覆盖一定的期间，例如一年，而审计通常又要在期末后几个星期或者几个月才完成。因此，可以在会计期间早期至期末结束后的很长一段时间内任意时点执行审计程序。从某种意义上说，时间安排决策受被审计单位对审计完成时间要求的影响。另外，执行审计程序的时间安排还要考虑审计证据的有效性和审计小组的人力充足性。例如，审计人员通常会尽可能把存货盘点的时间安排在接近于资产负债表日。

3）审计证据的说服力

执业准则要求审计人员收集充分适当的审计证据以支持所发表的审计意见。由于受审计证据特征和执行一项审计程序的成本因素的影响，审计人员不可能完全肯定其意见是正确的。但是，审计人员又必须高度保证其意见是正确的，因此审计人员只有将整个审计工作中所获证据综合起来，才能决定如何有把握地出具一份审计报告。

审计证据说服力取决于充分性和适当性。

（1）充分性。审计证据的充分性是对审计证据数量的衡量。审计证据的充分性主要通过审计人员选取的样本规模大小来控制。对某一特定的审计程序而言，从100个样本中获得的证据显然要比从50个样本中获得的证据更充分。

审计人员需要获取审计证据的数量与其评估的重大错报风险正相关，并与审计证据的适当性负相关，即重大错报风险评估越高，审计证据数量越多；审计证据的质量越高，需要审计证据的数量可能越少。然而，审计人员仅靠获取更多的审计证据可能无法弥补其质量上的缺陷。

（2）适当性。审计证据的适当性是指对审计证据质量的衡量，即审计证据在实现交易类别、账户余额以及相关披露等审计目标时具有相关性和可靠性。如果审计证据被认为是相关且可靠的，那么它就能很好地帮助审计人员判断财务报表是否公允表达。注意，审计证据的适当性仅与选用的审计程序有关。扩大样本规模或选择不同的总体项目并不能提高审计证据的适当性。只有选用那些更具相关性或提供更可靠证据的审计程序才能提高审计证据的适当性。

①相关性。审计证据要具有说服力就必须与审计人员正在测试的审计目标相关。例如，与完整性目标相关的审计证据是测试遗漏的交易，应当顺查，即从原始凭证追查至明细账。如果审计人员从明细账选择项目追查至凭证，由此所获证据与完整性目标就不相关，因而该证据也并不是与该目标相关的适当证据。

与某一审计目标相关的证据不一定与另一目标相关，所以，相关性只能结合具体审计目标来考虑。如完整性目标的审计证据是不适合发生目标的。

②可靠性。审计证据的可靠性是指证据可以信赖或值得信赖的程度。审计证据的可靠性受其来源和性质的影响，并取决于获取该证据的环境，包括与编制和维护该信息相关的控制。下列有关审计证据可靠性的原则可能是有用的：

A. 提供者的独立性或资格。从被审计单位外部独立来源获取的证据要比从其他来源获取的证据更可靠。例如，来源于被审计单位外部的凭证被认为比来源于被审计单位内部的凭证更可靠。房产交易所核发的房产证比房屋销售商出具的房屋销售合同和发票更可靠。

B. 相关内部控制的有效性。在被审计单位内部控制有效时，所获取的证据要比其内部控制薄弱时所获取的证据更可靠。例如，如果销售和开票业务的内部控制有效，那么审计人员就能从销售发票和发货单中获取比相关内部控制不健全时更可靠的证据。

C. 审计人员直接获取。审计人员通过执行审计程序直接获得的证据比间接获得或推论的信息更可靠。例如，如果审计人员计算销售毛利率，并与前期进行比较，所获得的证据就比依靠被审计单位财务人员的计算结果更可靠。

D. 信息的形式。以文件记录形式（包括纸质、电子或其他介质）存在的审计证据比口头形式的审计证据更可靠。

E. 客观程度。客观证据比那些需要经过大量主观判断才能确定其是否正确的证据更可靠。客观证据的例子包括对应收账款和银行存款余额的函证，对有价证券和库存现金的实物盘点。主观证据的例子包括在存货实物检查时对存货陈旧的观察，以及向被审计单位信用经理关于非本期应收账款可收回性的询问。在评价主观证据的可靠性时，提供证据者的资格很重要。

4）审计证据的成本

审计证据的收集是需要成本的，审计人员可以考虑获取审计证据的成本与其说服力之间的关系。审计人员的目标是，以尽可能低的总成本，获取更有说服力的审计证据。但是，为保证审计结论的恰当性，成本的高低和难易程度永远不能成为省去一项必要程序或不收集一个充足样本规模的充分理由。

5.4.2 获取审计证据的审计程序

审计准则规定，审计人员应当通过实施风险评估程序和进一步审计程序，包括控制测试和实质性程序来获取审计证据，以得出合理的审计结论，作为形成审计意见的基础。那么如何完成风险评估程序、控制测试或实质性程序？审计准则指南明确有八大审计程序可供其选择。这些审计程序也被称为审计证据的性质。八大审计程序为：检查记录或文件；检查有形资产；观察；询问；函证；重新计算；重新执行；分析程序。

1）检查记录或文件

检查记录或文件是指审计人员审查被审计单位内部或外部生成的，以纸质、电子或其他介质形式存在的记录和文件。由于被审计单位组织内的每一笔交易通常至少有一张凭证记载，因此审计人员可获取大量此类证据。例如，被审计单位通常对每一笔销售交易都保留一份客户订单、一张发货单和一份销售发票副本。这些内容相同的凭证对审计人员验证被审计单位所记录的销售交易的准确性是很有用的证据。因为审计人员能以相对较低的成本获取这类证据，所以，记录或文件检查是每一次审计中都广泛使用的一种证据类型。有时它甚至是可获取的唯一合理的证据类型。

2）检查有形资产

检查有形资产是对被审计单位资产进行实物审查。通常对存货、库存现金、有价证券、应收票据和固定资产的存在提供直接审计证据。审计中，诸如有价证券和库存现金之类的资产实物检查与诸如已核销支票和销售凭证之类的文件检查有显著差异。如果被检查的对象，如销售发票，其本身没有价值，则这种证据就是文件检查证据。例如，支票在签发前是文件；签发以后变成了资产；核销以后，又变成了文件。从正确的审计术语上看，只能在支票是一项资产时，才能对它进行实物检查。

检查有形资产是验证资产确实存在（存在目标）的直接手段，但不一定能够为资产的所有权和计价认定提供可靠的审计证据。一般而言，检查有形资产可以确定资产数量和规格，无法确定资产的所有权以及资产损毁程度。在某些情况下，也可以评价资产状况和质量，因为在存货盘点时一般要将存货的状况进行记录。

3）观察

观察是指审计人员察看被审计单位相关人员正在从事的活动或实施的程序。例如，审计人员可以通过参观厂房获得对被审计单位设备的总体印象；通过观看雇员从事会计工作来确定其职责履行是否恰当。观察只能提供观察这个时点的证据，而无法提供其他未观察的时期的证据。这是因为考虑到审计人员就在现场，被审计单位的雇员很有可能会改变其平时一贯的行为。他们可能会遵守被审计单位的政策而中规中矩地履行其职责，但一旦审计人员离开现场，又一切恢复如故。因此有了初步印象以后，还要有其他类型的佐证证据的支持。

4）询问

询问是指审计人员以书面或口头方式，从被审计单位内部或外部的知情人员处获取财务信息和非财务信息，并对答复进行评价的过程。尽管有相当多的审计证据是通过询问获得的，但这些证据通常不能作为结论性证据，因为它不是来自于独立的来源，并且可能偏向被审计单位。因此，审计人员通过询问取得证据后，有必要通过其他程序获取进一步的佐证信息（佐证证据是支持原始证据的其他证据）。例如，当审计人员想要获得有关被审计单位记录和控制会计业务方法的信息时，他通常要先询问被审计单位内部控制是如何运行的，然后利用文件检查和观察执行审计测试，以确定交易是否按被审计单位所述方法进行记录（完整性目标）和授权

（发生目标）的。

5）函证

函证是指审计人员直接从第三方（被询证者）获取书面答复以作为审计证据的过程，书面答复可以采用纸质、电子或其他介质等形式。函证可以是针对特定账户余额，也可以是被审计单位与第三方之间的协议或交易条款。通常财务报表中有外部对应第三方的特定账户都可以使用函证，如往来款项、银行存款、银行借款、对外投资、代销商品等。

由于函证来自外部第三方，审计证据可靠性很强，因而是受到审计人员的高度重视并经常使用的审计程序。但是，获取函证的成本相对较高，并有可能给被询证者带来不便，因此并非在所有情况下都使用函证。

究竟是否应当使用函证，要取决于认定层次重大错报风险评估的水平和是否有替代审计程序。认定层次的重大错报风险越高，越应当使用函证；如果没有恰当的替代审计程序就应该使用函证，这时不能考虑函证成本的高低。在具体实务中，审计人员习惯性地认为，函证极少用于固定资产增加的审计，这是因为固定资产的增加，通过文件检查和实物检查便足以得到验证。同样，函证一般也不用于验证单位之间的具体交易，如销售交易，因为审计人员能够通过检查文件达到这一目的。当然也有例外，假设审计人员确定在年末前三天记录了金额异常大的两笔销售交易，对这两笔交易进行函证是适当的。

6）重新计算

重新计算是指审计人员以手工方式或电子方式，对记录或文件中的数据计算的准确性进行核对。换而言之，就是对被审计单位所作的计算予以复核。复核被审计单位的计算是指确定被审计单位数学计算的准确性，包括计算销售发票和存货总额、加总日记账和明细账并核对折旧费用和预付费用的计算。

7）重新执行

重新执行是指审计人员独立执行原本作为被审计单位内部控制组成部分的程序或控制。重新计算是复核某一数据的计算，而重新执行只适用于控制测试。例如，审计人员可能会对比销售发票上的单价和经批准的单价清单上的单价；又如，通过追查对出现多处的相同信息，核对这些信息的传递以验证信息的记录是不是每次都按相同的金额记录。具体来说，审计人员可以利用被审计单位的银行存款日记账和银行对账单，重新编制银行存款余额调节表，并与被审计单位编制的银行存款余额调节表进行比较。

8）分析程序

分析程序是指审计人员通过分析不同财务数据之间以及财务数据与非财务数据之间的内在关系，对财务信息做出评价。分析程序还包括在必要时对识别出的、与其他相关信息不一致或与预期值差异重大的波动或关系进行调查。如将被审计单位的应收账款周转率与同行业数据比较；将工资总额与工人总数相比较。

分析程序用作风险评估程序，以了解被审计单位及其环境并评估重大错报风险，有助于审计人员识别：(1) 财务报表中的异常交易，或者预期发生而未发生的变化，识别存在潜在重大错报风险的领域；(2) 未注意到的被审计单位的情况，可能导致重大错报风险。

当使用分析程序比细节测试能更有效地将认定层次的检查风险降至可接受的水平时，分析程序可以用作实质性程序。它与细节测试都可用于收集审计证据，以识别财务报表认定层次的重大错报风险。在针对评估的重大错报风险实施进一步审计程序时，审计人员可以将分析程序作为实质性程序的一种，单独或结合其他细节测试进行实施，收集充分、适当的审计证据：(1) 减少细节测试的工作量，节约审计成本；(2) 降低审计风险，使审计工作更有效率和效果。

用作总体复核，在临近审计结束时设计和实施分析程序，帮助审计人员形成对财务报表的总体结论，评价财务报表仍然存在重大错报风险而未被发现的可能性，考虑是否需要追加审计程序，以便为发表审计意见提供合理基础。

5.5　审计工作底稿

审计工作底稿是指审计人员在审计业务中普遍使用的专业工具，它是审计证据的载体与汇集，其全部内容可视为审计过程和结果的书面证明，也是审计人员形成审计结论、发表审计意见的直接依据。审计证据的获取、评价过程往往同时是审计工作底稿的形成和整理过程。

5.5.1　审计工作底稿的定义与作用

所谓审计工作底稿，是指审计人员对制订的审计计划、实施的审计程序、获取的相关审计证据，以及得出的审计结论做出的记录。审计工作底稿是审计证据的载体，形成于审计人员执行财务报表审计的全过程，也反映整个审计过程。审计工作底稿可以以纸质、电子或其他介质形式存在。其作用可以汇总成以下几项：

1) 证明自己

由于审计人员提供的唯一产品是审计报告，至于审计证据是否充分适当、审计结论是否恰当，从审计报告中是无法判断的。因此审计人员将整个审计过程用审计工作底稿予以充分适当的记录，证明发表审计报告是有理有据的。同时，也可证明审计人员已经按照审计准则的规定进行了审计。

2) 易于复核

审计工作底稿编制好以后，职业谨慎态度要求审计项目组内部成员实施指导、监督和复核，以保证按项目组计划实施审计。审计准则还要求对审计实施项目质量控制复核，审计工作底稿是审计过程的记录，因此项目质量控制复核才能落实。

3) 方便质量检查

便于中国注册会计师协会或其他监管部门开展执业质量检查。

4）便于查阅

审计业务有一定的连续性，同一被审计单位前后年度的审计业务具有众多联系或共同点。因此，本年度的审计工作底稿对以后年度审计业务具有很大的参考或备查作用。

5.5.2 审计工作底稿的形成与复核

审计人员将所获得的审计证据、观察的结果、得到的结论等收集或记录下来形成审计工作底稿是一项重要的工作。

1）审计工作底稿的内容

审计工作底稿通常包括总体审计策略、具体审计计划、分析表、问题备忘录、重大事项概要、询证函回函、管理层声明书、核对表、有关重大事项的往来信件（包括电子邮件），以及对被审计单位文件记录的摘要或复印件等。

此外，审计工作底稿还包括业务约定书、管理建议书、项目组内部或与被审计单位举行的会议记录、与其他人士（如其他审计人员、律师、专家等）的沟通文件及错报汇总等。

一般情况下，分析表主要是指对被审计单位财务信息执行分析程序的记录。例如，记录被审计单位本年各月收入与上一年度的同期数据进行比较的情况，记录对差异的分析。

问题备忘录一般是指就某一事项或问题的概要进行汇总所形成的记录。在问题备忘录中，审计人员通常记录该事项或问题的基本情况、执行的审计程序或具体的审计步骤，以及得出的审计结论。例如有关存货监盘审计程序或审计过程中发现问题的备忘录。

核对表一般是指会计师事务所内部使用的、为便于核对某些特定审计工作或程序的完成情况而设计的表格。例如，特定项目（如财务报表列报）审计程序核对表、审计工作完成核对表等。它通常以列举的方式列出审计过程中审计人员应当进行的审计工作或审计程序以及需要特别提醒注意的问题，并在适当的情况下索引至其他审计工作底稿，便于审计人员核对是否已按照审计准则的规定进行审计。

在审计实务中，会计师事务所通常采用以下方法从整体上提高工作（包括复核工作）效率及工作质量，并帮助会计师事务所进行统一质量管理：（1）会计师事务所基于审计准则及在实务中的经验等，统一制定某些格式、索引及涵盖内容等方面相对固定的审计工作底稿模板、范例等，如核对表、审计计划及业务约定书范例等，某些重要的或不可删减的工作会在这些模板或范例中予以特别标识；（2）在此基础上，审计人员再根据各具体业务的特点加以必要的修改，制定适用于具体项目的审计工作底稿。

审计工作底稿通常不包括已被取代的审计工作底稿的草稿或财务报表的草稿、对不全面或初步思考的记录、存在印刷错误或其他错误而作废的文本，以及重复的文件记录等。由于这些草稿、错误文本或重复的文件记录不直接构成审计结论和审计意见的支持性证据，因此，审计人员通常无需保留这些记录。

2）审计工作底稿的要素

在审计工作实务中不同的审计部门或者会计师事务所各自使用自己的审计工作底稿，因此审计工作底稿的形式是各式各样的。但是，尽管审计工作底稿在形式上不一样，但是它们都应该包含下列全部或部分要素：

（1）被审计单位的名称。每一张审计工作底稿上都应该注明被审计单位的名称以及其具体所在的部门，例如，××股份有限公司——××车间，或者××股份有限公司——××分公司，以避免以后发生错误。

（2）审计项目的名称。每一张审计工作底稿都应该将具体的审计项目名称写清楚，例如：是审查销售收入某一部分的测试，或者是对固定资产的审计。

（3）审计项目时点或期间。审计工作底稿上应该记录审计项目的时间，对于资产负债表项目应该标明发生的时点，而对于利润表项目则应该注明发生的期间。

（4）审计过程记录。审计工作底稿是审计人员进行审计工作的轨迹，在审计工作中要求对审计程序实施的全过程进行详细的记录。在审计工作底稿中需要记录审计证据的收集和评价情况，包括对被审计单位内部控制的评价，对具体审计事项的测试和确认。

（5）审计结论。审计人员恰当地记录审计结论非常重要。审计人员需要根据所执行审计程序及获取的审计证据得出结论，并以此作为对财务报表形成审计意见的基础。

（6）审计标识及其说明。一般的审计工作底稿都有统一规定好的审计标识，一个会计师事务所内部的审计标识应该是一致的，在整套审计工作底稿的前面最好有一张审计标识说明表，这样就不需要每一张审计工作底稿都进行标识说明。但是，如果在审计工作底稿中有不是通用的独特标识，那么就应该对独特标识的含义作详细的说明。审计标识在一个审计单位内部应该是统一的，审计人员不允许自行其事、各搞一套，但是如果遇到比较特殊的情况，没有统一的标识可以使用时，审计人员可自己制作标识，但应该对其进行说明，以避免发生误解。

（7）索引号及编号。审计工作底稿需要注明索引号及顺序编号，相关审计工作底稿之间需要保持清晰的勾稽关系。在实务中，审计人员可以按照所记录的审计工作的内容层次进行编号。

（8）编制者姓名以及编制日期。为了明确审计责任和便于查阅有关事项，审计工作底稿上应该写明编制者的姓名以及编制工作底稿的日期，如果为了在现场时减少编制工作量而采用了简写签名，应该在工作底稿中加以说明。

（9）复核者的姓名以及复核时间。审计工作底稿一般是由多层次复核后才出具审计报告书的。为了明确责任，复核者也应该签名并且写明复核日期，如果是多级复核应该分别签名。

（10）其他应说明事项。

3）形成审计工作底稿时应考虑的因素

在确定审计工作底稿的格式、内容和范围以形成审计工作底稿时，审计人员应当考虑下列因素：

（1）拟实施审计程序的性质。不同的审计程序往往可以获取不同性质的审计证据，由此审计人员可能要编制不同格式、内容和范围的审计工作底稿。例如，审计人员编制的有关函证程序的审计工作底稿（包括询证函及回函、有关不符事项的分析等）和存货监盘程序的审计工作底稿（包括盘点表、注册会计师对存货的测试记录等）在内容、格式及范围方面是不同的。

（2）已识别的重大错报风险。已识别和评估的重大错报风险水平的不同可能导致审计人员执行的审计程序和获取的审计证据不尽相同。例如，如果审计人员识别出应收账款余额存在较高的重大错报风险，而其他应收款的重大错报风险较低，则审计人员可能对应收账款执行较多的审计程序并获取较多的审计证据，因而对测试应收账款的记录会比针对测试其他应收款的记录的内容多且范围广。

（3）在执行审计工作和评价审计结果时需要做出判断的范围。审计程序的选择和执行及审计结果的评价通常需要不同程度的职业判断。例如，运用非统计抽样的方法选取样本进行应收账款函证程序时，审计人员可能基于应收账款账龄、以前的审计经验及是否为关联方欠款等因素，考虑哪些应收账款存在较高的重大错报风险，并运用职业判断在总体中选取样本，并对做出职业判断时的考虑事项进行适当的记录。因此，在做出职业判断时所考虑的因素及范围可能使审计人员做出不同的内容和范围的记录。

（4）已获取审计证据的重要程度。审计人员通过执行多项审计程序可能会获取不同的审计证据，有些审计证据的相关性和可靠性较高，而有些审计证据的相关性和可靠性较低，审计人员可能会区分不同的审计证据进行有选择性的记录。因此，审计证据的重要程度也会影响审计工作底稿的格式、内容和范围。

（5）已识别的例外事项的性质和范围。有时审计人员在执行审计程序时会发现例外事项，由此可能导致审计工作底稿在格式、内容和范围方面的不同。例如，某一函证的回函表明存在不符事项，但是审计人员如果在实施恰当的追查后发现该例外事项并未构成错报，则审计人员可能只在审计工作底稿中解释发生该例外事项的原因及影响。反之，如果该例外事项构成错报，则审计人员可能需要执行额外的审计程序并获取更多的审计证据，由此编制的审计工作底稿在内容及范围方面可能有很大不同。

（6）当从已执行审计工作或获取审计证据的记录中不易确定结论的基础或结论时，记录结论或结论的基础的必要性。在某些情况下，特别是在涉及复杂的事项时，审计人员仅将已执行的审计工作或获取的审计证据记录下来，并不容易使其他有经验的审计人员通过合理的分析得出审计结论的基础或结论。此时审计人员应当考虑是否需要进一步说明并记录得出结论的基础（即得出结论的过程）及该事项的结论。

（7）使用的审计方法和工具。使用的审计方法和工具可能影响审计工作底稿的格式、内容和范围。例如，如果使用计算机辅助审计技术对应收账款的账龄进行重新计算时，通常可以针对总体进行测试；而采用人工方式重新计算时，则可能会针对样本进行测试，由此形成的审计工作底稿会在格式、内容和范围方面有所不同。

4）审计工作底稿的复核

（1）项目组内部复核。

项目组内部复核至少有下面两个层次的复核：

①项目组经验丰富的人员复核经验较少的人员执行的工作。复核的要点是：审计工作是否已按职业准则和相关法律法规要求执行；重大事项是否已考虑或解决；适当的咨询以及对咨询的记录；审计程序无遗漏；审计证据充分适当；审计结论是否恰当等。

②项目合伙人复核。项目合伙人应该在审计过程中对关键领域所作的判断、特别风险和其他重要的领域实施复核，确保重大事项在审计结论形成前已解决。

（2）项目质量控制复核。

项目质量控制复核，是指审计报告日或审计报告日之前，项目质量控制复核人员对项目组作出的重大判断和在编制审计报告时得出的结论进行客观评价的过程。项目质量控制复核人员，是指项目组成员以外的，具有足够及适当的经验和权限，对项目组作出的重大判断和在编制审计报告时得出的结论进行客观评价的合伙人、会计师事务所其他人员、具有适当资格的外部人员或由这类人员组成的小组。

项目质量控制复核形成的记录应当作为审计工作底稿的一部分。项目质量控制复核适合上市公司实体财务报表审计业务或符合标准需要实施项目质量控制复核的其他业务。

5.5.3　审计工作底稿的归档与管理

1）审计工作底稿的归档

在审计报告日后，将审计工作底稿归整为最终审计档案是会计师事务所的一项事务性工作，不涉及实施新的审计程序或得出新的结论。审计人员应该按照会计师事务所质量控制政策和程序的规定，及时将审计工作底稿归整为审计档案。审计工作底稿的归档期限为审计报告日后的六十天内，如果审计人员未能完成审计业务，审计工作底稿的归档期限为审计业务终止后的六十天内。

如果针对客户的同一财务信息执行不同的委托业务，出具两个或多个不同的报告，会计师事务所应当将其视为不同的业务，根据制定的政策和程序，在规定的归档期限内分别将审计工作底稿归整为最终的审计档案。

在归档期间对审计工作底稿进行的事务性变动主要包括：（1）删除或废弃被取代的审计工作底稿；（2）对审计工作底稿进行分类、整理和交叉索引；（3）对审计档案归整工作的完成核对表签字认可；（4）记录在审计报告日前获得的、与审计项目组相关成员进行讨论并取得一致意见的审计证据。

一般情况下，在审计报告归档之后不需要对审计工作底稿进行修改或增加。如果出现以下情况之一时，审计人员有必要修改现有的审计工作底稿或增加新的审计工作底稿：（1）审计人员已实施了必要的审计程序，取得了充分适当的审计证据并得出了恰当的审计结论；（2）审计报告日后，发现例外情况，要求审计人员实施新的或追加审计程序，或导致审计人员得出新的结论。

在完成最终审计档案的归整工作后，一旦发现有必要修改现有审计工作底稿或增加新的审计工作底稿，无论其性质如何，审计人员都应当记录以下事项：（1）修改或增加审计工作底稿的时间和人员，以及复核的时间和人员；（2）修改或者增加审计工作底稿的具体理由；（3）修改或增加审计工作底稿对审计结论产生的影响。

2）审计工作底稿的管理

审计工作底稿是审计人员对其执行的审计工作所作的完整记录。从一般意义上讲，审计工作底稿的所有权应属于执行该项业务的审计人员。但是，我国的审计人员不能独立于会计师事务所之外承揽审计业务，审计业务必须以会计师事务所的名义承接。因此，我国现行审计准则规定，审计工作底稿的所有权属于承接该项业务的会计师事务所。

会计师事务所应当制定审计档案保管制度，对审计档案妥善管理，以保证审计档案的安全、完整。会计师事务所应当自审计报告日起，对审计工作底稿至少保存十年。即使是审计人员未能完成审计业务，会计师事务所也应该自审计业务终止日起，对审计工作底稿至少保存十年。

第6章 计划审计工作

学习目的与要求

本章主要介绍如何计划审计工作。通过本章的学习，要求学生熟悉初步业务活动，了解审计业务约定书及其主要内容，熟悉制订初步审计计划所要做的各项工作，理解审计重要性和审计风险。

教学重点与难点

初步业务活动和初步审计计划各自所涉及的内容，审计重要性概念的理解与运用，审计风险及其模型的了解。

6.1 初步业务活动

在审计人员制订详细业务计划之前，必须考虑是否承接新的业务或续聘原有的业务。在做此决定时，审计人员应当先调查与评估目标客户的基本情况，审计人员自身的专业胜任能力和独立性，与目标客户就审计业务约定书的条款达成一致，并签订审计业务约定书，以避免双方对审计业务的理解产生分歧。审计人员开展初步业务活动的目的在于确保计划审计工作时审计人员已具备执行业务所需的独立性和专业胜任能力，不存在因管理层诚信问题而影响审计人员保持该项业务意愿的情况，避免与被审计单位就业务约定书的条款存在某些误解。

6.1.1 承接或保留客户

审计人员在接受审计业务之前，需要对目标客户的诚信进行必要的调查和相关的评估。其目的是为了避免因接受不当客户的委托而使会计师事务所遭受损失。这种因与客户发生审计关系而使会计师事务所发生损失的可能性通常又被称为业务风险（engagement risk）。

《质量控制准则第5101号——会计师事务所对执行财务报表审计和审阅、其他鉴证和相关服务业务实施的质量控制》的指南规定，针对客户诚信，会计师事务所应当了解：（1）客户主要股东、关键管理人员及治理层的身份和商业信誉；

(2) 客户的经营性质；(3) 客户主要股东、关键管理人员及治理层对内部控制环境和会计准则等的态度；(4) 客户是否过分考虑将会计师事务所的收费维持在尽可能低的水平；(5) 工作范围受到不适当限制的迹象；(6) 客户可能涉嫌洗钱或其他刑事犯罪行为的迹象；(7) 变更会计师事务所的原因；(8) 关联方的名称、特征和商业信誉。

会计师事务所在评价客户诚信情况时，可以通过下列途径，获取与客户诚信相关的信息：(1) 与为客户提供专业会计服务的现任或前任人员进行沟通，并与其讨论。这种沟通包括询问是否存在与客户意见不一致的事项及该事项的性质，客户是否有人为地、错误地影响注册会计师出具恰当的报告的情形及其证据等。(2) 向会计师事务所其他人员、监管机构、金融机构、法律顾问和客户的同行等第三方询问。(3) 从相关数据库中搜索客户的背景信息。例如，通过客户的年报、中期财务报表、向监管机构提交的报告等，获取相关信息。如果通过上述途径无法充分获取与客户相关的信息，或这些信息可能显示客户不够诚信，会计师事务所应当评估其对业务风险的影响。如认为必要，会计师事务所可以考虑利用调查机构对客户的经营情况、管理人员及其他有问题的人员进行背景检查，并评价获取的与客户诚信相关的信息。会计师事务所对客户诚信的了解程度，通常将随着与该客户关系的持续发展而增加。

6.1.2 评价审计人员自身的独立性与专业胜任能力

在接受审计业务之前，审计人员应当评价确定他们是否有能力按照审计准则的要求完成该项审计业务。这个评价包括三方面的内容：一是评价执行审计的能力（确定审计小组的关键成员和考虑在审计过程中向外界专家寻求协助的需要）；二是评价独立性；三是评价保持应有的职业谨慎的能力。

会计师事务所首先要考虑是否具备客户所需的专业胜任能力、素质和资源，主要考虑：(1) 会计师事务所人员是否熟悉相关行业或业务对象；(2) 会计师事务所人员是否具有执行类似业务的经验，或者是否具备获取必要技能和知识的能力；(3) 会计师事务所是否拥有足够的具有必要素质和专业胜任能力的人员；(4) 需要时是否能够得到专家的帮助；(5) 如果需要项目质量控制复核，是否具备符合标准和资格要求的项目质量控制复核人员；(6) 会计师事务所是否能够在提交报告的最后期限内完成业务。

职业道德规范和质量控制准则都要求会计师事务所制定政策和程序，以保持审计人员与被审计单位之间的独立性。在整个审计过程中，项目负责人应当对项目组成员违反独立性要求保持警觉。项目组负责人为了就审计业务的独立性要求是否得到遵守形成结论，应当采取下列措施：(1) 从会计师事务所获取相关信息，以识别、评价对独立性造成威胁的情况和关系；(2) 评价已识别的违反会计师事务所独立性的政策和程序情况，以确定是否对审计业务的独立性造成威胁；(3) 采取适当的防护性措施以消除对独立性的威胁，或将其降低至可接受的水平，对未能解决的事项，项目负责人应当立即向会计师事务所报告；（4）记录与独立性有关的结论及讨论的情况。审计人员缺乏独立性的一个常见情形就是审计人员与目标客户之间存在财务利益关系（例如审计人员拥有目标客户的股票）。如果能够消除财务利益关系，那么独立性问题也就解决了。

6.1.3　商定审计业务约定书的相关条款

只有当会计师事务所认为客户是诚信的，事务所自身符合独立性和专业胜任能力等相关职业道德要求，且拟承接的业务具备鉴证业务的条件才能予以承接。由于审计是受托业务，审计准则规定会计师事务所接受委托进行审计，必须签订审计业务约定书。所以，在决定承接业务后，签订审计业务约定书之前，还要：①确定审计的前提条件存在；②确认注册会计师和管理层已就审计业务约定达成一致意见。

为了确定审计的前提条件是否存在，注册会计师应当：确定管理层在编制财务报表时采用的财务报告编制基础是否是可接受的（鉴证业务基本准则中鉴证业务五要素中的标准）；就管理层认可并理解其责任与管理层达成一致意见。

同时注册会计师和管理层还应当就审计业务约定条款如：审计目标和范围、注册会计师的责任、管理层的责任、财务报告编制基础、审计报告的形式和内容等达成一致意见。

6.2　审计业务约定书

大多数情况下，审计人员可能很快就能得出是否可以接受目标客户的结论。在接受客户并与客户就审计业务的条款达成一致意见后，就应当与客户签订一份业务约定书。它是会计师事务所与客户签订的协议，它明确规定了对应业务的详细条款。其主要作用是能够避免被审计单位和会计师事务所将来发生误解，可以将被审计单位对会计师事务所提供服务不满意的可能性降低至最低，或者将会计师事务所提供服务后不能收取相应报酬的可能性降低至最低。

审计业务约定书是指会计师事务所与被审计单位签订的，用以记录和确认审计业务的委托与受托关系、审计目标和范围、双方的责任以及报告的格式等事项的书面协议。这一概念可从以下几个方面加以理解：

（1）签约主体通常是会计师事务所和被审计单位，但也存在委托人与被审计单位不是同一方的情形，在这种情形下，签约主体通常还包括委托人。

（2）约定内容主要涉及审计业务的委托与受托关系、审计目标和范围、双方责任以及报告的格式。

（3）文件性质属于书面协议，具有委托合同的性质，一经有关签约主体签字或盖章，在各签约主体之间即具有法律约束力。

审计业务约定书的具体内容可能会因被审计单位的不同而存在差异，但至少应当包括下列内容：（1）财务报表审计的目标；（2）管理层对财务报表的责任；（3）管理层编制财务报表采用的会计准则和相关会计制度；（4）审计范围；（5）执行审计工作的安排，包括出具审计报告的时间要求；（6）审计报告格式和对审计结果的其他沟通形式；（7）由于测试的性质和审计的其他固有限制，以及内部控制的固有局限性，不可避免地存在着某些重大错报可能仍然未被发现的风险；（8）管理层为审计人员提供必要的工作条件和协助；（9）审计人员不受限制地接触任何与审计有关的记录、文件和所需要的其他信息；（10）管理层对其做出的与审计有关的声明予以书面确认；（11）审计人员对执业过程中获知的信息保密；（12）审计收费，包括收费的计算基础和收费安排；（13）违约责任；（14）解决争议的方法；（15）签约双方法定代表人或其授权代表的签字盖章，以及签约双方加盖的公章。审计业务约定书的结构和内容的范例如下：

审计业务约定书

甲方：ABC 股份有限公司

乙方：××会计师事务所

兹由甲方委托乙方对 20×1 年度财务报表进行审计，经双方协商，达成以下约定：

一、业务范围与审计目标

1. 乙方接受甲方委托，对甲方按照《企业会计准则》和《××会计制度》编制的 20×1 年 12 月 31 日的资产负债表，20×1 年度的利润表、现金流量表和股东权益变动表，以及财务报表附注（以下统称财务报表）进行审计。

2. 乙方通过执行审计工作，对财务报表的下列方面发表审计意见：（1）财务报表是否按照《企业会计准则》和《××会计制度》的规定编制；（2）财务报表是否在所有重大方面公允反映被审计单位的财务状况、经营成果和现金流量。

二、甲方的责任与义务

（一）甲方的责任

1. 根据《中华人民共和国会计法》及《企业财务会计报告条例》，甲方及甲方负责人有责任保证会计资料的真实性和完整性。因此，甲方管理层有责任妥善保存和提供会计记录（包括但不限于会计凭证、会计账簿及其他会计资料），这些记录必须真实、完整地反映甲方的财务状况、经营成果和现金流量。

2. 按照《企业会计准则》和《××会计制度》的规定编制财务报表是甲方管理层的责任，这种责任包括：（1）设计、实施和维护与财务报表编制相关的内部控制，以使财务报表不存在由于舞弊或错误而导致的重大错报；（2）选择和运用恰当的会计政策；（3）做出合理的会计估计。

（二）甲方的义务

1. 及时为乙方的审计工作提供其所要求的全部会计资料和其他有关资料（在 20×2 年×月×日之前提供审计所需的全部资料），并保证所提供资料的真实性和完整性。

2. 确保乙方不受限制地接触任何与审计有关的记录、文件和所需的其他信息。

[下段适用于集团财务报表审计业务，使用时需按每位客户或约定项目的特定情况而修改，如果加入此段，应相应修改下面其他条款编号]

【3. 为乙方对甲方合并财务报表发表审计意见的需要，甲方须确保：

乙方和为组成部分执行审计的其他会计师事务所的注册会计师（以下简称其他注册会计师）之间的沟通不受任何限制。

组成部分是指甲方的子公司、分部、分公司、合营企业、联营企业等。

如果甲方管理层、负责编制组成部分财务信息的管理层（以下简称组成部分管理层）对其他注册会计师的审计范围施加了限制，或客观环境使其他注册会计师的审计范围受到限制，甲方管理层和组成部分管理层应当及时告知乙方。

乙方及时获悉其他注册会计师与组成部分治理层和管理层之间的重要沟通(包括就内部控制重大缺陷进行的沟通)。

乙方及时获悉组成部分治理层和管理层与监管机构就财务信息事项进行的重要沟通。

在乙方认为必要时，允许乙方接触组成部分的信息、组成部分管理层或其他注册会计师（包括其他注册会计师的审计工作底稿），并允许乙方对组成部分的财务信息实施审计程序】

3. 甲方管理层对其做出的与审计有关的声明予以书面确认。

4. 为乙方派出的有关工作人员提供必要的工作条件和协助，主要事项将由乙方于外勤工作开始前提供清单。

5. 按本约定书的约定及时足额支付审计费用以及乙方人员在审计期间的交通、食宿和其他相关费用。

三、乙方的责任和义务

（一）乙方的责任

1. 乙方的责任是在实施审计工作的基础上对甲方财务报表发表审计意见。乙方按照《中国注册会计师审计准则》（以下简称审计准则）的规定进行审计。审计准则要求注册会计师遵守职业道德规范，计划和实施审计工作，以对财务报表是否不存在重大错报获取合理保证。

[下段适用于集团财务报表审计业务，使用时需按每位客户或约定项目的特定情况而修改，如果加入此段，应相应修改其他条款编号]

【2. 乙方并不对非由乙方审计的组成部分的财务信息单独出具审计报告，有关的责任由对该组成部分执行审计的其他注册会计师及其所在的会计师事务所负责】

2. 审计工作涉及实施审计程序，以获取有关财务报表金额和披露的审计证据。选择的审计程序取决于乙方的判断，包括对由于舞弊或错误导致的财务报表重大错报风险的评估。在进行风险评估时，乙方考虑与财务报表编制相关的内部控制，以设计恰当的审计程序，但目的并非对内部控制的有效性发表意见。审计工作还包括评价管理层选用会计政策的恰当性和做出会计估计的合理性，以及评价财务报表的总体列报。

3. 乙方需要合理计划和实施审计工作，以使乙方能够获取充分、适当的审计证据，为甲方财务报表是否不存在重大错报获取合理保证。

4. 乙方有责任在审计报告中指明所发现的甲方在重大方面没有遵循《企业会计准则》和《××会计制度》编制财务报表且未按乙方的建议进行调整的事项。

5. 由于测试的性质和审计的其他固有限制，以及内部控制的固有局限性，不可避免地存在着某些重大错报在审计后可能仍然未被乙方发现的风险。

6. 在审计过程中，乙方若发现甲方内部控制存在乙方认为的重要缺陷，应向甲方提交管理建议书。但乙方在管理建议书中提出的各种事项，并不代表已全面说明所有可能存在的缺陷或已提出所有可行的改善建议。甲方在实施乙方提出的改善建议前应全面评估其影响。未经乙方书面许可，甲方不得向任何第三方提供乙方出具的管理建议书。

7. 乙方的审计不能减轻甲方及甲方管理层的责任。

（二）乙方的义务

1. 按照约定时间完成审计工作，出具审计报告。乙方应于20×2 年×月×日前出具审计报告。

2. 除下列情况外，乙方应当对执行业务过程中知悉的甲方信息予以保密：(1) 取得甲方的授权；(2) 根据法律法规的规定，为法律诉讼准备文件或提供证据，以及向监管机构报告发现的违反法规行为；(3) 接受行业协会和监管机构依法进行的质量检查；(4) 监管机构对乙方进行行政处罚（包括监管机构处罚前的调查、听证）以及乙方对此提起行政复议。

四、审计收费

1. 本次审计服务的收费是以乙方各级别工作人员在本次工作中所耗费的时间为基础计算的。乙方预计本次审计服务的费用总额为人民币××万元。

2. 甲方应于本约定书签署之日起×日内支付×% 的审计费用，剩余款项于审计报告草稿完成日结清。

3. 如果由于无法预见的原因，致使乙方从事本约定书所涉及的审计服务实际时间较本约定书签订时预计的时间有明显的增加或减少时，甲乙双方应通过协商，相应调整本约定书第四条第 1 项下所述的审计费用。

4. 如果由于无法预见的原因，致使乙方人员抵达甲方的工作现场后，本约定书所涉及的审计服务不再进行，甲方不得要求退还预付的审计费用；如上述情况发生于乙方人员完成现场审计工作，并离开甲方的工作现场之后，甲方应另行向乙方支付人民币××元的补偿费，该补偿费应于甲方收到乙方的收款通知之日起×日内支付。

5. 与本次审计有关的其他费用（包括交通费、食宿费等）由甲方承担。

五、审计报告和审计报告的使用

1. 乙方按照《中国注册会计师审计准则第1501号——对财务报表形成审计意见和出具审计报告》和《中国注册会计师审计准则第1502号——在审计报告中发表非无保留意见》规定的格式和类型出具审计报告。

2. 乙方向甲方出具审计报告一式×份。

3. 甲方在提交或对外公布审计报告时，不得修改或删除乙方出具的审计报告；不得修改或删除重要的会计数据、重要的报表附注和所做的重要说明。

六、本约定书的有效期间

本约定书自签署之日起生效，并在双方履行完毕本约定书约定的所有义务后终止。但其中第三（二）2、四、五、八、九、十项并不因本约定书终止而失效。

七、约定事项的变更

如果出现不可预见的情况，影响审计工作如期完成，或需要提前出具审计报告时，甲乙双方均可要求变更约定事项，但应及时通知对方，并由双方协商解决。

八、终止条款

1. 如果根据乙方的职业道德及其他有关专业职责、适用的法律、法规或其他任何法定的要求，乙方认为已不适宜继续为甲方提供本约定书约定的审计服务时，乙方可以采取向甲方提出合理通知的方式终止履行本约定书。

2. 在终止业务约定的情况下，乙方有权就其于本约定书终止之日前对约定的审计服务项目所做的工作收取合理的审计费用。

九、违约责任

甲乙双方按照《中华人民共和国合同法》的规定承担违约责任。

十、适用法律和争议解决

本约定书的所有方面均适用中华人民共和国法律进行解释并受其约束。本约定书履行地为乙方出具审计报告所在地，因本约定书所引起的或与本约定书有关的任何纠纷或争议（包括关于本约定书条款的存在、效力或终止，或无效之后果），双方选择第____种解决方式：

（1）向有管辖权的人民法院提起诉讼；

（2）提交××仲裁委员会仲裁。

十一、双方对其他有关事项的约定

本约定书一式两份，甲乙方各执一份，具有同等法律效力。

甲方：ABC股份有限公司（盖章）	乙方：××会计师事务所（盖章）
授权代表：（签章）	授权代表：（签章）
二〇×二年×月×日	二〇×二年×月×日

6.3 审计计划的制订

接受被审计单位的委托后，下一步工作就是制订审计计划。它包括审计人员在审计业务初步阶段采取的行动。审计人员制订计划有两大目的：（1）获取被审计单位的背景信息，有助于增进业务计划的效率效果；（2）指出审计业务中需要特别注意的潜在问题。

6.3.1 获取被审计单位的背景信息

制订初步计划的逻辑起点是了解被审计单位及其经营情况。了解被审计单位所需获得的信息大部分是概括性的，并与下列内容相关：被审计单位的业务性质及其所处的行业特征（包括专门针对该行业的法律和监管要求）；被审计单位管理层为了实现企业目标而执行的程序；被审计单位财务报表中的重要账户；管理层选用的会计政策，以及被审计单位财务数据与经营数据之间的联系。审计人员根据其了解的信息，评估被审计单位财务报表的重大错报风险。这些风险反过来又将影响审计人员将要执行的审计程序。同时审计人员还要对重要性水平做出初步判断。

对于一项新的审计业务来说，收集有关被审计单位的信息是一个费时的过程，可能还需要参考前任审计人员的审计工作底稿。而对于一项连续审计业务而言，被审计单位的大部分信息都可以从以前年度的审计工作底稿中取得，审计人员只需进行必要的更新就足够了。但是审计人员也不能草率地对待被审计单位环境的任何变化，一定要保持应有的职业谨慎。

下列信息对于评估被审计单位财务报表的重大错报风险和确定审计人员的风险应对措施非常有用：关于被审计单位业务和行业的信息、近来的财务信息、以前年度的审计工作结果，以及同适用的会计、审计、监管标准有关的信息。大部分此类信息都是在审计初期收集的，然而，审计人员在整个审计过程中都有可能收集到此类信息，所以，审计人员应该在审计实施过程确定与执行审计程序时，考虑它们对所确定或将要执行的审计程序的性质、时间和范围的影响。有关对被审计单位了解的具体阐述请参阅下一章的介绍。

6.3.2 分析被审计单位的战略规划

在计划过程初期审计人员应该分析被审计单位的战略规划。每一个企业或组织都有实现自己目标的战略，企业或组织对战略的理解越透彻，表达越清楚，它为推行所选战略采取的行动就越可能获得成功；反之，企业或组织获得成功的可能性就越小。这会给审计人员带来一些难题。被审计单位的战略决策对其组织的诸多方面都有影响，例如，进入的市场、生产的产品、开发的技术、所采用的业务流程和需要的资源等决策，都受到战略决策的影响。无论采取哪种战略，被审计单位管理层面临的主要考验是建立与战略相一致的，并能有效实现组织目标的业务流程，因为他们非常清楚与战略目标不一致的投入和努力是无法使公司获得成功的。

所以，审计人员在制订计划和执行审计时也应考虑被审计单位的战略决策。一般而言，在企业生命周期处于发展期和衰退期的企业面临的经营风险要高一些，给审计人员带来的困难和挑战也会相应多一些。例如，一家快速成长的公司可能会超出其能力进行生产和运转，从而增加了组织管理发生问题的可能性。又如，一家采取差异化战略的制造业企业可能会出现以下特征：毛利率较高、损坏成本较大、待摊销设备的价值较高、因质量问题导致的退货率上升等，而所有这些对财务报表都有影响。所以，这些会影响到审计人员对所审财务报表的重大错报风险的评估。

6.3.3　执行初步分析程序

《中国注册会计师审计准则第 1313 号——分析程序》要求审计人员在计划审计时可以执行分析程序，以便识别需要在审计策略中确定的问题，作为规划其他审计测试过程的起点。审计人员在执行初步分析程序时的重点是识别审计初期的特定风险。异常或意外余额，或者累计起来水平较高的数据关系，可能表明该账户面临特定风险。然后审计人员就可以据之计划审计程序的性质、时间和范围，以取得关于那些账户的审计证据，并可据之考虑此类风险对其他账户的影响。在审计初期执行分析程序，还能突出显示不利的趋势或者其他可能引发怀疑企业持续经营能力的问题。

审计人员一般使用下列五种分析程序中的一种或多种程序，将被审计单位的余额和比率与估计的余额和比率进行比较：（1）把被审计单位的数据与同行业数据进行比较；（2）将被审计单位的数据与前期同类数据进行比较；（3）将被审计单位的数据与被审计单位确定的预期结果进行比较；（4）将被审计单位的数据与注册会计师确定的预期结果进行比较；（5）将被审计单位的数据与利用非财务信息确定的预期结果进行比较。

6.3.4　确定存在的问题及重要审计领域

初步审计计划的一个重要目的就是找出审计中可能存在问题的领域和风险因素。下列程序能够帮助审计人员确定存在问题的领域和风险因素：（1）与前任审计人员或管理层讨论以前年度发生的问题；（2）评估可能表明存在错误与舞弊的风险因素；（3）确定和评价重要的会计政策；（4）审阅管理层（或董事会）重要会议的会议记录；（5）获取并审阅被审计单位初步编制的财务报表。

审计人员必须评估所审财务报表源自错误或舞弊的重大错报风险。在进行这一评估时，审计人员首先要关注被审计单位管理层的特征。草率、无能、懒惰、没有条理的管理层不太可能建立报告一致和结果可靠的信息系统。又如要是管理层都不重视内部控制，被审计单位内部的其他人可能更不重视。在这种情况下，财务报表重大错报的风险就可能很高。所以，审计人员需要仔细分析管理层的每一个特征，尤其是舞弊的动机，以表明被审计单位操纵财务报表的风险是否高于平均水平。具体来说，第一，利益冲突、道德沦丧、专横独断、缺乏远见以及严重分权等因素，都容易导致舞弊行为的产生；第二，行业和经营特征也是应该考虑的重要风险因素，例如，复杂、非常规的交易最有可能发生错误或舞弊，还有当经营的持续性受到威胁或者经营状况恶化影响其利益时，管理层更有可能采取一些正常情况下不会考虑的措施；第三，管理层选择的会计政策对审计的执行和审计人员必须考虑的风险也有重要影响，而且从会计政策的选择本身也可以看出管理层对财务报表和内部控制的态度；第四，审计人员还必须在审计业务初期尽早发现潜在的问题，判定是否所有必要的估计均已做出、所做出的估计是否合理、披露是否遵循了适用的财务报告框架。

6.3.5 考虑可能影响审计计划的特殊情况

一些特殊情况可能会对审计计划产生重大影响，因此审计人员在初始计划过程中应加以考虑，我们在这讨论 4 个方面的问题：（1）存在关联方交易；（2）利用专家的工作；（3）考虑内部审计工作；（4）对其他审计人员的利用。

1）存在关联方交易

根据《中国注册会计师审计准则第 1323 号——关联方》，当被审计单位存在关联方交易时，审计人员应当对之予以特别的考虑。因为关联方交易的金额有可能不反映基本交易的公允市价，所以它不属于正常交易关系。

审计人员在审计关联方交易时，首先应该判断该审计业务中是否存在关联方，而且要让整个审计小组都清楚谁是关联方，这样在发生关联方交易时，他们就能够识别出来。在审计人员识别出关联方后，必须仔细审查，检查相关的支持性文件，并验证强制性披露内容的准确性，这些内容具体包括所涉及的关联方、对关联方交易的描述、利润表中相应的收入和费用金额、年末资产负债表中相应的应收或应付金额等。如果披露内容与可适用的财务报告框架一致，审计人员就不需要对此进行更深入的审查。如果披露不充分或具有误导性（例如，暗示关联方实际上属于正常交易关系），审计人员就不应出具标准无保留意见的审计报告。

2）利用专家的工作

根据《中国注册会计师审计准则第 1421 号——利用专家的工作》，在了解被审计单位及其环境以及针对评估的风险实施进一步审计程序时，审计人员可能需要会同被审计单位或独立获取专家的报告、意见、估价和说明等形式的审计证据。审计人员利用专家工作的领域主要包括对特定资产的估价、对资产的数量和实物状况的测定、需用特殊技术或方法的金额测算、未完工合同中已完成和未完成工程的计量、涉及法律法规和合同的法律意见等。在审计业务中，审计人员应当尽早确定在哪些情况下需要专家的支持。

一旦确定需要专家的帮助，审计人员应当评价专家的专业胜任能力和客观性。

比如，可以通过职业证书、执照或者其他正式认证加以确定专家的胜任能力，或者可以由拥有同样知识或熟悉专家工作的其他人员予以证实专家的声誉和名望。尽管审计人员不可能要求协助的专家能像他自己那样具备独立性，但如果该专家与被审计单位之间确实存在某种程度的联系，审计人员就应该评价这种联系可能削弱专家客观性的风险。如果认为专家的客观性确实被削弱了，那么审计人员就应该执行额外的审计程序以验证专家的假设、方法或结果，保证其结果的合理性。

审计人员对专家提供的信息以及专家提供报告的形式都应清楚了解。另外，审计人员还应努力理解专家在决策过程中采用的假设、计算方法以及使用的数据。很多情况下，审计人员需要检验专家所用数据的准确性。

3）考虑内部审计工作

广泛影响审计计划的另一个客观因素是被审计单位是否设有内部审计部门。内部审计人员的许多测试和程序与审计人员的工作相同。如果被审计单位确实设有内部审计部门，那么审计人员可以利用内部审计人员和他们的工作结果。《中国注册会计师审计准则第 1411 号——利用内部审计人员的工作》规定要求，审计人员考虑利用被审计单位内部审计工作时，必须判断的关键问题是内部审计人员是否能够胜任、是否客观、是否能独立于管理层发表不偏不倚的意见。审计人员可以通过复核被审计单位的员工聘用和培训政策来评估内部审计人员的胜任能力，主要表现为他们的受教育程度、经验和证书情况。审计人员还应复核内部审计人员完成的工作，评价其工作质量，尤其是评价用作支持财务报表认定的证据。客观性通常取决于内部审计人员的报告对象的级别，所以审计人员可以通过了解其报告级别来评估其客观性。

如果证实内部审计人员具有胜任能力和客观性，审计人员就可以在计划自己的测试时利用他们的工作结果。具体来说，可以利用内部审计人员来协助审计人员了解被审计单位系统和评估各种风险，并可以让内部审计人员执行某些测试。许多测试可能与内部审计人员自己的审计计划直接相关，或者可能需要审计人员具体地要求、计划和指导。所有内部审计人员完成的工作都必须由审计人员进行全面彻底的复核。

4）对其他审计人员的利用

审计人员根据被审计单位的财务报表出具审计报告时，可能会用到已经审计过该被审计单位某个或某些组成部分的其他审计人员的工作或报告。根据《中国注册会计师审计准则第 1401 号——对集团财务报表审计的特殊考虑》的规定，如果被审计单位财务报表包含由其他审计人员审计的一个或多个组成部分的财务信息，审计人员在其计划利用其他审计人员的工作时，应当根据其他审计人员承担的具体业务并考虑其专业胜任能力，获得其他审计人员的独立性的证据，实施必要的审计程序，获得充分适当的审计证据，确定其他审计人员的工作能否满足审计人员自己所执行审计的需要。除非有充分的证据表明其他审计人员在执业时遵守了适用的质量控制政策和程序，否则，审计人员应当考虑与其他审计人员讨论其运用的审计程序，复核其他审计人员实施的审计程序的书面摘要，或复核其他审计人员的审计工作底稿。《中国注册会计师审计准则第 1401 号——对集团财务报表审计的特殊考虑》含有审计人员应该执行哪些程序的指导方针。此外，准则还要求如果审计人员需要使用其他审计人员的工作，他们可以决定是否要在其审计报告中提到该审计人员的工作。

6.3.6 形成审计计划

审计计划包括针对审计业务制定总体审计策略的具体审计计划，形成审计工作底稿。

1）总体审计策略

制定总体审计策略一般包括确定如下事项：①向具体审计领域调配的资源，包括向高风险领域分派有相当经验的项目组成员，就复杂的事项利用专家的工作等；②向具体审计领域分配资源的多少，包括分派到重要地方进行存货监盘的项目组成员的人数，向高风险审计领域分配的审计时间预算等；③何时调配这些资源，包括在期中还是在关键的截止日期调配资源等；④如何管理、指导和监督这些资源，包括何时项目组讨论、项目组内部复核，是否需要项目质量控制。

2）具体审计计划

具体审计计划比总体审计策略更加详细，内容包括项目组成员拟实施的风险评估程序的性质、时间和范围，进一步审计程序的性质、时间和范围，以及应当实施的其他审计程序。

6.4 审计重要性

审计重要性是现代审计理论与实务中一个非常重要的概念。审计重要性的运用贯穿于整个审计过程，它是确定风险评估程序、识别和评价重大错报风险和确定进一步审计程序的直接依据。正确理解、科学运用审计重要性概念，直接影响计划和执行的审计工作，是评价识别出的错报对审计的影响的基准。

6.4.1 重要性的概念

《中国注册会计师审计准则第 1221 号——计划和执行审计工作时的重要性》第 3 条对重要性的定义是："重要性取决于在具体环境下对错报金额和性质的判断。如果合理预期错报（包括漏报）单独或汇总起来可能影响财务报表使用者依据财务报表作出的经济决策，则该项错报是重大的。"

根据上述定义可以看出，重要性的实质是财务报表错报会影响财务报表使用者的临界点，是财务报表使用者所能接受的最大误差范围，超过了这个临界点，就会影响到财务报表使用者做出正确的决策。为了更清楚地理解重要性的概念，需要注意把握以下几点：

（1）重要性概念中的错报包含漏报。财务报表错报包括财务报表金额的错报和财务报表披露的错报。

（2）重要性包括对错报的数量（金额大小）或性质，或两者共同作用的影响。一般而言，金额大的错报比金额小的错报更为重要。在有些情况下，某些金额的错报从数量上看并不重要，但从性质上考虑，则可能是重要的。对于某些财务报表披露的错报，难以从数量上判断是否重要，应从性质上考虑其是否重要。

（3）判断某事项对财务报表使用者影响是否重大，是在考虑财务报表使用者整体共同的财务信息需求的基础上作出的。也就是说，判断重要性水平的立足点是站在财务报表使用者的角度，且财务报表使用者是指具有一定的理解能力并能够理性地做出决策的一个集体。如果财务报表中的某项错报足以改变或影响财务报表使用者的相关决策，则该项错报就是重要的，否则就不重要。

（4）重要性的确定离不开特定的环境。由于不同的被审计单位面临不同的环境，不同的报表使用者有着不同的信息需求，因此审计人员确定的重要性也不相同。某一特定金额的错报对某一被审计单位的财务报表来说是重要的，而对另一个被审计单位的财务报表来说就可能不重要。例如，20 万元的错报对一个小公司来说可能是重要的，而对另一个大公司来说则可能不重要。

（5）对重要性的评估需要运用职业判断。事实上，由于影响重要性的因素很多，不同企业的重要性不同，同一企业在不同时期的重要性也不同。审计人员应当根据被审计单位面临的环境，并综合考虑其他因素，合理确定重要性水平。另外，由于不同的审计人员对影响重要性的各种因素的判断存在差异，他们在确定同一被审计单位财务报表层次和认定层次的重要性水平时，得出的结果可能不同。因此，审计人员需要运用职业判断来合理评估重要性。

6.4.2　重要性的确定

1）确定重要性时应考虑的两个关系

（1）重要性与审计风险的关系。

重要性与审计风险之间存在反向关系，重要性水平越高，审计风险越低；反之，重要性水平越低，审计风险越高。审计人员应当考虑二者之间的这种关系，保持应有的职业谨慎，合理确定重要性水平。

一般来说，2 000 元的重要性水平比 1 000 元的重要性水平要高。应当注意的是，重要性水平是审计人员从财务报表使用者角度进行判断的结果。若重要性水平是 2 000 元，意味着低于 2 000 元的错报不会影响财务报表使用者的决策，审计人员只需要通过执行相关审计程序查出高于 2 000 元的错报即可；若重要性水平是 1 000元，则意味着金额在 1 000 ~ 2 000 元的错报仍会影响财务报表使用者的决策，审计人员还需要执行有关审计程序以查出金额在 1 000 ~ 2 000 元之间的错报。显然，重要性水平为1 000元时审计不出重大错报的可能性（即审计风险）要比重要性水平为2 000元时的审计风险高。

审计人员应当保持应有的职业谨慎，合理确定重要性水平。依据重要性与审计风险的反向关系，如果原本2 000元的错报才会影响到财务报表使用者的决策，而审计人员重要性水平确定为1 000元，审计人员会扩大审计程序或追加审计程序，而实际上没有这个必要，反而影响了审计的效率。相反，如果原本1 000元的错报就会影响到财务报表使用者的决策，而审计人员将重要性水平确定为2 000元，这时所执行的审计程序比应当执行的程序要少，会导致审计人员得出错误的审计结论，影响审计的效果。因此，审计人员应综合考虑各种因素，合理确定重要性水平。

应当提醒的是，审计人员不能通过随意调高重要性水平，以降低审计风险。这是因为重要性是依据前述重要性概念中的判断标准确定的，并不是由审计人员主观期望的审计风险水平确定的。

（2）重要性与审计证据之间的关系。

重要性是影响审计证据充分性的一个十分重要的因素。重要性和审计证据之间存在反向关系。前已述及，重要性水平越低，审计风险越高，而审计风险越高，就越要求审计人员收集更多更有效的审计证据，以将审计风险降至可接受的低水平；相反，重要性水平越高，审计风险越低，审计人员就可以相应减少所需要的审计证据的数量。

2）从数量和性质两个方面考虑重要性

审计人员在确定重要性水平时，应从错报的数量（金额大小）和性质两个方面进行考虑：

（1）从数量方面考虑重要性。

《中国注册会计师审计准则第1221号——计划和执行审计工作时的重要性》第10条指出："在制定总体审计策略时，注册会计师应当确定财务报表整体的重要性。根据被审计单位的特定情况，如果存在一个或多个特定类别的交易、账户余额或披露，其发生的错报金额虽然低于财务报表整体的重要性，但合理预期可能影响财务报表使用者依据财务报表作出的经济决策，注册会计师还应当确定适用于这些交易、账户余额或披露的一个或多个重要性水平。"

①财务报表层次的重要性水平。财务报表审计的目的是对财务报表整体发表审计意见，因此，审计人员在制定总体审计策略时，应当运用职业判断，确定财务报表层次的重要性水平，即确定多大的错报会影响到财务报表使用者所作的决策。审计人员通常先确定一个恰当的基准，再选择适当的百分比乘以该基准，从而得出财务报表层次的重要性水平。

实务中可以用作确定财务报表层次重要性水平基准的汇总性财务数据通常有：总资产、净资产、销售收入、费用总额、毛利、净利润等。在选择重要性的基准时，审计人员应当考虑的因素通常有：

A. 被审计单位以前期间的经营成果和财务状况；

B. 本期的经营成果和财务状况；

C. 本期发生的重大事项（如重大企业合并）；

D. 本期预测和预算结果以及宏观经济环境和行业环境发生的变化。

审计人员在考虑上述因素的基础上，结合以往审计经验，运用职业判断选择一个合理的基准。通常当被审计单位属于劳动密集型企业时，不应采用总资产、净资产作为重要性水平的基准；当被审单位的净利润波动幅度较大时，则不应将当年净利润作为重要性水平的基准，而应当选用近几年的平均净利润；当被审计单位净利润接近为零时，也不应将当年的净利润作为重要性水平的基准。

确定了恰当的基准后，审计人员还应当选择一个合理的百分比，乘以判断基准，据以确定财务报表层次的重要性水平。这个百分比是多少，世界各国的审计准则和会计准则都没有做出规定，也无法做出规定，以下是实务中一些参考经验值：

一是以营利为目的的企业，常取其经常性业务的总收入的0.5%、税前利润或税后净利润的5%；

二是对于非营利组织，取其费用总额或总收入的0.5%；

三是对于共同基金公司，取其净资产的0.5%。

值得注意的是，上述这些比例都属于经验法则，审计人员在执行具体审计业务时，可以根据被审单位的具体情况，运用职业判断对上述百分比做适当的调整。

②特定类别的交易、账户余额或披露的重要性水平。存在下列情况时，可以表明存在一个或多个特定类别的交易、账户余额或披露，其发生的错报金额虽然低于财务报表整体的重要性，但合理预期将影响财务报表使用者依据财务报表作出的经济决策。因此必须考虑特定类别的交易、账户余额或披露的重要性水平。

第一，法律法规或适用的财务报告编制是否影响财务报表使用者对特定项目（如关联方交易、管理层或治理层的薪酬）计量或披露的预期。

第二，与被审计单位所处行业相关的关键性披露（如制药企业的研究与开发支出）。

第三，财务报表使用者是否特别关注财务报表中单独披露的业务的特定方面（如新收购的业务）。

（2）从性质方面考虑重要性。

尽管对重要性水平的确定有了量的指南，但在很多情况下，金额不重要的错报从性质上看有可能是重要的。尤其在信息披露问题上，重要性的判断不能仅局限于量化的标准，而应当以信息披露是否会影响财务报表使用者决策为先决条件。审计人员在判断错报的性质是否重要时应该考虑的具体因素有：

①错报是否涉及违反监管要求的情形。一般来说，涉及违反监管要求的数额比同等数额的无意错报要重要得多。如对于财务报表使用者而言，蓄意夸大存货价值

的错报比相同金额的笔误更为重要，因为前者隐藏着有关人员的不良动机。

②错报是否影响对债务契约或其他合同规定的遵循。如某项错报使企业营运资金增加了几千元，从数量上看并不重要，但这项错报使营运资金从低于贷款合同规定的营运资金数变为稍高于贷款合同规定的营运资金数，这就影响了贷款所规定的义务，因此它就是重要的。

③错报是否掩盖收益或其他趋势的改变。在其他情况下认为金额不重要的错报，如果影响到收益变动趋势，应当引起注意。例如，某项错报使收入每年递增1%的趋势变为每年递减1%的趋势，或者使亏损变为盈利等，它就是重要的。

④错报对用于评价被审计单位财务状况、经营成果或现金流量的有关比率的影响程度。

⑤错报是否对增加管理层报酬有影响。例如，管理层通过错报来达到有关奖金或其他激励政策规定的要求，从而增加其报酬。

⑥错报是否与会计政策的不正确选择或运用相关，即使不影响当期财务报表，还要考虑是否影响未来期间财务报表。这些错误分类影响到财务报表中应单独披露的项目。如企业经营收益与非经营收益之间的错误分类。

⑦错报对与已审计财务报表一同披露的其他信息的影响程度，能合理预期该影响程度会对财务报表使用者进行经济决策产生影响。如在“管理层讨论与分析”或“经营与财务回顾”中的信息重大不一致。

上述这些因素没有也不可能包括所有的情况，在审计过程中可能会出现一个或是多个上述因素，审计人员不能仅以存在这些因素就认为错报必然是重大的，应综合具体情况做出合理的职业判断。

6.4.3 实际执行重要性

财务报表提供的信息由各类交易、账户余额或披露认定层次的信息汇集加工而成，审计人员只有通过对各类交易、账户余额或披露认定层次实施审计，才能得出财务报表是否公允反映的结论。因此，审计人员为了防止出现各认定层次的未更正和未发现错报的汇总数超过财务报表整体的重要性水平，必须将财务报表整体的实际执行的重要性水平设定得低于计划阶段的重要性水平，从而为可能未发现的潜在错报留出余地。

实际执行的重要性水平，是指注册会计师确定的低于财务报表整体的重要性的一个或多个金额，旨在将未更正和未发现错报的汇总数超过财务报表整体的重要性的可能性降至适当的低水平。如果适用，实际执行的重要性还指注册会计师确定的低于特定类别的交易、账户余额或披露的重要性水平的一个或多个金额。

在实质性程序的余额测试时，在设计样本时，审计人员需要确定可容忍错报，以应对单个非重大错报的汇总数可能导致财务报表存在重大错报的可能性。实务中，可容忍错报可能等于或低于实际执行的重要性水平，主要是考虑了潜在错报对审计结论的影响。

6.4.4　审计过程中修改重要性

1）调整计划审计工作重要性的原因

由于存在下列原因，注册会计师可能需要修改财务报表整体的重要性和特定类别的交易、账户余额或披露的重要性水平（如适用）：①随着审计的不断深入，对被审计单位的了解也更深入；②获取了新信息；③通过实施进一步审计程序，对被审计单位及其经营的了解发生了变化。

2）调整后的应对措施

如果审计人员在审计过程中发现计划审计工作重要性与实际情况存在较大差异，从而决定接受更低的重要性水平，审计风险将增加。审计人员则应采取下列措施将审计风险降至可接受的低水平：

①如有可能，通过扩大控制测试范围或实施追加的控制测试，降低评估的重大错报风险，并支持降低后的重大错报风险水平；

②通过修改计划实施的实质性程序的性质、时间和范围，降低检查风险。

6.4.5　评价审计过程中识别出的错报

1）评价审计结果时所运用的重要性水平

审计人员在评价审计结果时所确定的重要性水平，可能与计划审计工作时评估的重要性存在差异。这是因为在审计过程中获知了某项信息，该信息可能导致审计人员确定与原来不同的财务报表整体重要性或特定类别交易、账户余额或披露的一个或多个重要性水平，审计人员应予以修改。当重新评估的重要性水平低于计划阶段的重要性，则审计人员要重新考虑实际执行的重要性和进一步审计程序是否恰当，以收集充分、适当的审计证据，作为发表意见的基础。

2）识别出的累计错报

审计人员应当累积审计过程中识别出的错报，除非错报明显微小。明显微小的错报，无论单独或者汇总起来，无论从规模、性质或其发生的环境来看都是明显微不足道的。累积识别出的错报包括：

①事实错报。这类错报是毋庸置疑的错报，是被审计单位收集和处理数据的错误，是对事实的忽略或误解，或故意舞弊行为等产生的。如审计人员在审计测试中发现最新发生的一笔应收账款为 20 万元，但被审计单位的账面记录只有 10 万元，此时，应收账款和营业收入分别被低估 10 万元，这 10 万元就是已识别的对事实的具体错报。

②判断错报。这是由于审计人员认为管理层对会计作出不合理的判断或不恰当地选择和运用会计政策而导致的差异。例如，由于包含在财务报表中的管理层作出的估计值超出了注册会计师确定的一个合理范围，导致出现判断差异。

③推断错报。这是审计人员对总体存在的错报作出的最佳估计数，涉及根据在审计样本中识别出的推断总体的错报。

审计人员在审计过程中应当保持合理的职业怀疑，错报不是孤立发生的，发现一项错报有理由相信还可能存在其他错报。特别是要注意错报产生的原因，如审计人员发现某错报是由于内部控制失效、或广泛不恰当假设、或评估方法所导致，则有理由怀疑还有更多错报。

3）错报的沟通与更正

审计人员应当及时与适当层级的管理层沟通错报事项是重要的，以使管理层评价该事项是否是错报，并采取相应行动。沟通的过程应当遵守职业准则和其他相关法律法规对保密原则的要求。

管理层应当更正所有错报，保证会计确认、计量和列报是准确的，并降低由于与本期相关、非重大的且尚未更正的错报的累积影响而导致未来期间财务报表出现重大错报的风险。

4）评价未更正错报的汇总数的影响

如果管理层拒绝更正审计人员累积识别的错报，则审计人员要评价未更正错报对审计意见的影响。审计人员在考虑根据相关情况判断出的错报金额、性质及可能对未来期间财务报表产生的影响后，可能需要与治理层讨论错报未得到更正的原因及其影响，仍要求被审计单位更正未更正错报。

在评价未更正的错报之前，审计人员应当重新评估计划审计工作重要性水平是否合理，是否与审计人员对被审计单位的实际财务结果了解是一致的。

审计人员在出具审计报告前，应当将汇总的尚未更正的错报与财务报表层次的重要性水平进行比较，评估尚未更正的错报单独或累积的影响是否重大：

①评估每一错报对相关的财务报表项目的单独影响。

②评估所有的事实错报、判断错报和推断错报的综合影响对所有的财务报表科目是否重大。单独地看，一笔小金额的错报无论是性质上还是金额上都是不重要的，但是其累计数却可能对财务报表产生重大影响。审计人员对此应予以充分的关注，为了全面地评价错报的影响，应将审计过程中已识别的具体错报和推断的误差进行汇总。

③评估以前期间的未更正错报的影响。有些以前期间的未更正错报具有累积影响，而且财务报表包含比较数据，作为财务报表组成部分的比较数据如果有错报（这些错报是以前期间未更正错报）将会影响信息使用者对财务报表的理解。

④某些错报低于重要性水平，但是从性质考虑，连同其他错报一并判断时，注册会计师也可能将这些错报评价为重大错报。应当指出的是，如果某项错报是（或可能是）由舞弊造成的，无论其金额的大小，审计人员均应按照《中国注册会计师审计准则第 1141 号——财务报表审计中与舞弊相关的责任》的规定，考虑其对整个财务报表审计的影响。

6.5　审计风险

在审计活动中，注册会计师对被审计单位财务报表实施审计后，依据所收集的证据，对财务报表进行客观公正的判断和评价，发表相应的审计意见。这种审计意见是建立在职业判断基础上的一种主观结论，它可能与客观事实相偏离。这种审计活动中主观与客观的偏离就可以理解为审计风险。

6.5.1　审计风险的含义

《中国注册会计师审计准则第 1101 号——注册会计师的总体目标和审计工作的基本要求》第 13 条将审计风险定义为："审计风险是指财务报表存在重大错报时，注册会计师发表不恰当审计意见的可能性。"审计风险并不包含下面这种情况，即财务报表不含有重大错报，而注册会计师错误地发表了财务报表含有重大错报的审计意见的风险。

可接受的审计风险的确定，需要考虑会计师事务所对审计风险的态度、审计失败对会计师事务所可能造成损失的大小等因素。其中，审计失败对会计师事务所可能造成的损失大小又受所审财务报表的用途、使用者的范围等因素的影响。但必须注意的是，审计业务是一种保证业务，可接受的审计风险应当足够低，以使审计人员能够合理保证所审财务报表不存在重大错报。审计风险取决于重大错报风险和检查风险。

6.5.2　审计风险模型

《中国注册会计师审计准则第 1101 号——注册会计师的总体目标和审计工作的基本要求》第 13 条："审计风险取决于重大错报风险和检查风险。"审计风险、重大错报风险和检查风险之间的关系模型为：

审计风险 = 重大错报风险 × 检查风险

1）重大错报风险

重大错报风险是指财务报表在审计前存在重大错报的可能性。重大错报风险分为财务报表层次的重大错报风险和认定层次的重大错报风险。重大错报风险是被审计单位的风险，独立于财务报表审计而存在。

财务报表层次的重大错报风险与财务报表整体存在广泛联系并潜在影响多项认定。这一层次的重大错报风险通常与被审计单位的控制环境有关，如管理层缺乏诚信、治理层形同虚设而不能对管理层进行有效监督等；但也可能与其他因素有关，如经济萧条、企业所在行业处于衰退期等。财务报表层次的重大错报风险难以被界定于某类交易、账户余额和披露的具体认定；相反，此类风险增大了一个或多个不同认定发生重大错报的可能性，与由舞弊引起的风险特别相关。

审计人员应当评估各类交易、账户余额和披露及其认定层次的重大错报风险，并通过对这一层次的重大错报风险的评估，确定进一步审计程序的性质、时间和范围。通过获取各类交易、账户余额和披露认定层次的审计证据，审计人员便能在审计工作完成时，在可接受的审计风险水平下对财务报表整体发表审计意见。

认定层次的重大错报风险由固有风险和控制风险组成。固有风险，是指在考虑相关的内部控制之前，某类交易、账户余额或披露的某一认定易于发生错报（该错报单独或连同其他错报可能是重大的）的可能性。控制风险，是指某类交易、账户余额或披露的某一认定发生错报，该错报单独或连同其他错报可能是重大的。

有关这两个层次的重大错报风险评估及其应对措施将在第 7 章和第 8 章详细阐述。

2）检查风险

检查风险是指如果存在某一错报，该错报单独或连同其他错报可能是重大的，注册会计师为将审计风险降至可接受的低水平而实施程序后没有发现这种错报的可能性。检查风险取决于审计程序及其执行的有效性。检查风险并非越低越好，审计人员必须通过对审计程序的合理安排将检查风险调整到适当的水平。

由于审计人员通常并不对所有的交易、账户余额和列报进行检查，检查风险不可能降低为零。检查风险主要指审计人员选取了不恰当的审计程序、审计过程执行不当，或者错误解读了审计结论。这些因素可以通过适当计划、在项目组成员之间进行恰当的职责分配、保持职业谨慎态度以及监督、指导和复核助理人员的审计工作得以解决。

3）审计风险模型中各要素之间的关系

在既定的审计风险水平下，可接受的检查风险水平与认定层次重大错报风险的评估结果呈反向关系。一般而言，评估的重大错报风险越高，可接受的检查风险越低；评估的重大错报风险越低，可接受的检查风险越高。

同样，在既定的重大错报风险水平下，审计人员可以接受的审计风险与可以接受的检查风险呈正向关系。一般而言，审计人员可以接受的审计风险越高，可以接受的检查风险水平就越高；反之，审计人员可以接受的审计风险越低，可以接受的检查风险的水平就越低。

第7章 风险评估

学习目的与要求

本章主要介绍重大错报风险的评估。通过本章的学习，要求学生熟悉把握重大错报风险的评估过程，尤其要深入领会企业内外环境及内部控制缺陷对重大错报风险的影响。

教学重点与难点

评估重大错报风险；企业全面风险管理以及内部控制缺陷对风险评估的影响。

7.1 风险评估程序

注册会计师注册会计师实施风险导向审计的目的是对财务报表不存在由于重大错误或舞弊导致的重大错报获得合理保证，而为提高审计效率和效果，风险导向审计要求注册会计师关注公司的全面风险并确定这些风险是否对审计风险存在着重大影响。因此，从本节开始将系统阐述注册会计师如何开展风险评估程序。风险评估程序主要是通过了解被审计单位及其环境以评估被审计单位的重大错报风险，因此为了解被审计单位及其环境而实施的审计程序被称为“风险评估程序”。具体说来，为评估财务报表重大错报风险，注册会计师可以实施以下风险评估程序：询问被审计单位管理层和内部其他相关人员、分析程序、观察和检查。

7.1.1 询问被审计单位管理层和内部其他相关人员

询问被审计单位管理层和内部其他相关人员是注册会计师了解被审计单位及其环境的一个重要信息来源。注册会计师可以考虑向管理层和财务负责人询问下列事项：管理层所关注的主要问题，如新的竞争对手、主要客户和供应商的流失、新的税收法规的实施以及经营目标或战略的变化等；被审计单位最近的财务状况、经营成果和现金流量；可能影响财务报告的交易和事项或者目前发生的重大会计处理问题，如重大的购并事宜等；被审计单位发生的其他重要变化，如所有权结构、组织结构的变化以及内部控制的变化等。有经验的注册会计师通常会针对公司内部的不同人员询问不同的问题，以提升风险评估程序的效率和效果。一般说来，询问治理层，有助于注册会计师理解财务报表编制的环境；询问内部审计人员，有助于注册会计师了解其针对被审计单位内部控制设计和运行有效性而实施的工作，以及管理层对内部审计发现的问题是否采取适当的措施；询问参与生成、处理或记录复杂或异常交易的员工，有助于注册会计师评估被审计单位选择和运用某项会计政策的适当性；询问采购人员和生产人员，有助于注册会计师了解被审计单位的原材料采购和产品生产等情况；询问仓库人员，有助于注册会计师了解原材料、产成品等存货的进出、保管和盘点等情况。

7.1.2 分析程序

分析程序是指注册会计师通过研究不同财务数据之间以及财务数据与非财务数据之间的内在关系，对财务信息作出评价。分析程序还包括调查识别出的、与其他相关信息不一致或与预期数据严重偏离的波动和关系。分析程序既可用作风险评估程序和实质性程序，也可用于对财务报表的总体复核。在实施分析程序时，注册会计师应当预期可能存在的合理关系，并与依据历史和同期数据计算的比率或趋势相比较，如果发现异常波动，注册会计师应当在询问管理当局有关解释的基础上，推断异常波动产生的原因，并在识别重大错报风险时考虑这些比较结果。例如，注册会计师通过实施分析程序发现，两个会计期间的销售毛利率相当，注册会计师通过对被审计单位的了解，如获知在生产成本中占较大比例的原材料成本在相关期间内上升，注册会计师预期销售成本也应相应上升，而毛利率应相应下降。通过上述分析，注册会计师得出的一个推论是：销售成本可能存在重大错报风险，应对其给予足够的重视。此外，分析程序还可以借助汇总数据和非汇总数据展开分析。如果使用的是高度汇总的数据，实施分析程序的结果仅可能初步显示财务报表存在重大错报风险，注册会计师应当将分析结果连同识别重大错报风险时获取的其他信息一并考虑。

7.1.3 观察和检查

在询问和执行分析程序的基础上，进一步实施观察和检查程序不但可以印证对管理层和其他相关人员的询问结果、提供有关被审计单位及其环境的信息，而且可以在一定程度上验证注册会计师使用分析程序所推断的重点风险领域。具体而言，注册会计师应当实施下列观察和检查程序：

1）观察被审计单位的生产经营活动

通过观察被审计单位生产活动和内部控制活动，可以增加注册会计师对被审计单位人员如何进行生产经营活动及实施内部控制的了解。

2）检查文件、记录和内部控制手册

通过检查被审计单位的章程、与其他单位签订的合同及协议、各业务流程操作指引和内部控制手册等，可以了解被审计单位组织结构和内部控制制度的建立健全情况。

3）阅读由管理层和治理层编制的报告

通过阅读由管理层和治理层编制的报告（具体包括：阅读被审计单位年度和中期财务报告，股东大会、董事会会议、高级管理层的会议记录或纪要，管理层的讨论和分析资料，经营计划和战略，对重要经营环节和外部因素的评价，被审计单位内部管理报告以及其他特殊目的报告等）可以了解自上一期审计结束至本期审计期间被审计单位发生的重大事项。

4）实地察看被审计单位的生产经营场所和设备

通过现场访问和实地察看被审计单位的生产经营场所和设备，可以帮助注册会计师了解被审计单位的性质及其经营活动。在实地察看被审计单位的厂房和办公场所的过程中，注册会计师可以有机会与被审计单位的管理层和担任不同职责的员工进行交流，从而可以进一步了解被审计单位的经营活动及其重大影响因素。

5）追踪交易在财务报告信息系统中的处理过程（穿行测试）

这是注册会计师了解被审计单位业务流程及其相关控制时经常使用的审计程序。通过追踪某笔或某几笔交易在业务流程中如何生成、记录、处理和报告，以及相关内部控制如何执行，注册会计师可以确定被审计单位的交易流程和相关控制是否与之前通过其他程序所获得的了解一致，并确定相关控制是否得到有效执行。

7.1.4　其他审计程序和信息来源

1）其他审计程序

除了采用上述程序从被审计单位内部获取信息以外，如果根据职业判断认为从被审计单位外部获取的信息将有助于识别重大错报风险，注册会计师还应当实施其他审计程序以获取这些信息。外部背景信息包括证券分析师、银行、评级机构出具的有关被审计单位及其所处行业的经济或市场环境等状况的报告，贸易与经济方面的期刊，法规或金融出版物，以及政府部门或民间组织发布的行业报告和统计数据等。注册会计师可以通过询问被审计单位聘请的外部法律顾问、专业评估师、投资顾问和财务顾问等有关人士获取进一步的证据，但在询问过程中应当注意使用恰当的方式和策略。

2）其他信息来源

在评估重大错报风险时，注册会计师还应当考虑在承接客户或续约过程中获取的信息并充分利用向被审计单位提供其他服务所获得的经验。通常，对新的审计业务而言，注册会计师应在业务承接阶段对被审计单位及其环境有一个初步的了解，以确定是否承接该业务。而对连续审计业务，也应在每年的续约过程中对上年审计作出总体评价，并更新对被审计单位的了解和风险评估结果，以确定是否续约。对于连续审计业务，如果拟利用在以前期间获取的信息，注册会计师应当确定被审计单位及其环境是否已发生变化，以及该变化是否可能影响以前期间获取的证据和信息在本期的适用性。

7.2 了解被审计单位及其环境

7.2.1 对被审计单位外部环境的了解

行业状况、法律环境与监管环境以及其他外部因素对被审计单位的经营活动乃至财务报表会产生影响。因此，注册会计师应当对这些外部因素进行了解。

1）行业状况

了解行业状况有助于注册会计师识别与被审计单位所处行业有关的重大错报风险。注册会计师应当了解被审计单位的行业状况主要包括：（1）所处行业的市场供求与竞争；（2）生产经营的季节性和周期性；（3）产品生产技术的变化；（4）能源供应与成本；（5）行业的关键指标和统计数据。

具体而言，注册会计师可能需要了解以下情况：（1）被审计单位所处行业的总体发展趋势是什么；（2）处于哪一发展阶段，如起步、快速成长、成熟、产生现金流入或衰退阶段；（3）所处市场的需求、市场容量和价格竞争如何；（4）该行业是否受经济周期波动的影响，以及采取了什么行动使波动产生的影响最小化；（5）该行业受技术发展影响的程度如何；（6）是否开发了新的技术；（7）能源消耗在成本中所占比重，能源价格的变化对成本的影响；（8）谁是被审计单位最重要的竞争者，他们各自所占的市场份额是多少；（9）被审计单位与其竞争者相比主要的竞争优势是什么；（10）被审计单位业务的增长率和财务业绩与行业的平均水平及主要竞争者相比如何，存在重大差异的原因是什么；（11）竞争者是否采取了某些行动，如购并活动、降低销售价格、开发新技术等，从而对被审计单位的经营活动产生影响。

2）法律环境及监管环境

了解法律环境及监管环境的主要原因在于：（1）某些法律法规或监管要求可能对被审计单位经营活动产生重大影响，如不遵守将导致停业等严重后果；（2）某些法律法规或监管要求（如环保法规等）规定了被审计单位某些方面的责任和义务；（3）某些法律法规或监管要求决定了被审计单位需要遵循的行业惯例和核算要求。具体说来，注册会计师应当了解的被审计单位所处的法律环境及监管环境主要包括：（1）适用的会计准则、会计制度和行业特定惯例；（2）对经营活动产生重大影响的法律法规及监管活动；（3）对开展业务产生重大影响的政府政策，包括货币、财政、税收和贸易等政策；（4）与被审计单位所处行业和所从事经营活动相关的环保要求。

具体而言，注册会计师可能需要了解以下情况：（1）国家对某一行业的企业是否有特殊的监管要求，如对银行、保险等行业的特殊监管要求；（2）是否存在新出台的法律法规，对被审计单位有何影响；（3）国家货币、财政、税收和贸易等方面政策的变化是否会对被审计单位的经营活动产生影响；（4）与被审计单位相关的税务法规是否发生变化。

3）其他外部因素

注册会计师还应当了解影响被审计单位经营的其他外部因素，包括：当前的宏观经济状况以及未来的发展趋势如何？目前国内或本地区的经济状况（如增长率、通货膨胀、失业率、利率等）怎样影响被审计单位的经营活动？被审计单位的经营活动是否受到外币汇率波动或全球市场力量的影响？

注册会计师对行业状况、法律环境与监管环境以及其他外部因素了解的范围和程度会因被审计单位所处行业、规模以及其他因素的不同而不同。例如，对从事计算机硬件制造的被审计单位，注册会计师可能更关心市场和竞争以及技术进步的情况；对金融机构，注册会计师可能更关心宏观经济走势以及货币、财政等方面的宏观经济政策；对化工等产生污染的行业，注册会计师可能更关心相关环保法规。注册会计师应当考虑将了解的重点放在对被审计单位的经营活动可能产生重要影响的关键外部因素以及与前期相比发生的重大变化上。注册会计师应当考虑被审计单位所在行业的业务性质或监管程度是否可能导致特定的重大错报风险，考虑项目组是否配备了具有相关知识和经验的成员。例如，建筑行业长期合同涉及收入和成本的重大估计，可能导致重大错报风险；银行监管机构对商业银行的资本充足率有专门规定，不能满足这一监管要求的商业银行可能有操纵财务报表的动机和压力。

7.2.2 对被审计单位内部环境的了解

1）所有权结构

对被审计单位所有权结构的了解有助于注册会计师识别关联方关系并了解被审计单位的决策过程。注册会计师应当了解所有权结构以及所有者与其他人员或单位之间的关系，考虑关联方关系是否已经得到识别，以及关联方交易是否得到恰当核算。例如，注册会计师应当了解被审计单位是属于国有企业、外商投资企业、民营企业，还是属于其他类型的企业，还应当了解其直接控股母公司、间接控股母公司、最终控股母公司和其他股东的构成，以及所有者与其他人员或单位（如控股母公司控制的其他企业）之间的关系。注册会计师应当按照《中国注册会计师审计准则第 1323 号——关联方》的规定，了解被审计单位识别关联方的程序，获取被审计单位提供的所有关联方信息，并考虑关联方关系是否已经得到识别，关联方交易是否得到恰当记录和充分披露。

2）治理结构

良好的治理结构可以对被审计单位的经营和财务运作实施有效的监督，从而降低财务报表发生重大错报的风险。因此，注册会计师应当了解被审计单位的治理结构。例如，注册会计师需要关注董事会的构成情况、董事会内部是否有独立董事、治理结构中是否设有审计委员会或监事会及其运作情况。良好的公司治理有助于防范管理层财务报表舞弊行为，因此，注册会计师应当考虑治理层是否能够在独立于管理层的情况下对被审计单位事务（包括财务报告）作出客观判断。

3）组织结构

复杂的组织结构可能导致某些特定的重大错报风险，注册会计师应当了解被审计单位的组织结构，考虑复杂组织结构可能导致的重大错报风险，包括财务报表合并、商誉摊销和减值、长期股权投资核算以及特殊目的实体核算等问题。例如，对于在多个地区拥有子公司、合营企业、联营企业或其他成员机构，或者存在多个业务分部和地区分部的被审计单位，不仅编制合并财务报表的难度增加，还存在其他可能导致重大错报风险的复杂事项，包括：对子公司、合营企业、联营企业和其他股权投资类别的判断及其会计处理；商誉在不同业务分部间的摊销及减值；对特殊目的实体是否进行了适当的会计处理等。

4）经营活动、投资活动及筹资活动

注册会计师应当了解的被审计单位的经营活动主要包括：被审计单位主营业务的性质；与生产产品或提供劳务相关的市场信息；业务的开展情况；联盟、合营与外包情况；从事电子商务的情况；地区与行业分布；生产设施、仓库的地理位置及办公地点；关键客户情况；与重要供应商的关系、劳动用工情况研究、开发活动及其支出以及关联方交易的情况。

注册会计师应当了解的被审计单位的投资活动主要包括：（1）近期拟实施或已实施的并购活动与资产处置情况，包括业务重组或某些业务的终止。注册会计师应当了解并购活动如何与被审计单位目前的经营业务相协调，并考虑这些活动是否会引发进一步的经营风险。例如，被审计单位并购了一个新的业务部门，注册会计师需要了解管理层如何管理这一新业务，而新业务又如何与现有业务相结合，发挥协同优势，如何解决原有经营业务与新业务在信息系统、企业文化等各方面的不一致。（2）证券投资、委托贷款的发生与处置。（3）资本性投资活动，包括固定资产和无形资产投资，近期或计划发生的变动，以及重大的资本承诺等。不纳入合并范围的投资，如联营、合营或其他投资，包括近期计划的投资项目。

注册会计师应当了解的被审计单位的筹资活动主要包括：债务结构和相关条款，包括担保情况及表外融资；固定资产的租赁，包括通过融资租赁方式进行的筹资活动；关联方融资，如关联方融资的特殊条款；实际受益股东及衍生金融工具的运用。

5）被审计单位对会计政策的选择和运用

注册会计师应当了解被审计单位对会计政策的选择和运用，是否符合适用的会计准则和相关会计制度，是否符合被审计单位的具体情况。重要项目的会计政策包括：收入确认、存货的计价方法、投资的核算、固定资产的折旧方法、坏账准备、存货跌价准备和其他资产减值准备的确定、借款费用资本化方法、合并财务报表的编制方法等。除会计政策以外，某些行业可能还存在一些行业惯例，注册会计师应当熟悉这些行业惯例。当被审计单位采用与行业惯例不同的会计处理方法时，注册会计师应当了解其原因，并考虑采用与行业惯例不同的会计处理方法是否适当。在新领域和缺乏权威性标准或共识的领域，注册会计师应当关注被审计单位选用了哪些会计政策，为什么选用这些会计政策以及选用这些会计政策产生的影响。如果被审计单位变更了重要的会计政策，注册会计师应当考虑变更的原因及其适当性，即考虑：（1）会计政策的变更是否是法律、行政法规或者适用的会计准则和相关会计制度要求的变更；（2）会计政策变更是否能够提供更可靠、更相关的会计信息。除此之外，注册会计师还应当关注会计政策的变更是否得到充分披露。

除上述与会计政策的选择和运用相关的事项外，注册会计师还应对被审计单位下列与会计政策运用相关的情况予以关注：（1）是否采用激进的会计政策、方法、估计和判断；（2）财会人员是否拥有足够的运用会计准则的知识、经验和能力；（3）是否拥有足够的资源支持会计政策的运用，如人力资源及培训、信息技术的采用、数据和信息的采集等。

6）评估被审计单位的目标、战略以及相关经营风险

注册会计师应当了解被审计单位是否存在与下列方面有关的目标和战略，并考虑相应的经营风险：（1）行业发展，及其可能导致的被审计单位不具备足以应对行业变化的人力资源和业务专长等风险；（2）开发新产品或提供新服务，及其可能导致的被审计单位产品责任增加等风险；（3）业务扩张，及其可能导致的被审计单位对市场需求的估计不准确等风险；（4）新颁布的会计法规，及其可能导致的被审计单位执行法规不当或不完整，或会计处理成本增加等风险；（5）监管要求，及其可能导致的被审计单位法律责任增加等风险；（6）本期及未来的融资条件，及其可能导致的被审计单位由于无法满足融资条件而失去融资机会等风险；（7）信息技术的运用，及其可能导致的被审计单位信息系统与业务流程难以融合等风险。

7.3　了解和评价内部控制系统

了解被审计单位的内部控制是识别和评估重大错报风险、设计和实施进一步审计程序的基础。注册会计师应当了解与审计相关的内部控制，以识别潜在错报的类型，考虑导致重大错报风险的因素，以及设计和实施进一步审计程序的性质、时间和范围。在介绍了解和评价内部控制系统的技术方法之前，首先有必要了解内部控制的概念及发展沿革。

7.3.1　内部控制发展沿革

内部控制是管理现代化的产物，内部控制的产生与发展促使审计技术和方法体系从详细审计发展成为以内部控制评审为基础的抽样审计。当代主流的制度导向审计模式及其最新发展——风险导向审计模式，无不与内部控制有着紧密的联

系，成为现代审计的重要特征。以下着重讲述有关内部控制的概念及其思想演进。

内部控制概念及其思想的发展经过了一个漫长的时期，大致可分为内部牵制、内部会计与管理控制、内部控制结构、内部控制整体框架和企业风险管理——整体框架等几个不同的阶段。

1）内部牵制阶段

内部控制思想不论在中国还是在世界其他国家，都有着悠久的历史。早期着眼于账簿资料相互核对的内部牵制（internal check）是内部控制思想的萌芽阶段。然而真正将内部控制思想同审计测试相联系并运用于审计程序的，当是20世纪30年代以后的事情。1929年，美国AICPA在《财务会计报告的验证》中指出："审计人员对财务报表检查的范围可以依据不同情况而定，在某些情况下，审计可能需要对账簿上记录的大部分或全部经济业务进行审核；而在另一些情况下，只要内部牵制健全，抽查就足够了。"这是审计职业界第一次将内部控制与审计程序联系起来。但直至20世纪40年代前，审计界虽然在审计程序中已经考虑到内部控制问题，但是在实务中运用抽样技术时，却未能真正将其与内部控制的调查和评价相结合，所实施的审计仍是账表导向模式。因此，这一时期还只是内部控制的萌芽时期。

2）内部会计与管理控制阶段

进入20世纪40年代后，由于科学管理思想深入人心，经济活动的复杂性给审计工作带来的负担，迫使审计界加强了对内部控制的研究，出现了内部控制和现代审计的有效结合。现代审计开始充分体现出制度基础审计的特征。1949年，美国AICPA将内部控制制度定义为："内部控制制度的目的在于保护企业的财产，检查其会计资料是否正确可靠，以及提高业务效率，促进经营方针、组织计划的贯彻和企业内部所有调查方法的实施。"从AICPA1949年对内部控制的定义上看，内部控制的范围是体现在整个企业的各项活动之中的，而并不仅仅限于和财务会计职能有关的部分。但是，过于宽泛的定义致使审计人员难以制订合理的审计计划以调查被审计单位的内部控制。于是，AICPA在1958年发布的第29号审计程序公告《独立审计人员检查内部控制的范围》中，将内部控制分为会计控制（accounting control）和管理控制（administrative control）两类，对上述定义作了第一次的修正，即把保护资产安全和保证会计资料可靠性与准确性的控制划为内部会计控制，其余的一并纳入内部管理控制。在1963年的33号公告《审计准则和程序》中进一步指出，审计人员所关心的控制主要是会计控制，因为会计控制是与财务报表有关联的内部控制，管理控制通常只对会计记录产生间接的影响。不过如果审计人员认为某些管理控制制度与财务会计记录有重要关系，也应考虑对这种控制制度的评价。但审计人员在审计实务中渐渐地发现，虽然审计人员主要关注的是确保财务报表可靠性的会计控制，但是那些影响内部管理及持续经营的管理控制对审计人员确定财务报表是否公允表达也很重要，而有些控制往往又很难明确界定为管理控制或是会计控制。审计人员过于关注内部会计控制的狭窄视野与公司经理实践中所需的内部控制产生了分歧，分歧的协调与解决迫切需要新的内部控制概念的诞生。

3）内部控制结构阶段

1988年，美国审计准则委员会发布第55号审计准则说明书《财务报表审计中内部控制结构的考虑》，较大幅度地改变了内部控制的定义，以"内部控制结构"的概念取代了"内部会计与管理控制"的概念，将内部控制结构分为三个组成要素：（1）控制环境；（2）会计制度；（3）控制程序。相比内部会计与管理控制而言，内部控制结构概念的进步性是明显的，主要体现在：（1）"结构"的提法更恰如其分地反映了企业内部控制的性质，以内部控制为基础建立起来的、反映企业业务运行规律的各种制度，就是具有内部控制特性的企业经营制度；（2）将控制环境纳入内部控制的范畴，使对内部控制的研究与评价有了以环境为基础的分析平台；（3）它强调审计人员需要将三个要素有机结合起来，而不是只着重评价内部会计控制。

4）内部控制整体框架阶段

1992年，美国的COSO委员会经过多年对实务的研究，发表了一个有关内部控制的报告，对内部控制提出了新的定义。COSO报告对内部控制提出的新定义是："内部控制是一个为达成下列各类目标而提供合理保证的过程：（1）营运之效果及效率；（2）财务报告之可靠性；（3）相关法令之遵循。上述过程受企业的董事会、管理层及其他人员的影响。"这一定义强调内部控制是一个整体的架构（integrated framework），适应了企业的现实情况。COSO报告还将内部控制结构中的三要素扩展为内部控制整体框架中的五个组成要素：（1）控制环境（control environment）；（2）风险评估（risk assessment）；（3）控制活动（control activities）；（4）信息与沟通（information and communication）；（5）监控（monitoring）。这五个要素间有着严密的逻辑关系，即以控制环境为基础，风险评估为依据，控制活动为手段，信息与沟通为载体，监控为保证，从而使内部控制成为一个有机的整体框架。

5）企业风险管理——整体框架

在COSO委员会1992年的研究报告基础上，结合《萨班斯—奥克斯利法案》（Sarbanes-Oxley Act）404条款在报告方面的要求，COSO委员会于2004年9月29日正式发布了《企业风险管理——整体框架》（Enterprise Risk Management—Integrate Framework，简称ERM-IF），并提出以ERM取代IC-IF。ERM框架对企业风险管理的定义是："企业风险管理是企业的董事会、管理层和其他员工共同参与的一个过程，应用于企业的战略制定和企业的各个部门和各项经营活动，用于确认可能影响企业的潜在事项，并在其风险偏好范围内管理风险，对企业目标的实现提供合理保证。"该框架对内部控制的定义明确了以下内容：（1）是一个动态的、贯穿企业实体各个层级和单位的过程；（2）受组织内所有层次人员的影响；（3）应用于战略制定；（4）旨在识别影响组织的事件并在组织的风险偏好范围内管理风险；（5）能够为企业实体的管理层和董事会提供合理保证；（6）为了实现各类目标。相对于内部控制框架而言，新的 COSO 报告在以下几个方面得到了发展：（1）增加了一个观念——风险组合观；（2）发展了内部控制的报告目标，将报告扩展到“内部的和外部的报告”、“财务的和非财务的报告”，该目标涵盖了企业所有的报告；（3）增加了一类新目标——战略目标，该目标的层次比其他三个目标更高；（4）提出了两个新概念——风险偏好（risk appetite）和风险容忍度（risk tolerance）；（5）新增了三个风险管理要素，即“目标制定（objective setting）”、“事项识别（event identification）”和“风险反应（risk response）”，将内部控制整体框架中的五要素演变为八个要素。

7.3.2 内部控制的描述技术

在对内部控制进行调查之后，应该把调查的结果记录在工作底稿上，以供下一步的控制风险评价及控制测试之用，也是以后年度审计的重要参考。描述内部控制主要有三种方法，分别是：文字说明书、调查问卷表、交易流程图。这三种方法可以单独使用，也可以结合使用。

1）内部控制文字说明书

文字说明书是将调查到的内部控制情况用文字叙述的方式记录下来，形成内部控制文字说明书。文字说明书一般可以按不同的交易循环或业务经营环节，逐项记述各环节所完成的工作，产生的各种文件记录，员工的不同分工等。例如，对东方股份公司的有价证券投资的内部控制进行调查之后，形成如下内部控制文字说明书，如图 7-1 所示。

文字说明书必须恰当地反映内部控制及关键的控制点，一般应具备以下四个特征：（1）说明每一份文件和记录的来源；（2）说明已发生的所有程序和步骤；（3）说明对每份文件和记录的处置情况；（4）指出与控制风险评价有关的控制点。

内部控制文字说明书比较灵活，内容可根据实际情况详略适当，适用面广，可以充分揭露内部控制中存在的问题。但是文字说明书也有其局限性，篇幅一般较长，阅读时难以把握重点，一旦内部控制某些方面发生变动，原先的文字说明不再合适，那么必须重新描述内部控制的整个系统。

2）内部控制调查问卷表

内部控制调查问卷表是把每一个审计中关注的内部控制的必要事项，特别是与确保会计记录可靠性有关的事项作为调查项目，系统地列示出来，反映在一张表格上。

被审计单位：东方股份公司 财务报表日：20×2 年 12 月 31 日 索引号：P—2
审查项目：有价证券投资内部控制文字说明书
编制人：谢洪灵　　　　　　日期：20×2-11-05
复核人：陈启亮　　　　　　日期：20×2-11-10

公司有价证券投资由管理层或董事会批准，通常是由管理层的领导和董事组成一个投资委员会，并聘请一位投资顾问，而后授权该顾问制定有价证券投资决策。

有价证券往往是通过专门从事买卖证券的银行和经纪人经手购置，东方股份公司设立了核定购置单制度，这种购置单包括最高价格和最低收益、证券数量和付款等，核定购置单由人工填制。

有价证券放在保管库内，并且保管员与接触证券的其他人员（如证券的审批人员、现金出纳人员、总分类账记账人员等）是相互独立的。

在会计处理上，对有价证券的利息，按应计基础，定期应付；对股利在收到时就及时入账。在会计期末，对账目进行检查和核对。

为了确定财务报告上的公允价值，东方股份公司指定负责投资的主管人员对有价证券进行估价，并且是每隔半年估价一次。在估价时，根据影响投资价值的基本情况，诸如公司内部的发展情况、销售趋势、财务状况等编写简要的、真实的说明书。

对有价证券投资，按其投资种类设置相应的分类进行会计核算，并且定期将明细分类账和总分类账相核对调节。

图 7-1　内部控制文字说明书

一般也是按照交易来设计表格。表格中设计“是”、“否”、“不适用”、“备注”等栏目。审计人员将该表交给被审计单位有关人员，让他们按要求填写，回答有关问题，或者审计人员自行根据调查结果填写，根据回答情况审计人员判断内部控制的强弱。内部控制调查问卷表格式见表 7-1。

表 7-1　**销售业务内部控制调查问卷表（部分）**

客户：东方股份公司　　财务报表日：　　20×2 年 12 月 31 日
编制人：谢洪灵　　编制日期：　　20×2 年 11 月 6 日
复核人：陈启亮　　复核日期：　　20×2 年 11 月 10 日

目标和问题	回答			备注
销售业务	是	否	不适用	
已入账的销售业务是真实的业务				
1. 已入账的销售业务是否有经授权批准的销售单和发货单为依据？	√			
2. 对顾客的赊销是否经信用部门批准？	√			根据赊销条件由信用部门经理或公司总经理批准
3. 任何商品出库是否都要求有预先连续编号的书面发货单？	√			

续表

目标和问题	回答			备注
销售业务	是	否	不适用	
发生的销售业务均已入账				
1. 是否保留所有发货单存根？ 2. 控制发货单的方式能否保证所有发货都已开具发票？ 3. 发货单是否预先连续编号并已做了说明？ 4. 销售发票是否预先连续编号并已做了说明？	√ √ √ √			
已入账的销售金额是发货金额，并且已正确开票和记录				
1. 发货单和销售发票上的数量是否经过独立核对？ 2. 是否采用经授权的价格表？ 3. 是否按月给顾客发送对账单？	√ √ √			
已入账的销售业务经恰当分类				
已入账的销售收入所采用的会计科目是否经过独立的核对？			√	所有销售业务都是赊销，且只有一个销售账户
销售业务记录于正确的日期				
发货单日期与入账日期是否经过独立的核对？		√		制度中存在薄弱环节
销售业务恰当地记录于总账及各明细账簿中，并经过正确汇总				
1. 发货单上的顾客名称是否与应收账款明细账相符？ 2. 记账凭证是否经过独立审核后正确过账？ 3. 销售明细账及应收账款明细账是否独立加总并定期同总账核对相符？	 √ √	√		制度中存在薄弱环节

由于不同的企业对同样或类似的经济业务交易可能具有相同或类似的内部控制措施。因此，审计人员在审计实务中往往采用标准格式的调查问卷表，这样可以避免审计人员遗漏重要的内部控制情况。采用科学可靠的事先根据职业经验与其他资料制定出来的调查问卷表，可以帮助缺乏经验的初级审计人员调查和评价内部控制。同时这种方法能同时进行对内部控制的调查与描述，从而提高了审计效率。但是，标准格式的调查表由于没有充分考虑到企业的实际情况，对于一些企业来说，会出现许多“不适用”的回答，无法涵盖这些企业的所有情况。同时，表格形式

容易使审计人员孤立地看待每一个项目，而不是整体考虑内部控制系统。有时也会使审计人员机械地按照表格所提出的问题作出回答，忽略了专业判断的重要性。

3）内部控制交易流程图

内部控制交易流程图是运用符号和图形来反映企业的凭证及其在组织内部有序流动过程的图表。通过专用的符号和线条图形，审计人员可以将企业的组织结构、职责分工、权限范围、凭证编制及顺序、会计记录、业务处理流程等内部控制各个组成部分展现在高度概括的一张图之中。内部控制交易流程图的最大优点在于形象直观，简明地把企业的某类交易的内部控制全过程展现出来，并且对关键控制点一目了然，容易使人了解内部控制的薄弱环节。另外，流程图的更新比文字说明书更容易，因此在后续年度的审计中可以提高审计效率。但是流程图的编制需要一定的技术，如果企业业务复杂程度加大，那么流程图就会变得很复杂。

一般说来，审计人员同时运用流程图和内部控制调查问卷表是比较有效的调查方法。因为，流程图可以反映出内部控制的总体概况，而调查表则可以提供审计人员各种应当存在的控制点的清单。二者结合可以给审计人员提供比较完备的内部控制描述。

7.3.3 了解被审计单位内部控制

1）与审计相关的控制

与审计相关的控制，包括被审计单位为实现财务报告可靠性目标设计和实施的控制。注册会计师应当运用职业判断，考虑一项控制单独或连同其他控制是否与评估重大错报风险以及针对评估的风险设计和实施进一步审计程序有关。在运用职业判断时，注册会计师应当考虑下列因素：（1）注册会计师确定的重要性水平；（2）被审计单位的性质，包括组织结构和所有制性质；（3）被审计单位的规模；（4）被审计单位经营的多样性和复杂性；（5）法律法规和监管要求；（6）作为内部控制组成部分的系统（包括利用服务机构）的性质和复杂性。

除与审计相关的控制外，注册会计师应当考虑的其他与审计相关的控制，具体包括以下控制：如果在设计和实施进一步审计程序时拟利用被审计单位内部生成的信息，注册会计师应当考虑用以保证该信息完整性和准确性的控制可能与审计相关。注册会计师以前的经验以及在了解被审计单位及其环境过程中获得的信息，可以帮助注册会计师识别与审计相关的控制。如果用以保证经营效率、效果的控制以及对法律法规遵守的控制与实施审计程序时评价或使用的数据相关，注册会计师应当考虑这些控制可能与审计相关。例如，对于某些非财务数据（如生产统计数据）的控制，如果注册会计师在实施分析程序时使用这些数据，这些控制就可能与审计相关。为了遵守这些法规，被审计单位可能设计和执行相应的控制，这些控制也与注册会计师的审计相关。

被审计单位通常有一些与审计无关的控制，注册会计师无需对其加以考虑。例如，被审计单位可能依靠某一复杂的自动化控制系统提高经营活动的效率和效果，但这些控制通常与审计无关。

用以保护资产的内部控制可能包括与实现财务报告可靠性和经营效率、效果目标相关的控制。注册会计师在了解保护资产的内部控制各项要素时，可仅考虑其中与财务报告可靠性目标相关的控制。例如，保护存货安全的控制可能与审计相关，但在生产中防止材料浪费的控制通常就与审计不相关，只有所用材料的成本没有在财务报表中如实反映，才会影响财务报表的可靠性。

2）对内部控制了解的深度

（1）评价控制的设计。注册会计师在了解内部控制时，应当评价控制的设计，并确定其是否得到执行。评价控制的设计是指考虑一项控制单独或连同其他控制是否能够有效防止或发现并纠正重大错报。控制得到执行是指某项控制存在且被审计单位正在使用。设计不当的控制可能表明内部控制存在重大缺陷，注册会计师在确定考虑控制是否得到执行时，应当首先考虑控制的设计。如果控制设计不当，不需要再考虑控制是否得到执行。

（2）获取控制设计和执行的审计证据。注册会计师通常实施下列风险评估程序，以获取有关控制设计和执行的审计证据：询问被审计单位的人员；观察特定控制的运用；检查文件和报告；追踪交易在财务报告信息系统中的处理过程（穿行测试）。这些程序是风险评估程序在了解被审计单位内部控制方面的具体运用。如果询问本身并不足以评价控制的设计以及确定其是否得到执行，注册会计师应当将询问与其他风险评估程序结合使用。

（3）了解内部控制与测试控制运行有效性的关系。除非存在某些可以使控制得到一贯运行的自动化控制，注册会计师对控制的了解并不能够代替对控制运行有效性的测试。

3）控制环境

控制环境包括治理职能和管理职能，以及治理层和管理层对内部控制及其重要性的态度、认识和措施。控制环境设定了被审计单位的内部控制基调，影响员工对内部控制的认识和态度。良好的控制环境是实施有效内部控制的基础。在评价控制环境的设计时，注册会计师应当考虑构成控制环境的下列要素，以及这些要素如何被纳入被审计单位的业务流程：（1）对诚信和道德价值观念的沟通与落实；（2）对胜任能力的重视；（3）治理层的参与程度；（4）管理层的理念和经营风格；（5）组织结构；（6）职权与责任的分配；（7）人力资源政策与实务。

在评价控制环境各个要素时，注册会计师应当考虑控制环境各个要素是否得到执行。因为管理层也许建立了一个合理的内部控制，但却未有效执行。例如，管理层已建立正式的行为准则，但实际操作中却没有对不遵守该守则的行为采取措施。又如，管理层要求信息系统建立安全措施，但却没有提供足够的资源。在确定构成控制环境的要素是否得到执行时，注册会计师应当考虑将询问与其他风险评估程序相结合以获取审计证据。通过询问管理层和员工，注册会计师可能了解管理层如何就业务规程和道德价值观念与员工进行沟通；通过观察和检查，注册会计师可能了解管理层是否建立了正式的行为守则，在日常工作中行为守则是否得到遵守，以及管理层如何处理违反行为守则的情形。

4）被审计单位的风险评估过程

任何经济组织在经营活动中都会面临各种各样的风险，风险对其生存和竞争能力产生影响。很多风险并不为经济组织所控制，但管理层应当确定可以承受的风险水平，识别这些风险并采取一定的应对措施。风险评估过程的作用是识别、评估和管理影响被审计单位实现经营目标能力的各种风险。而针对财务报告目标的风险评估过程则包括识别与财务报告相关的经营风险，评估风险的重大性和发生的可能性，以及采取措施管理这些风险。例如，风险评估可能会涉及被审计单位如何考虑对某些交易未予记录的可能性，或者识别和分析财务报告中的重大会计估计发生错报的可能性。与财务报告相关的风险也可能与特定事项和交易有关。被审计单位的风险评估过程包括识别与财务报告相关的经营风险，以及针对这些风险所采取的措施。注册会计师应当了解被审计单位的风险评估过程和结果。

在评价被审计单位风险评估过程的设计和执行时，注册会计师应当确定管理层如何识别与财务报告相关的经营风险，如何估计该风险的重要性，如何评估风险发生的可能性，以及如何采取措施管理这些风险。如果被审计单位的风险评估过程符合其具体情况，了解被审计单位的风险评估过程和结果有助于注册会计师识别财务报表重大错报的风险。

5）信息系统与沟通

信息系统与沟通是收集与交换被审计单位执行、管理和控制业务活动所需信息的过程，包括收集和提供信息（特别是履行内部控制岗位职责所需的信息）给适当人员，使之能够履行职责。信息系统与沟通的质量直接影响到管理层对经营活动作出正确决策和编制可靠的财务报告的能力。与财务报告相关的信息系统，包括用以生成、记录、处理和报告交易、事项和情况，对相关资产、负债和所有者权益履行经营管理责任的程序和记录。

注册会计师应当从下列方面了解与财务报告相关的信息系统：

（1）在被审计单位经营过程中，对财务报表具有重大影响的各类交易。

（2）在信息技术和人工系统中，交易生成、记录、处理和报告的程序。在获取了解时，注册会计师应当同时考虑被审计单位将交易处理系统中的数据过入总分类账和财务报告的程序。

（3）与交易生成、记录、处理和报告有关的会计记录、支持性信息和财务报表中的特定项目。企业信息系统通常包括使用标准的会计分录，以记录销售、购货和现金付款等重复发生的交易，或记录管理层定期作出的会计估计，如应收账款可回收金额的变化。信息系统还包括使用非标准的分录，以记录不重复发生的、异常的交易或调整事项，如企业合并、资产减值等。

（4）信息系统如何获取除各类交易之外的对财务报表具有重大影响的事项和情况，如对固定资产和长期资产计提折旧或摊销、对应收账款计提坏账准备等。

（5）被审计单位编制财务报告的过程，包括作出的重大会计估计和披露。编制财务报告的程序应当同时确保适用的会计准则和相关会计制度要求披露的信息得以收集、记录、处理和汇总，并在财务报告中得到充分披露。

在了解与财务报告相关的信息系统时，注册会计师应当特别关注由于管理层凌驾于账户记录控制之上，或规避控制行为而产生的重大错报风险，并考虑被审计单位如何纠正不正确的交易处理。

6）控制活动

控制活动是指有助于确保管理层的指令得以执行的政策和程序，包括与授权、业绩评价、信息处理、实物控制和职责分离等相关的活动。注册会计师应当了解控制活动，以足够评估认定层次的重大错报风险和针对评估的风险设计进一步审计程序。特别地，注册会计师应当了解与授权有关的控制活动，包括一般授权和特别授权。授权的目的在于保证交易在管理层授权范围内进行。一般授权是指管理层制定的要求组织内部遵守的普遍适用于某类交易或活动的政策。特别授权是指管理层针对特定类别的交易或活动逐一设置的授权，如重大资本支出和股票发行等。特别授权也可能用于超过一般授权限制的常规交易。例如，同意因某些特别原因，对某个不符合一般信用条件的客户赊销商品。

除了重点了解与授权有关的控制活动外，注册会计师还应当了解与信息处理有关的控制活动，包括信息技术的一般控制和应用控制；了解实物控制，包括了解对资产和记录采取适当的安全保护措施，对访问计算机程序和数据文件设置授权，以及定期盘点并将盘点记录与会计记录相核对。最后，需要特别强调的是，注册会计师应当了解不相容职责分离情况，包括了解被审计单位如何将交易授权、交易记录以及资产保管等职责分配给不同员工，以防范同一员工在履行多项职责时可能发生的舞弊或错误。

7）对控制的监督

管理层的重要职责之一就是建立和维护控制并保证其持续有效运行，对控制的监督可以实现这一目标。监督是由适当的人员，在适当、及时的基础上，评估控制的设计和运行情况的过程。对控制的监督是指被审计单位评价内部控制在一段时间内运行有效性的过程，该过程包括及时评价控制的设计和运行，以及根据情况的变化采取必要的纠正措施。监督对控制的持续有效运行十分重要。

注册会计师应当了解被审计单位对控制的持续监督活动和专门的评价活动。通常，被审计单位通过持续的监督活动、专门的评价活动或两者相结合，来实现对控制的监督。

持续的监督活动通常应贯穿于被审计单位的日常经营活动与常规管理工作中。

例如，管理层在履行其日常管理活动时，取得内部控制持续发挥功能的信息。当业务报告、财务报告与他们获取的信息有较大差异时，他们会对有重大差异的报告提出疑问，并作必要的追踪调查和处理。被审计单位可能使用内部审计人员或具有类似职能的人员对内部控制的设计和执行进行专门的评价，以找出内部控制的优点和不足，并提出改进建议。

被审计单位也可能利用与外部有关各方沟通或交流所获取的信息监督相关的控制活动。在某些情况下，外部信息可能显示内部控制存在的问题和需要改进之处。例如，客户通过付款来表示其同意发票金额，或者认为发票金额有误而不付款。监管机构（如银行监管机构）可能会对影响内部控制运行的问题与被审计单位沟通。管理层可能也会考虑与注册会计师就内部控制问题进行沟通，通过与外部信息的沟通，可以发现内部控制存在的问题，以便采取纠正措施。

值得注意的是，上述用于监督活动的很多信息都由被审计单位的信息系统产生，这些信息可能会存在错报，从而导致管理层从监督活动中得出错误的结论。因此，注册会计师应当了解与被审计单位监督活动相关的信息来源，以及管理层认为信息具有可靠性的依据。如果拟利用被审计单位监督活动使用的信息（包括内部审计报告），注册会计师应当考虑该信息是否具有可靠的基础，是否足以实现审计目标。

7.3.4　区分内部控制的人工化与自动化部分

1）考虑内部控制的人工和自动化特征及其影响

大多数被审计单位出于编制财务报告和实现经营目标的需要使用信息技术。然而，即使信息技术得到广泛使用，人工因素仍然会存于这些系统之中。不同的被审计单位采用的控制系统中人工控制和自动化控制的比例是不同的。在一些小型的生产经营不太复杂的被审计单位，可能以人工控制为主；而在另外一些被审计单位，可能以自动化控制为主。《中国注册会计师审计准则第 1211 号——通过了解被审计单位及其环境识别和评估重大错报风险》第五十七条规定，内部控制可能既包括人工成分又包括自动化成分，在风险评估以及设计和实施进一步审计程序时，注册会计师应当考虑内部控制的人工和自动化特征及其影响。

内部控制采用人工系统还是自动化系统，将影响交易生成、记录、处理和报告的方式。在以人工为主的系统中，内部控制一般包括批准和复核业务活动，编制调节表并对调节项目进行跟踪。当采用信息技术系统生成、记录、处理和报告交易时，交易的记录形式（如订购单、发票、装运单及相关的会计记录）可能是电子文档而不是纸质文件。信息技术系统中的控制可能既有自动化控制（如嵌入计算机程序的控制）又有人工控制。人工控制可能独立于信息技术系统，利用信息技术系统生成的信息，也可能限于监督信息技术系统和自动化控制的有效运行或者处理例外事项。如果采用信息技术系统处理交易和其他数据，系统和程序可能包括与财务报表重大账户认定相关的控制或者包括人工控制作用的有效发挥。被审计单位的性质和经营的复杂程度会对采用人工控制和自动化控制的成分产生影响。

2）信息技术的适用范围及相关内部控制风险

信息技术通常能够在下列方面提高被审计单位内部控制的效率和效果：（1）在处理大量的交易或数据时，一贯运用事先确定的业务规则，并进行复杂运算；（2）提高信息的及时性、可获得性及准确性；（3）有助于对信息的深入分析；（4）加强对被审计单位政策和程序执行情况的监督；（5）降低控制被规避的风险；（6）通过对操作系统、应用程序系统和数据库系统实施安全控制，提高不相容职务分离的有效性。必须认识到的是，信息技术也可能对内部控制产生特定风险。注册会计师应当从下列方面了解信息技术对内部控制产生的特定风险：（1）系统或程序未能正确处理数据，或处理了不正确的数据，或两种情况并存；（2）在未得到授权情况下访问数据，可能导致数据的毁损或对数据不恰当的修改，包括记录未经授权或不存在的交易，或未正确地记录交易；（3）信息技术人员可能获得超越其履行职责以外的数据访问权限，破坏了系统应有的职责分工；（4）未经授权改变主文档的数据；（5）未经授权改变系统或程序；（6）未能对系统或程序作出必要的修改；（7）不恰当的人为干预；（8）数据丢失的风险或不能访问所需要的数据。

3）人工控制的适用范围及相关内部控制风险

内部控制的人工成分在某些情形下具有独特的优势。在处理下列需要主观判断或酌情处理的情形时可能更为适当：（1）存在大额、异常或偶发的交易；（2）存在难以定义、防范或预见的错误；（3）为应对情况的变化，需要对现有的自动化控制进行调整；（4）监督自动化控制的有效性。但是，由于人工控制由人执行，受人为因素的影响，也产生了特定风险，注册会计师应当从下列方面了解人工控制产生的特定风险：（1）人工控制可能更容易被规避、忽视或凌驾；（2）人工控制可能不具有一贯性；（3）人工控制可能更容易产生简单错误或失误。

相对于自动化控制，人工控制的可靠性较差。为此，注册会计师还应当考虑到人工控制在下列情形中可能是不适当的：（1）存在大量或重复发生的交易；（2）事先可预见的错误能够通过自动化控制得以防范或发现；（3）控制活动可得到适当设计和自动化处理。

7.3.5 内部控制的固有局限性与小企业的内部控制

1）内部控制的固有局限性

无论内部控制的设计和运行多么严密，也不能认为它是完全有效的。因此，对于任何一个内部控制系统来说，它总是存在着一些固有的局限性。由于内部控制存在固有的局限性，同时内部控制为财务报表公允反映只能提供合理的保证，因此在审计中，审计人员面临的重大错报风险总是存在的，即审计风险模型中的重大错报风险始终是大于零的。这就要求审计人员在审计过程中，无论被审计单位的内部控制设计及运行得多么有效，都必须要对财务报表的重要账户或交易类别执行最低限度的实质性程序。

内部控制的固有局限性之所以存在，是基于以下原因：（1）内部控制的设计和运行受制于成本效益原则；（2）内部控制的设计一般仅针对常规交易与业务进行，对于非常规交易或业务，现有的内部控制往往无法起到约束控制作用；（3）即使企业管理层设计出一个理想的内部控制，这一制度也可能因为执行制度的人员粗心大意、判断失误或对管理层指令的误解而失效；（4）内部控制可能因为执行人员滥用职权，超越内控，或是两个不同岗位职责的人员相互勾结、串通而失效；（5）企业面临的经营环境或业务性质的改变会让现有的内部控制不再适合，从而削弱内部控制的作用，甚至引起内控失效；（6）如果被审计单位内部行使控制职能的人员素质不适应岗位要求，也会影响内部控制功能的正常发挥；（7）管理层超越控制。会计信息系统和相应的内部控制活动可以视为管理层的一种"武器"，控制的有效与否取决于管理层的意愿。因此，不能指望内部控制能够防止或发现负责监督内部控制的管理人员的舞弊。管理层超越控制可能造成财务报告舞弊和侵占资产。

2）小企业的内部控制

小公司在执行内控时会面临一些挑战，尤其当公司将内控作为一个附加职能而未将其纳入公司核心流程时，这些挑战时常包括：难以拥有足够的资源来获得充分的职责分离；管理层主导局面的能力过强，这会增加管理层逾越正规程序粉饰财务报告的可能性；难以吸取外部独立的财务及运营管理专业机构来为董事会及审计委员会服务；很少拥有合格的编制财务信息的会计人员。另外，最大的一个方面是对于小企业而言，小型被审计单位拥有的员工通常较少，限制了其职责分离的程度。建立与执行像大企业一样的会计系统和控制活动可能不符合成本效益原则，因此小企业很难做到职责分离、无法聘请内部审计人员等。由于这些限制，小企业需要考虑符合成本效益原则的补偿控制以获得足够的内部控制。业主或经理的积极参与通常是最好的补偿控制，这些补偿控制主要有：

（1）在签发支票之前检查所有凭证，并直接邮寄支票。业主或经理对企业的了解使得他能够辨认出虚假、改动或未能完整反映出交易的凭证。此外，通过直接邮寄支票，业主或经理可以防止会计人员接近财务资产（已签字付款支票），从而防止发生可能的侵占并掩盖侵占行为。

（2）仔细复核客户对账单后直接邮寄。复核客户对账单的目的是确定重大的过期金额，并进行追踪。业主或经理的复核和追踪应当查明，这些过期金额的原因是拖延记账，还是真的是拖欠账款。此外，业主或经理将进行复核和追踪，可以防止会计人员舞弊性地拖延记账，而积极地收款。

（3）在发送购货指令给供应商之前进行检查。通过这一步骤，业主或经理可以防止和发现诸如购买低质量的商品和服务、价格偏高（无论是否有回扣），或是未按经济批量订货等不合理的行为。

（4）运用分析程序并调查异常的关系。通过同时列报预算金额和实际金额的报表，业主或经理可以运用分析程序，发现重大的异常并调查原因。一般关注下列指标：毛利率、预算差异、流动比率、速动比率、应收账款周转率、存货周转率和利息保障倍数。比率的变化可能是经济环境恶化、竞争加剧、错误或舞弊所造成的，通过对原因进行调查并执行改进措施，业主或经理可以实现有效的控制。

（5）控制现金收款并与每日银行存款回单相比较。为了确保所有的现金收款完整的存入银行，业主或经理应当要求：收款支票必须严格由不能接近会计记录的人员（如业主或经理秘书或收款员）接收并登记清单，以便之后与存款回单相比较；业主、经理或负责收入支票的人员应当审查现金收银机；收银机记录和销售小票应当交送会计人员；支票以及现金应由接收支票和审查收银机的人员存入银行，并将银行回单交送业主或经理；业主或经理应当比较存款回单与现金收款分录、现金收银机记录及所收邮寄支票清单是否相符。

（6）由出纳员和记账员之外的人员核对银行存款账户。为了对有关现金的错误和舞弊提供进一步的控制，业主和经理人员必须每月核对银行存款账户，或指派没有负责现金收款和会计记录的人员进行核对。

（7）所有客户账户的冲销均需要经过批准。为了防止过早地冲销还具有可收回性的账户，并防止不诚实的员工冲销账户以掩盖对收款的侵占，业主或经理在批准冲销估计无法收款的账户之前，应当联系客户或代理收款机构。

（8）定期对存货进行测试性盘点并与永续记录相比较。造成实物存货与永续记录之间的重大差异的原因可能是存货短缺，或是永续记录不全。如果是存货短缺，那可能意味着存在舞弊或损耗。无论什么原因，均表明存货控制存在缺陷。通过测试性盘点和比较，业主或经理能够迅速发现存货短缺并调查原因。这一措施也可以通过促使负责存货永续记录的人员认真进行记录，使错误降到最少，从而加强存货的会计核算。

（9）在签发工资支票之前进行复核，并偶尔进行意外的工资支票分发。在小企业中，业主或经理对于员工是相当熟悉的，对工作小时和工资率也十分熟悉。通过在签发支票前进行复核，业主或经理可以发现工作小时、工资率的错误，以及虚构员工或已辞退员工仍出现在工资表中的错误或舞弊。如果员工太多，业主或经理人员无法全部熟悉，那可以通过偶尔进行意外的工资支票分发，并追查无人认领的支票。

（10）聘请注册会计师定期对会计系统和相关的财务报表进行复核。尽管小企业一般不要求注册会计师进行审计，但小企业聘请注册会计师对财务报表进行复核是很常见的。复核的范围比审计窄，但亦能提供某种程度的鉴证。此外，尽管在执行复核的过程中并不要求注册会计师研究和评价内部控制，但注册会计师通常能够发现一些重大的内控弱点，并向业主或经理报告。

对于注册会计师而言，需要从以下方面加强对被审计单位内部控制的评估：

（1）小型被审计单位可能没有书面的行为守则，管理层对道德价值和专业胜任能力的推崇，通常是通过管理层在经营管理过程中展示的行为和态度得到体现。因此，注册会计师应当重点了解管理层对内部控制设计的态度、认识和措施。

（2）小型被审计单位拥有的员工通常较少，限制了其职责分离的程度。业主凌驾于内部控制之上的可能性较大。注册会计师应当考虑一些关键领域是否存在有效的内部控制。

（3）在小型被审计单位，管理层可能没有正式的风险评估过程。注册会计师应当与管理层讨论其如何识别经营风险以及如何应对这些风险。

（4）在小型被审计单位，与财务报告相关的信息系统和沟通可能不如大型被审计单位正式和复杂。管理层可能会更多地参与日常经营管理活动和财务报告活动，不需要很多书面的政策和程序指引，也没有复杂的信息系统和会计流程。由于小型被审计单位的规模较小、报告层次较少，因此，小型被审计单位可能比大型被审计单位更容易实现有效的沟通。注册会计师应当考虑这种特征对评估重大错报风险的影响。

（5）小型被审计单位的控制活动可能没有大型被审计单位那样正式和复杂。并且某些控制活动可能直接由小型被审计单位中的管理层执行。例如，由管理层批准销售的信用额度、重大的采购等，可能就不再需要更具体的控制活动。因此小型被审计单位通常难以实施适当的职责分离，注册会计师应当考虑小型被审计单位采取的控制活动（特别是职责分离）能否有效实现控制目标。

（6）小型被审计单位通常没有正式的持续监督活动，且持续的监督活动与日常管理工作难以明确区分，业主往往通过其对经营活动的密切参与来识别财务数据中的重大差异和错报，并对控制活动采取纠正措施，注册会计师应当考虑业主对经营活动的密切参与能否有效实现其对控制的监督目标。

7.4　重大错报风险的评估

在了解被审计单位及其环境的基础上，审计人员在设计和实施审计测试前必须适当地评估重大错报风险，而不能不评估重大错报风险就直接进行审计测试，也不能简单地直接将重大错报风险设定为最高水平，进而实施更广泛地实质性程序。因为不弄清认定层次的重大错报风险，实施实质性程序很难查出财务报表中的重大错报。因此，评估财务报表的重大错报风险是审计工作的起点，风险评价的结果将影响实质性程序审计程序的性质、时间和范围。审计人员在计划阶段应初步评估重大错报风险，实施阶段应在实质性程序的基础上修订初步评估水平，检查认定层次的重大错报风险，进而设计和执行审计程序以最终实现合理保证财务报表整体不存在重大错报。如果审计人员识别出被审计单位未加控制或控制不当的重大错报风险，或认为被审计单位的风险评估过程存在重大缺陷，应当就此类内部控制缺陷与治理层进行沟通。

7.4.1 企业风险对审计的影响

1）目标、战略、经营风险与重大错报风险

传统审计实务建立在传统审计风险模型基础上，以企业的内部控制评价为基础，过分依赖内部控制，使得注册会计师往往不注重从宏观层面把握财务报表存在的重大错报风险，而直接实施控制测试和实质性程序，这样容易导致审计失败。因为如果企业管理层串通舞弊或凌驾于内部控制之上，则内部控制是失效的。如果注册会计师不把审计视角扩展到内部控制以外，充分关注如行业状况、监管环境、企业的性质以及目标、战略和相关经营风险等方面，则很容易受到蒙蔽和欺骗，难以发现由于内部控制运行失效所导致的财务报表重大错报风险。由于某些会计师事务所不能从企业战略和经营高度进行风险评估，造成审计工作无的放矢，影响了审计效率和效果。因此，以 ERM 为指导框架，对企业进行全面风险评估，对评估审计重大错报风险就有着积极的意义。

目标是企业经营活动的指针。企业管理层或治理层一般会根据企业经营面临的外部环境和内部各种因素，制定合理可行的经营目标。战略是企业管理层为实现经营目标采用的总体层面的策略和方法。为了实现某一既定的经营目标，企业可能有多个可行战略。例如，如果目标是在某一特定期间内进入一个新的市场，那么可行的战略可能包括收购该市场内的现有企业、与该市场内的其他企业合资经营或自行开发进入该市场。随着外部环境的变化，企业应及时对目标和战略作出相应的调整。

如图 7-2 所示，企业风险具体可以分为战略风险、经营风险以及流程控制风险。分析战略风险和经营风险可以帮助注册会计师识别影响客户成功的外部威胁和事件，而流程控制风险主要是指企业内部控制制度设计与执行存在缺陷的风险。战略方面的风险因素包括市场、顾客和产品、竞争对手、资源和供应商和战略伙伴等；经营方面的风险因素包括企业经营战略的选择，如多样化经营的程度、多样化经营的类型等。经营风险源于对被审计单位实现目标和战略产生不利影响的重大情况、事项、环境和行动，或源于不恰当的目标和战略。不同的企业可能面临不同的经营风险，这取决于企业经营的性质、所处行业、外部监管环境、企业的规模和复杂程度，管理层有责任识别和应对这些风险。不能随环境的变化而作出相应的调整固然可能产生经营风险，但是在调整的过程中也可能导致经营风险。例如，企业为应对消费者需求的变化开发出了新产品，但开发的新产品可能会产生开发失败的风险；即使开发成功，也可能因市场需求没有得到充分开发而导致产品营销风险；而且，新产品的缺陷还可能导致企业遭受声誉风险和承担产品赔偿责任的风险。

所有上述风险和威胁都可能最终对会计系统产生影响，从而产生需要注册会计

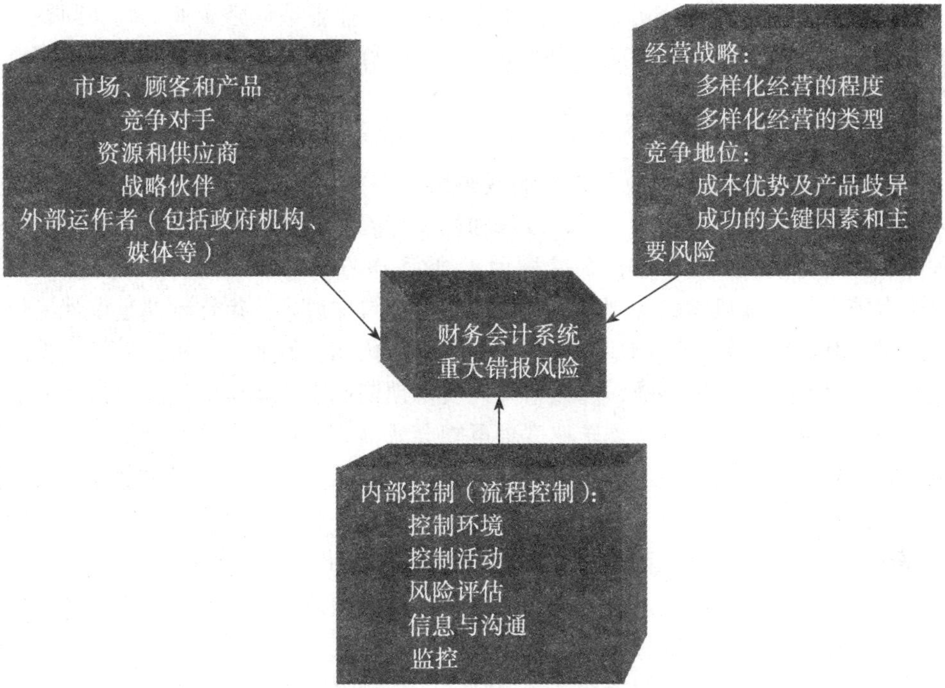

图7-2　企业风险与重大错报风险

师关注的重大错报风险。一般说来，多数经营风险最终都会产生财务后果，从而影响财务报表，进而产生重大错报风险。经营风险与财务报表重大错报风险是既有联系又相互区别的两个概念。前者比后者范围更广。注册会计师了解被审计单位的经营风险有助于其识别财务报表重大错报风险，但并非所有经营风险都会导致重大错报风险。注册会计师应当根据被审计单位的具体情况考虑经营风险是否可能导致财务报表发生重大错报。经营风险可能对各类交易、账户余额以及列报认定层次或财务报表层次产生直接影响。例如，企业合并导致银行客户群减少，使银行信贷风险集中，由此产生的经营风险可能增加与贷款计价认定有关的重大错报风险。同样的风险，尤其是在经济紧缩时，可能具有更为长期的后果，注册会计师在评估持续经营假设的适当性时需要考虑这一问题。需要指出的是，注册会计师没有责任识别或评估对财务报表没有影响的经营风险。

目标、战略、经营风险和重大错报风险之间的相互联系可以初步举一个例子加以说明。例如，企业当前的目标是在某一特定期间内进入某一新的海外市场，企业选择的战略是在当地成立合资公司。从该战略本身来看，完全可以实现这一目标。但成立合资公司可能会带来很多的经营风险，如企业如何与当地合资方在经营活动、企业文化等各方面协调；如何在合资公司中获得控制权或共同控制权；当地市场情况是否会发生变化；当地对合资公司的税收和外汇管理方面的政策是否稳定；合资公司的利润是否可以汇回，是否存在汇率风险等。这些经营风险反映到财务报表中，可能会因对合资公司是否属于子公司、合营企业或联营企业的判断问题、投资核算问题，包括是否存在减值问题以及外币折算等问题而导致财务报表出现重大错报风险。

2）示例：战略风险与经营风险对审计的影响

如图 7-3 所示，组织战略层面的威胁因素包括替代品、顾客、供应商、新进入者、竞争对手以及政治、经济、技术和社会等因素，这些战略因素能够对审计过程产生 5 个方面的影响（如图 7-4 所示），这 5 个方面的影响分别是审计预期、客户生存能力、审计风险、控制环境、客户需求。具体说来，审计预期是审计人员对某种风险状况的了解会影响他对组织财务结果的预期。例如，当审计人员获悉某个竞争对手已经挑起了价格战，那么审计人员将预期被审计单位的收入增长会减缓并且边际利润减少，同时存货周转速度也可能会减慢。客户生存能力是指如果某种威胁特别严重，就可能说明组织按照当前的经营计划无法在目标市场中生存下去，如果问题较大，导致公司持续经营存在不确定性，那么注册会计师要考虑企业在短期内破产的可能性。审计风险是指某些威胁直接反映出某些财务报表认定可能不正确，例如竞争对手和新进入者的威胁能够导致销售额减少。如果由于某种威胁导致存货陈旧过时，那么存货估价就可能存在问题。当整个组织主要产品都存在陈旧过时时，审计人员应该考虑组织资产减值问题的影响范围可能会更大。控制环境是指某些威胁对控制环境施加的压力，这可能使得管理层感到唯一能采取的对策就是违规，而审计人员应该充分关注这种压力，因为管理层存在操纵会计处理来掩饰经济失败的动机。客户需求是指有些威胁仅仅暴露出客户可能对周围环境带来的风险没有采取充分的应对措施，审计人员应该帮助客户识别针对哪些风险还未采取应对措施并告知客户，而且在很多情形下，注册会计师也可能帮助客户设计和实施应对措施。当然，能否提供类似服务，取决于所在地区的法律是否允许。

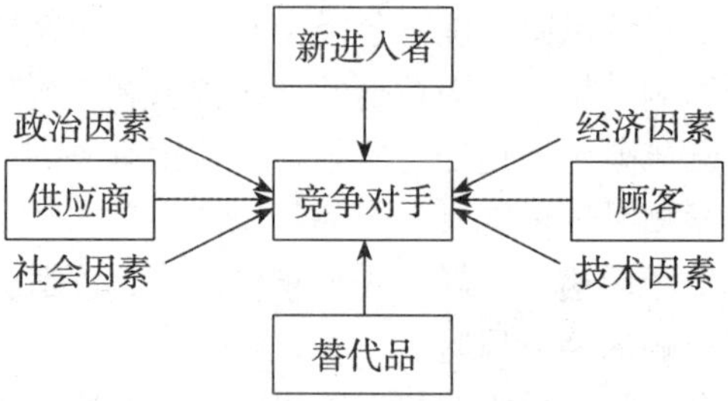

图 7-3　组织的外部战略威胁因素

组织的外部战略威胁将对审计及审计风险产生较大的影响。具体来说，当来自竞争对手的威胁加大时，例如竞争对手开始扩大其生产产品质量担保范围，那么对会计的影响可能表现为担保承诺的扩大使得担保费用估计额高于历史水平，注册会计师必须考虑该领域对审计风险的影响；另一方面，客户对质量担保成本的估算是否准确直接关系到客户决策的正确性，因此客户可能存在建立担保成本追踪系统的

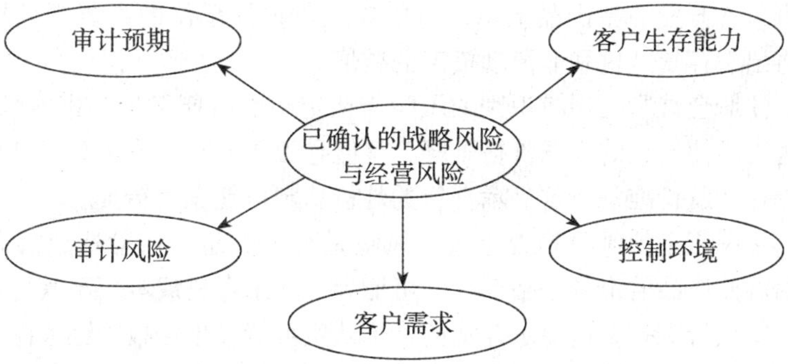

图 7-4　战略风险与经营风险对审计的影响

需求，这为注册会计师提供了商机，同时也带来了独立性风险。

当新进入者的产品比被审计单位当前的产品在技术上更有优势时，可能造成组织产品过时或积压，存货可能需要重估，注册会计师需要关注被审计单位存货计价的准确性。同时如果被审计单位存货销售持续低迷，有可能导致持续经营产生重大不确定性，因此注册会计师需要考虑被审计单位对持续经营不确定的评估是否恰当。当顾客偏好发生改变，组织面临提高产品的功能和质量时，从控制环境上来说，组织内部各个管理层级可能面临为保住工作和奖金所带来的实现销售目标的压力，而该压力可能导致管理层舞弊从而加大重大错报风险。

当组织的设备由于使用时间太长且无法改进流程而丧失竞争力时，对注册会计师来说，需要格外关注的是固定资产的减值是否得到了正确的计量。同时，注册会计师在执行分析程序时将可以预期合理：如果产品销售价格无法提高，流程和生产设备的落后将导致产品成本的上升，从而出现利润率下降的趋势。其他战略性因素的出现同样将对审计风险造成较大的影响，此处不一一赘述。

总之，为正确评估重大错报风险，注册会计师不能仅关注内部控制和账表本身，更需要从公司的内外环境出发，全面评估公司所面临的战略风险、经营风险和流程控制风险（内部控制风险），在此基础上分析相关风险对审计和会计信息系统的影响，为进一步评估重大错报风险收集充分可靠的信息。

7.4.2　识别和评估财务报表层次和认定层次的重大错报风险

1）识别和评估重大错报风险的审计程序

在识别和评估重大错报风险时，注册会计师应当按步骤实施下列审计程序：

首先，在了解被审计单位及其环境的整个过程中识别风险，并考虑对各类交易、账户余额、列报等认定层次的影响。注册会计师应当运用各项风险评估程序，在了解被审计单位及其环境的整个过程中识别风险，并将识别的风险与各类交易、账户余额和列报相联系。例如，被审计单位因相关环境法规的实施需要更新设备，可能面临原有设备闲置或贬值的风险；宏观经济的低迷可能预示应收账款的回收存在问题；竞争者开发的新产品上市，可能导致被审计单位的主要产品在短期内过时，预示将出现存货跌价和非流动资产的减值。

其次，注册会计师应当将识别的风险与认定层次可能发生错报的领域相联系。例如，销售困难使产品的市场价格下降，可能导致年末存货成本高于其可变现净值而需要计提存货跌价准备，这显示存货的计价认定可能发生错报。

再次，考虑识别的风险是否重大。风险是否重大是指风险造成后果的严重程度。销售困难使产品的市场价格下降，可能导致年末存货成本高于其可变现净值而需要计提存货跌价准备，这显示存货的计价认定可能发生错报。除考虑产品市场价格下降因素外，注册会计师还应当考虑产品市场价格下降的幅度、该产品在被审计单位产品中的比重等，以确定识别的风险对财务报表的影响是否重大。

最后，还要考虑识别的风险导致财务报表发生重大错报的可能性。在某些情况下，尽管识别的风险重大，但仍不至于导致财务报表发生重大错报。例如，期末财务报表中存货的余额较低，尽管识别的风险重大，但不至于导致存货的计价认定发生重大错报风险。

注册会计师应当利用实施风险评估程序获取的信息，包括在评价控制设计和确定其是否得到执行时获取的审计证据，作为支持风险评估结果的审计证据。注册会计师应当根据风险评估结果，确定实施进一步审计程序的性质、时间和范围。

2）可能表明被审计单位存在重大错报风险的事项和情况

当存在以下事项和情况时，注册会计师应当关注被审计单位是否存在重大错报风险，具体包括：在经济不稳定的国家或地区开展业务；在高度波动的市场开展业务；在严厉、复杂的监管环境中开展业务；持续经营和资产流动性出现问题，包括重要客户流失；融资能力受到限制；行业环境发生变化；供应链发生变化；开发新产品或提供新服务，或进入新的业务领域；开辟新的经营场所；发生重大收购、重组或其他非经常性事项；拟出售分支机构或业务分部；复杂的联营或合资；运用表外融资、特殊目的实体以及其他复杂的融资协议；存在未决诉讼和或有负债等。注册会计师应当充分关注可能表明被审计单位存在重大错报风险的上述事项和情况，并考虑由于上述事项和情况导致的风险是否重大，以及该风险导致财务报表发生重大错报的可能性。

3）关注两个层次的重大错报风险

在对重大错报风险进行识别和评估后，注册会计师应当确定，识别的重大错报风险是与特定的某类交易、账户余额、列报的认定相关，还是与财务报表整体广泛相关，进而影响多项认定。某些重大错报风险可能与特定的各类交易、账户余额、列报的认定相关。例如，被审计单位存在复杂的联营或合资，这一事项表明长期股权投资账户的认定可能存在重大错报风险。又如，被审计单位存在重大的关联方交易，该事项表明关联方及关联方交易的披露认定可能存在重大错报风险。

某些重大错报风险可能与财务报表整体广泛相关，进而影响多项认定。例如，在经济不稳定的国家和地区开展业务、资产的流动性出现问题、重要客户流失、融资能力受到限制等，可能导致注册会计师对被审计单位的持续经营能力产生重大疑虑。又如，管理层缺乏诚信或承受异常的压力可能引发舞弊风险，这些风险与财务报表整体相关。

4）内部控制与重大错报风险

财务报表层次的重大错报风险很可能源于薄弱的控制环境。薄弱的控制环境带来的风险可能对财务报表产生广泛影响，难以限于交易、账户余额、列报层次。因此，注册会计师应当采取总体应对措施。例如，如果被审计单位治理层、管理层对内部控制的重要性缺乏认识，认为没必要建立相关的制度和程序；或管理层经营理念偏于激进，又缺乏实现激进目标的人力资源等，薄弱的控制环境所造成的缺陷可能对财务报表产生广泛影响，需要注册会计师采取总体应对措施。

另一方面，在评估重大错报风险时，注册会计师还应当将所了解的控制与特定认定相联系。这是因为控制有助于防止或发现并纠正认定层次的重大错报。在评估重大错报发生的可能性时，除了考虑可能的风险外，还要考虑控制对风险的抵消和遏制作用。有效的控制会减少错报发生的可能性，而控制不当或缺乏控制，错报就会由可能变成现实。控制可能与某一认定直接相关，也可能与某一认定间接相关。关系越间接，控制在防止或发现并纠正认定中错报的作用越小。注册会计师可能识别出有助于防止或发现并纠正特定认定发生重大错报的控制。在确定这些控制是否能够实现上述目标时，注册会计师应当将控制活动和其他要素综合考虑。如将销售和收款的控制置身于其所在的流程和系统中考虑，以确定其能否实现控制目标。因为单个的控制活动本身并不足以控制重大错报风险。只有多种控制活动和内部控制的其他要素综合作用才足以控制重大错报风险。

7.4.3　需要特别考虑的重大错报风险

1）特别风险的含义

注册会计师应当在考虑识别出的控制对相关风险的抵消效果前，根据风险的性质、潜在错报的重要程度（包括该风险是否可能导致多项错报）和发生的可能性，判断风险是否属于特别风险。在确定风险的性质时，注册会计师应当考虑下列事项：(1）风险是否属于舞弊风险；(2）风险是否与近期经济环境、会计处理方法和其他方面的重大变化有关；(3）交易的复杂程度；(4）风险是否涉及重大的关联方交易；(5）财务信息计量的主观程度，特别是对不确定事项的计量存在较大区间；(6）风险是否涉及异常或超出正常经营过程的重大交易。

2）非常规交易和判断事项导致的特别风险

日常的、不复杂的、经正规处理的交易不太可能产生特别风险，特别风险通常与重大的非常规交易和判断事项有关。非常规交易是指由于金额或性质异常而不经常发生的交易，例如，企业购并、债务重组、重大或有事项等。对于非常规交易，管理层会更多地介入会计处理；数据收集和处理涉及更多的人工成分；需要复杂的计算或会计处理方法；非常规交易的性质可能使被审计单位难以对由此产生的特别风险实施有效控制。由于非常规交易具有上述特征，与重大非常规交易相关的特别风险可能导致更高的重大错报风险。

3）考虑与特别风险相关的控制

对于特别风险，注册会计师应当评价相关控制的设计情况，并确定其是否已经得到执行。由于与重大非常规交易或判断事项相关的风险很少受到日常控制的约束，注册会计师应当了解被审计单位是否针对该特别风险设计和实施了控制。例如，作出会计估计所依据的假设是否由管理层或专家进行复核，是否建立作出会计估计的正规程序，重大会计估计结果是否由治理层批准等。再如，管理层在收到重大诉讼事项的通知时采取的措施，包括这类事项是否提交适当的专家（如内部或外部的法律顾问）处理、是否对该事项的潜在影响作出评估、是否确定该事项在财务报表中的披露问题以及如何确定等。

如果管理层未能实施控制以恰当应对特别风险，注册会计师应当认为内部控制存在重大缺陷，并考虑其对风险评估的影响。在此情况下，注册会计师应当考虑就此类事项与治理层沟通。

7.4.4 与治理层和管理层的沟通

被审计单位管理层有责任在治理层的监督下，建立、执行和维护有效的内部控制，以合理保证企业经营目标的实现。注册会计师在了解和测试内部控制的过程中可能会注意到内部控制存在的重大缺陷，此时注册会计师将此情况告知适当层次的管理层或治理层，将有助于管理层和治理层履行其在内部控制方面的职责。

此外，如果识别出被审计单位未加控制或控制不当的重大错报风险，或认为被审计单位的风险评估过程存在重大缺陷，注册会计师还应当就此类内部控制缺陷与治理层沟通。

第8章 风险应对

学习目的与要求

本章主要介绍针对报表层次和认定层次的重大错报风险应采取的应对措施。通过本章的学习，学生应掌握针对评估的报表层次和认定层次的重大错报风险应采取的应对措施，同时了解控制测试和实质性程序的性质、时间和范围。

教学重点与难点

针对评估的报表层次和认定层次重大错报风险采取的总体应对措施以及控制测试和实质性程序的性质、时间和范围。

8.1 财务报表层次重大错报风险的总体应对措施

在风险评估程序执行完毕后，为将审计风险降至可接受的低水平，注册会计师应当针对评估的财务报表层次重大错报风险确定总体应对措施，并针对评估的认定层次重大错报风险设计和实施进一步审计程序。

在财务报表重大错报风险的评估过程中，注册会计师应当确定所识别的重大错报风险是与特定的某类交易、账户余额、列报的认定相关，还是与财务报表整体广泛相关，进而影响多项认定。如果是后者，则属于财务报表层次的重大错报风险。针对评估的财务报表层次重大错报风险，注册会计师应当确定下列总体应对措施：

（1）向项目组强调在收集和评价审计证据过程中保持职业谨慎态度的必要性。

（2）分派更有经验或具有特殊技能的审计人员或利用专家的工作。

由于各行业在经营业务、经营风险、财务报告、法规要求等方面具有特殊性，审计人员的专业分工细化成为一种趋势。审计项目组成员中应有一定比例的人员曾经参与被审计单位以前年度的审计，或具有被审计单位所处特定行业的相关审计经验。必要时，要考虑利用信息技术、税务、评估、精算等方面专家的工作。

（3）提供更多的督导。

对于财务报表层次重大错报风险较高的审计项目，项目组的高级别成员，如项目负责人、项目经理等要对其他成员提供更详细、更经常、更及时的指导和监督并加强项目质量复核。

（4）在选择进一步审计程序时融入更多的不可预见的因素。

被审计单位人员，尤其是管理层，如果熟悉注册会计师的审计套路，就可能采取种种规避手段，掩盖财务报告中的舞弊行为。因此在设计拟实施的审计程序的性质、时间和范围时，为了避免既定思维对审计方案的限制，避免对审计效果的人为干涉，注册会计师可以通过以下方式提高审计程序的不可预见性：①对某些未测试过的低于设定的重要性水平或风险较小的账户余额和认定实施实质性程序；②调整实施审计程序的时间，使被审计单位不可做出预期；③采取不同的审计抽样方法，使当期抽取的测试样本与以前有所不同；④选取不同的地点实施审计程序，或预先不告知被审计单位所选定的测试地点。

（5）对拟实施审计程序的性质、时间和范围做出总体修改。

一般说来，财务报表层次的重大错报风险很可能源于薄弱的控制环境。薄弱的控制环境带来的风险可能对财务报表产生广泛影响，难以限于某类交易、账户余额、列报，因此注册会计师应当采取总体应对措施。如果控制环境存在缺陷，注册会计师在对拟实施审计程序的性质、时间和范围做出总体修改时应当考虑：①在期末而非期中实施更多的审计程序。控制环境的缺陷通常会削弱期中获得的审计证据的可信赖程度。②主要依赖实质性程序获取审计证据。良好的控制环境是其他控制要素发挥作用的基础。控制环境存在缺陷通常会削弱其他控制要素的作用，导致注册会计师无法信赖内部控制，而主要依赖实施实质性程序获取审计证据。③修改审计程序的性质，获取更具说服力的审计证据。修改审计程序的性质主要是指调整拟实施审计程序的类别及组合，比如原先可能主要限于检查某项资产的账面记录或相关文件，而调整审计程序的性质后可能意味着更加重视实地检查该项资产。④扩大审计程序的范围。例如扩大样本规模，或采用更详细的数据实施分析程序。⑤增加拟纳入审计范围的经营地点的数量。

（6）总体应对措施对重大错报风险的影响。

财务报表层次重大错报风险难以限于某类交易、账户余额、列报的特点，意味着此类风险可能对财务报表的多项认定产生广泛影响，并相应增加了注册会计师对认定层次重大错报风险的评估难度。因此，注册会计师评估的财务报表层次重大错报风险以及采取的总体应对措施对拟实施进一步审计程序的总体方案具有重大影响。拟实施进一步审计程序的总体方案包括实质性方案和综合性方案。实质性方案是指注册会计师实施的进一步审计程序，以实质性程序为主；综合性方案是指注册会计师在实施进一步审计程序时，将控制测试与实质性程序结合使用。当评估的财务报表层次重大错报风险属于高风险水平时，拟实施进一步审计程序的总体方案往往更倾向于实质性方案。

8.2 认定层次重大错报风险的应对

相对风险评估程序而言，注册会计师针对评估的各类交易、账户余额、列报与披露等，认定层次重大错报风险实施的包括控制测试和实质性程序在内的审计程序，称为进一步审计程序。注册会计师应当针对所评估的认定层次重大错报风险来设计和实施进一步审计程序，包括审计程序的性质、时间和范围。

8.2.1 设计进一步审计程序时的考虑因素

在设计进一步审计程序时，注册会计师应当考虑下列因素：

（1）风险的重要性。风险的重要性是指风险造成的后果的严重程度。风险的后果越严重，就越需要注册会计师关注和重视，越需要精心设计有针对性的进一步审计程序。

（2）重大错报发生的可能性。重大错报发生的可能性越大，同样越需要注册会计师精心设计进一步审计程序。

（3）涉及的各类交易、账户余额和披露的特征。不同的交易、账户余额和披露，产生的认定层次的重大错报风险也会存在差异，适用的审计程序也有差别，需要注册会计师区别对待，并设计具有针对性的进一步审计程序予以应对。

（4）被审计单位采用的特定控制的性质。不同性质的控制对注册会计师设计进一步的审计程序具有重要影响。

（5）注册会计师是否拟获取审计证据，以确定内部控制在防止、发现并纠正重大错报方面的有效性。如果注册会计师在风险评估时预期内部控制运行有效，随后拟实施的进一步审计程序必须包括控制测试，而且实质性程序也会受到之前控制测试结果的影响。

综合上述几方面因素，注册会计师对认定层次重大错报风险的评估为确定进一步审计程序的总体方案奠定了基础。因此，注册会计师应当根据认定层次重大错报风险的评估结果，恰当选用实质性方案或综合性方案。通常情况下，注册会计师出于成本效益的考虑可以采用综合性方案设计进一步审计程序，即将测试控制运行的有效性与实质性程序结合使用。但在某些情况下，注册会计师必须通过实施控制测试，才能有效评估并应对某一认定的重大错报风险；而在另一些情况下，注册会计师可能认为仅实施实质性程序就是适当的。

8.2.2 进一步审计程序的性质

进一步审计程序的性质是指进一步审计程序的目的和类型。进一步审计程序的目的包括通过实施控制测试以确定内部控制运行的有效性，通过实施实质性程序以发现认定层次的重大错报；进一步审计程序的类型包括检查、观察、询问、函证、重新计算、重新执行和分析程序。由于不同的审计程序应对特定认定错报风险的效力不同，因此在应对评估的风险时，合理确定审计程序的性质是最重要的。例如，对于与收入完整性认定相关的重大错报风险，控制测试通常能更有效应对；对于与收入发生认定相关的重大错报风险，实质性程序通常能更有效应对。再如，实施应收账款的函证程序可以为应收账款在某一时点存在的认定提供审计证据，但通常不能为应收账款的计价认定提供审计证据。对应收账款的计价认定，注册会计师通常需要实施其他更为有效的审计程序，如审查应收账款账龄和期后收款情况，了解欠款客户的信用情况等。

在确定进一步审计程序的性质时，注册会计师首先需要考虑的是认定层次重大错报风险的评估结果。评估的认定层次重大错报风险越高，对通过实质性程序获取的审计证据的相关性和可靠性的要求也就越高，从而可能影响进一步审计程序的类型及其综合运用。除了从总体上把握认定层次重大错报风险的评估结果对选择进一步审计程序的影响外，在确定拟实施的审计程序时，注册会计师还应当考虑评估的认定层次重大错报风险产生的原因，包括考虑各类交易、账户余额、披露的具体特征以及内部控制等。需要说明的是，如果在实施进一步审计程序时拟利用被审计单位信息系统生成的信息，则要求注册会计师应当就信息的准确性和完整性获取审计证据。

8.2.3 进一步审计程序的时间

进一步审计程序的时间是指注册会计师何时实施进一步审计程序，或审计证据适用的期间或时点。因此，当提及进一步审计程序的时间时，在某些情况下指的是审计程序的实施时间，在另一些情况下是指需要获取的审计证据适用的期间或时点。有关进一步审计程序的时间的选择问题，有两个层面的含义：第一个层面是注册会计师选择在何时实施进一步审计程序，这个层面的选择问题主要集中在如何权衡期中与期末实施审计程序的关系；第二个层面是选择获取什么期间或时点的审计证据，这个层面的选择问题分别集中在如何权衡期中审计证据与期末审计证据的关系及如何权衡以前审计获取的审计证据和本期审计获取的审计证据的关系。这两个层面的最终落脚点都是如何确保获取审计证据的效率和效果。在选择实施审计程序的时间时，一项基本的考虑便是注册会计师评估的重大错报风险，因此当重大错报风险较高时，注册会计师应当考虑在期末或接近期末时实施实质性程序，或采用不通知的方式或在管理层不能预见的时间实施审计程序。

很多时候，虽然在期末实施审计程序在很多情况下是非常必要的，但仍然不排除注册会计师在期中实施审计程序可能发挥的积极作用。在期中实施进一步审计程序，可能有助于注册会计师在审计工作初期识别重大事项，并在管理层的协助下及时解决这些事项，并针对这些事项制定有效的实质性方案或综合性方案。但是，在期中实施进一步审计程序也存在很大的局限：首先，注册会计师往往难以仅凭在期中实施的进一步审计程序获取有关期中以前的充分、适当的审计证据；其次，即使注册会计师在期中实施的进一步审计程序能够获取有关期中以前的充分、适当的审计证据，但从期中到期末这段剩余期间还往往会发生重大的交易或事项，从而对所审计期间的财务报表认定产生重大影响；最后，被审计单位管理层也完全有可能在注册会计师于期中实施了进一步审计程序之后对期中以前的相关会计记录做出调整甚至篡改，使得注册会计师在期中通过实施进一步审计程序所获取的审计证据发生了变化。因此，注册会计师如果在期中实施了进一步审计程序，那么还应当针对剩余期间获取审计证据。

此外，为确定实施进一步审计程序的时间，有些因素是注册会计师应当考虑的：首先要考虑的是控制环境。良好的控制环境可以抵消在期中实施进一步审计程序的局限性，使注册会计师在确定实施进一步审计程序的时间时有更大的灵活度。其次必须考虑的是注册会计师何时能得到相关信息。例如，某些控制活动可能仅在期中（或期中以前）发生，而之后可能难以再被观察到。在这些情况下，注册会计师如果希望获取相关信息，则需要考虑能够获取相关信息的时间。再次，必须考虑错报风险的性质。例如，被审计单位可能为了保证盈利目标的实现，而在会计期末以后伪造销售合同以虚增收入，此时注册会计师需要考虑在期末（即资产负债表日）这个特定时点获取被审计单位截至期末所能提供的所有销售合同及相关资料，以防范被审计单位在资产负债表日后伪造销售合同虚增收入的做法。最后，要考虑审计证据适用的期间或时点。注册会计师应当根据需要获取的特定审计证据确定何时实施进一步审计程序。例如，为了获取资产负债表日的存货余额证据，显然不宜在与资产负债表日间隔过长的期中时点或期末以后时点实施存货监盘等审计程序。

8.2.4　进一步审计程序的范围

进一步审计程序的范围是指实施进一步审计程序的数量，包括抽取的样本量，对某项控制活动的观察次数等。在确定进一步审计程序的范围时，注册会计师应当考虑下列因素：

1）确定的重要性水平

确定的重要性水平越高，注册会计师实施进一步审计程序的范围越广。

2）评估的重大错报风险

评估的重大错报风险越高，对拟获取审计证据的相关性、可靠性的要求越高，因此注册会计师实施的进一步审计程序的范围也越广。

3）计划获取的保证程度

计划获取的保证程度，是指注册会计师计划通过所实施的审计程序对测试结果可靠性所获取的信心。计划获取的保证程度越高，对测试结果可靠性要求越高，注册会计师实施的进一步审计程序的范围就越广。例如，注册会计师判断财务报表是否存在重大错报的信心可能来自控制测试和实质性程序，如果注册会计师计划从控制测试中获取更高的保证程度，则控制测试的范围就更广。

8.3 控制测试

8.3.1 控制测试的内涵与要求

1）控制测试的内涵

在调查和了解内部控制的阶段，注册会计师可能已经收集了一些能够证明内部控制设计和运行的证据。但是，为了使具体控制政策和措施能够作为支持评估控制风险水平的依据，还必须取得一些证明这些控制政策和措施在整个或至少大部分被审计期间内有效运行的具体证据。控制测试就是为了确定内部控制是否在整个或至少大部分被审计期间内有效运行的审计测试。

控制测试通常有三个关注点：（1）该项内部控制是否得到切实应用？（2）该项内部控制是否在被审计期间内一贯地应用？（3）该项内部控制由谁来应用或以何种方式被运用？如果某项内部控制在被审计期间内是由被授权的人员适当且一贯应用，那么该项控制政策或措施就得到了有效的运行。相反，如果未能适当和一贯地应用，或由未被授权的人员来应用，则说明控制执行失效。人们把这种控制运行的失效或不当，习惯称为“偏差”、“偶发事件”或“例外”，而不称为“错报”。因为某些控制运行失效或不当，只意味着会计记录中有可能出错，但并不是一定会出错。比如，被审计单位的一些销售发票没有由第二个人独立验证其正确性，属于一项控制偏差，但如果第一个经办人员已经正确地填写了发票，那么，会计记录仍然可能是正确的。

2）控制测试的要求

当存在下列情形之一时，注册会计师应当实施控制测试：(1) 在评估认定层次重大错报风险时，预期控制的运行是有效的；（2）仅实施实质性程序不足以提供认定层次充分、适当的审计证据。

如果在评估认定层次重大错报风险时，预期控制的运行是有效的，注册会计师应当实施控制测试，就控制在相关期间或时点的运行有效性获取充分、适当的审计证据。注册会计师通过实施风险评估程序，可能发现某项控制的设计是存在的，也是合理的，同时得到了执行。在这种情况下，出于成本效益的考虑，注册会计师可能预期，如果相关控制在不同时点都得到了一贯执行，与该项控制有关的财务报表认定发生重大错报的可能性就不会很大，也就不需要实施很多的实质性程序。为此，注册会计师可能会认为对相关控制在不同时点是否得到了一贯执行进行测试是值得的，即实施控制测试。这种测试主要是出于成本效益的考虑，其前提是注册会计师通过了解内部控制以后认为某项控制存在着被信赖和利用的可能。因此，只有认为控制设计合理、能够防止或发现和纠正认定层次的重大错报，注册会计师才有必要对控制运行的有效性实施测试。此外，如果认为仅实施实质性程序获取的审计证据无法将认定层次重大错报风险降至可接受的低水平，注册会计师应当实施相关的控制测试，以获取控制运行有效性的审计证据。

8.3.2　控制测试的性质

1）控制测试性质的含义

控制测试的性质是指控制测试所使用的审计程序的类型及其组合。计划从控制测试中获取的保证水平是决定控制测试性质的主要因素之一。计划的保证水平越高，对有关控制运行有效性的审计证据的可靠性要求越高。当拟实施的进一步审计程序主要以控制测试为主，尤其是仅实施实质性程序获取的审计证据无法将认定层次重大错报风险降至可接受的低水平时，注册会计师应当获取有关控制运行有效性的更高的保证水平。控制测试采用审计程序包括询问、观察、检查、重新执行和穿行测试。

（1）询问。

注册会计师可以向被审计单位适当的员工询问，获取与内部控制运行情况相关的信息。例如，询问信息系统管理人员是否未经授权接触计算机硬件和软件，向负责复核银行存款余额调节表的人员询问如何进行复核，包括复核的要点是什么、发现不符事项如何处理等。然而，仅仅通过询问不能为控制运行的有效性提供充分的证据，注册会计师通常需要印证被询问者的答复，如向其他人员询问和检查执行控制时所使用的报告、手册或其他文件等。在询问过程中，注册会计师应当保持职业谨慎态度。必须指出的是，询问本身并不足以测试控制运行的有效性，注册会计师应将询问与其他审计程序结合使用，以获取有关控制运行有效性的审计证据。

（2）观察。

观察是测试不留下书面记录的控制（如职责分离）的运行情况的有效方法。例如，观察存货盘点控制的执行情况。观察也可运用于实物控制，如查看仓库门是否锁好，或空白支票是否妥善保管。通常情况下，注册会计师通过观察直接获取的证据比间接获取的证据更可靠。但是，注册会计师还要考虑其所观察到的控制在注册会计师不在场时可能未被执行的情况。

（3）检查。

对运行情况留有书面证据的控制，检查非常适用。书面说明、复核时留下的记号，或其他记录在偏差报告中的标志都可以被当作控制运行情况的证据。例如，检查销售发票是否有复核人员签字，检查销售发票是否附有客户订购单和出库单等。

（4）重新执行。

通常只有当询问、观察和检查程序结合在一起仍无法获得充分的证据时，注册会计师才考虑通过重新执行来证实控制是否有效运行。例如，为了合理保证计价认定的准确性，被审计单位的一项控制是由复核人员核对销售发票上的价格与统一价格单上的价格是否一致。但是，要检查复核人员有没有认真执行核对，仅仅检查复核人员是否在相关文件上签字是不够的，注册会计师还需要自己选取一部分销售发票进行核对，这就是重新执行程序。但是，如果需要进行大量的重新执行，注册会计师就要考虑通过实施控制测试以缩小实质性程序的范围是否更有效率。

（5）穿行测试。

除了上述四类控制测试常用的审计程序以外，实施穿行测试也是一种重要的审计程序。穿行测试是通过追踪交易在财务报告信息系统中的处理过程，来证实注册会计师对控制的了解、评价控制设计的有效性以及确定控制是否得到执行。可见，穿行测试更多地在了解内部控制时运用。但在执行穿行测试时，注册会计师可能获取部分控制运行有效性的审计证据。

2）确定控制测试性质时的要求

（1）考虑特定控制的性质。

注册会计师应当根据特定控制的性质选择所需要实施审计程序的类型。如果某些控制可能存在反映控制运行有效性的文件记录，那么注册会计师可以检查这些文件记录以获取控制运行有效性的审计证据；假如某些控制可能不存在文件记录，或文件记录与能否证实控制运行有效性不相关，注册会计师应当考虑实施检查以外的其他审计程序或借助计算机辅助审计技术，以获取相关控制运行有效性的审计证据。

（2）考虑测试与认定直接相关和间接相关的控制。

在设计控制测试时，注册会计师不仅应当考虑与认定直接相关的控制，还应当考虑这些控制所依赖的与认定间接相关的控制，以获取支持控制运行有效性的审计证据。例如，被审计单位可能针对超出信用额度的例外赊销交易设置报告和审核制度；在测试该项制度的运行有效性时，注册会计师不仅应当考虑审核的有效性，还应当考虑与例外赊销报告中信息准确性有关的控制是否有效运行。

（3）如何对一项自动化的应用控制实施控制测试。

对于一项自动化的应用控制，由于信息技术处理过程的内在一贯性，注册会计师可以利用该项控制得以执行的审计证据和信息技术一般控制（特别是对系统变动的控制）运行有效性的审计证据，作为支持该项控制在相关期间运行有效性的重要审计证据。

（4）实施控制测试时对双重目的的实现。

控制测试的目的是评价控制是否有效运行；细节测试的目的是发现认定层次的重大错报。尽管两者目的不同，但注册会计师可以考虑针对同一交易同时实施控制测试和细节测试，以实现双重目的。例如，注册会计师通过检查某笔交易的发票可以确定其是否经过适当的授权，也可以获取关于该交易的金额、发生时间等细节证据。当然，如果拟实施双重目的测试，注册会计师应当仔细设计和评价测试程序。

（5）实施实质性程序的结果对控制测试结果的影响。

如果通过实施实质性程序未发现某项认定存在错报，这本身并不能说明与该认定有关的控制是有效运行的；但如果通过实施实质性程序发现某项认定存在错报，注册会计师应当在评价相关控制运行的有效性时予以考虑。因此，注册会计师应当考虑实施实质性程序发现的错报对评价相关控制运行有效性的影响（如降低对相关控制的信赖程度、调整实质性程序的性质、扩大实质性程序的范围等）。如果实施实质性程序发现被审计单位没有识别出的重大错报，通常表明内部控制存在重大缺陷，注册会计师应当就这些缺陷与管理层和治理层进行沟通。

8. 3. 3　控制测试的时间

1）控制测试时间的含义

控制测试的时间有两层含义：一是何时实施控制测试；二是测试所针对的控制适用的时点或期间。一个基本的原理是：如果测试特定时点的控制，注册会计师仅需要得到该时点控制运行有效性的审计证据；如果测试某一期间的控制，注册会计师应获取控制在该期间有效运行的审计证据。因此注册会计师应当根据控制测试的目的确定控制测试的时间，并确定拟信赖的相关控制的时点或期间。

控制测试的目的在一定程度上可以用以确定控制测试的时间。如果仅需要测试控制在特定时点的运行有效性，如对被审计单位期末存货盘点进行控制测试，注册会计师只需要获取该时点的审计证据；如果需要获取控制在某一期间有效运行的审计证据，仅获取与时点相关的审计证据是不充分的，注册会计师应当辅以其他控制测试，包括测试被审计单位对控制的监督。换言之，关于控制在多个不同时点的运行有效性的审计证据的简单累加并不能构成控制在某期间的运行有效性的充分、适当的审计证据；而所谓的“其他控制测试”应当具备的功能是，能提供相关控制在所有相关时点都有效运行的审计证据；被审计单位对控制的监督起到的就是一种检验相关控制在所有相关时点是否都有效运行的作用，因此注册会计师测试这类活动能够强化控制在某期间运行有效性的审计证据效力。

2）如何考虑期中审计证据

注册会计师可能在期中实施进一步审计程序。对于控制测试而言，注册会计师在期中实施此类程序具有更积极的作用。需要说明的是，即使注册会计师已获取有关控制在期中运行有效性的审计证据，仍然需要考虑如何能够将控制在期中运行有效性的审计证据合理延伸至期末，一个基本的考虑是针对期中至期末这段剩余期间获取充分、适当的审计证据。假如已获取有关控制在期中运行有效性的审计证据，并拟利用该证据，那么注册会计师应当实施下列审计程序：（1）获取这些控制在剩余期间变化情况的审计证据。（2）确定针对剩余期间还需获取的补充审计证据。第（1）项是针对期中已获取审计证据的控制，考察这些控制在剩余期间的变化情况，如果这些控制在剩余期间没有发生变化，注册会计师可能决定信赖期中获取的审计证据；如果这些控制在剩余期间发生了变化，注册会计师需要了解并测试控制的变化对期中审计证据的影响。第（2）项是针对期中证据以外的、剩余期间的补充证据。在执行该项规定时，注册会计师应当考虑的因素包括：①评估的认定层次重大错报风险的重大程度。评估的重大错报风险对财务报表的影响越大，注册会计师需要获取的剩余期间的补充证据越多。②在期中测试的特定控制，在期中对有关控制运行有效性获取的审计证据的程度。如果注册会计师在期中对有关控制运行有效性获取的审计证据比较充分，可以考虑适当减少需要获取的剩余期间的补充证据。③剩余期间的长度。一般说来剩余期间越长，注册会计师需要获取的剩余期间的补充证据越多。④在拟信赖控制的基础上缩小进一步实质性程序的范围。注册会计师对相关控制的拟信赖程度越高，通常缩小进一步实质性程序的范围就越大，在这种情况下，注册会计师需要获取的剩余期间的补充证据越多。⑤控制环境。在注册会计师总体上拟信赖控制的前提下，控制环境越薄弱（或把握程度越低），注册会计师需要获取的剩余期间的补充证据越多。

除了上述的测试剩余期间控制的运行有效性，测试被审计单位对控制的监督也能够作为一项有益的补充证据，以便更有把握地将控制在期中运行有效性的审计证据延伸至期末。

3）如何考虑以前审计获取的审计证据

如果拟信赖以前审计获取的有关控制运行有效性的审计证据，注册会计师应当通过实施询问并结合观察或检查程序，获取这些控制是否已经发生变化的审计证据。例如，在以前审计中，注册会计师可能确定被审计单位某项自动化控制能够发挥预期作用。那么在本期审计中，注册会计师需要获取审计证据以确定是否发生了影响该自动化控制持续有效发挥作用的变化。例如，注册会计师可以通过询问管理层或检查日志，确定哪些控制已经发生变化。在按照规定实施了有关审计程序后，注册会计师可能面临两种结果：控制在本期发生变化；控制在本期没有发生变化。

如果控制在本期发生变化，注册会计师应当考虑以前审计获取的有关控制运行有效性的审计证据是否与本期审计相关。例如，如果系统的变化仅仅使被审计单位从中获取新的报告，这种变化通常不影响以前审计所获取证据的相关性；如果系统的变化引起数据累积或计算发生改变，这种变化可能影响以前审计所获取证据的相关性。如果拟信赖的控制自上次测试后已发生变化，注册会计师应当在本期审计中测试这些控制的运行有效性。

如果控制在本期未发生变化，即如果拟信赖的控制自上次测试后未发生变化，且不属于旨在减轻特别风险的控制，注册会计师应当运用职业判断确定是否在本期审计中测试其运行有效性，以及本次测试与上次测试的时间间隔，但每三年至少对控制测试一次。

在确定利用以前审计获取的有关控制运行有效性的审计证据是否适当以及再次测试控制的时间间隔时，需要考虑的因素或情况包括：（1）内部控制其他要素的有效性，包括控制环境、对控制的监督以及被审计单位的风险评估过程。例如，当被审计单位控制环境薄弱或对控制的监督薄弱时，注册会计师应当缩短再次测试控制的时间间隔或完全不信赖以前审计获取的审计证据。(2) 控制特征产生的风险。当相关控制中人工控制的成份较大时，考虑到人工控制一般稳定性较差，注册会计师可能决定在本期审计中继续测试该控制的运行有效性。(3) 信息技术一般控制的有效性。当信息技术一般控制薄弱时，注册会计师可能更少地依赖以前审计获取的审计证据。(4) 影响内部控制的重大人事变动。例如，当所审计期间发生了对控制运行产生重大影响的人事变动时，注册会计师可能决定在本期审计中不依赖以前审计获取的审计证据。(5) 由于环境发生变化而特定控制缺乏相应变化导致的风险。当环境的变化表明需要对控制做出相应的变动，但控制却没有做出相应变动时，注册会计师应当充分意识到控制不再有效，从而导致本期财务报表发生重大错报的可能性，此时不应再依赖以前审计获取的有关控制运行有效性的审计证据。(6) 重大错报的风险和对控制的拟信赖程度。如果重大错报风险较大或对控制的拟信赖程度较高，注册会计师应当缩短再次测试控制的时间间隔或完全不信赖以前审计获取的审计证据。

8.3.4　控制测试的范围

控制测试范围的含义主要是指某项控制活动的测试次数。注册会计师应当设计控制测试，以获取控制在整个拟信赖的期间有效运行的充分、适当的审计证据。

1) 确定控制测试范围的一般考虑因素

注册会计师在确定某项控制的测试范围时通常考虑的一系列因素有：(1) 在整个拟信赖的期间，被审计单位执行控制的频率。控制执行的频率越高，控制测试的范围越大。(2) 在所审计期间，注册会计师拟信赖控制运行有效性的时间长度。拟信赖控制运行有效性的时间长度不同，在该时间长度内发生的控制活动次数也不同。注册会计师需要根据拟信赖控制的时间长度确定控制测试的范围。拟信赖期间越长，控制测试的范围越大。(3) 为证实控制能够防止或发现并纠正认定层次重大错报，所需获取审计证据的相关性和可靠性。对审计证据的相关性和可靠性要求越高，控制测试的范围越大。(4) 通过测试与认定相关的其他控制获取的审计证据的范围。针对同一认定，可能存在不同的控制。当针对其他控制获取审计证据的充分性和适当性较高时，测试该控制的范围可适当缩小。(5) 在风险评估时拟信赖控制运行有效性的程度。注册会计师在风险评估时对控制运行有效性的拟信赖程度越高，需要实施控制测试的范围越大。(6) 控制的预期偏差。预期偏差可以用控制未得到执行的预期次数占控制应当得到执行次数的比率加以衡量。考虑该因素，是因为在考虑测试结果是否可以得出控制运行有效性的结论时，不可能只要出现任何控制执行偏差就认定控制运行无效，所以需要确定一个合理水平的预期偏差率。控制的预期偏差率越高，需要实施控制测试的范围越大。如果控制的预期偏差率过高，注册会计师应当考虑控制可能不足以将认定层次的重大错报风险降至可接受的低水平，从而针对某一认定实施的控制测试可能是无效的。

2）对自动化控制的测试范围的特别考虑

一般说来，除非系统（包括系统使用的表格、文档或其他永久性数据）发生变动，注册会计师通常不需要增加自动化控制的测试范围。信息技术处理具有内在一贯性，除非系统发生变动，一项自动化应用控制应当一贯运行。对于一项自动化应用控制，一旦确定被审计单位正在执行该控制，注册会计师通常无需扩大控制测试的范围，但需要考虑执行下列测试以确定该控制持续有效运行：（1）测试与该应用控制有关的一般控制的运行有效性；（2）确定系统是否发生变动，如果发生变动，是否存在适当的系统变动控制；（3）确定对交易的处理是否使用授权批准的软件版本。

8.4 实质性程序

8.4.1 实质性程序的含义

实质性程序是指注册会计师针对评估的重大错报风险实施的直接用以发现认定层次重大错报的审计程序。具体说来，实质性程序包括对各类交易、账户余额、列报的细节测试以及实质性分析程序。注册会计师应当针对评估的重大错报风险设计和实施实质性程序，以发现认定层次的重大错报。由于注册会计师对重大错报风险的评估是一种判断，可能无法充分识别所有的重大错报风险，并且由于内部控制存在固有局限性，无论评估的重大错报风险结果如何，注册会计师都应当针对所有重大的各类交易、账户余额、列报实施实质性程序。

注册会计师实施的实质性程序应当包括下列与财务报表编制完成阶段相关的审计程序：（1）将财务报表与其所依据的会计记录相核对。（2）检查财务报表编制过程中做出的重大会计分录和其他会计调整。注册会计师对会计分录和其他会计调整检查的性质和范围，取决于被审计单位财务报告过程的性质和复杂程度以及由此产生的重大错报风险。

如果认为评估的认定层次重大错报风险是特别风险，注册会计师应当专门针对该风险实施实质性程序。例如，如果认为管理层面临实现盈利指标的压力而可能提前确认收入，注册会计师在设计询证函时不仅应当考虑函证应收账款的账户余额，还应当考虑询证销售协议的细节条款（如交货、结算及退货条款）；注册会计师还可考虑在实施函证的基础上针对销售协议及其变动情况询问被审计单位的非财务人员。如果针对特别风险仅实施实质性程序，注册会计师应当使用细节测试，或将细节测试和实质性分析程序结合使用，以获取充分、适当的审计证据。作此规定的考虑是，为应对特别风险需要获取具有高度相关性和可靠性的审计证据，仅实施实质性分析程序不足以获取有关特别风险的充分、适当的审计证据。

8.4.2 实质性程序的性质、时间与范围

在进行实质性程序前，审计人员必须在对审计风险、重要性水平和成本效益原则等考虑的基础上做出职业判断，确定实质性程序的性质、时间和范围。虽然大部分的实质性程序是在资产负债表日后进行的，但为了节约期后审计的时间，部分实质性程序可能在期中审计阶段进行。一般而言，审计人员应在资产负债表日后进行余额的实质性程序，例如函证应收账款、监盘存货和复核银行存款余额调节表等；在期中审计和期后审计阶段进行交易实质性程序，例如对固定资产的新增和处置、研究开发支出、经营收入和费用、有价证券的购买和销售等交易的测试。只有当某个交易循环的内部控制非常完善时，审计人员可能会决定在资产负债表日前进行一定的余额测试。例如，如果与销售过程、开出发票和收款相关的内部控制被评价为完善的，审计人员可以选择在期中审计阶段对被审计单位的应收账款进行函证。当实质性程序在中期执行时，审计人员应当执行进一步的实质性程序或者执行结合控制测试的实质性程序以涵盖剩余期间，从而为将审计结论从中期延伸到期末提供合理的依据。在一些情况下，实质性程序可能在中期执行，这增大了错报在期末可能存在未被审计人员发现的风险。当剩余期间变长时，审计人员应考虑以下的内在因素：（1）控制环境和其他相关控制；（2）在以后日期对审计而言所必需信息的可获得性；（3）实质性程序的目标；（4）所评估的重大错报风险；（5）交易种类或账户余额及相关认定的性质；（6）审计人员执行恰当实质性程序或结合控制测试以涵盖剩余期间，从而降低错报在期末存在而未被发现的风险。

虽然不要求审计人员就控制的运行有效性取得审计证据，从而为将审计结论从中期延伸到期末奠定合理基础，但审计人员应考虑只执行实质性程序以涵盖剩余期间是否充分。如果审计人员断定单独进行实质性程序是不充分的，则应执行相关控制的运行有效性测试，或者截止到期末执行实质性程序。在审计人员已识别出由于舞弊而产生的重大错报风险的情况下，审计人员为解决该风险的反应可能包括改变审计程序的时间。例如，考虑到故意错报或操纵的风险，审计人员可能断定将审计结论从中期延伸到期末的审计程序是无效的。在这种情况下，审计人员可能断定实质性程序需在报告期的期末或接近期末执行以解决已识别出的由于舞弊而产生的重大错报风险。如果在中期发现交易种类或账户余额中存在错报，审计人员通常应修改相关风险的评估结果以及所计划的涵盖剩余期间，并修改与这种交易或账户余额有关的审计程序的性质、时间和范围，或者在期末扩大或重复这种审计程序。因为使用前期审计中执行实质性程序所取得的审计证据也不足以解决当期审计中的重大错报风险。在许多情况中，以前期间执行实质性程序所取得的审计证据对当期提供了很少的证据或者没有提供证据。为了让前期审计证据能够在当期作为实质性证据使用，审计证据和相关关注事项必须未发生根本性变动。

尽管我国相关审计准则没有明确反对在期中审计阶段进行过多的实质性程序，

但考虑被审计单位生产经营状况可能的变化，以及利用期末交易进行报表舞弊的可能性，在审计中期进行过多的实质性程序可能会将资产负债表日的检查风险增加到不可接受的水平。因而，比较正确的做法是：如果内部控制十分有效，审计人员可以在期中审计阶段增加一些余额实质性程序，但如果内部控制并不十分有效，那么实质性程序尤其是余额实质性程序应该尽量安排在期后审计阶段进行。

分析程序通常更适合那些往往在期间上可以预测的大容量交易。在设计实质性分析程序时，审计人员应该考虑以下事项：（1）对给定认定使用实质性分析程序的适当性；（2）形成已记录金额或比率的期望值中所采用数据的可靠性，无论是从内部还是从外部取得该数据；（3）期望值是否足够准确以便在希望的保证水平上识别重大错报；（4）已记录金额与期望值之间可以接受的差额。

分析程序通过分析被审计单位重要的比率和趋势，包括调查这些比率或趋势的异常变动及其与预期数额和相关信息的差异，有助于查找那些需要在实质性程序中进一步调查的异常事项。例如，如果存在应收账款显著下降的趋势，可能暗示着被审计单位当期在货款回收方面存在问题。相应的，这将影响应收账款的可变现净值，因此，审计人员应扩大对应收账款明细账的审查，并扩大对资产负债表日后资金收回情况的分析，或增加对坏账准备的充分性的关注。审计人员应当将分析性复核程序运用于审计计划和审计报告阶段，也可运用于审计实施阶段。审计报告阶段运用分析性复核程序，将帮助审计人员得出审计结论并确定审计证据的充分性。

值得注意的是，根据审计准则的规定，分析程序在所有会计报表审计的计划和报告阶段都要求必须使用，但在审计实施阶段则是任意选择的。在审计实施阶段，分析程序是直接作为一种实质性程序的，它可以提高审计的效率和效果。例如，在进行存货审计时，审计人员可以通过历史的毛利率法来估算期末存货的价值，如果估算的存货价值与存货的审定数有较大差异，审计人员必须进一步追查两者间的差异。但是，分析程序的有效性取决于分析数据之间的预期关系、相关信息的可靠性等多方面的因素。所以，如果分析程序使用的是内部控制生成的信息，而内部控制失效，那么审计人员就不应信赖这些信息及分析程序的结果。因此，当风险评估的结果显示被审计单位的重大错报风险较高时，审计人员应更多地依靠实质性程序中的交易、余额以及列报和披露测试的结果，而较少依赖分析程序的结果。

细节测试更适合于对某些账户余额上的认定取得审计证据，包括存在性和计价。在一些情况下，审计人员可能确定只执行实质性分析程序就足以将重大错报风险降至可接受的低水平。例如，当审计人员的风险评估结果被从执行控制的运行有效性测试中取得的审计证据所支持时，审计人员可能确定只执行实质性分析程序就足以对某种交易所评估出的重大错报风险做出反应。在其他情况下，审计人员可能确定只有细节测试才是适当的，或者实质性分析程序和细节测试的组合对所评估出的风险最具有针对性。为了取得充分适当的审计证据，从而在认定水平上实现计划的保证水平这一目标，审计人员需针对所评估出的风险设计详细测试。在设计与存在或发生认定有关的实质性程序时，审计人员在财务报表中包含的项目中进行选择并且取得相关的审计证据。而且，在设计与完整性认定有关的审计程序时，审计人员从表明一个项目应当纳入相关财务报表金额的审计证据中进行选择并且调查该项目是否已被纳入。例如，审计人员可能检查后续的现金支出以确定某一采购是否从应付账款中遗漏出去。

重大错报风险越大，实质性程序的范围可能会因控制运行有效性的测试结果不令人满意而扩大。然而，只有当审计程序与风险有关时，扩大审计范围才是恰当的。在设计细节测试时，测试范围通常从样本规模的角度考虑，这要受重大错报风险的影响。如果不考虑成本效益的问题，那么审计人员只有在获取了最充分适当的审计证据后才能发表审计意见。但是，如果为了实现某个具体审计目标有多种可选审计方案，审计人员将选择成本较低的方案。例如，为了确定被审计单位委托他人保管的有价证券确实存在而且所有权归属于被审计单位，一方面审计人员可以亲自前往存放地点进行核查；另一方面，审计人员也可以通过向证券管理人员进行函证来有效地确认证券的存在和所有权。很显然，后一种方案更为经济，而且可以达到相同的审计目标。所以，除非有明显迹象表明证券管理人员和被审计单位存在串通舞弊的可能时，审计人员将选择成本最低的那个方案。成本效益原则的考虑会影响到实质性程序的范围。一般而言，审计人员根据可接受的检查风险的水平确定所需要获取的审计证据和实质性程序的范围。可接受的风险水平高，审计人员可以获取相对较少的审计证据，实质性程序的范围也相对较小；反之，则要获取较多的审计证据，并实施较大范围的实质性程序。但是，无论如何，成本效益原则不能成为审计人员无法获取充分适当审计证据的理由。如上所述，审计人员实施的实质性程序的性质、时间和范围的确定，最终取决于根据重大错报风险所确定的可接受的检查风险水平。

8.5 审计证据的充分性和适当性

8.5.1 对进一步审计程序所获取审计证据的评价

在完成审计工作前对进一步审计程序所获取审计证据的评价，主要体现在根据发现的错报或控制执行偏差对重大错报风险的评估结果进行修正。通过实施进一步审计程序，注册会计师首先需要考虑获取的审计证据是否可能影响此前对认定层次的重大错报风险的评估结果。因此，注册会计师应当根据实施的审计程序和获取的审计证据，评价对认定层次重大错报风险的评估是否仍然适当。财务报表审计是一个累积和不断修正的过程，随着计划的审计程序的实施，如果获取的信息与风险评估时依据的信息有重大差异，注册会计师应当考虑修正风险评估结果，并据以修改原计划的其他审计程序的性质、时间和范围。

在实施控制测试时，如果发现被审计单位控制运行出现偏差，注册会计师应当了解这些偏差及其潜在后果，并确定已实施的控制测试是否为信赖控制提供了充分、适当的审计证据，是否需要实施进一步的控制测试或实质性程序以应对潜在的错报风险。注册会计师不应将审计中发现的舞弊或错误视为孤立发生的事项，而应当考虑其对评估的重大错报风险的影响。在完成审计工作前，注册会计师应当评价是否已将审计风险降至可接受的低水平，是否需要重新考虑已实施审计程序的性质、时间和范围。

8.5.2 形成审计意见时对审计证据的综合评价

在形成审计意见时，注册会计师应当从总体上评价是否已经获取充分、适当的审计证据，以将审计风险降至可接受的低水平。注册会计师应当考虑所有相关的审计证据，包括能够印证财务报表认定的审计证据和与之相矛盾的审计证据。对于整个审计过程中做出的各项审计结论，注册会计师均应当评价相关审计证据的充分性和适当性。评价审计证据的充分性和适当性需要注册会计师运用职业判断。在评价审计证据的充分性和适当性时，注册会计师应当考虑的以下因素：（1）认定发生潜在错报的重要程度，以及潜在错报单独或连同其他潜在错报对财务报表产生重大影响的可能性；（2）管理层应对和控制风险的有效性；（3）在以前审计中获取的关于类似潜在错报的经验；（4）实施审计程序的结果，包括审计程序是否识别出舞弊或错误的具体情形；（5）可获得信息的来源和可靠性；（6）审计证据的说服力；（7）对被审计单位及其环境的了解。

如果对重大的财务报表认定没有获取充分、适当的审计证据，则注册会计师应当尽可能获取进一步的审计证据。如果不能获取充分、适当的审计证据，注册会计师应当出具保留意见或无法表示意见的审计报告。

第9章 审计抽样的运用

学习目的与要求

学习本章应了解统计抽样和非统计抽样；掌握四种样本的选取；掌握控制测试的属性抽样方法，区别属性抽样、停-走抽样、发现抽样；掌握实质性程序的抽样，区别传统变量抽样和PPS抽样方法。

教学重点与难点

统计抽样与非统计抽样的含义及其关系的理解；样本的抽取、影响样本量的因素及各因素与样本量的关系；PPS抽样在细节测试中的应用以及对抽样结果的评价。

9.1 审计抽样

注册会计师需要充分、适当的审计证据作为发表审计意见的基础。随着企业经济交易和事项的不断增加，为保证审计效果和效率，注册会计师不得不更多地运用审计抽样来选择测试项目。注册会计师必须以合理的时间和合理的成本完成审计，这使得注册会计师必须将审计重点放在财务报表发生错报的高风险领域。作为审计固有限制的一部分，这种对审计抽样的依赖是审计报告对财务报表合法公允的合理保证，而非绝对保证的原因之一。当进行控制测试（当控制留下轨迹）和实质性程序（交易和账户余额的细节测试）时，注册会计师必须在获取审计证据的类型和数量之间进行权衡。

1）抽样风险

审计抽样，是指注册会计师对具有审计相关的总体中低于百分之百的项目实施审计程序，使所有抽样单元都有被选取的机会，为注册会计师针对整个总体得出结论提供合理基础。基本假定是注册会计师可以利用样本对总体作出精确的推断。审计抽样的关键是抽样风险——注册会计师依据样本得出的结论与注册会计师审查了整个总体和每一个项目后所得出的结论不一致的风险。

抽样风险包括以下几方面：

（1）在实施控制测试时，注册会计师推断的控制有效性高于其实际有效性的风险（信赖过度风险）；或在实施细节测试时，注册会计师推断某一重大错报不存在而实际上存在的风险（误受风险）。此类风险影响审计的效果，并可能导致注册会计师发表不恰当的审计意见。

（2）在实施控制测试时，注册会计师推断的控制有效性低于其实际有效性的风险（信赖不足风险）；或在实施细节测试时，注册会计师推断某一重大错报存在而实际上不存在的风险（误拒风险）。此类风险影响审计的效率。

也就是说，无论在控制测试还是在细节测试中，抽样风险都可以分为两种类型：一类是影响审计效果的抽样风险；另一类是影响审计效率的抽样风险。但在控制测试和细节测试中，这两类抽样风险的表现形式有所不同。

扩大样本规模可以减少抽样风险。如果审查总体的全部项目则不存在抽样风险。但是，审计大样本或者审计整个总体的代价是很高的，有效抽样的一个关键因素就是要平衡抽样风险与采用较大样本的成本。

2）非抽样风险

注册会计师也可能由于非抽样风险（与抽样无关的因素所引起的那些误差）得出错误的结论。注册会计师即使对某类交易或账户余额的所有项目实施某种审计程序，也可能仍未能发现重大错报或控制失效。

注册会计师采用不适当的审计程序，或者误解审计证据而没有发现误差等，均可能导致非抽样风险。

在审计过程中，可能导致非抽样风险的原因包括下列情况：

（1）注册会计师选择的总体不适合测试目标。

（2）注册会计师未能适当地定义控制偏差或错报，导致未能发现样本中存在的偏差或错报。

（3）注册会计师选择了不适于实现特定目标的审计程序。例如，注册会计师依赖应收账款函证来揭露未入账的应收账款。

（4）注册会计师未能适当地评价审计发现的情况。例如，注册会计师错误解读审计证据导致没有发现误差；对所发现误差的重要性的判断有误，从而忽略了性质十分重要的误差，也可能导致得出不恰当的结论。

（5）其他原因。

3）统计抽样和非统计抽样

当注册会计师利用专业判断而非利用统计技术估计抽样风险时，样本被称为非统计样本（或判断样本）。这并不是说非统计样本是随意选出的样本。事实上，无论是选取非统计的审计样本还是统计的审计样本都能使注册会计师通过样本得出关于总体的有效推断。另外，无论是在非统计样本还是统计样本中发现的错报，都被用于推算总体中错报的总金额（称为预计错报）。然而非统计抽样无法量化抽样风险。因此，注册会计师可能发现自己选取了超过必要水平的过大的、代价过高的样本，或者在不知情的情况下接受了高于可接受程度的抽样风险。

审计抽样并不是一个单独的过程，它是收集审计证据的方式，用来评价管理层对财务报表的各项认定与既定标准的相符程度，无论统计抽样还是非统计抽样同样需要注册会计师的职业判断。换言之，采用统计抽样并不排除抽样过程中的专业判断。然而，统计抽样确实能使注册会计师计量和控制抽样风险。利用统计技术，注册会计师可以事先确定他们希望存在于样本结果中的抽样风险水平，然后计算出将抽样风险控制在希望水平上的样本规模。由于统计抽样技术以概率法则为基础，所以注册会计师能够依靠样本结果控制抽样风险的程度。因此，统计抽样可以帮助注册会计师：（1）设计有效的样本；（2）衡量已获得证据的足够性；（3）客观地评价样本结果。然而，不花费额外的成本来训练注册会计师设计抽样方法及选取待审查的项目，就无法取得这些优势。正是由于这些原因，注册会计师仍然广泛使用非统计抽样，尤其用于测试规模比较小的总体。总而言之，统计抽样和非统计抽样都能为注册会计师提供足够、有力的审计证据。

9.2　样本的选取

当注册会计师从较大的总体中收集证据时，第一个必须处理的问题就是样本量。某一特定审计程序的样本量取决于以下因素：

1）被测试的属性

以样本为基础的测试可以用来审查注册会计师认为重要的许多属性，包括交易是否符合授权的控制要求、交易计价和处理是否正确、控制程序的执行是否正确等。属性在整个审计中占据的地位越重要，需要的样本量就越大。风险评估认为，重要属性出错率或不正确的风险水平越高，注册会计师在测试该属性时选取的样本量就越大。也就是说，审计程序能够揭露重大问题的可能性越大，注册会计师希望审查的项目就越多。

2）使用的抽样方法

在下文会看到，有些抽样方法需要运用严密的推理来计算样本量，以达到该属性预期的保证水平。

样本量一旦确定下来，注册会计师就要从总体中选取实际的项目或交易用于审查。样本选取的总目标是所获取的样本能够代表总体。我们将讨论以下几种抽样技术：随机抽样、系统抽样、判断抽样、随意抽样。

9.2.1　由预先编号凭证构成的总体

在运用抽样技术时，最常见的情况是用于由交易凭证构成的总体。如果凭证是按顺序预先编号的，并且注册会计师知道被审计期间的第 1 张凭证和最后 1 张凭证，那么选取样本进行测试时，只用选取被审计期间内代表凭证的唯一编号就可以了。假定我们希望从一个月编制的 65 张销售通知单中选取 10 张销售通知单作为样本。表 9-1 提供了每一笔交易的信息，包括销售通知单编号、日期和金额。这样，我们就有足够的信息，可以运用上述 4 种方法中的一种。

表 9-1　**从预先编号的凭证总体中选取样本：销售日记账举例**　金额单位：元

项目编号	销售通知单编号	销售日期	交易金额	累计总金额
1	07020001	2 月 1 日	332.56	332.56
2	07020002	2 月 1 日	2 765.33	3 097.89
3	07020003	2 月 1 日	2 232.45	5 330.34
4	07020004	2 月 1 日	554.12	5 884.46
5	07020005	2 月 1 日	3 078.20	8 962.66
6	07020006	2 月 1 日	887.32	9 849.98
7	07020007	2 月 1 日	1 157.25	11 007.23
8	07020008	2 月 2 日	654.45	11 661.68
9	07020009	2 月 2 日	2 301.01	13 962.69
10	07020010	2 月 2 日	2 114.04	16 076.73
11	07020011	2 月 3 日	878.55	16 955.28
12	07020012	2 月 3 日	54.89	17 010.17
13	07020013	2 月 3 日	2 776.58	19 786.75
14	07020014	2 月 3 日	5 648.90	25 435.65
15	07020015	2 月 4 日	2 863.38	28 299.03
16	07020016	2 月 5 日	689.88	28 988.91
17	07020017	2 月 5 日	2 441.27	31 430.18
18	07020018	2 月 5 日	1 759.44	33 189.62
19	07020019	2 月 5 日	664.52	33 854.14
20	07020020	2 月 6 日	770.84	34 624.98
21	07020021	2 月 6 日	2 869.55	37 494.53
22	07020022	2 月 7 日	943.88	38 438.41
23	07020023	2 月 8 日	1 717.84	40 156.25
24	07020024	2 月 9 日	1 875.65	42 031.90
25	07020025	2 月 10 日	316.77	42 348.67
26	07020026	2 月 10 日	1 517.54	43 866.21
27	07020027	2 月 10 日	4 828.53	48 694.74
28	07020028	2 月 10 日	298.31	48 993.05
29	07020029	2 月 11 日	441.58	49 434.63
30	07020030	2 月 11 日	718.19	50 152.82
31	07020031	2 月 12 日	347.45	50 500.27

续表

项目编号	销售通知单编号	销售日期	交易金额	累计总金额
32	07020032	2 月 12 日	1 550. 34	52 050. 61
33	07020033	2 月 13 日	268. 54	52319. 15
34	07020034	2 月 14 日	2 628. 82	54 947. 97
35	07020035	2 月 14 日	531. 28	55 479. 25
36	07020036	2 月 14 日	1 251. 40	56 730. 65
37	07020037	2 月 15 日	995. 93	57 726. 58
38	07020038	2 月 15 日	2 115. 60	59 842. 18
39	07020039	2 月 15 日	1 702. 33	61 544. 51
40	07020040	2 月 16 日	116. 98	61 661. 49
41	07020041	2 月 16 日	2 648. 57	64 310. 06
42	07020042	2 月 16 日	984. 22	65 294. 28
43	07020043	2 月 17 日	1 752. 43	67 046. 71
44	07020044	2 月 18 日	2 717. 16	69 763. 87
45	07020045	2 月 19 日	88. 23	69 852. 10
46	07020046	2 月 20 日	1 832. 16	71 684. 26
47	07020047	2 月 20 日	2 694. 28	74 378. 54
48	07020048	2 月 20 日	787. 95	75 166. 49
49	07020049	2 月 20 日	513. 83	75 680. 32
50	07020050	2 月 20 日	1 145. 99	76 826. 31
51	07020051	2 月 21 日	5 351. 24	82 177. 55
52	07020052	2 月 21 日	641. 10	82 818. 65
53	07020053	2 月 21 日	2 441. 45	85 260. 10
54	07020054	2 月 21 日	1 698. 55	86 958. 65
55	07020055	2 月 21 日	801. 67	87 760. 32
56	07020056	2 月 22 日	1 887. 51	89 647. 83
57	07020057	2 月 22 日	289. 68	89 937. 51
58	07020058	2 月 22 日	1 994. 25	91 931. 76
59	07020059	2 月 23 日	335. 65	92 267. 41
60	07020060	2 月 23 日	9 848. 78	102 116. 19
61	07020061	2 月 24 日	138. 75	102 254. 94
62	07020062	2 月 25 日	2 330. 58	104 585. 52
63	07020063	2 月 27 日	498. 56	105 084. 08
64	07020064	2 月 28 日	84. 64	105 168. 72
65	07020065	2 月 28 日	897. 56	106 066. 28

1）随机抽样

随机抽样的基本假设是，总体中的每一个项目，无论其各自的属性如何，它被选中的概率都相同。在选取随机样本时，通常是获取一系列的随机数字，根据这些随机数字可以在总体中分别找出其唯一对应的具体项目。随机数字可以由计算机程序生成，或从一张随机数表中产生。表 9-2 为一个 5 位随机数表的例子。该表由 10 行 10 列数构成，这些数字是运用随机方法产生的。

表 9-2　　**随机数表**

列 行	1	2	3	4	5	6	7	8	9	10
1	**32044**	69037	**29655**	92114	81034	40582	01584	77184	85762	46505
2	**23821**	96070	82592	81642	08971	07411	09037	81530	56195	98425
3	82383	94987	66441	28677	95961	78346	37916	09416	42438	48432
4	68310	**21792**	71635	86089	38157	95620	96718	79554	50209	17705
5	94856	76940	22165	01414	01413	37231	05509	37489	56459	52983
6	95000	61958	83430	98250	70030	05436	74814	45978	09277	13827
7	**20764**	**64638**	11359	32556	89822	02713	81293	52970	25080	33555
8	71401	**17964**	50940	95753	34905	93566	36318	79530	51105	26952
9	**38464**	75707	16750	61371	01523	69205	32122	03436	14489	02086
10	**59442**	**59247**	74955	82835	98378	83513	47870	20795	01352	89906

大多数情况下，一张普通的随机数表并不能提供与凭证编号直接相对应的数字。因此随机数表中数字必须以某种方式加以转换，以确定它们与具体项目的对应关系。在我们所举的例子中，销售通知单均为 8 位数，但只有 2 位是唯一的。一种随机抽样方法是用表中随机数的前 2 位与销售通知单的后 2 位相匹配。我们从表 9-2左上角（第 1 行，第 1 列）开始，看到的第一个随机数是 32044。我们只取其前 2 位，再于前面加“070200”，就得到“07020032”，这正是我们例子中的一张销售通知单。因此，第 1 个被选的项目是编号为 07020032、金额为 1 550. 34 元的销售通知单。

在表 9-2 中，我们采用系统方式来选择路径，一般沿着一列向下移动到其底端，然后移回到相临一列的顶部。第 2 张被选中的销售通知单编号为 07020023。再沿着第 1 列往下移动，下一个数字是 82383，可以将其转换为 07020082。我们的总体中没有这张销售通知单，因此我们不能用这个数字。继续往下走，第 3 个被选中项目是 07020020，第 4 个是 07020038，第 5 个是 07020059，第 6 个是 07020021，第 7 个是 07020061，第 8 个是 07020064，第 9 个是 07020017，第 10 个是 07020029。表 9-2 中被加粗的数字为被选中的号码。

2）系统抽样

只有当随机可以由计算机生成或是总体非常小时，随机抽样过程才比较适用。此外，还有一种比随机抽样更节省时间的方法是系统抽样法。这种技术是指从总体中的一个或多个随机起点开始，每间隔 n 个项目选取一个项目的抽样方法。在本例中，抽样间隔是 7。计算过程如下：先用总体项目除以样本量，然后将计算结果凑整为相邻的那个较大的整数（n=65/10=6.5，凑整为 7）。在计算间隔时，必须将其向上凑整为最接近的数，这样总体中的每一项都有被选中的可能性。如果向下凑整到 6，则不管起点是什么，都可以在到达最后一项之前选好 10 个样本。这说明后面项目永远也不可能被抽中，所以间隔为 6 不能保证抽出的样本能够代表总体。

然后我们可以在抽样间隔（从前 7 笔交易）中任意选取一个起点，每隔 7 张选一张。如果我们选第 5 张销售通知单作为起点，则样本为 07020005，07020012，07020019，07020026，07020033，07020040，07020047，07020054，07020061，第 10 个样本为 07020068，这个号码不存在，比最后一项多出 3 张，所以我们可以回到序列的起点，再数 3 张，得到第 10 个样本，即 07020003。

3）判断抽样

有时，注册会计师考虑总体样本的属性来决定哪些项目需要审计，这不依赖于样本选取的均等概率，我们称这种抽样为判断抽样。采用判断抽样，我们可以集中关注那些可能存在问题或更可能对财务报表产生重大影响的交易，从而提高审计的效率和效果。常用的交易属性如下：

（1）交易金额的大小。通常注册会计师会更关注金额较大的交易，因为金额较大的交易对财务报表产生重大影响的可能性较大。

（2）交易日期。注册会计师会更加关注期初和期末发生的交易，因为这些交易可能会出现截止问题。

（3）交易方。关联方交易是注册会计师关注的焦点。但是，诸如即将倒闭或声誉不佳的交易方，也是注册会计师应注意的。

在本例中，我们可以按交易金额的大小，从总体中选取金额最大的 10 笔交易作为样本；也可以按日期，选取前 3 笔和后 7 笔交易；也可以采用多元属性，前 2 笔、后 2 笔以及交易金额最大的 6 笔交易作为样本。

4）随意抽样

随意抽样指注册会计师任意地从总体中选取样本，但不应带任何偏见。例如，从档案柜的凭证中随意选取的凭证样本可能是在不考虑凭证大小、形状以及存放位置的情况下，任意从档案柜中抽取的。如果采用随意抽样，组成样本的项目不应该以疏忽大意的方式选取，而且应当预期样本对总体的代表性。

9.2.2　分层

注册会计师经常在确定所需样本规模或选取样本之前对总体分层。分层技术是指将总体划分为若干具有相似特征的子群体，称为层。然后这些层可以单独抽样，样本结果可以单独评价也可以综合起来评价，从而对总体进行估计。一旦将价值极高或极低或具有其他异常特征的项目分离，每一层次内的项目就更具有相似的属性。其结果是对各层次单独进行评价只需要较少的样本项目。

除了提高审计效率之外，分层还使得注册会计师能够将样本选取与项目的重要性或其他特征联系起来，并在可能的情况下对每一层次运用不同的审计程序。在本例中，我们可以将总体分成3 000 元以上、800～3 000 元、800 元以下三个层。对于3 000元以上的5 个项目全部进行审计；800～3 000 元抽取4 个；800 元以下抽取1 个。

9.3 控制测试：属性抽样

属性抽样被广泛地应用于控制测试中，注册会计师需要估计控制程序的偏差率。实施控制测试时，注册会计师可能使用统计抽样方法，也可能使用非统计抽样方法。在统计抽样中通常使用的属性抽样有三种：固定样本量抽样、停—走抽样和发现抽样。在固定样本量抽样中，设计控制测试的目的是使注册会计师确信偏差率没有超过可接受的水平。因此，注册会计师仅关注样本估计的最高偏差率。注册会计师通常在属性抽样中采用单边测试，即他们仅考虑容许他们以计划水平评估重大错报风险的较高偏差率。在控制测试中较高偏差率称为可容忍偏差率。

控制测试的属性抽样（固定样本量抽样）一般包含下列10 个步骤：

①确定测试目标；

②定义属性和偏差状态；

③定义待抽样的总体；

④确定可容忍偏差率和可接受的信赖过度风险；

⑤估计预期总体偏差率；

⑥确定样本规模；

⑦选取样本；

⑧测试样本项目；

⑨评价样本结果；

⑩记录抽样程序。

9.3.1 确定测试目标

控制测试的目标是提供关于内部控制运行有效性的证据。例如，在对被审计单位的存货盘点过程实施控制测试时，注册会计师主要通过对存货移动控制、盘点程序及被审计单位用以控制存货盘点的其他活动的观察来进行。注册会计师选取和测试属性样本是为了提供证据，证明一项特定内部控制程序正适当地运行。

9.3.2 定义属性和偏差状态

注册会计师利用专业判断来定义一项特定控制测试的属性及偏差状态。属性是提供证据证明一项控制程序被实际执行的那些特征。一个例子就是控制执行人的签名出现在恰当的凭单上。如果一个样本项目不具有某种或多种属性它就被归类为一个偏差。例如，假定注册会计师正在执行一项评价销售交易的控制测试，并决定测试其中的一个控制程序——由一位会计职员执行复核销售发票的工作。该职员的复核工作包括：（1）比较发票与运输单据上的数量；（2）比较发票与批准的价格清单上的价格；（3）检查每张发票的书写准确性；（4）签署发票副本以表明该程序已执行。在执行这项控制测试时，如果出现了下列一种或几种偏差状态，注册会计师就应把该笔交易归类为一个偏差：

①发票副本未经会计职员签署；

②发票上的数量与运输单据不符；

③发票上的价格与批准的价格清单不符；

④发票有书写不准确的情况。

在执行控制测试之前明确定义属性和偏差状态是十分重要的，否则，助理审计人员无法做出恰当的决策，究竟哪些样本项目代表了偏差。

如果无法找到被选的测试凭单，一般情况下，注册会计师无法采用替代程序确定控制程序是否执行。简单地选取另外一个项目是不恰当的。在这种情况下，就评价目标而言，至少这张未找到的凭单应被看作是一个偏差。而且，由于这张凭单的失踪有许多可能的解释，既可能是无意地将文件归错档案，也可能是重大的舞弊，所以注册会计师应该谨慎地考虑这一情况暗示的所有可能性。

9.3.3 定义总体

注册会计师应该确定产生样本的总体以适合特定的审计目标。

9.3.4 确定可容忍偏差率和可接受的信赖过度风险

注册会计师应该怎样为一项控制测试确定恰当的信赖过度风险和可容忍偏差率呢？简而言之，就是利用专业判断。

可容忍偏差率是指审计人员在推断客户业务流程没有得以有效运行之前，所愿意接受的最高偏差率或差错率。审计人员要为进行测试的每一项属性都确定可容忍偏差率。

可接受的信赖过度风险是指当审计人员推断出实际偏差率低于可容忍偏差率，而事实上实际偏差率高于可容忍偏差率的风险大小。这种情况意味着审计人员做出了错误决策。在实务中，可接受的信赖过度风险是指审计人员虽然降低了流程剩余风险或认定的重大错报风险，但所作的降低决策并不恰当的风险大小。既然控制测试的结果在确定其他审计程序的性质、时间和范围时起到一个非常重要的作用，那么，注册会计师通常会规定一个较低的可接受的信赖过度风险水平，最常用的是5%或10%。

9.3.5 估计预期总体偏差率

在属性抽样中，除了可容忍偏差率和可接受的信赖过度风险之外，预期总体偏差率也会影响样本规模。由于这个预期偏差率代表着注册会计师预期在他们的样本中发现偏差的一个比率，因而具有重大意义。

在估计预期总体偏差率时，注册会计师经常使用以前年度的抽样结果，这个结果已记录在他们的工作底稿上。注册会计师也可以凭借他们在其他审计业务中类似测试方面的经验或者通过审查一个小型的预备样本来估算这一比率。

9.3.6 确定样本规模

如前所述，决定一项控制测试样本规模的三个重要因素是可接受的信赖过度风险、可容忍偏差率以及预期总体偏差率。即使在总体非常小的情况下，总体规模对样本规模也会产生影响。表9-3总结了这些因素对一项控制测试所需样本规模的影响。

表9-3　**影响样本规模的因素**

影响因素	含义	控制测试	细节测试	与样本规模的关系
可接受的抽样风险	样本规模受注册会计师可接受的抽样风险水平的影响	可接受的信赖过度风险	可接受的误受风险	反向变动：可接受的风险水平越低，所需的样本规模越大
可容忍误差	注册会计师能够容忍的最大误差	可容忍偏差率	可容忍错报	反向变动：在其他因素既定的条件下，可容忍误差越大，所需的样本规模越小
预期总体误差	注册会计师预期在审计过程中发现的误差	预期总体偏差率	预计总体错报	同向变动：在控制测试中，预计总体误差是指预期总体偏差率；在细节测试中，预计总体误差是指预计总体错报额。预计总体误差越大，可容忍误差也应当越大，所需的样本规模越小
总体变异性	总体的某一特征（如金额）在各项目之间的差异程度。注册会计师可以通过分层，将总体分为相对同质的组，以尽可能降低每一组中变异性的影响，从而减小样本规模①	—	总体变异性	同向变动：在控制测试中，注册会计师在确定样本规模时一般不考虑总体变异性。在细节测试中，注册会计师确定适当的样本规模时要考虑特征的变异性。总体项目的变异性越低，通常样本规模越小
总体规模		总体规模	总体规模	影响很小，几乎为零②

① 未分层总体具有高度变异性，其样本规模通常很大。最有效的方法是根据预期会降低变异性的总体项目特征进行分层。在实质性程序中分层的依据通常包括项目的账面金额，与项目处理有关的控制的性质，或与特定项目（如更可能包含错报的那部分总体项目）有关的特殊考虑等。分组后的每一组总体被称为一层，每层分别独立选取样本。

② 除非总体非常小，一般而言总体规模对样本规模的影响几乎为零。注册会计师通常将抽样单元超过5 000个的总体视为大规模总体。对大规模总体而言，总体的实际容量对样本规模几乎没有影响。对小规模总体而言，审计抽样比其他选择测试项目的方法效率低。

为了便于注册会计师利用属性抽样而不必求助于复杂的数学公式，人们已编制出如表 9-4 这样的样本规模表。

表 9-4　　**控制测试中统计抽样样本规模**

控制测试的统计样本量 可接受的信赖过度风险为 5%（括号内是预期差错数）											
预期总体偏差率（%）	可容忍偏差率（%）										
	2	3	4	5	6	7	8	9	10	15	20
0.00	149(0)	99(0)	74(0)	59(0)	49(0)	42(0)	36(0)	32(0)	29(0)	19(0)	14(0)
0.25	236(1)	157(1)	117(1)	93(1)	78(1)	66(1)	58(1)	51(1)	46(1)	30(1)	22(1)
0.50	*	157(1)	117(1)	93(2)	78(1)	66(1)	58(1)	51(1)	46(1)	30(1)	22(1)
0.75	*	208(2)	117(1)	93(3)	78(1)	66(1)	58(1)	51(1)	46(1)	30(1)	22(1)
1.00	*	*	156(2)	93(4)	78(1)	66(1)	58(1)	51(1)	46(1)	30(1)	22(1)
1.25	*	*	156(2)	124(2)	78(1)	66(1)	58(1)	51(1)	46(1)	30(1)	22(1)
1.50	*	*	192(3)	124(2)	103(2)	66(1)	58(1)	51(1)	46(1)	30(1)	22(1)
1.75	*	*	227(4)	153(3)	103(2)	88(2)	77(2)	51(1)	46(1)	30(1)	22(1)
2.00	*	*	*	181(4)	127(3)	88(2)	77(2)	68(2)	46(1)	30(1)	22(1)
2.25	*	*	*	206(5)	127(3)	88(2)	77(2)	68(2)	61(2)	30(1)	22(1)
2.50	*	*	*	*	150(4)	109(3)	77(2)	68(2)	61(2)	30(1)	22(1)
2.75	*	*	*	*	173(5)	109(3)	95(3)	68(2)	61(2)	30(1)	22(1)
3.00	*	*	*	*	195(6)	129(4)	95(3)	84(3)	61(2)	30(1)	22(1)
3.25	*	*	*	*	*	148(5)	112(4)	84(3)	61(2)	30(1)	22(1)
3.50	*	*	*	*	*	167(6)	112(4)	84(3)	76(3)	40(2)	22(1)
3.75	*	*	*	*	*	185(7)	129(5)	100(4)	76(3)	40(2)	22(1)
4.00	*	*	*	*	*	*	146(6)	100(4)	89(4)	40(2)	22(1)
5.00	*	*	*	*	*	*	*	158(8)	116(6)	40(2)	30(2)
6.00	*	*	*	*	*	*	*	*	179(11)	50(3)	30(2)
7.00	*	*	*	*	*	*	*	*	*	68(5)	37(3)

* 样本量太大，对大多数实际审计而言，不符合成本效益原则。

表 9-4 可用来确定 5% 的可接受的信赖过度风险下所需的样本规模。类似的样本规模表也可用于其他的风险水平，如 1% 和 10%。表的横轴代表注册会计师规定的可容忍偏差率，表的纵轴代表注册会计师估计的存在于总体中的预期偏差率，表内的数字即为所需的样本规模。样本规模后面括号中的数字是容许的偏差数量，即

为了使样本结果支持注册会计师的重大错报风险计划评估水平，容许在样本中观察到的最大偏差数量。

为了使用表9-4，注册会计师首先要规定总体中的预期偏差率和可容忍偏差率。然后可以直接从表中可容忍偏差率与预期总体偏差率的交点处查找出所需的样本规模。例如，假定注册会计师预期总体偏差率为1%并且规定一个9%的可容忍偏差率，以此选取样本支持他们认定的重大错报风险计划评估水平。表9-4显示，这些规定条件决定的样本规模为51，如果抽样结果支持注册会计师的重大错报风险计划评估水平，那么样本中不能包含多于1个的控制偏差。

9.3.7 选取样本

在确定最终的样本量后，注册会计师必须从总体中选取样本进行检查，样本项目必须以能够获得随机样本的方式选取。选取随机样本可以利用随机数表、随机数生成程序或系统抽样法。

9.3.8 测试样本项目

测试样本项目时，注册会计师应就他们所关注的属性审查每一个样本项目。每个项目都将根据其是否包含偏差进行分类。执行测试的注册会计师还应该对代表任何异常事项的证据提高警觉，如舞弊或关联方交易的证据。

9.3.9 评价样本结果

测试完样本项目并汇总所有偏差之后，注册会计师将评价样本结果。在评价样本结果时，注册会计师不仅要考虑观察到的实际偏差数，还要考虑偏差的性质。注册会计师的评价主要包括如下4个步骤：

（1）确定偏差率。样本中的偏差率用发现的偏差数除以样本规模计算。

（2）确定实现的偏差率上限。注册会计师将利用计算机程序或图表确定实现的偏差率上限（亦可称为实现的精确度上限）。这个偏差率代表注册会计师以样本结果为基础预期的最大总体偏差率。

（3）考虑偏差的质的方面。除了考虑样本中的偏差率，注册会计师还要考虑偏差的性质及其对审计其他阶段的影响。产生于故意行为（舞弊）的偏差比那些由于误解指令或粗心大意而造成的偏差更值得关注。

（4）得出整体结论。注册会计师应把样本证据同其他相关控制测试的结果综合起来考虑。确定综合结果是否支持注册会计师的重大错报风险计划评估水平。如果不支持，注册会计师将提高重大错报风险评估水平，这会导致计划实质性程序范围的扩大。

本章列示的图表可用来评价样本结果，并且是以两种不同却又相关的方式。第一种方法是利用表9-4。当样本中发现的偏差数量未超过容许的偏差数量（表9-4

括号内的数字）时，注册会计师推断总体偏差率没有超过可容忍偏差率，因此，抽样结果支持注册会计师的重大错报风险计划评估水平。相反，当样本中发现的偏差数量超过了容许的偏差数量时，注册会计师推断总体偏差率超过了可容忍偏差率，因此，一般情况下注册会计师必须提高他们的重大错报风险评估水平。

评价样本结果的第二种方法是利用表9-5。这种方法能使注册会计师得到一个更精确的结论，即包括确定实现的偏差率上限的结论。实现的偏差率上限是样本结果支持的最大偏差率。当实现的偏差率上限大于可容忍偏差率时，样本结果就无法支持与控制程序相关的重大错报风险计划评估水平了。

表9-5　**控制测试统计抽样结果评价表**

可接受的信赖过度风险为5%以下实现的偏差率上限											
样本规模	发现的实际偏差数量										
	0	1	2	3	4	5	6	7	8	9	10
25	11.3	17.6	*	*	*	*	*	*	*	*	*
30	9.5	14.9	19.6	*	*	*	*	*	*	*	*
35	8.3	12.9	17.0	*	*	*	*	*	*	*	*
40	7.3	11.4	15.0	18.3	*	*	*	*	*	*	*
45	6.5	10.2	13.4	16.4	19.2	*	*	*	*	*	*
50	5.9	9.2	12.1	14.8	17.4	19.9	*	*	*	*	*
55	5.4	8.4	11.1	13.5	15.9	18.2	*	*	*	*	*
60	4.9	7.7	10.2	12.5	14.7	16.8	18.8	*	*	*	*
65	4.6	7.1	9.4	11.5	13.6	15.5	17.4	19.3	*	*	*
70	4.2	6.6	8.8	10.8	12.6	14.5	16.3	18.0	19.7	*	*
75	4.0	6.2	8.2	10.1	11.8	13.6	15.2	16.9	18.5	20.0	*
80	3.7	5.8	7.7	9.5	11.1	12.7	14.3	15.9	17.4	18.9	*
90	3.3	5.2	6.9	8.4	9.9	11.4	12.8	14.2	15.5	16.8	18.2
100	3.0	4.7	6.2	7.6	9.0	10.3	11.5	12.8	14.0	15.2	16.4
125	2.4	3.8	5.0	6.1	7.2	8.3	9.3	10.3	11.3	12.3	13.2
150	2.0	3.2	4.2	5.1	6.0	6.9	7.8	8.6	9.5	10.3	11.1
200	1.5	2.4	3.2	3.9	4.6	5.2	5.9	6.5	7.2	7.8	8.4

注：该表以百分比表示偏差率上限，并假定样本规模足够大。

* 表示大于20%的比例。

为了说明评价样本的第二种方法，假定51个样本项目中发现了2个偏差。如前所述，在规定的5%的信赖过度风险、9%的可容忍偏差率以及1%的预期总体偏差率的条件下注册会计师选取了这个样本。容许的最大偏差数量为1。参看表9-5，我们发现其中没有包含容量恰为51的样本规模。出现这种情况时，注册会计师可以利用插值法求值；或利用更详尽的图表（通常由计算机程序生成）；或者利用表中现有的不超过实际选择的样本规模的最大样本规模。

如果采用最后一种方法，注册会计师可以利用规模为50的较小样本评价样本结果。表9-5显示，包含50个项目的样本中如果发现了两个偏差，实现的偏差率上限为12.1%。这就告诉注册会计师，在统计上，实际偏差率高于12.1%的可能性为5%；这已经超过了9%的可容忍偏差率。这个样本结果最可能产生的影响是提高重大错报风险评估水平，同时要扩大相关财务报表认定的实质性程序范围。当且仅当从表9-5中查出的偏差率上限小于或等于可容忍偏差率时，样本结果才能支持注册会计师的重大错报风险计划评估水平。

9.3.10 记录抽样程序

最后，注册会计师将把前面9个步骤中的重要方面记录于工作底稿。

9.3.11 属性抽样详细举例说明

下列运用属性抽样的程序是以表9-4和表9-5为基础的，如果利用的是其他图表，仅需对该方法作细微的修改。

（1）确定测试目标。假定注册会计师打算审查企业是否只有在将验收报告与购货发票相核对之后，才核准支付采购原材料货款这一内部控制程序时，他们只会对该程序操作的准确性，以及购货发票与验收报告相核对的控制程序是否有效运行感兴趣。

（2）定义属性及偏差状态。对于每张发票和有关的验收单据，注册会计师将如下的一种或几种情况定义为偏差状态：

①未附验收单据的任何发票；

②发票虽附有验收单据，但该单据却属于其他发票；

③发票与验收单据所记载的数量不符。

对于这项测试，需要执行的程序是审查凭单并核对发票与验收单据，以证实这项控制程序运行是否有效。

（3）定义待抽样的总体。企业对每笔采购原材料的业务均采用连续编号的凭单，并在每张凭单后附上验收报告及发票，因此，抽样单位是个别的凭单。若此项测试是在期中执行的，那么将要测试的总体包括审计年度前10个月内购买原材料的3 653张凭单。在任何时候一旦注册会计师发现总体（3 653张凭单）的实物代表遗漏了某些应包含在前10个月内的凭单，他们就应当对这些凭单进行测试。

（4）确定可容忍偏差率和可接受的信赖过度风险。注册会计师认识到验收报告与订购单之间的脱节导致的多支付给供应商购货款及误记购货与应付账款，均会对财务报表产生影响。而且，他们打算对购货、存货以及应付账款账户的存在性、发生和计价认定估计一个较低的重大错报风险水平。出于这些考虑，注册会计师决定了一个7%的可容忍偏差率及5%的信赖过度风险。

（5）估计预期总体偏差率。在前三年审计中，注册会计师发现前述类型的例外事项分别产生了1.2%、1.3%、1.1%的偏差率。因此，注册会计师保守地选择了1.5%的预期偏差率。

（6）确定样本规模。既然规定的信赖过度风险是5%，那么就可以利用表9-4来确定样本规模。在可容忍偏差率为7%这一列与预期偏差率为1.5%这一行的交点处，查找出样本规模为66，样本中允许的偏差数量为1。

（7）选取样本。既然凭单是顺序编号的，注册会计师决定利用通用审计软件程序产生一系列随机数来选取待测试的样本。

（8）测试样本项目。接下来，注册会计师将审查记账凭证及后附的原始凭证是否包含前面定义的各种类型的偏差。在注册会计师执行这项测试的同时，还需要对异常事项提高警觉，如舞弊的证据。

（9）评价样本结果。在评价样本结果时，注册会计师不仅要考虑发现的实际偏差数量，还要考虑偏差的性质。我们将讨论三种可能的情形：①实际偏差数量等于或小于容许的数量；②实际偏差数量大于容许的数量；③发现一个或多个偏差包含蓄意操纵或逃避内部控制的证据。

首先，假定没有发现任何偏差。回想一下，从表9-4查出的容许偏差数量为1。由于实际偏差数量（这里假定为0）没有超过容许的数量，注册会计师可以推断总体偏差率超过7%（可容忍偏差率）的风险小于5%。在这种情况下，样本结果支持注册会计师的重大错报风险计划评估水平。也可以使用第二种替代方法，并假定样本规模为65（小于实际样本规模的最大数量）。参看表9-5，注册会计师查出如果观察到0个偏差，那么实现的偏差率上限为4.6%。这个比率也支持注册会计师的重大错报风险计划评估水平。

其次，假定样本中观察到的偏差数量为3，而且没有发现有欺诈舞弊或逃避内部控制的情况。利用前述的第一种方法评价样本结果，由于3个偏差超过了容许的偏差数量，注册会计师可以简单地推断实际的偏差率上限大于7%。如果注册会计师希望利用第二种方法评价样本结果，他们可以利用表9-5查出实际的偏差率上限为11.5%。根据这些结果，注册会计师应当提高这一领域的重大错报风险计划评估水平，并扩大实质性程序范围（也就是降低检查风险）。在对审计计划做出任何修改之前，他们还应该调查出现非预期的高偏差率的原因。

最后，假定注册会计师发现一个或多个偏差表明存在蓄意操纵或逃避内部控制的情况，从而暗示可能有舞弊行为。在这种情况下需要执行其他的审计程序。注册会计师必须估计偏差对财务报表的影响并且采用专门用于审查此类偏差的审计程序。实际上，偏差的性质可能比它的发生率更为重要。

（10）记录抽样程序。最后，前面的每一个步骤作为形成整体结论的基础，应当记录于注册会计师的工作底稿。

9.3.12 其他统计属性抽样方法

1）停—走抽样

停—走抽样是固定样本量抽样的一种特殊形式。采用固定样本量抽样时，如果预期总体偏差率大大高于实际偏差率，其结果是选取了过多的样本，降低了审计工作效率。停—走抽样从预期总体偏差率为零开始，通过边抽样边评估来完成审计工作。注册会计师先抽取一定量的样本进行审查，如果结果可以接受，就停止抽样得出结论；如果结果不能接受，就扩大样本量继续审查直至得出结论。

停—走抽样通常由2到4组抽样单元组成。注册会计师根据既定的信赖过度风险、可容忍偏差率和预期总体偏差率，确定每组抽样单元的规模（通常使用计算机程序或表格）。注册会计师首先对第1组抽样单元实施检查，然后根据检查结果确定是在不扩大检查范围的情况下接受计划的重大错报风险评估水平，还是不扩大检查范围而提高计划的重大错报风险评估水平，或者因为没有获取充分的信息确定计划的重大错报风险水平是否有保证而决定扩大检查范围。

假定可容忍偏差率为5%，信赖过度风险为10%，预期总体偏差率为0.5%。表9-6列示了一个四步的停—走抽样计划。

表9-6　**四步停—走抽样计划**

组	抽样单元数量	累计抽样单元数量	如果累计偏差为下列数量，则		
			接受重大错报风险计划评估水平	继续抽样（转入下一步）	提高重大错报风险计划评估水平
1	50	50	0	1—3	4
2	51	101	1	2—3	4
3	51	152	2	3	4
4	51	203	3	不适用	4

在本例中，如果注册会计师发现4个偏差，就应停止检查抽样单元，并提高计划的重大错报风险评估水平。如果在第1组50个抽样单元中没有发现偏差，注册会计师就不需检查更多的样本单元，认定样本支持计划的控制信赖程度和重大错报风险评估水平。如果第1组抽样单元中存在1个、2个或3个偏差，注册会计师就应当对下一组的抽样单元进行检查。注册会计师继续对后面组中的抽样单元进行检查，直到样本结果支持或不支持计划的重大错报风险评估水平。例如，如果第1组存在3个偏差，后面的3组抽样单元必须在检查后没有发现额外的偏差，才能支持计划的重大错报风险评估水平。

停—走抽样使注册会计师在预期总体偏差率较低时可以尽量减小样本规模。但注册会计师可能发现，如果在停—走抽样中需要对所有抽样单元进行检查，其审计成本可能大于控制测试所减少的实质性程序的成本。因此，有时注册会计师在完成所有步骤之前决定停止停—走抽样。例如，在表 9-6 的四步停—走抽样中，如果第 2 组中发现了 2 个或 3 个偏差，注册会计师可能决定停止检查。在这种情况下，注册会计师可能认为，所减少的实质性程序可能难以补偿对最多可达 102 个的抽样单元进行额外检查所增加的审计成本。

2）发现抽样

发现抽样是固定样本量抽样的另一种特殊形式，与固定样本量抽样的不同之处在于发现抽样将预期总体偏差率直接定为 0，并根据可接受的信赖过度风险和可容忍偏差率一起确定样本量。在对选出的样本进行审查时，一旦发现一个偏差就立即停止抽样。注册会计师就会放弃他们的抽样测试程序而对总体进行全面彻底的审查。如果发现抽样没有找到任何偏差，注册会计师可以得出下列结论（在可接受的信赖过度风险一定的情况下）：在既定的可容忍偏差率范围内没有发现偏差。如果在样本中没有发现偏差，则可以得出总体可以接受的结论。发现抽样适合于查找重大舞弊或非法行为。

9.4　实质性程序的审计抽样

9.4.1　传统变量抽样

1）均值估计抽样

均值估计抽样是指通过抽样审查确定样本的平均值，再根据样本平均值推断总体的平均值和总值的一种变量抽样方法。使用这种方法时，注册会计师先计算样本中所有项目审定金额的平均值，然后用这个样本平均值乘以总体规模，得出总体金额的估计值。总体估计金额和总体账面金额之间的差额就是推断的总体错报。

【案例 9-1】注册会计师从总体规模为 1 000、账面金额为 1 000 000 元的存货项目中选择了 200 个项目作为样本。在确定了正确的采购价格并重新计算了价格与数量的乘积之后，注册会计师将 200 个样本项目的审定金额加总后除以 200，确定样本项目的平均审定金额为 980 元。然后计算估计的存货余额为 980 000 元（980×1 000）。推断的总体错报就是 20 000 元（1 000 000-980 000）。

2）差额估计抽样

差额估计抽样是以样本实际金额与账面金额的平均差额来估计总体实际金额与账面金额的平均差额，然后再以这个平均差额乘以总体规模，从而求出总体的实际金额与账面金额的差额（即总体错报）的一种方法。差额估计抽样的计算公式如下：

$$平均错报=\frac{样本实际金额-账面金额}{样本规模}$$

推断的总体错报＝平均错报×总本规模

使用这种方法时，注册会计师应先计算样本项目的平均错报，然后根据这个样本平均错报推断总体。

【案例9-2】注册会计师从总体规模为1 000个的存货项目中选取了200个项目进行检查。总体的账面金额为1 040 000元。注册会计师逐一比较200个样本项目的审定金额和账面金额，并将账面金额（208 000元）和审定金额（196 000元）之间的差异加总，本例中为12 000元。12 000元的差额除以样本项目个数200，得到样本平均错报为60元。然后注册会计师用这个平均错报乘以总体规模，计算出总体错报为60 000元（60×1 000）。

3）比率估计抽样

比率估计抽样是指以样本的实际金额与账面金额之间的比率关系来估计总体实际金额与账面金额之间的比率关系，然后再以这个比率乘以总体的账面金额，从而求出估计的总体实际金额的一种抽样方法。比率估计抽样的计算公式如下：

$$\text{比率估计抽样}=\frac{\text{样本审定金额}}{\text{样本账面金额}}$$

估计的总体实际金额＝总体账面金额×比率

推断的总体错报＝估计的总体实际金额－总体账面金额

【案例9-3】如果上例中注册会计师使用比率估计抽样，样本审定金额与样本账面金额的比率则为0.94（196 000÷208 000）。注册会计师用总体账面金额乘以该比率（0.94），得到估计的存货余额为977 600元（1 040 000×0.94）。推断的总体错报则为62 400元（1 040 000－977 600）。

9.4.2 概率比率规模抽样（PPS）

审计人员在进行账户的实质性程序时也会采用审计抽样。概率比率规模抽样（probability-proportional-to-size sampling，PPS）是一种运用属性抽样原理对货币金额而不是对发生率得出结论的统计抽样方法。传统变量抽样法将一组账户或交易定义为总体，而PPS抽样将构成总体账面价值的金额定义为总体，并将货币单元作为抽样单元。因此，包含5 000个应收账款账户，总金额为2 876 000元的总体被看作是含有2 876 000个项目（元）的总体，其中每1元就是一个抽样单元，而不是含有5 000个项目（账户）的总体。这就是PPS又被称为货币单元抽样、累计货币单元抽样的缘由。

PPS抽样是利用大小决定可能性的抽样方法，总体中某一项目被选中的概率等于该项目的金额与总体金额的比率。项目金额越大，被选中的概率就越大。因为大额交易总是比小额交易更容易引起注册会计师的注意。但实际上注册会计师并不是对总体中的货币单位实施检查，而是对包含被选取货币单位的余额或交易实施检查。注册会计师检查的余额或交易被称为逻辑单元。如果某逻辑单元的账面金额超过选样间距，则它可能会多次被选中。由此可看出，PPS抽样有助于注册会计师将审计重点放在较大的余额或交易上。之所以被称为概率比率规模抽样，是因为总体中每一余额或交易被选取的概率与其账面金额（规模）成比例。

PPS 抽样一般包含下列 9 个步骤：

（1）确定测试目标；

（2）定义偏差；

（3）定义待抽样的总体；

（4）确定可容忍误差和可接受的误受风险；

（5）估计预期总体误差；

（6）确定样本规模；

（7）选取样本；

（8）测试样本并记录审计结果；

（9）根据样本结果推断总体。

1）确定测试目标

PPS 抽样对测试银行存款、存货、应收账款、固定资产等科目余额是否有重大错报特别有用。

2）定义偏差

账簿中某会计科目多列和少列（元）均是偏差。

3）定义待抽样的总体

账簿中某会计科目总体金额（元）。

4）确定可容忍误差和可接受的误受风险

可容忍误差反映注册会计师认为该账户存在重大错报之前所能存在的错报的最大金额。可容忍误差的值通常为账面余额的 5%、2%、1%。

可接受的误受风险反映注册会计师对重大错报账户得出错报结论的最大可能性。可接受的误受风险的值通常为账面余额的 10% 或 50%。

5）估计预期总体误差

估计预期总体误差反映了样本中存在误差并能通过样本被查出来的可能性。注册会计师可选用上一年度测试的实际误差率作为本年度误差率的估计值，也可先选取小部分样本，执行审计测试，然后用测试结果去估计。

6）确定样本规模

当误差被发现后，有个问题：该误差是归因于被选中的那一元，还是未被选中的抽样单位，还是账户的全部余额呢？为简化起见，注册会计师假定账户中发现的误差平等地适用于构成该账户的全部抽样单位（元）。

$$预期误差因子=\frac{账面价值-正确价值}{账面价值}$$

为了确定 PPS 抽样中适当的样本量，注册会计师必须确定整个账户的预期误差因子。

$$可容忍偏差率=\frac{可容忍误差水平}{预期误差因子\times 账面价值}$$

可容忍偏差率确定后，可参照属性抽样中样本规模表确定样本规模。

7）选取样本

PPS 抽样样本可以通过运用计算机软件、随机数表或带有随机起点的系统抽样技术来获取。表 9-7 列示了一个应收账款总体，其中包括累计合计数，现以该表来说明如何使用计算机软件来选取样本。假设在查阅了样本规模表后确定的样本量为 4 个。

表 9-7　**应收账款总体**　金额单位：元

总体项目（实物单位）	账面金额	累计合计数（金额单位）
1	357	357
2	1 281	1 638
3	60	1 698
4	573	2 271
5	691	2 962
6	143	3 105
7	1 425	4 530
8	278	4 808
9	942	5 750
10	826	6 576
11	404	6 980
12	396	7 376

假设注册会计师想要从表 9-7 的总体中，选取一个含有 4 个账户的 PPS 抽样样本。由于规定以单位金额为抽样单位，则总体容量就是 7 376，因此需要计算机程序随机生成 4 个数字。假定计算机程序随机生成的 4 个数字是 6 586、1 756、850、6 499，则包含这些随机金额的总体实物单位项目需由"累计合计数"栏来确定。它们分别是项目 11（包含 6 577 元至 6 980 元的货币金额）、项目 4（1 699 元至 2 271 元的货币金额）、项目 2（358 元至 1 638 元的货币金额）和项目 10（5 751 元至 6 576 元的货币金额）。注册会计师将对这些实物单位项目进行审计，并将各实物单位项目的审计结果应用到它们各自包含的随机货币金额上。

PPS 抽样允许某一实物单位在样本中出现多次。也就是说，在前例中，如果随机数是 6 586、1 756、856 和 6 599，则样本项目就是 11、4、2 和 11。项目 11 尽管只审计一次，但在统计上仍视为 2 个样本项目，样本中的项目总数也仍然是 4 个，因为样本涉及 4 个货币金额数。

8）测试样本并记录审计结果

针对与上述选定的样本相对应的客户，进行函证（函证的具体做法参照第 10 章），并记录结果。

9）根据样本结果推断总体

在函证过程（包括对未回函情况实施替代程序、调查出现的所有差异）结束后，注册会计师可以推测出整个总体的最大误差，称之为误差上限。

误差上限＝账面价值×偏差率上限×误差因子

针对与上述选定的样本相对应的客户，进行函证后的结果显示，应收账款账户的账面价值为 876 559.23 元，在审计中假定发现了 5 处错报，详见表 9–8。

表 9–8　**发现的错报**　金额单位：元

客户编号	应收账款账面金额	已审计的应收账款金额	错报	错报÷账面金额
2073	6 200	6 100	100	0.016
5111	12 910	12 000	910	0.07
5206	4 322	4 450	(128)	(0.03)
7642	23 000	22 995	5	0.0002
9816	8 947	2 947	6 000	0.671

通过查表 9–9 可知其偏差率上限。

表 9–9　**百分比错报界限**

错报数	表中的偏差率上限（%）	由各项错报引起的偏差率上限的增量变化（%）
0	3.0	3.0
1	4.7	1.7
2	6.2	1.5
3	7.6	1.4
4	9.0	1.4

表 9–10　**计算误差上限**

客户编号	偏差率上限（%）	偏差率上限增量变化（%）	账户的账面价值（元）	实际观察到的误差因子	误差上限的增量变化（元）
2073	3.0	3.0	876 559.23	0.016	420.75
5111	4.7	1.7	876 559.23	0.07	1043.11
5206	6.2	1.5	876 559.23	(0.03)	(394.45)
7642	7.6	1.4	876 559.23	0.0002	2.45
9816	9.0	1.4	876 559.23	0.671	8 234.40
合计					9 306.26

表9-10合计误差上限的增量变化为9 306.26元，换句话说，账户存在实际误差低于9 306.26元上限的可能性为90%，实际误差比9 306.26元更大的风险不超过10%。

第10章 销售与收款循环审计

学习目的与要求

学习本章应了解销售与收款循环业务流程、活动和涉及的凭证与记录；了解销售与收款循环的重大错报风险征兆；针对该循环的重大错报风险征兆执行进一步的审计程序以降低审计风险；通过学习进一步审计程序，了解销售与收款循环的内部控制要点及控制测试，并掌握该循环的实质性程序，特别注意运用实质性分析程序来发现问题；了解库存现金与银行存款收入的控制测试和实质性程序。

教学重点与难点

销售与收款循环的重大错报风险征兆及其识别；销售与收款业务的控制测试；销售与收款循环的实质性分析程序；收入截止测试和应收账款的函证。

本章至第13章主要讲述财务报表审计实质性程序的细节，描述如何在具体流程中将风险评估过程中评估的重大错报风险与控制测试和实质性程序相结合，以进一步体现风险评估与风险应对的结合。为了确保审计工作的效果和效率，采用业务循环法进行审计。然后分章阐述各业务循环中业务流程、业务流程中的重大错报风险、控制、实质性程序。我们先把财务报表涉及的交易和账户余额分解成几个业务循环：销售与收款循环、采购与付款循环、生产与薪酬循环、筹资与投资循环。财务报表是一个高度浓缩、高度概括的总体，审计人员对其进行审计时必须采取适当方法将财务报表进行分解，对各个部分进行审计后再综合形成对财务报表的意见。财务报表审计的组织方法中，循环法相比账户法有明显优势；账户法是直接按组成财务报表的单个账户来分解财务报表，并由不同审计人员单独审计各账户余额；循环法是将有紧密联系的交易种类和账户余额归入同一循环，审计人员按业务循环进行分工。以销售与收款循环为例，就是将有紧密联系的销售、收款、销售退回、坏账注销和坏账估计交易或事项放在同一循环；同时由于复式记账原理，任何一个交易或事项会涉及借贷两方不同会计账户，把应收账款、应收票据、主营业务收入、其他业务收入、其他应收款、预收账款、长期应收款、应交税费、营业税金及附加、销售费用有紧密联系的账户也归入这一循环。需要说明的是，业务循环的划分虽然存在约定俗成，但仍需要注册会计师的职业判断，业务循环的划分应与被审计单位的具体情况相适应。例如，银行业、软件业、数字出版业等，注册会计师需要根据其经营业务特点重新划分。

在新的风险准则指导下，审计流程贯彻如下思路：一是风险评估的重大错报风险最终要与认定层次相结合；二是控制测试与重大错报风险影响的认定相结合；三是实质性程序与认定目标相一致。

在此后四章的讲解中，我们是以典型的制造企业或商业服务企业为例。每一章的安排是先采用业务流程图描述企业业务流程。然后分析在该业务流程中的重大错报风险征兆，如何识别这些风险并将其与认定相结合。接着阐述内部控制的五大要素如何对重大错报风险进行控制，以及对内部控制是否有效进行控制测试。最后，针对评估的重大错报风险设计和实施实质性程序，为认定层次的重大错报是否存在提供进一步证据。

10.1 销售与收款循环业务流程与活动

销售与收款循环的业务流程和活动主要包括：市场开发、建立销售渠道，向客户销售商品和服务，将其运送给客户，及时开具账单以获得现金收入或应收账款，以及对应收账款的管理工作。

10.1.1 业务流程图

为了方便理解，我们用图 10-1 描述了典型制造企业销售与收款循环的大致业务流程。

10.1.2 相关的业务活动

图 10-1 列示了销售与收款循环包含的典型业务活动。不同的企业或组织根据其战略和目标设计的业务流程可能各不相同，但是销售与收款循环中都包含以下典型业务活动：

1）市场推广和销售渠道的扩展

企业或组织必须将产品和服务信息提供给潜在的客户，以吸引客户的注意力。企业通常会采用纸质传媒、电视、网络等形式的广告、卖场的现场促销活动、产品讲座等多种形式，让目标客户接受信息。做好市场推广的铺垫后，企业将更多的精力投入在建立销售网络、分销渠道上，使得产品和服务能够快捷顺畅地提供给客户。

2）销售订单

市场推广的结果是希望客户购买企业的产品或服务。销售订单是客户所订购商品名称、规格、数量、价格、交货日期、地点等信息的业务单据，表明企业与客户间的购销契约关系。

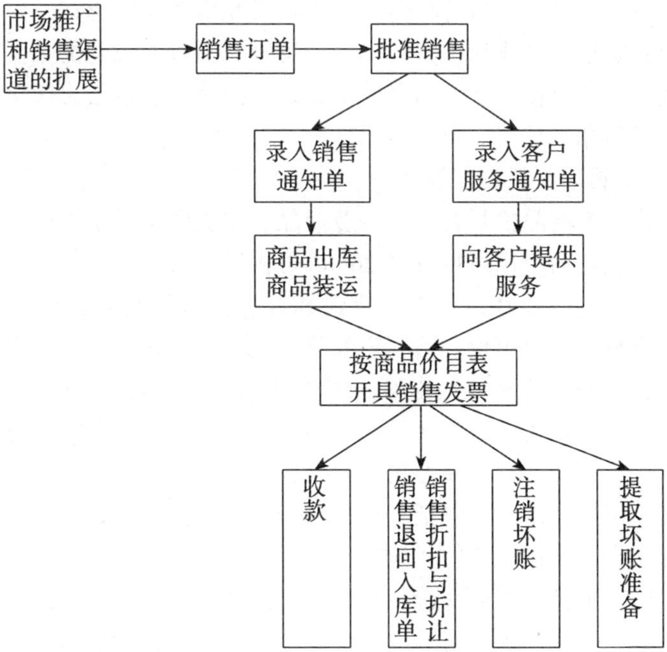

图 10-1　销售与收款循环业务流程图

3）批准销售

客户对企业产品和服务有需求，但是，企业必须对客户进行筛选。一方面确定客户在公司分销渠道、销售网络中的层次，确保客户向企业订货是合法的，不存在越级订货。另一方面是为了降低客户信用风险，在购销交易中，客户是否有能力支付产品和服务款项。在实践当中，批准销售更多是指后一方面。

4）录入销售、客户服务通知单

一旦客户订单经批准，企业内部编制销售单记录与客户订单有关产品和服务信息，确定交易服务的详细情况，作为企业下一步生产、发货的基础资料。因为销售订单是外部凭证，其所有信息无法纳入企业的信息系统，所以当客户订单被批准后将其信息输入企业信息系统进行处理。销售单是列示顾客所订商品的名称、规格、数量以及其他与销售订单有关信息的凭证，作为销售方内部处理顾客订货单的依据；如果是提供服务，必须列出需求时间；如果是修理，必须列明所需零件。销售单通常被用来表示赊销的审批和发货的批准。

5）商品出库和装运、提供服务

这一活动的目的是为了保证及时并准确运送货物和提供服务。企业根据客户要求组织商品挑选、包装，并根据销售网络、分销渠道的建立情况运送商品。提升服务人员的素质、建立品牌形象，以向客户提供及时、优质的服务，不断提高客户满意度。仓库发出产成品时会编制销售出库单（或产成品出库单），通常包含客户名称、产成品名称、规格、数量等信息。如果送货是由承运方承运，发货单是表明货物发运到客户指定地点并作为提货、出库、运输、验收等过程的单据；表明所发货物的名称、规格数量、提货人等信息的单据，即提货单。通常出库单和发运单是向客户开具账单的依据。

6）按商品价目表开具销售发票

企业高层会批准商品价目表，为企业产品和服务确定一个合适的价格，并告知客户。商品价目表是列示已经授权批准的、可供销售的各种商品的价格清单。已批准的商品价目表可以防止在价格上的错误和舞弊，以确保企业管理层对价格的控制，避免销售人员的随意定价。给客户开具账单，指向客户开具销售发票，销售发票是指销售商品或提供服务时给顾客开具的收款凭证。税务机关是发票的管理机关，必须确保发票正确而及时地开具。目前，我国使用的销售发票有增值税专用发票和普通商品销售发票，增值税专用发票至少包括：存根联、发票联、抵扣联、记账联，普通商品销售发票至少包括：存根联、发票联和记账联。开具销售发票最重要的是，确保所有已装运发货的货物均已开单，不存在多开、漏开，且金额正确。开具销售发票时，单价参照商品价目表的定价。

月末，企业会按月定期给客户寄送对账单，用于购销双方定期核对账目的凭证。通常往来账都会按月定期对账，对账单一般是由债权人制作并寄送给债务人。企业制作的应收账款对账单会包含：期初余额、本期销售、本期收款和期末余额等内容。

7）收款

该活动导致有关货款回收，客户的付款方式多种多样，会使得库存现金、银行存款增加，同时会使应收账款减少。一般来说，企业更多的是采用银行收款方式，以减少货款被贪污、偷盗的危险。库存现金、银行存款的偷盗可能发生在其收入登记入账之前或登记入账之后。因此，收款最重要的是保证全部资金必须如数、及时地记入库存现金日记账、银行存款日记账、应收账款明细账中。

8）销售退回、销售折扣与折让

客户如果对商品不满意或未达到其要求，企业一般会同意接受退货，或给予一定的销售折让；客户如果在信用期内提前付款，可能会享受一定的销售折扣。如果发生了销售退回，企业必须控制退回商品的收回，对退回商品进行处理和检查，控制实物流，将其入库，并退还适当的货款给客户或减少赊销款。由于企业销售所开增值税专用发票是客户购买商品进项税抵扣的凭证，所以税务机关对销售退回、销售折扣与折让需开具的红字发票有严格规定。实务中，销售退回往往采取补退货，如果客户不需要补退货，则销售退回和销售折扣与折让一样须由客户向税务机关提出《开具红字增值税专用发票申请表》，购方税务机关批准该申请后，将其传递给销售方。销售方接收到由购方传递的纸质通知单，根据通知单的内容在开票子系统中开具红字专用发票。

9）注销坏账

虽然有信用部门批准销售，对客户信用进行管理，但是仍然会因为客户的破产、死亡等原因而无法收回货款。如果在应收账款的管理过程当中发现客户不能偿还所欠货款，且经催收和其他措施还是无法收回，则应经相应的授权审批，注销该应收款。

10）提取坏账准备

会计准则规定坏账计提应该采取备抵法，企业必须提取足够的坏账准备以抵补以后不能收回的赊销款。

10.2　销售与收款循环交易和账户

10.2.1　业务活动对会计的影响

在前一节的描述中我们可以得出销售与收款循环中的业务活动对会计的影响如下：

1）常规业务

该循环涉及的常规业务与账户主要有：主营业务收入、应收账款（赊销）、销售退回、广告和营销等销售费用、营业税金及附加。

2）非常规业务

该循环涉及的非常规业务与账户主要有：销售折扣与折让、价格更改或销售政策的改变和注销坏账。

3）会计估计

该循环与会计估计有关的业务和账户主要有：坏账损失和售后服务费用。

10.2.2　销售与收款循环交易

销售与收款循环影响主营业务收入、应收账款、库存现金和银行存款等众多账户。销售与收款循环也影响众多交易，其中主要包括销售、收款、销售退回与折让、坏账注销和坏账准备的计提五类交易。销售与收款循环各种交易、业务活动、凭证与记录列示在表 10-1 中，下面我们对该循环涉及的交易进行详细说明。

1）销售

销售与收款循环中最常见的交易是销售。以典型的制造企业为例，收到客户订单，进行登记，审查其中的条款和数量，以确定是否能在合理的时间内交付，并填制销售通知单。销售通知单是将客户订单上的条款转换成一系列的具体指令，作为各职能部门的工作指导。信用部门首先对销售通知单进行信用审批，确定是否可以以无担保的赊销方式发货给客户，或者该客户赊销是在赊销额度之内。经批准后的销售通知单才能在不同的部门流转，生产部门组织进行生产（生产与薪酬循环）；经批准后的销售通知单成为出库和装运的授权依据。仓储部门按要求将货物发出给

表 10-1　　销售与收款循环各种交易、业务活动、凭证与记录及账户

交易	业务活动	凭证与记录	账户
销售	处理客户订单	客户订单（外部）	
	编制销售通知单	销售通知单（内部）	
	信用批准	经批准的客户名单（内部）	
	装运货物	提货单/发运单（内部）	
	定价及开具账单	商品价目表（内部）	
		销售发票（内部）	
		销售日记账（内部）	主营业务收入
	赊销的记录	应收账款明细账（内部）	应收账款
		月对账单（内部）	
收款	收到现金	现金收款收据（内部）	库存现金
	收到支票、电汇等	支票（外部）	银行存款
		汇款通知单（外部）	
	冲销应收账款	应收账款明细账（内部）	应收账款
销售退回与折让	收到退货商品	商品入库单（内部）	存货
	补发退货	商品出库单（内部）	
	销售退回	红字销售发票（内部）	主营业务收入
	冲减应收账款	应收账款明细账（内部）	应收账款
	销售折让	红字销售发票（内部）	主营业务收入
坏账注销	坏账注销	坏账注销审批表（内部）	
		应收账款明细账（内部）	应收账款
坏账准备的计提	估计、计提坏账	计提坏账准备工作底稿(内部)	坏账准备

装运部门，同时编制出库单（生产与薪酬循环）。当货物转交给装运部门时，装运部门必须负责安排将货物装上汽车、火车或飞机等运输工具，并编制发运凭证，通常是一式多联的发货单。按发运凭证上的数量以及商品价目表上的价格成为通过销售发票向客户开具账单的依据。在符合收入的确认条件后，在销售日记账中记录，同时形成应收账款。

销售流程的关键环节是把商品送达客户。同时，企业在这一时点确认对客户的债权（应收账款）。这意味着发运凭证（发运单）是代表债权（应收账款）发生的分界性凭证。

值得关注的是，一般来说，将商品交付给客户之后，就可以确认销售交易的发

生，收入也可以确认。但是在我国，销售货物属于增值税应税项目，而且税务上销售收入的确认与会计上销售收入的确认存在差异，特别是实务当中出于当期税收的考虑，通常会推迟开具销售发票。因此，在我国很难只以销售发票来确认收入，通常收入包括增值税专用发票收入、普通发票收入和未开票收入。

2）收款

收款包括库存现金收入和银行存款收入。企业应该严格按照《支付结算办法》等国家有关规定结算货款。库存现金收入一般是 1 000 元以下的零星收入，我们要特别关注库存现金被盗的可能性，应该准确登记库存现金日记账，并及时将款项交存银行。更多的是企业通过银行账户来结算货款，通常这是能最有效地防止员工贪污、挪用、侵占企业资金的手段。企业通过银行结算的一些回单来记录银行存款日记账，并与银行对账单核对保证银行存款日记账与银行的记录一致，每月月末形成银行存款余额调节表。

3）销售退回

销售退回流程中最关键的业务活动是退还客户款项或同意减少客户欠款，并将退回的商品重新作为存货（如果它们能二次销售的话）。销售退回会有商品入库单，以证实退回商品已收到。在我国，因为对普通商品销售发票和增值税红字发票的开具有非常严格的条件，如果客户没有要求减少订单数量的话，实务当中一般做法是补发货；如果客户要求减少订单数量的话，就开具红字销售发票。

4）坏账注销

在应收账款的管理中，应当定期审查拖欠的应收账款，对于可能成为坏账的应收账款应当报告有关决策机构，由其进行审查，确定是否确认为坏账。如果事实证明这些客户拖欠的款项确实无法收回，就应该由独立于销售和收款职责的人员批准坏账的注销，并编制坏账注销审批表，将其从应收账款明细账中注销。注销的坏账应当进行备查登记，做到账销案存。已注销的坏账又收回时应当及时入账，防止形成账外款。

5）坏账估计

企业应在年终评估现有全部应收账款的可回收性，坏账风险评估过程带有主观性，表明企业管理层愿意承认多少坏账准备金额。企业通常应采用备抵法核算坏账损失，计提坏账损失的具体方法由企业自行确定，要综合考虑以往的回款情况、当前经济状况，估计出有多大比例的应收账款无法收回。

10.3　销售与收款循环的重大错报风险征兆

审计人员在审计过程中，应当关注由于舞弊或错误导致的财务报表重大错报的可能性，并了解其对确定进一步审计程序的性质、时间和范围的影响。具体来说，这主要是指被审计单位面临的经营风险、财务报表容易发生错报的领域以及发生错报的方式，特别是由于舞弊导致重大错报的可能性。

表 10-2 描述了销售与收款循环可能存在的重大错报风险征兆。表中第一列对重大错报风险的产生进行分类，总共分了七类（具体分类详见下文重大错报风险的识别），第二列列出了该错报对财务报表的影响，第三列列出了错报会通过许多潜在的风险征兆或具体行为表现出来，审计人员应该密切关注，第四列将错报与具体认定相联系，为执行进一步审计程序提供指导。

表 10-2　　**销售与收款循环的重大错报风险征兆**

错报风险	对财务报表的影响	风险征兆或具体行为	影响的认定
管理层舞弊	虚增收入	· 新客户、异常客户或大客户未遵循往常的客户审批程序 · 未能提供证明收入的原始凭证，或存在大量以复印件代替原件的现象 · 记录的收入缺乏凭证支持或销售交易未获恰当授权 · 分析性复核表明对外报告的收入太高、销售退回和销售折扣过低、坏账准备的计提明显不足 · 本期发生的退货占前期销售收入的比重明显偏高 · 接到客户、雇员、竞争对手关于收入失实的暗示或投诉 · 报告收入的市场占有率与行业排名明显不符 · 收入的增长与宏观产业状况不符 · 高管层的报酬与企业纯财务业绩紧密结合 · 管理层或治理层拥有相当数量的公司股票或债券 · 期末收入调整极大改善了当期的经营业绩 · 对收入或收入异常现象的解释前后矛盾、含混不清或难以置信 · 管理层对注册会计师关于收入确认、质疑，以及相关信息的提供不予配合 · 管理层禁止注册会计师接触相关设施、雇员、记录、客户、供应商等获取与收入相关的证据	发生
	虚减收入	· 与收入相关的交易没有完整和及时地加以记录，或者在交易金额、会计期间和分类方面记录明显不当	完整性和截止
	虚增应收款	· 应收账款的增幅明显高于收入的增幅 · 与收入相关的应收账款记录与询证函存在异常差异 · 当期确认的应收账款坏账准备占过去几年销售收入的比重明显偏高	发生
	资金异常	· 已收回现金占当期收入的比例明显偏低 · 销售收入与经营活动产生的现金流入呈背离趋势 · 销售收入和库存现金日记账存在明显的不平衡 · 银行存款余额调节表上存在重大无合理解释的差异	存在

续表

错报风险	对财务报表的影响	风险征兆或具体行为	影响的认定
	交易舞弊	·主业表现欠佳，创造虚假交易以掩盖损失	发生
		·交易复杂，操纵关联方创造利润或隐藏损失	
		·随意变更会计政策或操控交易的会计处理	
		·篡改与重大或异常交易相关的会计记录和交易条款	
员工舞弊	虚增收入	·不恰当的员工激励方案（如销售业绩与工资紧密结合）	发生
		·不恰当的信用审批或没有审批	
		·不正确的或未授权的定价	
		·未授权、不正确或不恰当的装运	
		·欺诈，向不存在的客户发货	
流程失效		·品牌和产品的整体组合实力较弱	计价和分摊
		·没能提供独特的产品价值	
		·无效的或不恰当的市场营销活动	
		·没能对客户的需求做出回应，或回应不到位，或不能令人满意	
		·没能实现销售目标	
		·销售订单与生产活动脱节，过量生产或延误交货	
		·创新投入不足，新产品后续乏力	
会计政策会计估计	虚列收入、应收款	·收入确认原则与准则不一致	
		·坏账准备估计与真实情况不一致	
		·售后服务费用计提不客观	
信息处理		·对客户订单条款的获取或输入有误	
		·发货环节真实状况与输入信息不一致	准确性
		·销售折扣、折让和退回信息有误	计价和分摊
		·账单的开立不完整或不准确	
		·销售交易的分类不正确	分类
		·坏账的注销过多或过少	
披露		·数字错误或前后不一致	
		·关联方交易披露不透明	
		·销售交易披露不符合准则和监管要求	

历史财务信息审计，就是对企业的财务报表发表审计意见。而这些信息是高度汇总的信息，因此，审计人员应当充分了解这些信息是如何生成的，产生这些信息的关键点在哪里，原始信息又是如何在不同流程中传递、转换，以及企业在形成高度汇总的财务信息时采用了何种会计方法，并最终形成财务报表。换句话说，如果说会计是一个信息系统，那么，审计就应该深入了解这一信息系统。

企业的信息通过运用现代信息集成技术，对经营业务行为进行多维的适时数据采集、监督、记录，并对原始数据在不同的信息系统中进行传输、转换、加工，直至最后生成管理信息、财务报表及附注。

信息系统运作要经历以下四个阶段：

第一阶段：业务环境、业务流程实施及决策过程，本阶段提供信息所要反映对象的真实面目；

第二阶段：生成业务数据阶段；

第三阶段：生成为会计信息阶段，即管理阶段；

第四阶段：生成为财务报表及附注阶段。

这四个阶段可以用图 10-2 来表示。

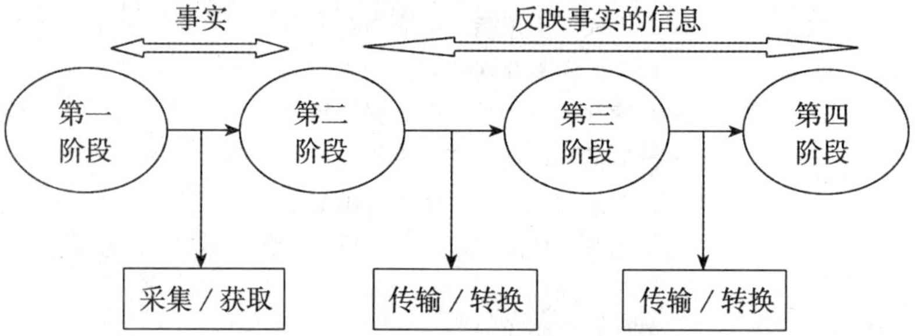

图 10-2　信息系统运作的四个阶段

我们知道，多数经营风险最终都会产生财务后果，从而影响财务报表，但并非所有经营风险都会导致重大错报风险。注册会计师只需关注可能导致财务报表产生重大错报的经营风险。当然，不应仅仅考虑错误导致的重大错报风险，也应当有意识地、慎重地考虑舞弊导致的重大错报风险。如果从信息系统运作的四个阶段入手，我们可以将影响财务报表的重大错报风险进行以下分类（如图 10-3 所示）。

注册会计师对潜在的舞弊行为的着眼点在于，这种故意行为是否可能导致财务报表出现重大错报，一旦可能影响到财务报表，这种行为就和财务报表审计目标发生了关联。同时，业务流程风险是否存在以及是否重大取决于具体流程的设计方式。某一公司面临的重大错报风险对于另一公司的同类流程来说可能根本不存在。

在表 10-2 第三列中，列出了销售与收款循环业务中可能出现的多种风险征兆。具体来说，销售与收款循环存在的风险如下：

1）管理层舞弊风险

可能是因为管理层出于被审计单位外部或内部实现特定利润目标（有可能是不切实际的目标）的压力，特别是当没有实现特定的财务目标将会对管理层产生重大不利后果（如影响到管理层个人的经济利益或职务升迁）时，以致对财务信息做出虚假报告而虚增收入，相应虚增应收账款，是提高管理层财务业绩的最常见手段。因此，注册会计师要注意根据与收入相关科目的变化情况来判断，如货币资

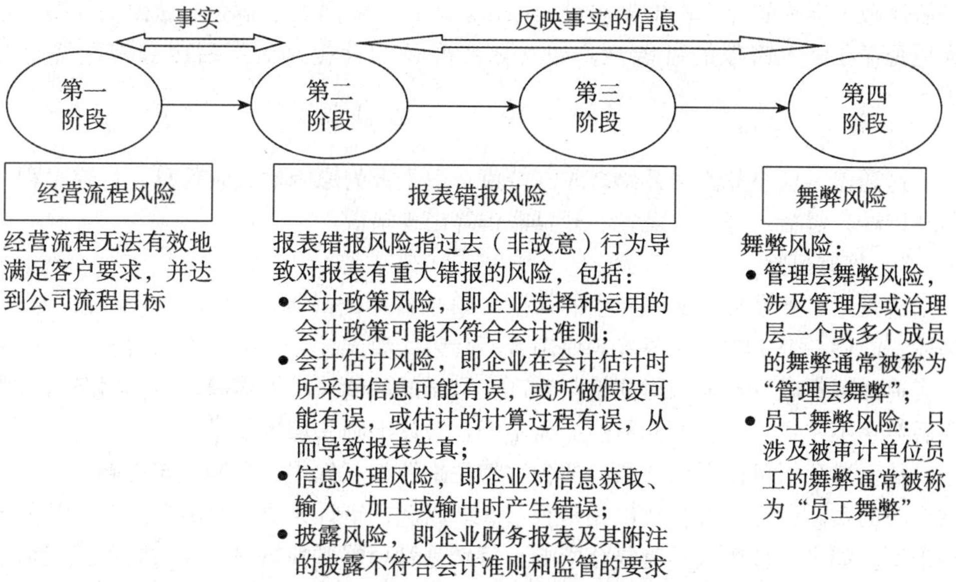

图 10-3　按信息系统运作的四个阶段对重大错报风险进行分类

金、退货、坏账准备等。

2）员工舞弊风险

如果内部控制可以被处于关键管理职位或熟知内部控制的某个薄弱环节的人员所凌驾或规避，那么就存在着对财务信息做出虚假报告或挪用资产的机会。而职员侵吞、挪用资产的动机可能是个人生活的入不敷出，或是为了满足对奢华物质生活的贪欲。一般来说，利用职务之便侵占公司资产是其常见手段，主要是利用内部控制的缺陷来达到个人私利目的。

3）经营流程风险

在经营流程中，由于领导能力（管理层不称职或缺乏威信导致公司在业务流程中做出拙劣的决策）、员工的诚信、没能遵守流程中相关的法规、技术的广泛存在性以及信息系统中的潜在薄弱环节、规划和预算工作不恰当、售后服务跟不上、经营效益低下或经营不恰当、流程及其业务活动缺乏可靠的信息等，都会导致企业经营流程失效，达不到公司预期目标，从而导致了重大错报风险的产生。这是审计人员最为担心的事情。

4）会计政策风险

审计人员可以通过阅读以前年度公司年报，或在同管理层沟通的过程中，逐步了解企业的重大会计政策是如何选定并判断其是否符合会计准则，如收入的确认是否符合准则规定。

5）会计估计风险

企业管理层的责任是基于目前现有信息，根据最合理的假设，采取合理的方法对估计做出准确的计算，即做出最佳估计。审计人员需要了解企业做出估计的全过程是否存在重大错报的可能性，如对坏账准备的计提、对售后服务费用等进行估计。

6）信息处理风险

这涵盖了从业务流程开始之时到结束，由于人为原因而导致信息在传递过程中出现错误，包括：订单、发货、开具账单等出现错误。

7）披露风险

这是指财务报告形成时产生的风险。信息披露的最高质量原则是及时、充分、易懂，能使一个正常的财务报表使用者不会因此而误导，包括财务报表合并、财务报表追加调整以及报表和附注编制时产生错误的可能性。披露风险包括财务报表中前后数字不一致、关联方交易的披露不符合会计准则和监管要求。

从上述分析可以看出，风险的各种潜在来源相互作用，共同决定影响销售与收款循环的实际风险是否存在以及是否重大。因此，审计人员很有必要理解风险的各种来源。如果某种风险具有复合影响，特别是管理层舞弊风险，会对财务报表信息产生一系列的深远影响，审计人员应该更加重视该风险。因此，与其他风险相比，审计人员可能会投入更多的时间来评价员工舞弊、跨越内部控制的管理层舞弊的影响。如果已了解到可能产生舞弊动机或压力、提供舞弊机会、营造舞弊行为合理化环境的外部和内部因素，那么审计人员在评估时就会认为重大错报风险较高。

10.4 进一步审计程序：控制测试

10.4.1 重大错报风险控制的分析

一般说来，针对某一特定风险，企业有4种选择：承担、规避、转移或降低。企业风险管理的过程，就是内部控制的过程。企业可以采用不同的内部控制来降低各种各样的风险。但是，对于注册会计师而言，更多地关注与重大错报风险和注册会计师责任相关的内部控制，即与财务报表审计相关的政策和程序，以使企业确认、计量、记录和列报的财务数据与财务报表中所包含的认定相一致。这些内部控制措施可以分为以下五类：

1）职责分离

适当的职责分离有助于防止各种有意的或无意的错误。流程中的某些职责很有可能互不相容，如果没能把这些业务活动加以适当分离，就会造成一些舞弊机会，或导致处理错误不能被查出来。在销售与收款循环中，赊销批准与销货职能分离，编制销售通知单与信用审批分离，记账与销售交易执行分离，销售、收款、批准坏账分离。

2）授权审批

授权审批的目的是确保每个交易活动都得到了恰当的批准。在销售与收款循环中，信用审批、交易金额、制定价格、签订合同、发运货物和销售退回等环节，都应该具体制定适当的授权程序。对于超过单位既定销售政策和信用政策规定范围的特殊销售交易，应当进行集体决策。

3）凭证和记录

每个交易活动的控制目标是否达到，需要具备充分的凭证和记录才能评价。充分的凭证和记录是对交易活动建立人工或系统为基础的控制体系，如采用标准格式单据（销售通知单、出库单、发运凭证等），对单据预先按顺序编号并使用，对交易及单据列明发生的具体时间和日期，注意单据的先后关联（按销售通知单、发运凭证等开具发票）等。

4）实物控制

限制接触有形资产、库存现金和会计记录，有助于将未授权的决策或行动引起的风险降至最低。在现金收入环节，实物控制尤其重要。

5）独立核查

由内部审计人员或其他独立人员核查销售与收款循环业务的处理和记录，是实现内部控制目标所不可缺少的一项控制措施，主要是对业务活动发生的真实性、存在性，或交易发生额及账户余额进行独立验证。核查内容包括：将相互有联系的数据进行核对和比较，如将订单、发运凭证、销售发票和销售日记账核对、比较；交易是否符合授权审批制度；销售与收款是否职责分离等。

10.4.2　销售与收款循环的控制测试

前面我们知道，注册会计师更多的是关心与重大错报风险和注册会计师责任相关的内部控制。由于大多数对审计敏感的流程所产生的交易都包含在财务报表中，因此注册会计师必须关注交易处理的正确性。

表 10–3 列出了许多适于销售与收款循环采用的与财务报表有明确关系的控制措施和控制测试。

表 10–3　　**与销售与收款循环相关的控制测试**

交易	与交易相关的审计目标	典型的内部控制	常用的控制测试
销售	登记入账的销售交易确系已经发货给真实的客户（发生）	（1）销售交易是以经过审核的发运凭证及经过批准的客户订货单为依据登记入账的	检查销售发票副联是否附有发运凭证（或提货单）及客户订货单
		（2）在发货前，客户的赊购已经被授权批准	检查客户的赊购是否经授权批准
		（3）销售发票均经事先编号，并已恰当地登记入账	检查销售发票连续编号的完整性
		（4）每月向客户寄送对账单，对客户提出的意见作专门追查	观察是否寄发对账单，并检查客户回函档案

续表

交易	与交易相关的审计目标	典型的内部控制	常用的控制测试
销售	所有销售交易均已登记入账(完整性)	(1) 发运凭证（或提货单）均经事先编号并已经登记入账	检查发运凭证连续编号的完整性
		(2) 销售发票均经事先编号，并已登记入账	检查销售发票连续编号的完整性
	登记入账的销售数量确系已发货的数量，已正确开具账单并登记入账（准确性、计价和分摊）	(1) 销售价格、付款条件、运费和销售折扣的确定已经适当的授权批准	检查销售发票是否经适当的授权批准
		(2) 由独立人员对销售发票的编制作内部核查	检查有关凭证上的内部核查标记
	销售交易的分类恰当(分类)	(1) 采用适当的会计科目表	检查会计科目表是否适当
		(2) 内部复核和核查	检查有关凭证上内部复核和核查的标记
	销售交易的记录及时(完整性)	(1) 采用尽量能在销售发生时开具收款账单和登记入账的控制方法	检查尚未开具收款账单的发货和尚未登记入账的销售交易
		(2) 内部核查	检查有关凭证上内部核查的标记
	销售交易已经正确地记入明细账，并经正确汇总(准确性、计价和分摊)	(1) 每月定期给客户寄送对账单	观察对账单是否已经寄出
		(2) 由独立人员对应收账款明细账作内部核查	检查内部核查标记
		(3) 将应收账款明细账余额合计数与其总账余额进行比较	检查将应收账款明细账余额合计数与其总账余额进行比较的标记
收款	登记入账的货币资金收入确系为企业已经实际收到的资金（存在）	(1) 现金出纳与货币资金记账的岗位分离	观察
		(2) 现金折扣、销售折扣必须经过适当的审批手续	检查现金折扣、销售折扣是否经过恰当的审批
	收到的现金、支票、电汇收入已全部登记入账(完整性)	(1) 现金出纳与货币资金记账的岗位分离	观察
		(2) 每日及时记录库存现金和银行存款收入	检查是否存在未入账的库存现金和银行存款收入
		(3) 定期向客户寄送对账单	检查是否向客户寄送对账单，了解是否定期进行
		(4) 收款记录的内部复核	检查复核标记
	已经收到的资金确实为企业所有(权利和义务)	(1) 定期盘点库存现金并与账面余额核对	检查是否定期盘点，检查盘点记录
		(2) 及时更新已审批的客户名单	检查已审批的客户名单是否有付款方

续表

交易	与交易相关的审计目标	典型的内部控制	常用的控制测试
收款	登记入账的现金已经如数存入银行并登记入账（计价和分摊）收到货款在资产负债表上的披露正确（列报）	（1）定期取得银行对账单	检查银行对账单和银行存款余额调节表
		（2）编制银行存款余额调节表	
		（3）库存现金日记账与总账的登记职责分开	观察
销售退回	登记入账的销售退回是真实发生的（发生）	及时更新已审批的客户名单	检查退货方是否在已审批的客户名单中
	所有销售退回均已登记入账（完整性）	红字销售发票预先编号	检查红字销售发票连续编号的完整性
	登记入账的销售退回确系已补发，或已收到退回数量，已正确开具账单并登记入账（准确性、计价和分摊）	（1）客户的发运凭证或仓库出具的入库单	检查客户的发运凭证或退回货物的入库单
		（2）编制补发货通知单	检查补发货通知单的客户信息及数量与退回数量是否一致
		（3）开具红字销售发票	检查红字销售发票抬头、数量和金额
坏账注销	登记入账的坏账是真实存在的（存在）	（1）保留与目前逾期金额有关的客户通信档案	检查客户通信档案
		（2）定期编制逾期应收账款明细表	检查逾期应收账款明细表
	所有无法收回的坏账均已登记入账（完整性）	坏账注销审批表预先编号	检查坏账注销审批表连续编号的完整性
	登记入账的坏账确系无法收回，已审批并登记入账（准确性、计价和分摊）	坏账注销审批表上客户、金额已经正确的授权审批	检查坏账注销审批表
估计坏账	坏账准备的计提是恰当的（发生）	计提坏账准备工作底稿经过适当的授权审批	检查坏账估计程序所依据的假设是否恰当
	坏账准备的计提是充分的（完整性）	计提坏账准备工作底稿经过适当的授权审批	复核坏账估计的计算是否无误

10.5 进一步审计程序：实质性程序

注册会计师应当针对评估的重大错报风险设计和实施实质性程序，以发现认定层次的重大错报。注册会计师通过执行实质性程序来控制检查风险，从而对财务报表中各项认定的准确性取得必要保证。同时，为某类交易、期末账户余额、列报不存在重大错报提供直接证据。

注册会计师需要根据不同的认定层次的重大错报风险设计有针对性的细节测试。但是，注册会计师应当对所有重大的各类交易、账户余额、列报设计和实施实质性程序。

10.5.1 销售与收款交易测试

表10–4列出了典型的销售与收款交易测试。其中，大多数测试严重依赖交易处理当中产生的凭证和记录。这些测试能够为单笔交易是否遗漏提供直接的书面证据。

表10–4　**销售和收款的交易测试**

销售交易

发生、准确性、截止和分类：从销售日记账中选取一些销售交易作为样本，获取相关的发票和所有的支持性凭证，实施下列测试，并特别注意发现的例外事项：

1. 根据客户名称追查到已审批的客户名单，并与已批准的信用限额进行比较。
2. 比较销售通知单、发运凭证和销售发票上的数量。
3. 根据相应的价格追查到已审批的商品价目表上。
4. 重新计算发票的小计和合计。
5. 从发票追查到销售日记账，确定其是否被正确记录。
6. 将发运凭证上的装运日期与销售日记账上的日期进行比较。
7. 从发票追查到应收账款明细账，确定其是否被正确过账。
8. 测试明细账中客户记录的准确性。
9. 核实发票后的付款情况，包括所有销售折扣、折让的真实性。

准确性：测试销售日记账的准确性。测试方法如下：选取少数几天的记录作为样本，检验每日的合计数，然后将每日的合计数进行加总，以测试当期的总额。

完整性：从预先顺序编号的发运凭证中选取样本，并追查至销售日记账，确定其是否被正确记录，在检查时要不定期地注意发票的存在性以及过账的日期。

收款交易

发生、准确性、截止和分类：从库存现金日记账和银行存款日记账中选取样本，并获取相关的原始凭证（现金收款收据、支票入账单、电汇回单等），进行下列测试，并特别注意发现的例外事项：

1. 从现金收款单据、银行收款回单追查至库存现金和银行存款日记账，确定其是否被正确记录。
2. 将银行存款日记账与银行对账单核对，确定不存在遗漏的交易。
3. 审查银行存款余额调节表，确定调节表上的差异是由真实交易引起的。
4. 从现金收款单据、银行收款回单追查至应收账款明细账，确定其是否被正确、及时地过账。

完整性、准确性：测试库存现金和银行存款日记账的准确性。测试方法如下：将日记账每日的合计数与收款单据和银行回单的合计数进行比较。

在对销售和收款交易实施测试时，有两种方法可供选用：顺查和逆查。顺查是从交易的原始凭证（支持性凭证，如发运凭证、销售发票或收款凭据）中选取样本，并按所选项目追查至适当的日记账，确定其是否被正确记录。这种方法尤其适用于完整性测试，当然这也是完整性测试的最佳方法。另一方法是逆查，是从交易日记账（如销售日记账、库存现金日记账和银行存款日记账）所列的业务中选取样本，然后注册会计师对所选交易的全部原始凭证进行检查。这种方法适用于发生、准确性、计价和分摊测试，尤其是发生认定的测试。注册会计师必须确定样本量是足够的，并且样本能够代表总体。例如，如果注册会计师从销售日记账中选取销售交易，那么他要确定整个销售日记账可以用来选取样本。

注册会计师或许能将所选的交易测试与控制测试有效地结合起来。例如，注册会计师可以在检验销售价格、数量和小计（交易测试）的同时检验凭证上的审批（控制测试）。这种测试称为双重目的测试。在审计实务工作当中，双重目的测试经常使用。

10.5.2　评价会计政策和会计估计

注册会计师的责任不仅仅是证实特定交易、其他事件以及环境因素的相关事实，以达到相关账户的特定审计目标。同时，注册会计师有责任评价管理层如何将这些事实转化为相应会计信息。即使所有相关的证据都存在，如果注册会计师对会计准则的应用做出了错误判断，那么审计失败仍有可能发生。

注册会计师要求对会计政策的选择和运用进行评价。评价包括：关于交易的计量和估计，以及它们在财务报表中的披露，是否存在有意或无意地对会计政策的误用。注册会计师也有责任评价会计估计的合理性。评价包括：估计所依据的假设，估计所采用的信息和估计的程序。

具体到销售与收款循环中，评价会计政策主要是指：收入的确认是否符合会计准则中收入确认原则的规定；注销的坏账是否符合坏账确认原则；收入的计量是否采用合适的计量属性；收入在财务报表中的分类是否合理，是否有充分的附注说明。评价会计估计主要是指：按完工百分比计算的收入、坏账准备的估计是否合理、充分且适当，是否不存在少计提和多计提的现象。

10.5.3　实质性分析程序

与细节测试一样，实质性分析程序也可以用来收集审计证据。实质性分析程序的基本前提是，数据之间的关系可以合理预期，在缺少已知条件的情况下依然能够成立。这些条件包括特定异常交易和事件舞弊、业务变化、会计变化、错误、舞弊或欺诈行为。审计人员在已知某些条件的情况下发现数据间关系的改变，很可能意味着财务由于无意的错误或舞弊等原因而存在重大错报。

1）建立期望

进行实质性分析程序之前，注册会计师通常要建立期望，也就是设定参照物。因为没有比较，就难以发现问题。注册会计师在建立期望时，经常会利用以下一种或几种信息：可比的前期财务数据，并根据已知变化做出调整；预计结果；本期间财务数据要素间的关系；企业所处行业的相关信息。

当通过实施分析程序识别出与其他相关信息不一致或者偏离预期数据的重大波动时，注册会计师应当进行调查，并获取充分的解释和恰当的审计证据佐证。也就是说，只有当注册会计师对管理层针对非预期结果的解释持怀疑态度，需要取得相关可靠证据支持这些解释时，实质性分析程序才是有效的。

2）运用实质性分析程序（比率分析和趋势分析）

实质性分析程序目的是了解客户的经营情况，找出财务报表中可能的重大错报，以减少细节测试的工作量。若实质性分析程序指出可能有重大错报，则应扩大核查的范围。我们提供了一些实质性分析程序中可能应用到的分析指标，但不限于这些指标。

（1）销售增长率。

有研究表明，盈余操纵公司与非盈余操纵公司的销售增长率存在着显著差别。结合宏观经济的调整、行业状况、企业的前期数据以及该产品的生命周期，综合判断销售增长率有足够的证据支持。

（2）市场份额。

注册会计师可以将报告数据与现实行业数据对比，判断企业的销售状况是否如实反映。如东方电子公告其3年（1998—2000）的主营收入占市场总额的近60%，而在此领域的企业达200多家，竞争十分激烈，东方电子有这样的市场份额是绝不可能的。

（3）毛利率（按产品分类）。

在对毛利率进行分析时，如果发现企业的毛利率发生了变化，注册会计师就要了解企业的生产工艺是否发生变化、是否发生了技术改造，从而导致了其变化。或者说毛利率的变化应当与材料价格的变化相符。当然我们还要考虑企业固定资产的生产能力，如果是固定资产生产能力以内的销售增加，可能会产生规模效应；但是如果是由于新增了固定资产生产能力，那么可能没有规模效应，毛利率会下降。

（4）重要产品在总销售额中占的比例。

它反映了企业的主业经营状况，结合企业的战略目标，来判断企业执行战略的市场表现。分析重要产品的生命周期，判断其销售趋势的合理性。

（5）应收账款周转率。

虚构销售一般会虚增应收账款，而虚增的应收账款通常难以收回，难以产生现金流入，自然应收账款的周转率不断下降。注册会计师还要关注长期挂账的应收账款、大额的坏账注销，是否是虚构销售导致的应收账款无法销账的结果。这一指标还要考虑应收账款账龄分析，结合当前经济环境、信用政策及行业平均水平判断其合理性。坏账准备也应一并考虑。

（6）比较本年度及以前年度应收账款与主营业务收入的比率。

过于宽松的信用条件是导致应收账款增加的主要原因，注册会计师应该深入分析宽松的信用条件是否是企业急于出货，从而制造骄人业绩。特别应关注年末几个月是否有大宗销售交易。

（7）比较本年度及以前年度销售退回总额及其与主营业务收入的比率。

管理层在报告年度由于财务业绩的压力，或者上市公司由于亏损而面临退市的压力、融资的压力，往往会虚构报告年度销售，以达到其相应目的，并在后续年度将虚构销售以退货方式转销。

（8）分析坏账冲销后又收回的款项。

针对这一款项需要重点分析其合理性，是否因为想使利润平滑，人为调节利润归属的会计期间。

（9）每股经营现金流量。

虚构销售容易，但是经营现金流量舞弊却很困难。在正常情况下，收入的增长会带来经营现金流量的增长。如果在分析每股经营现金流量的趋势变化时发现，销售收入增长与每股经营活动现金流入呈背离趋势，那么注册会计师要分配更多的审计资源在收入的发生认定上。

（10）比较本年度及以前年度各月主营业务收入。

这个程序主要用来判断其波动是否符合行业的周期波动，同时还要考查同行业的销售周期及变化的幅度。

10.5.4　收入余额细节测试：截止测试

截止测试的目的是确定企业是否将交易记入正确的会计期间。截止测试的一般方法是检查资产负债表日前后几天所发生的（销售、收款或退货）交易的相关文件。如果公司按顺序使用预先编号的凭证，并知道本期使用的最后一张凭证的编号，那么截止测试实施起来就很容易。

注册会计师在销售的截止测试中，应该注意把握三个与主营业务收入确认有着密切关系的日期：一是发票开具日期或者收款日期；二是记账日期；三是发货日期（服务业则是提供劳务的日期）。这里的发票开具日期是指开具增值税专用发票或普通发票的日期；记账日期是指被审计单位确认主营业务收入实现并将该笔经济业务记入主营业务收入账户的日期；发货日期是指仓库开具出库单并发出库存商品的日期。检查三者是否归属于同一适当会计期间是主营业务收入截止测试的关键所在。注册会计师可以选用以下三条审计路线：一是账簿记录逆查法。从报表日前后若干天的账簿记录查至记账凭证，检查发票存根与发货凭证。二是销售发票顺查法。从报表日前后若干天的发票存根查至发货凭证与账簿记录。三是发运凭证顺查法。从报表日前后若干天的发货凭证查至发票开具情况与账簿记录。

注册会计师几乎总要对年末大额交易实施截止测试，但是当与截止相关的重大错报风险较高时，就要进行更加广泛的截止测试。销售退回的截止测试也很重要，因为退货可能会反映出虚构的销售，或由于合同条款规定退货而不应加以确认的收入。

10.5.5　应收账款余额细节测试：函证

函证是指注册会计师为了获取影响财务报表或相关披露认定的项目的信息，通过直接来自第三方对有关信息和现存状况的声明，获取和评价审计证据的过程。函证应收账款的目的在于证实应收账款账户余额的真实性、正确性，防止或发现被审计单位及其有关人员在销售交易中发生的错误或舞弊行为。通过函证应收账款，可以比较有效地证明被询证者（即债务人）的存在和被审计单位记录的可靠性。

注册会计师应当考虑被审计单位的经营环境、内部控制的有效性、应收账款账户的性质、被询证者处理询证函的习惯做法及回函的可能性等，以确定应收账款函证的范围、对象、方式和时间。

1）函证的范围和对象

除非有充分证据表明应收账款对被审计单位财务报表而言是不重要的，或者函证很可能是无效的，否则，注册会计师应当对应收账款进行函证。如果注册会计师不对应收账款进行函证，应当在工作底稿中说明理由。如果认为函证很可能是无效的，注册会计师应当实施替代审计程序，获取充分、适当的审计证据。函证数量的多少、范围大小是由诸多因素决定的，主要有：

（1）应收账款在全部资产中的重要性。若应收账款在全部资产中所占的比重较大，则函证的范围应相应大一些。

（2）被审计单位内部控制的强弱。若内部控制制度较健全，则可以相应减少函证量；反之，则应相应扩大函证范围。

（3）以前期间的函证结果。若以前期间函证中发现过重大差异，或欠款纠纷较多，则函证范围应相应扩大一些。

（4）函证方式的选择。若采用积极的函证方式，则可以相应减少函证量；若采用消极的函证方式，则要相应增加函证量。

一般情况下，注册会计师应选择以下项目作为函证对象：大额或账龄较长的项目；与债务人发生纠纷的项目；关联方项目；主要客户（包括关系密切的客户）项目；交易频繁但期末余额较小甚至余额为零的项目；可能产生重大错报或舞弊的非正常的项目。

2）函证的方式

函证方式分为积极的函证方式和消极的函证方式。注册会计师可采用积极的或消极的函证方式实施函证，也可将两种方式结合使用。

（1）积极的函证方式。

如果采用积极的函证方式，注册会计师应当要求被询证者在所有情况下必须回函，确认询证函所列示信息是否正确，或填列询证函要求的信息。

在采用积极的函证方式时，只有注册会计师收到回函，才能为财务报表认定提供审计证据。注册会计师没有收到回函，可能是由于被询证者根本不存在，或是由于被询证者没有收到询证函，也可能是由于询证者没有理会询证函，因此，无法证明所函证信息是否正确。

以下系《中国注册会计师审计准则第 1312 号——函证》（指南）提供的两种积极式询证函的格式，供参考。

积极式询证函（格式一）

企业询证函

编号：

××（公司）：

本公司聘请的××事务所正在对本公司××年度财务报表进行审计，按照中国注册会计师审计准则的要求，应当询证本公司与贵公司的往来账项等事项。下列数据出自本公司账簿记录，如与贵公司记录相符，请在本函下端“信息证明无误”处签章证明；如有不符，请在“信息不符”处列明不符金额。回函请直接寄至××事务所。

回函地址：

邮编：　　　　　　电话：　　　　　　传真：　　　　　　联系人：

1. 本公司与贵公司的往来账项列示如下：

截止日期	贵公司欠	欠贵公司	备注

2. 其他事项。

本函仅为复核账目之用，并非催款结算。若款项在上述日期之后已经付清，仍请及时函复为盼。

（公司盖章）
年　月　日

结论：

1. 信息证明无误。

（公司盖章）
年　月　日
经办人：

2. 信息不符，请列明不符的详细情况：

（公司盖章）
年　月　日
经办人：

积极式询证函（格式二）

企业询证函

编号：

××（公司）：

本公司聘请的××事务所正在对本公司××年度财务报表进行审计，按照中国注册会计师审计准则的要求，应当询证本公司与贵公司的往来账项等事项。请列示截至××年×月×日贵公司与本公司往来款项余额。回函请直接寄至××事务所。

回函地址：

邮编：　　　　电话：　　　　传真：　　　　联系人：

本函仅为复核账目之用，并非催款结算。若款项在上述日期之后已经付清，仍请及时函复为盼。

（公司盖章）
年　月　日

1. 贵公司与本公司的往来账项列示如下：

截止日期	贵公司欠	欠贵公司	备注

2. 其他事项。

（公司盖章）
年　月　日
经办人：

（2）消极的函证方式。

如果采用消极的函证方式，注册会计师只要求被询证者仅在不同意询证函列示信息的情况下才予以回函。

在采用消极的函证方式时，如果收到回函，能够为财务报表认定提供说服力强的审计证据。未收到回函可能是因为被询证者已收到询证函且核对无误，也可能是因为被询证者根本就没有收到询证函。因此，积极的函证方式通常比消极的函证方式提供的审计证据可靠。因而在采用消极的方式函证时，注册会计师通常还需辅之以其他审计程序。

当同时存在下列情况时，注册会计师可考虑采用消极的函证方式：①重大错报风险评估为低水平；②涉及大量余额较小的账户；③预期不存在大量的错误；④没有理由相信被询证者不认真对待函证。

以下系《中国注册会计师审计准则第 1312 号——函证》（指南）提供的消极式询证函的格式，供参考。

消极式询证函格式

企业询证函

编号：

××（公司）：

本公司聘请的××事务所正在对本公司××年度财务报表进行审计，按照中国注册会计师审计准则的要求，应当询证本公司与贵公司的往来账项等事项。下列数据出自本公司账簿记录，如与贵公司记录相符，则无需回复；如有不符，请直接通知事务所，并请在空白处列明贵公司认为是正确的信息。回函请直接寄至××事务所。

回函地址：

邮编：　　　　　　电话：　　　　　　传真：　　　　　　联系人：

1. 本公司与贵公司的往来账项列示如下：

截止日期	贵公司欠	欠贵公司	备注

2. 其他事项。

本函仅为复核账目之用，并非催款结算。若款项在上述日期之后已经付清，仍请及时核对为盼。

（公司盖章）
年　月　日

××事务所：

上面的信息不正确，差异如下：

（公司盖章）
年　月　日
经办人：

（3）两种方式的结合使用。

在审计实务中，注册会计师也可将这两种方式结合使用。以应收账款为例，当应收账款的余额是由少量的大额应收账款和大量的小额应收账款构成时，注册会计师可以对所有的或抽取的大额应收账款样本采用积极的函证方式，而对抽取的小额应收账款样本采用消极的函证方式。

3）函证时间的选择

《中国注册会计师审计准则第1231号——针对评估的重大错报风险采取的应对措施》第五章第七节“实质性程序的时间”规范了注册会计师实施实质性程序的时间，注册会计师在实施函证程序时，应当从其规定。

注册会计师通常以资产负债表日为截止日，在资产负债表日后适当时间内实施函证。如果重大错报风险评估为低水平，注册会计师可选择资产负债表日前适当日期为截止日实施函证，并对所函证项目自该截止日起至资产负债表日止发生的变动实施实质性程序。

4）函证的控制

注册会计师通常利用被审计单位提供的应收账款明细账户名称及客户地址等资料编制询证函，但注册会计师应当对选择被询证者、设计询证函以及发出和收回询证函保持控制。出于掩盖舞弊的目的，被审计单位可能想方设法拦截或更改询证函及回函的内容。如果注册会计师对函证程序控制不严密，就可能给被审计单位造成可乘之机，导致函证结果发生偏差和函证程序失效。

注册会计师应当采取下列措施对函证实施过程进行控制：

（1）将被询证者的名称、地址与被审计单位有关记录核对；

（2）将询证函中列示的账户余额或其他信息与被审计单位有关资料核对；

（3）在询证函中指明直接向接受审计业务委托的事务所回函；

（4）询证函经被审计单位盖章后，由注册会计师直接发出；

（5）将发出询证函的情况形成审计工作记录；

（6）将收到的回函形成审计工作记录，并汇总统计函证结果。

在审计实务中，注册会计师经常会遇到被询证者以传真、电子邮件等方式回函的情况。这些方式确实能使注册会计师及时得到回函信息，但由于这些方式易被截留、篡改或难以确定回函者的真实身份，因此，注册会计师应当直接接收，并要求被询证者及时寄回询证函原件。

在审计实务中，注册会计师还经常会遇到采用积极的函证方式实施函证而未能收到回函的情况。对此，注册会计师应当考虑与被询证者联系，要求对方做出回应或再次寄发询证函。如果未能得到被询证者的回应，注册会计师应当实施替代审计程序。所实施的替代审计程序因所涉及的账户和认定而异，但替代审计程序应当能够提供实施函证所能够提供的同样效果的审计证据。例如检查与销售有关的文件，包括销售合同或协议、销售订单、销售发票副本及发运凭证等，以验证这些应收账款的真实性。

注册会计师可通过函证结果汇总表的方式对询证函的收回情况加以控制。函证结果汇总表格式见表10-5。

表 10-5　**应收账款函证结果汇总表**

被审计单位名称：　　　　制表：　　　　日期：

结账日：　　年　月　日　　　　复核：　　　　日期：

询证函编号	债务人名称	债务人地址与联系方式	账面金额	函证方式	函证日期		回函日期	替代程序	确认余额	差异金额及说明	备注
					第一次	第二次					
合计											

5）对不符事项的处理

收回的询证函若有差异，即函证出现了不符事项，注册会计师首先应当提请被审计单位查明原因，并作进一步分析和核实。不符事项的原因可能是由于双方登记入账的时间不同，或是由于一方或双方记账错误，也可能是被审计单位的舞弊行为。对应收账款而言，登记入账的时间不同而产生的不符事项主要表现为：(1) 询证函发出时，债务人已经付款，而被审计单位尚未收到货款；(2) 询证函发出时，被审计单位的货物已经发出并已作销售记录，但货物仍在途中，债务人尚未收到货物；(3) 债务人由于某种原因将货物退回，而被审计单位尚未收到；(4) 债务人对收到的货物的数量、质量及价格等方面有异议而全部或部分拒付货款等。

如果不符事项构成错报，注册会计师应当重新考虑所实施审计程序的性质、时间和范围。

6）对函证结果的总结和评价

注册会计师应将函证的过程和情况记录在工作底稿中，并据以评价函证的可靠性。在评价函证的可靠性时，注册会计师应当考虑：(1) 对询证函的设计、发出及收回的控制情况；(2) 被询证者的胜任能力、独立性、授权回函情况、对函证项目的了解及其客观性；(3) 被审计单位施加的限制或回函中的限制。

注册会计师对函证结果可进行如下评价：

(1) 注册会计师应重新考虑：对内部控制的原有评价是否适当；控制测试的结果是否适当；分析程序的结果是否适当；相关的风险评价是否适当等。

(2) 如果函证结果表明没有审计差异，则注册会计师可以合理地推论，全部应收账款总体是正确的。

(3) 如果函证结果表明存在审计差异，注册会计师应当估算应收账款总额中可能出现的累计差错是多少，估算未被选中进行函证的应收账款的累计差错是多少。为取得对应收账款累计差错更加准确的估计，也可以进一步扩大函证范围。

需要指出的是，即便应收账款得到了债务人的确认，也并不意味着债务人一定会付款。

另外，函证也不可能发现应收账款中存在的所有问题。尽管如此，应收账款的函证仍不失为一种必要的、有效的审计方法。注册会计师通过对应收账款进行函证，结合实施其他实质性程序，可以对有关债权回收的可能性做出合理的结论，并向被审计单位管理层提出有关债权情况所面临的风险和应当采取的措施。

同时需要指出的是，注册会计师应当将询证函回函作为审计证据，纳入审计工作底稿中进行管理，询证函回函的所有权归属所在事务所。除法院、检察院及其他有关部门依法查阅审计工作底稿、注册会计师协会对执业情况进行检查以及前后任注册会计师沟通等情形外，事务所不得将询证函回函提供给被审计单位作为法律诉讼证据。

7）管理层要求不实施函证时的处理

如果注册会计师拟函证某些账户余额或其他信息，而管理层要求注册会计师不实施函证，注册会计师应当考虑管理层的理由是否恰当并获取审计证据予以支持。如果认为管理层的要求合理，注册会计师应当实施替代审计程序，以获取与这些账户余额或其他信息相关的充分、适当的审计证据。如果认为管理层的要求不合理，且被其阻挠而无法实施函证，注册会计师应当视为审计范围受到限制，并考虑对审计报告可能产生的影响。

依据相关准则的规定，在分析管理层要求不实施函证的原因时，注册会计师应当保持职业谨慎态度，并考虑：

（1）管理层是否诚信；

（2）是否可能存在重大的舞弊或错误；

（3）替代审计程序能否提供与这些账户余额或其他信息相关的充分、适当的审计证据。

如果认为管理层的请求可能显示存在舞弊，注册会计师应当遵循《中国注册会计师审计准则第 1141 号——财务报表审计中与舞弊相关的责任》的有关规定。

8）有关函证替代审计程序的比较

应收账款函证的替代审计程序有：检查与销售有关的文件、合同、销售订单、销售发票副本、发运凭证等。

预收账款函证的替代审计程序有：通过检查资产负债表日后已转销的预收账款是否与仓库发运凭证、销售发票相一致。

应付账款函证的替代审计程序有：检查决算日后应付账款明细账及库存现金和银行存款日记账，核实是否已支付，同时检查该笔业务的凭证资料，核实交易的真实性。

预付账款函证的替代审计程序有：检查该笔债权的相关凭证资料，或抽查资产负债表日后预付账款明细账及存货明细账，核实是否已收到货物，转销预付账款，并根据替代检查结果判断其债权的真实性或出现坏账的可能性。

9）函证决策图示

图 10-4 列示了函证决策的主要内容。

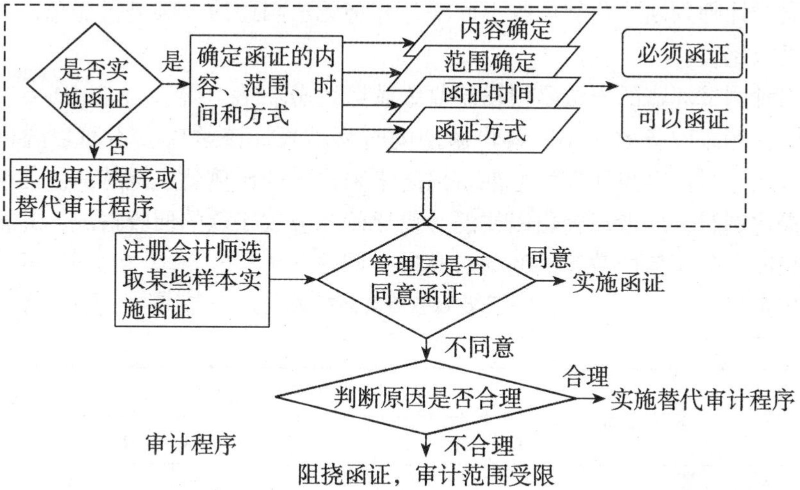

图 10-4　函证决策的主要内容

在函证实施过程中具体的控制程序主要集中于询证函的发出及收回环节，主要包括的控制程序要点如图 10-5 所示。

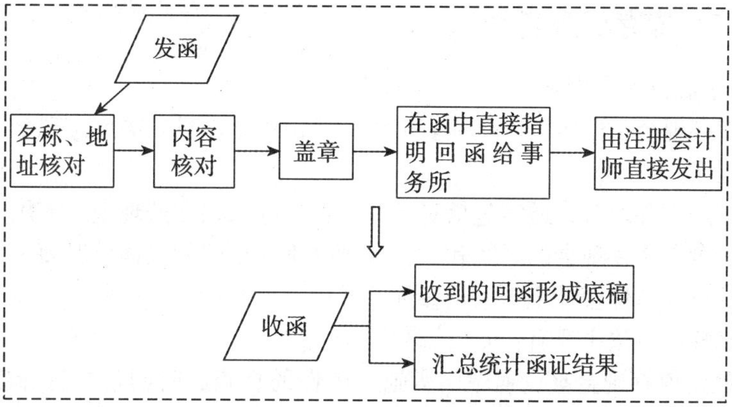

图 10-5　函证过程控制的要点

10.5.6　坏账准备的测试

注册会计师应确定已计提的坏账准备是否能够充分抵补潜在的坏账。由于注册会计师不能预测未来，因此需要进行认真的分析和判断才能识别出坏账。在评估不能收回的坏账时，注册会计师一般采取两种实质性程序。

第一种方法是检查大额账户的相关文件，尤其是检查那些已经拖欠的账户以确定客户最终是否会还款。如果交易存在争议或客户陷入财务困境（如破产），那么款项收回的可能性就会较低。另外，注册会计师还可以核对年末之后的收款情况，以确定客户是否归还了欠款，毕竟，实际还款最能证明应收账款的可收回性。最后，注册会计师判断哪些款项收不回来，并将无法归还的金额进行加总，与坏账准备金额进行比较。

第二种测试坏账的方法是根据应收账款账龄分析表（格式见表10-6）中的信息直接估计坏账准备的大小。客户逾期的时间越长，该款项收不回来的可能性越大，相应地，对该客户计提坏账准备以防未来损失的比例就应该越高。在确定坏账准备计提比例时，应考虑公司以往的计提比例和应收账款的回收情况，并根据目前的经济状况和公司信用政策的变动对其进行调整。

表10-6 **应收账款账龄分析表**

年 月 日

客户名称	期末余额	账龄			
		1年以内	1~2年	2~3年	3年以上
应收账款合计					
坏账准备比例		2%	5%	8%	15%
计提坏账准备					

10.5.7 库存现金测试

1）关于监盘库存现金

监盘库存现金是证实资产负债表中所列货币资金项目中的库存现金是否存在的一项重要程序。

企业盘点库存现金，通常包括对已收到但未存入银行的现金、零用金、找换金等的盘点。盘点库存现金的时间和人员应视被审计单位的具体情况而定，但必须有出纳员和被审计单位会计主管人员参加，并由注册会计师进行监盘。盘点和监盘库存现金的步骤和方法主要有：

（1）制定库存现金盘点程序，实施突击性的检查，时间最好选择在上午上班前或下午下班时进行，盘点的范围一般包括企业各部门经管的现金。在进行库存现金盘点前，应由出纳员将现金集中起来存入保险柜。必要时可加以封存，然后由出纳员把已办妥现金收付手续的收付款凭证登入库存现金日记账。如企业库存现金存放部门有两处或两处以上的，应同时进行盘点。

（2）审阅库存现金日记账并同时与现金收付款凭证相核对。一方面检查日记账的记录与凭证的内容和金额是否相符；另一方面了解凭证日期与日记账日期是否相符或接近。

（3）由出纳员根据库存现金日记账累计数额，结出库存现金结余额。

（4）盘点保险柜的现金实存数，同时编制“库存现金盘点表”，分币种、面值列示盘点金额。其格式具体见表 10-7。

表 10-7　　　　　　　　　　**库存现金盘点表**

索引号：A1-3

单位名称：　　　　　　编制人员：　　　　　　日期：

盘点日期：　　　　　　复核人员：　　　　　　日期：　　　　　　单位：人民币元

检查核对记录					实有现金盘点记录				
项目		行次	人民币	外币	面额（元）	人民币		外币	
						张数	金额	张数	金额
上一日账面库存余额		1							
盘点日未记账传票收入金额		2							
盘点日未记账传票付出金额		3							
盘点日账面应有余额		4=1+2−3							
盘点日实有现金数额		5							
差异		6=4−5							
差异原因分析	白条抵库（张）								
追溯到报表账面结存数额	报表日至查账日现金付出总额（+）								
	报表日至查账日现金收入总额（−）								
	报表日库存现金应有余额								
	报表日账面汇率								
	报表日余额折合本位币								
	本位币合计				合计				
调整					情况说明及审计结论：				
	小计								
审计数									
调整分录									

盘点人：　　　　　　监盘人：　　　　　　复核人：

（5）资产负债表日后进行盘点时，应调整至资产负债表日的金额。

结账日应存数=审计盘点数+本期减少数-本期增加数

（6）将盘点金额与库存现金日记账余额进行核对，如有差异，应查明原因，并做出记录或适当调整。

（7）若有冲抵库存现金的借条、未提现支票、未作报销的原始凭证，应在“库存现金盘点表”中注明或做出必要的调整。

2）关于截止测试

被审计单位资产负债表的货币资金项目中的库存现金数额，应以结账日实有数额为准。因此，注册会计师必须验证现金收支的截止日期。通常，注册会计师可考虑对结账日前后一段时期内现金收支凭证进行审计，以确定是否存在跨期事项，是否应考虑提出调整建议。

10.5.8 银行存款测试

1）取得并检查银行存款余额调节表

检查银行存款余额调节表是证实资产负债表的货币资金项目中的银行存款是否存在的重要程序。银行存款余额调节表通常应由被审计单位根据不同的银行账户及货币种类分别编制，其格式见表10-8。

取得银行存款余额调节表后，注册会计师应检查调节表中未达账项的真实性，以及资产负债表日后的进账情况，如果查明存在应于资产负债表日之前入账的，应做出记录并提出适当的调整建议。其程序一般包括：

（1）验算调节表的数字计算；

（2）对于金额较大的未提现支票、可提现的未提现支票以及注册会计师认为重要的未提现支票，列示未提现支票清单，注明开票日期和收票人姓名或单位；

（3）追查截止日期银行对账单上的在途存款，并在银行存款余额调节表上注明存款日期；

（4）检查截止日仍未提现的大额支票和其他已签发的一个月以上的未提现支票；

（5）追查截止日期银行对账单已收、企业未收的款项性质及款项来源；

（6）核对银行存款总账余额、银行对账单加总金额。

2）函证银行存款余额

银行存款函证是指注册会计师在执行审计业务过程中，需要以被审计单位名义向有关单位发函询证，以验证被审计单位的银行存款是否真实、合法、完整。各金融机构应根据函证的具体要求，及时回函并可按照国家的有关规定收取询证费用。

函证银行存款余额是证实资产负债表所列货币资金项目中的银行存款是否存在的重要程序。通过向往来银行函证，注册会计师不仅可了解企业资产的存在，还可了解企业账面反映所欠银行债务的情况，并有助于发现企业未入账的银行借款和未披露的或有负债。

表 10-8

银行存款余额调节表

年　月　日

编制人：　　　　日期：　　　　索引号：A1-2

复核人：　　　　日期：　　　　页次：

单位名称：　　　币种：　　　开户银行：　　　账号：

项　目	金　额	备　注
银行对账单余额（　　年　月　日）		
加：企业已收，银行尚未入账金额		
其中：1. 某公司销货款		
2.		
3.		
4.		
减：企业已付，银行尚未入账金额		
其中：1. 预付某公司材料款		
2.		
3.		
4.		
调整后银行对账单余额		
企业银行存款日记账余额		
加：银行已收，企业尚未入账金额		
其中：1. 某公司退回的押金		
2.		
3.		
4.		
减：银行已付，企业尚未入账金额		
其中：1. 水电费		
2.		
3.		
4.		
调整后企业银行存款日记账余额		

经办会计人员：（签字）　　　　会计主管：（签字）

注册会计师应向被审计单位在本年存过款（含外埠存款、银行汇票存款、银行本票存款、信用卡存款、信用证保证金存款）的所有银行发函，其中包括企业存款账户已结清的银行，因为可能存款账户已结清，但仍有银行借款或其他负债存在。并且，即使注册会计师已直接从某一银行取得了银行对账单和所有已付支票，但仍应向这一银行进行函证。下面列示了银行询证函的一般格式，供参考。

银行询证函

编号：

××银行：

本公司聘请的×××事务所正在对本公司20××年度财务报表进行审计，按照中国注册会计师审计准则的要求，应当询证本公司与贵行的存款、借款往来等事项。下列数据出自本公司账簿记录，如与贵行记录相符，请在本函下端“信息证明无误”处签章证明；如有不符，请在“信息不符”处列明不符项目。如存在与本公司有关的未列入本函的其他项目，请在“数据不符”处列出这些项目的金额及详细资料。有关询证费用可直接从本公司存款账户中收取。回函请直接寄至×××事务所。

回函地址：

邮编：　　　　　　电话：　　　　　　传真：　　　　　　联系人：

截至　　年　　月　　日，本公司银行存款、借款账户余额等列示如下：

1. 银行存款

账户名称	银行账号	币种	利率	余额	起止日期（活期/定期/保证金）	是否被抵押或质押或其他限制	备注

除以上所述，本公司并无其他在贵行的存款。

2. 银行借款

账户名称	币种	余额	借款日期	还款日期	利率	其他借款条件	抵（质）押品/担保人	备注

除以上所述，本公司并无其他在贵行的借款。

3. 截至函证日的一个年度内已注销的账户

账户名称	银行账号	币种	注销账户日期

除以上所述，本公司并无其他截至函证日的一个年度内已注销的账户。

（公司盖章）
年　月　日
经办人：

以下仅供被函证银行使用

结论：

1. 信息证明无误。

银行盖章
年　月　日
经办人：

2. 信息不符，请列明不符项目及具体内容（其他未在本函列出的项目，请列出金额及其详细资料）。

银行盖章
年　月　日
经办人：

10.5.9　其他应收款余额测试

与应收账款明确地核算赊销货物不同，其他应收款用来核算名目繁多的其他各种应收及暂付款项。在其他应收款的审计实务中，应重点对其他应收款的形成，以及期末余额的合理性测试。具体审计时可参照以下程序：

（1）核对其他应收款明细账和总账的余额与报表核对相符。了解其他应收款明细项目的性质，通过对企业经营情况的了解，运用专业判断，形成其他应收款的预期或者说是该账户的商业逻辑。特别关注是否存在诸如关联企业（或实际控制人）占用资金、变相拆借资金、股东抽逃资金、隐形投资或隐藏费用等。

（2）对性质特别、不符合预期、金额较大的明细项目进行审查，可参照应收账款的审计，如函证。对于这类大额或异常的其他应收款，即使取得了回函，仍然需检查其原始凭证。

（3）在对其他应收款余额进行细节测试时，一定要分析其流动性，因为其他应收款是流动资产，要分析为什么该明细余额不变动，是不是存在关联方占用资金的情形。通过对其余额的合理性（流动性）做审计，来进一步获取其他应收款是否真实存在，是否有重大错报的审计证据。同时流动性分析可帮助注册会计师判断其回收的可能性，确定是否发生坏账，以证实坏账准备计提是否充分。

（4）售后回购方式中蕴含特别风险，当采用售后回购方式筹集资金的，检查是否按实际支付的金额增加其他应收款；销售价格与原购买价格之间的差额，是否在售后回购期间内按期计提利息收入，相应增加其他应收款；按合同约定返售商品时，是否按实际收到的金额，相应减少其他应收款。

10.5.10 预收账款余额测试

基于正常的商业逻辑，只有当企业的商品比较紧俏时才会形成预收账款，或者是产品的生产过程比较长，如大型机器设备制造，也会预收部分款项。因此，在审计中应特别关注存在和权利义务认定的审计，具体如下：

（1）存在：查阅销售合同、协议是否有预收货款的条款，且该客户是否在已批准的客户清单中。

（2）权利和义务：会计实务工作中，会出现同一客户在预收账款和应收账款同时挂账，直到销售实现，全部在应收账款中挂账，而仍未冲销预收账款的情况。审计时要注意这类事件的发生，及时冲销预收账款，以防止虚挂。长期挂账的预收账款要查明原因，必要时予以调整。对于已转销的较大的预收账款进行检查，核对记账凭证、出库单、发货单、销售发票等，并注意这些凭证发生日期的合理性。

10.5.11 应交税费余额测试

在了解企业基本情况阶段，注册会计师就对企业应缴纳的各项税费有个大致的了解。查阅被审计单位纳税鉴定或纳税通知及征、免、减税的批准文件，了解被审计单位适用的税种、计税基础、税率，以及征、免、减税的范围与期限，确认其年度内应纳税项的内容，并实施以下审计程序：

（1）计价和分摊：取得或编制应交税费明细表，复核其数字是否正确。

（2）完整性：对应交税费明细表中本期增加和本期支付等发生额的低估错报进行验证，如增值税销项税额就结合营业收入来审计，增值税进项税额就结合原材料的购买进行审计。这些程序主要是判断本期变动的合理性，防止低估。

（3）权利和义务：查阅被审计单位各税种的月纳税申报表。任何一个税种都有纳税期限，如营业税以月为一期纳税的，应于每月的 10 日之前申报纳税，那么我们就可知道资产负债表中营业税期末余额就是 12 月份的纳税义务，注册会计师可据 12 月份经营情况判断该纳税义务是否正确。取得税务部门各税种汇算或其他确认文件、有关政府部门的专项检查报告、税务代理机构的专业报告、企业申报有关资料等，分析其有效性并与被审计单位账面情况进行核对。

10.5.12　销售费用余额测试

对销售费用进行审计时，要和客户的销售额挂钩，特别要分析客户用于广告费、促销费、宣传费、铺货费、进场费等直接用于开拓和巩固市场所发生的营销费用，占销售额的比例，判断多少相关支出可以引发多少销售额。在营销为主的今天，销售费用中营销费用的增长与销售额的增长呈正相关，计算分析各个月份销售费用总额及主要项目金额占主营业务收入的比率，并与上一年进行比较，判断变动的合理性。在审计销售费用时，分析以前年度销售费用与销售额的比例，并结合行业平均值，关注异常波动，查明原因。注册会计师还应查明是否所有销售费用都有相应的支持性凭证，在审查发生认定时，也要审查完整性认定。检查销售佣金是否符合规定，审批手续是否健全，是否取得了有效的原始凭证；如超过规定，是否按规定进行了纳税调整。检查销售费用的结转是否正确、合规，查明有无多转、少转或不转销售费用，人为调节利润。

第11章 采购与付款循环审计

学习目的与要求

学习本章应了解采购与付款循环业务流程、活动和涉及的凭证与记录；了解采购与付款循环的重大错报风险征兆；说明注册会计师如何针对重大错报风险征兆设计控制测试，来评估采购与付款循环内部控制的有效性；描述了与重大错报风险相关的认定所执行的实质性程序，包括采购与付款循环中的交易测试、实质性分析程序、余额测试。

教学重点与难点

采购与付款循环的重大错报风险征兆和识别；采购、付款、固定资产的控制测试；应付账款的余额测试，以及固定资产和折旧费用的细节测试。

采购与付款循环涉及的紧密联系的交易或事项包括：采购、付款、现金折扣、研发无形资产和固定资产自建、安装和处置等；有紧密联系的账户包括：固定资产、无形资产、在建工程、工程物资、固定资产清理、开发支出、商誉、预付账款、长期待摊费用、应付票据、应付账款、长期应付款、管理费用。本章同前一章是一样的安排，先采用业务流程图描述企业采购与付款循环的业务流程。然后分析在采购与付款循环业务流程中的重大错报风险征兆，如何识别这些风险并将其与认定相结合。接着阐述采购与付款循环相关内部控制的五大要素如何对重大错报风险进行控制，以及内部控制是否有效，并进行控制测试。最后，针对评估的重大错报风险设计和实施采购与付款的实质性程序，为认定层次的重大错报是否存在提供进一步证据。

11.1 采购与付款循环业务流程与活动

采购与付款循环由一系列的活动构成，包括由前章的销售来确定需求、取得材料、对材料质量检测、存储、安排付款等。

11.1.1 业务流程图

典型的制造企业采购与付款循环大致的业务流程如图11-1所示。

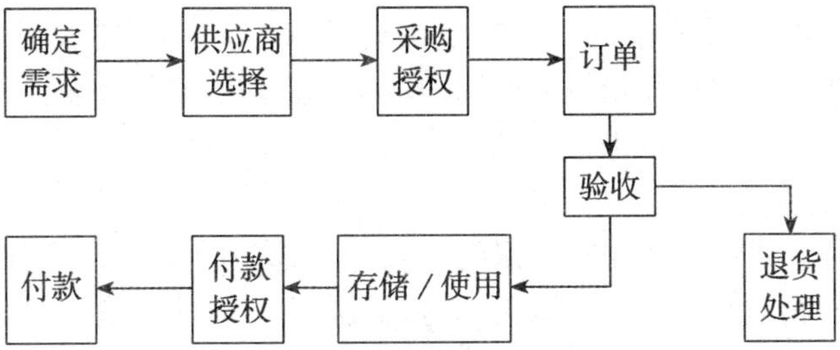

图 11-1 采购与付款循环业务流程图

11.1.2 相关的业务活动

采购与付款循环中的典型业务活动如图 11-1 所示。下面描述了采购与付款循环中所涉及的各项活动，不同的企业中这些业务可能有所不同。

1）确定需求

当确认某项采购需求时，采购与付款循环就开始了。企业根据当前和未来生产计划，以及仓库库存量的状况（如保险库存），确定应采购材料和零件的种类、数量和时间。在确定新材料需求时，还需要考虑质量、时间和成本问题。为了确保只有必要的商品和服务才被采购，往往由仓库、生产部门或其他需求部门填制请购单，并必须经过这类支出预算负责的主管人员审批。请购单是由产品制造、资产使用等部门的有关人员填写，送交采购部门的申请购买商品劳务或其他资产的书面凭证。

2）供应商的选择

企业应该对潜在的供应商进行确认和筛选，找出那些能够达到质量、成本、货款和运送要求的供应商。在采购供应链价值最大化的指导下，企业与供应商建立不同层次的关系。如与供应支出大、价值高的货物和服务的供应商会建立长期战略关系，增强企业竞争力并优化供应链，称之为战略供应商；而对于供应支出大、价值低的货物和服务的供应商，将其列为主要供应商。不同层次的供应商选择的标准不一样，企业根据自身情况来选择合适的供应商。

3）采购授权

没有控制的采购经常导致采购成本上升、采购超额、采购不需要的商品，造成库存积压。企业必须就采购数量、价格、付款条件和送货时间与供应商协商。采购授权是由这类支出预算负责的主管人员审批请购单，确保所采购商品和劳务是必须的且金额合理。

4）订单

独立履行采购职能可以降低企业成本，并可通过职责分离来加强对购买的控制。当采购部门收到请购单时，通常会首先确定申请购买的货物和服务的数量和种类是否已经得到了具有相应审批权限人员的授权。然后该申请就可以作为生成订单的源文件，当所有的具体信息（如交货的时间和方式、原料说明、数量和价格）被确认后，便生成订单。订单由采购部门填写，是表明向另一企业购买订单上所指定商品、劳务或其他资产的书面凭证。

5）检验并接收货物

在许多企业，由独立于申请、采购和会计等部门的专职部门来执行验收职责，如质检部门的材料检验员专门对购买的材料做检测。验收职责主要是检查货物与采购订单上的具体说明是否一致，通过计数、称重、测量和性能检测，来证实货物的数量与质量。如果货物符合订单要求，就会出具预先编号的验收单，以确保所有货物被及时地报告，避免低估应付账款和存货成本。验收单或验收报告由质检部门填写，包含订单号、订单数量、送货数量、实收数量、材料名称、规格、质量检验状况等信息。

6）储存、使用货物

验收部门接收的货物，根据需要决定是储存还是使用。在有些情况下，收到的材料和零件会直接投入生产。只有验收合格的材料才能移交仓库保管，仓库根据材料入库情况填制材料入库单。

7）付款授权

付款支出过程的控制，是为了确保不会出现未经授权的付款。所有的付款申请都必须经过批准，对已收货物的付款必须根据公司政策（如取得现金折扣）进行审批。付款授权必须审查单据是否齐全：采购订单、验收单、入库单、购货发票，还须确保供应商发票的内容和金额与相关验收单、订单一致。供应商会按月寄送对账单，对账单会表明期初余额、本期购买、本期支付和期末余额等信息。

8）付款

付款是指款项被批准并支付给供应商的过程。付款可以采用支票或电子资金转账方式，一旦签署了支票或批准电子转账，就应将付款的原始单据打孔或加盖记号，以免重复付款。

9）退货处理

验收部门和仓库必须严格按订单数量和质量收货，如果企业收到的货物未被接受（如数量超过订单或质量不合格），就应该退还给供应商。企业可以对质量不合格的产品要求补发货，也可不再向其采购。

11.2 采购与付款循环账户和交易

11.2.1 业务活动对会计的影响

采购与付款循环中的业务活动对会计的影响如下：

1）常规业务

采购与付款循环中的业务活动对会计有影响的常规业务主要有：采购、材料验收和付款。

2）非常规业务

采购与付款循环中的业务活动对会计有影响的非常规业务主要有：购货退回和购货折扣。

3）会计估计

采购与付款循环中的业务活动对会计有影响的会计估计主要有：固定资产可收回金额估计和其他非流动资产可收回金额估计。

11.2.2　采购与付款循环交易

从表 11-1 中可以看出，采购与付款循环对很多账户和交易都有影响。该循环的关键是购货、付款两类交易。表 11-1 列示了这些交易、业务活动、产生的凭证与记录，以及应记入的账户，下面我们对其进行讲解。

表 11-1　　**采购与付款循环各种交易、业务活动、凭证与记录及账户**

交易	业务活动	凭证与记录	账户
采购	请购商品和劳务	请购单（内部）	
	选择供应商	批准的供应商清单（内部）	
	采购订单	订单（内部）	
	验收货物	验收单（内部）	
	储存、使用货物	入库单（内部）	存货
		购货发票（外部）	
		安装所用材料和人工的单据	固定资产
	记录债务	应付账款明细账（内部）	应付账款
		月对账单（外部）	
付款	付款审批		
	填写支票	支票（内部）	银行存款
	电子转账或电汇等	电子转账回单（外部）	
		汇款通知单（外部）	
	冲销应付账款	应付账款明细账（内部）	应付账款

1）采购

材料采购可以由生产部门的请购单，或者由于存货达到了再订货点而由仓库的请购单开始，而其他商品和服务则由相关需求部门编制请购单。请购单经过恰当的采购授权，由专职采购的部门根据具体需求生成订单，以证明订购货物和服务的需要。随后货物的交付由验收部门出具的验收单来证明。验收合格的货物可能储存或使用。准备储存的货物会由执行保管职责的仓库出具入库单；而直接使用的也会假入库，也由仓库出具入库单（因为工业企业增值税进项税需要有入库单，才能抵扣当期销项税）。验收单、入库单和购货发票（普通商品销售发票或增值税专用发票）成为确认并记录应付账款的依据。记账凭证和原始凭证、支持性凭证（如请购单、订单、验收单、购货发票或供应商对账单）被称为整套凭单，是记录应付账款明细账和总账的依据。如果采购的是固定资产，则在请购单批准后，签订采购合同；需要安装的固定资产，相关部门在安装结束后出具固定资产验收报告，表明该固定资产已达到使用要求。固定资产的整套凭单包括：采购合同、发票、保险单、发运凭证、安装所用材料和人工的单据以及验收报告。

采购流程的关键环节是把需求的资源运送到企业，企业于这一时点确认对供应商的负债。代表负债发生的分界性凭证是验收单。

正如我们在销售与收款循环中所描述的，销售方会推迟开具销售发票，那么企业在采购时很难及时收到发票，更多的情况是在付款时才收到购货发票。如果按购货发票作为记录负债的证据，会导致负债确认的延迟，从审计角度看是截止问题。因此，购货发票通常不能作为完整性认定的证据。

2）付款

付款流程包括向供应商支付货款和服务款项的各项活动。付款条件以及能否准备好资金将决定支票填制或者资金转账的时间。按照顺序签发的发票会在支票登记簿中列示。银行存款日记账按时间顺序记录所有付款。当支票填写完毕后，支票连同整套凭单会传递至适当的人员（财务主管和管理私人印鉴的人员）进行审批（盖章），并交付供应商。银行存款科目的对应科目是应付账款，要及时更新应付账款的明细账和总账。付款流程的关键事项是将支票送达供应商，鉴于我国支票仅限于同城使用，因此支票通常直接由供应商来领取。对异地的供应商使用最多的是电汇。至此，负债得以偿还，可以记录应付账款的减少。

11.3 采购与付款循环的重大错报风险征兆

采购与付款循环的重大错报风险征兆见表11－2。由于各个企业的业务流程有所不同，这个表也许不能详尽地描述该循环中所有的风险，但是现实企业只可能面临其中的某些风险。注册会计师要重点关注这些可能的重大错报风险征兆或具体行为，以及它们对财务报表和认定的影响，合理将审计资源分配在受影响的认定之上。

表 11-2　　采购与付款循环的重大错报风险征兆

错报风险	对财务报表的影响	风险征兆或具体行为	影响的认定
管理层舞弊	虚增固定资产、无形资产、其他非流动资产	• 频繁进行非货币性资产交换 • 缺乏正当理由对固定资产进行评估并将评估增减值调整入账 • 在某个会计期间计提了巨额的资产减值准备 • 注销的资产价值大大超过以前年度计提的资产减值准备 • 固定资产和在建工程当期增加额与经过批准的资本支出预算存在重大差异，且未能合理解释 • 频繁与关联方发生固定资产买卖行为 • 固定资产和无形资产的折旧或摊销政策显失稳健 • 未能提供重要设备资产和土地资源有效的产权凭证 • 重大资产的购置或处置未经过恰当的授权批准程序 • 实物盘点之后大量冲销固定资产 • 某些固定资产的采购缺乏商业逻辑（在生产能力过剩的情况下购买） • 费用资本化比率异常 • 同行业技术更新导致发生大量资产减值，但未发现企业计提资产减值准备 • 管理层对注册会计师关于重要资产的确认、质疑，以及相关信息的提供不予配合 • 管理层禁止注册会计师接触相关设施、雇员、记录、客户、供应商等获取与重大资产相关的证据	发生

续表

错报风险	对财务报表的影响	风险征兆或具体行为	影响的认定
	低估应付账款	• 应付账款周转率上升	完整性
		• 应付账款记录与函证证据存在异常差异	
		• 仓库记录表明期末有验收入库的存货，但企业未能提供购货发票	
员工舞弊	虚增采购成本	• 采购环节牟取私利的行为（如收取回扣）	计价和分摊
		• 不正确的或未授权的采购价格	
		• 侵占，向不存在的供应商付款	
流程失效		• 供货不及时	计价和分摊
		• 接收货物的数量、质量不符合订单	
		• 未经批准的或不恰当付款	
		• 相关单据未预先编号	完整性
		• 资产减值过多或过少	
		• 生产能力过剩或不足	
		• 固定资产的维护不力	
		• 固定资产安全措施不力	
会计政策	虚列资产	• 资产的计价与准则不一致	
会计估计	增加利润	• 非货币性交易计价（是否具有商业实质）	
		• 折旧和无形资产的摊销与真实情况不一致	
		• 资产减值准备计提与真实情况不一致	
信息处理		• 没有将所有的请购单生成订单	完整性
		• 订单、购货发票和应付账款明细账金额不一致	计价和分摊
		• 现金折扣、购货折让和退回信息有误	
		• 购货退回没有及时调整应付账款	
		• 没有及时处理购货信息	截止
披露		• 数字错误或前后不一致	
		• 非货币性交易披露不透明	

影响采购与付款循环的风险有很多来源，具体包括：

1）管理层舞弊风险

管理层会采取虚增经营资产价值，维持经营资产规模不断扩大的假象。虚增资产价值，后期可以获得更多的税收抵减。管理层也可能由于当期利润的压力而随意变更折旧和摊销金额，不按真实情况计提资产减值准备。

2）员工舞弊风险

员工舞弊风险主要是利用内部控制的缺陷，获取非法采购回扣，或干脆向不存在的供应商付款的风险。

3）经营流程风险

经营流程风险是指，在经营流程中，由于未能取得充足数量和质量的材料、不恰当付款、信息处理不及时、应付账款金额不准确、未及时记录负债和未及时付款等风险，从而导致报表出现重大错报的风险。

4）会计政策风险

会计政策风险主要指在风险识别的过程中会出现资产的计价与准则不一致。如在非货币性交易中，没有严格按照会计准则关于具有商业实质交易和无商业实质交易的规定，对交易的非货币性资产未能正确计价。

5）会计估计风险

审计人员需要对折旧和无形资产的摊销、资产减值准备计提等进行估计，判断是否存在会计估计风险。

6）信息处理风险

信息处理风险主要包括：在信息处理中没有将所有的请购单生成订单；应付账款估价有误；现金折扣、购货折让和退回信息有误；没有及时处理购货信息；资产减值准备计提不充分或过多。

7）披露风险

披露风险主要包括：在财务报表中披露的资产、负债前后数字不一致；非货币性交易的披露不透明、不充分。

11.4　进一步审计程序：控制测试

11.4.1　重大错报风险控制的分析

如前章所述，不同类型的内部控制能用来管理不同类型的风险。接受、回避、转移或者降低风险是整个风险管理流程的一部分，都应该服从企业的战略和目标。比如，企业完善的公司治理结构，可以降低管理层舞弊的风险，保证管理层能更加卓越地完成其经营目标。虽然这些内部控制措施会增加企业短期的经营成本，但是却在以后期间给企业带来巨大的经营成本的降低。这些内部控制措施可以分为以下五类：

1）职责分离

不相容职务的分离，可以有效防止错误和舞弊。在采购与付款循环中，应当将采购、验收、储存、会计及财务部门在人员安排及职责分工等方面相互独立，偿还债务应经上述部门进行相应确认或批准。具体来说，采购与付款业务循环的以下六项职务必须分离，否则会出现舞弊或舞弊之后不能被及时发现：请购与（预算）审批；询价与确定供应商；采购合同的订立与采购合同审批；采购与验收；采购、验收与相关会计记录；付款审批与付款执行。

2）授权审批

在采购与付款循环中，需要授权审批的有：未经授权审批的请购单不得生成订单进行采购；已到期的应付款项必须经有关授权人员审批后方可办理结算与支付。特别是大宗货物采购与付款的授权审批，需要有特殊授权或集体决策。

3）凭证和记录

在业务流程中，应该使用恰当的凭证，其中包括：请购单、订单、验收单、入库单、支票等。而且这些凭证应当预先按顺序编号，并且按顺序使用。固定资产明细账、应付账款明细账、库存现金日记账、银行存款日记账，以及相关总账也要充分和完善。

4）实物控制

对库存现金和固定资产的接触限制属于很典型的实物控制措施。此外，重要的实物控制措施还包括限制接触那些能够用来授权不正当固定资产移动以及接触付款凭证、记录和会计电算化系统。

5）独立核查

独立核查的内容主要是核查采购与付款的内部控制是否健全、是否得到有效执行，包括：采购与付款的相关岗位设置和人员分工；授权审批制度的执行；应付账款的管理；凭证和记录的使用和保管等。

11.4.2 采购与付款循环控制测试

表 11-3 列出了许多适于采购与付款循环采用的与财务报表有明确关系的控制措施和控制测试。

由于固定资产在企业资产中所占比重大，对企业的生产经营有重大影响，与其他资产的管理方式和内部控制制度不尽相同，同时其对财务报表的影响较大，所以我们这里单独列示固定资产的控制测试，具体见表 11-4。

表 11–3　　**与采购与付款循环相关的控制测试**

交易	与交易相关的审计目标	典型的内部控制	常用的控制测试
采购	所记录的采购都确已收到物品或已接受劳务，并符合采购方的最大利益（存在）	（1）请购单、订货单、验收单和卖方发票一应俱全，并附在付款凭单后	查验付款凭单后是否附有单据
		（2）采购按正确的级别批准	检查批准采购标记
		（3）注销凭证以防止重复使用	检查注销凭证的标记
		（4）对卖方发票、验收单、订货单和请购单作内部核查	检查内部核查的标记
	已发生的采购交易均已记录（完整性）	（1）订货单均经事先编号并已登记入账	检查订货单连续编号的完整性
		（2）验收单均经事先编号并已登记入账	检查验收单连续编号的完整性
		（3）卖方发票均经事先编号并已登记入账	检查卖方发票连续编号的完整性
	所记录的采购交易估价正确（准确性、计价和分摊）	（1）计算和金额的内部核查	检查内部核查的标记
		（2）采购价格和折扣的批准	审核批准采购价格和折扣的标记
	采购交易的分类正确（分类）	（1）采用适当的会计科目表	检查工作手册和会计科目表
		（2）分类的内部核查	检查有关凭证上内部核查的标记
	采购交易按正确的日期记录（截止）	（1）要求收到商品或接受劳务后及时记录采购交易	检查工作手册并观察有无未记录的卖方发票存在
		（2）内部核查	检查内部核查的标记
	采购交易被正确记入应付账款和存货等明细账中，并被正确汇总（准确性、计价和分摊）	应付账款明细账内容的内部核查	检查内部核查的标记

续表

交易	与交易相关的审计目标	典型的内部控制	常用的控制测试
付款	所有的付款都是企业真实的业务所引起（发生）	(1) 现金出纳与货币资金记账的岗位分离	观察
		(2) 订单、验收单、购货发票齐全	检查付款的原始凭证
		(3) 付款经恰当审批	检查付款是否经过恰当的审批
	支付的款项全部入账（完整性）	(1) 现金出纳与货币资金记账的岗位分离	观察
		(2) 每日及时记录库存现金和银行存款支出	检查是否存在未入账的库存现金和银行存款支出
		(3) 定期向供应商取得对账单	检查是否向供应商取得对账单，了解是否定期进行
		(4) 付款记录的内部复核	检查复核标记
	登记入账的支出金额正确（计价和分摊） 支付货款在资产负债表上的披露正确（列报）	(1) 定期取得银行对账单	检查银行对账单和银行存款余额调节表
		(2) 订单、验收单、入库单的审批	检查是否有审批订单、验收单、入库单数量金额的标记
		(3) 日记账与总账的登记职责分开	观察

表 11-4　**固定资产的内部控制、控制要点和主要控制测试程序表**

审计目标	内部控制	控制要点	主要控制测试程序
发生、准确性、计价和分摊	预算制度 交易授权	固定资产增减应编制预算（固定资产内部控制中最重要的部分，大企业要有年度预算，小企业要有计划）	检查固定资产的取得与处置是否依据预算，对实际支出与预算之间的差异以及未列入预算的特殊事项，检查其是否履行特别的审批手续
发生、准确性、计价和分摊	授权批准制度	企业的资本性支出预算只有经过董事会等高层管理机构批准方可生效；所有固定资产的取得和处置均需经企业管理层的书面认可	不仅要检查授权批准制度本身是否完善，还要关注授权批准制度是否得到切实执行
发生、准确性、计价和分摊、完整性	账簿记录制度	设置总账、明细账、固定资产登记卡；按类别、使用部门、每项固定资产进行明细分类核算；增减变化均有原始凭证	检查明细账与登记卡设置的完善性，固定资产增减变化时原始凭证的充分性

续表

审计目标	内部控制	控制要点	主要控制测试程序
发生、准确性、计价和分摊、完整性	职责分工制度	对固定资产的取得、记录、保管、使用、维修、处置（不相容职务）等，均应明确划分责任，由专门部门和专人负责	检查与观察分工的恰当性
准确性、计价和分摊	资本性支出和收益性支出的区分制度	书面标准：区分资本性支出和收益性支出；明确资本性支出的范围和最低金额；凡不属于资本性支出的范围、金额低于下限的任何支出，均应列作费用并抵减当期收益	检查标准制定的合理性与执行的有效性
发生、准确性、计价和分摊	处置制度	投资转出、报废、出售等均要有一定的申请报批程序	检查报批程序的合理性与执行的有效性
发生、完整性	定期盘点制度	确定数量、存放地点、使用状况。 定期盘点制度的作用：①验证账面各项固定资产是否真实（发生）；②了解固定资产的放置地点和使用状况（发生）；③发现是否存在未入账的固定资产（完整性）	注册会计师应了解和评价企业固定资产盘点制度，并注意查询盘盈、盘亏固定资产的处理情况
发生、准确性、计价和分摊	维护保养制度	建立日常维护、定期检修制度	检查制度的合理性与实际执行情况

11.5　进一步审计程序：实质性程序

11.5.1　采购与付款交易测试

采购与付款交易的相关测试见表 11-5。在测试交易的发生、准确性、截止和分类目标时，可以从每类交易的已入账的支持性凭证（记账凭证和原始凭证）总体中选取样本；对于采购交易，可以从已入账的凭证中选取恰当的样本；而对于付款交易，则可以从已入账的支票或电汇单据中选取样本。交易测试的样本可以与控制测试样本相同（也就是双重目的测试）。对于为测试选取的交易，应复核支持性凭证来确定所有信息是一致的，而且以正确的金额、在恰当的时间记入恰当的账户。

表 11-5 **采购与付款的交易测试**

采购交易 发生、准确性、截止和分类： 复核银行存款日记账或材料、固定资产明细账，详细审查大额和异常的交易。 从材料、固定资产明细账中选取一些采购交易作为样本，获取所有的支持性凭证（订单、合同、验收单、购货发票或者供应商对账单），实施下列测试，并特别注意发现的例外事项： 1. 从已经批准的供应商清单追查供应商。 2. 比较请购单、订单、验收单、购货发票上的采购数量。 3. 复核购货发票的价格以确定其准确性（参考订单或合同条款）。 4. 重新审核购货发票或供应商对账单上的小计和合计。 5. 将购货发票或供应商对账单上的总额与记账凭证进行核对。 6. 追查记账凭证是否正确过入相应账簿中（材料、固定资产和应付账款明细账）。 7. 将验收单上的日期与记账凭证上的日期进行核对。 8. 测试应付账款明细账与供应商对账单是否一致、准确。 9. 审核向供应商付款情况，并关注取得折扣的真实性。 准确性：测试销售日记账的准确性。测试方法如下：选取少数几天的记录作为样本，检验每日的合计数，然后将每日的合计数进行加总，以测试当期的总额。 完整性：从预先顺序编号的验收单中选取样本，并追查其是否正确记入材料明细账中，在检查时还要注意相应凭证的存在性以及过账的日期（与验收单的日期进行比较）。
付款交易 发生、准确性、截止和分类： 复核库存现金日记账或支票登记簿；详细审查大额或异常的支出。 从银行存款日记账支出记录中选取样本，并获取相关的付款的整套凭单，执行下列测试，并特别注意发现的例外事项： 1. 核对支出记录样本的详细内容与应付账款、订单、验收单、购货发票和已付支票。 2. 验证付款金额是否与供应商的发票、付款条件等（如方式和折扣）一致。 3. 检查已付款的原始单据是否已经打孔或加盖记号，以免重复付款。 4. 从银行存款日记账追查至应付账款明细账，以确定是否所有支出都已正确过账。 完整性、准确性：测试库存现金和银行存款日记账的准确性。测试的方法是抽样。追查所有支付的应付账款是否都记录在银行存款日记账（付款部分实质性程序可参见第 10 章相关内容）。

在验证准确性时，可以测试支票登记簿与银行存款日记账、应付账款明细账与银行存款日记账、材料明细账与应付账款明细账。同时，合计金额应与相应的总账核对。在测试应付账款的完整性时，可以从当期的验收单中选取样本，验证其支持性文件，并追查交易是否正确记入应付账款明细账中。

11.5.2 评价会计政策和会计估计

注册会计师应该对会计政策的选择和运用进行评价。在采购与付款循环中，评价会计政策主要是指：资产的计价与准则是否一致，在非货币性交易中，是否严格按照会计准则关于具有商业实质交易和无商业实质交易，对交易的非货币性资产正确计价。评价会计估计主要是指：对固定资产的折旧和无形资产的摊销、资产减值准备计提等进行估计。

11.5.3 实质性分析程序

由于各个账户的重要性水平不同，所以不同账户可以采用不同的分析方法，在使用实质性分析程序时，获取的信息越全面、详细，实质性分析程序取证的效果越好。在采购与付款循环中，注册会计师经常使用（但不限于）以下指标：

1）资产质量指数

该指标的计算公式为：

资产质量指数=本期资产质量÷上期资产质量

其中：

资产质量=1-（流动资产+固定资产净值）÷资产总额

资产质量指数越大，表明企业将经营费用资本化的风险越高。企业迫于利润压力，将经营费用资本化，虚增利润的可能性越大，虽然资本化的费用在以后年度可以逐渐转回，从长远来看并不影响企业的税收，只是影响了货币的时间价值，但是风险较高。

2）固定资产周转率

该指标的计算公式为：

固定资产周转率=销售收入÷平均固定资产

其中：

平均固定资产=（期初固定资产+期末固定资产）÷2

将该指标同以前年度比较，或与同行业作比较，判断固定资产周转率变化的原因。在锦州港的财务丑闻中，锦州港在收入造假的同时，利用多个账户之间资金的频繁往来，造成收入已收回的假象；又以固定资产巨额的增加消化经营现金的流入。一进一出，资金平衡，假账做得相当有创意。所以在使用该指标时，一定要结合企业的生产能力来判断固定资产变动的合理性。如果企业目前的销售远远达不到当初的生产能力，那么可以判断固定资产的增加有问题。

3）总资产周转率

该指标的计算公式为：

总资产周转率=销售收入÷总资产

该指标既要横向和同行业作比较，也要纵向与前期比较，以发现异常，并深入探寻异常的合理性。要注意该会计期间客户的资本结构是否发生了变化，是否有重大的重组和收购，它们都会引起总资产的变化。追查总资产变化的合理性，从而确保不存在虚构资产价值的行为。

4）总资产收益率

该指标的计算公式为：

总资产收益率＝利润总额÷总资产

该指标表示综合收益能力，也要横向和纵向比较，是否与前期以及同行业相比有重大出入。总资产周转率分析了总资产的变化，总资产收益率则重点分析该期间不常发生的收益和损失，是否存在利用非主业进行利润虚增。

5）应付账款

比较本年度及以前年度应付账款的增减变动；比较本年度及以前年度应付账款的构成、账龄及主要供货商的变化；比较最近三个月及本年度平均应付账款支付期的变动情况；比较本年度及以前年度应付账款支付期的变动情况，并查明异常情况的原因。

6）应付账款与本期销售成本的比率

应付账款与本期销售成本的比率，应与以前年度相关比率对比分析，评价应付账款整体的合理性。在正常的商业活动中，企业凭借其建立的信用，应付账款与本期销售成本会保持一个稳定或持续升高的比率。如果该比率大幅下降，则表明企业可能遇到财务困难，其供应商收缩对该企业的信用，注册会计师要关注其持续经营能力。

7）应付票据

许多上市公司的财务报表，都出现了增利不增流的现象。有些企业表面上看是由于结算方式（开出大量的应付票据由此增加票据保证金所致），深层次可能是为关联方开出银行汇票，关联方再将汇票贴现，从而变相占用上市公司资金。所以，注册会计师要严密审查应付票据的对应方是否与之有真实的业务往来。如果发现货币资金用于应付票据的保证金而使之使用受限，注册会计师应考虑是否应该对受限的货币资金进行重分类，或者在附注中予以披露。

8）预付账款

深入分析预付账款的实质，以确定预付账款是购建固定资产所致还是采购货物的预付款。从采购货物的预付款我们还可以判断这是由于商品紧俏所致，或是由于企业的信用下降所致。当然对预付账款的账龄分析也是必要的。

9）期间费用的变化

毛利率是注册会计师关注的重点之一，但是在越来越多的造假手法中，企业同时会通过虚减期间费用（如广告费、促销费等）来虚增企业利润。一般来说，这些企业发生的与市场有关的费用往往与销售规模呈正比，通过销售费用的变化与销售收入的变化作对比可以发现一些问题。管理费用则重点关注坏账准备费用的变化。财务费用的利息支出比重较大，其变化则要结合短期借款和长期借款的审计来分析。

11.5.4　应付账款余额测试

1）函证应付账款

（1）函证的必要性。一般情况下，注册会计师并不必须函证应付账款，这是因为函证不能保证查出未记录的应付账款，况且注册会计师能够取得购货发票等外部凭证来证实应付账款的余额。但如果控制风险较高，应付账款明细账户金额较大或被审计单位处于财务困难阶段，注册会计师则应进行应付账款的函证。

一般情况下，应付账款不需要函证，这是因为：

①应付账款的审计目标主要是防止低估，而函证不能保证查出未记录的应付账款，即完整性；

②存在比较令人满意的替代程序，如可以取得购货发票等外部凭证来证实应付账款的余额，可以通过期后付款情况的检查予以证实等。

而应收账款却必须进行函证，这是因为：

①应收账款的审计目标主要是防止高估，函证能有效地查出高估的应收账款；

②尽管其他替代审计程序的审计成本较低，但不能有效地查出高估的应收账款。因为销售发票、销售单、发货单等均属于内部证据，可靠性较差。

（2）函证对象。进行函证时，注册会计师应选择较大金额的债权人，以及那些在资产负债表日金额不大，甚至为零，但为企业重要供货人的债权人，作为函证对象。

（3）函证方式。函证最好采用积极的函证方式，并具体说明应付金额。

（4）函证控制。同应收账款的函证一样，注册会计师必须对函证的过程进行控制，要求债权人直接回函，并根据回函情况编制与分析函证结果汇总表，对未回函的，应考虑是否再次函证。

（5）函证的替代程序。如果存在未回函的重大项目，注册会计师应采用替代审计程序。比如，可以检查决算日后应付账款明细账及库存现金和银行存款日记账，核实其是否已支付，同时检查该笔债务的相关凭证资料，核实交易事项的真实性。

2）查找未入账的应付账款

为了防止企业低估负债，注册会计师应检查被审计单位有无故意漏记应付账款行为。一般应采用以下审计程序：

（1）检查被审计单位在资产负债表日是否存在有材料入库凭证但未收到购货发票的经济业务；

（2）检查资产负债表日后收到的购货发票，关注购货发票的日期，确认其入账时间是否正确；

（3）检查资产负债表日后应付账款明细账贷方发生额的相应凭证，确认其入账时间是否正确；

（4）检查资产负债表日后若干天的付款事项，询问被审计单位内部或外部的知情人员，确定有无未及时入账的应付账款，检查相关记录或文件。

检查时，注册会计师还可以通过询问被审计单位的会计和采购人员，查阅资本预算、工作通知单和基建合同等来进行。如果发现采购的截止、分类不充分，注册会计师应该在测试的基础上检查一直到审计工作结束时的供应商发票。这种延伸审计程序有利于帮助注册会计师发现未入账的应付账款。在连续审计时，检查客户以前年度对于未入账应付账款的审计调整可以揭示可能被注册会计师忽略的地方。

3）长期挂账的应付账款

一般来说，负债容易出现低估错报，但是在实务中，也不乏负债的高估错报，即虚增负债。企业虚增材料成本、固定资产成本和无形资产成本导致虚增负债。因为负债是虚构的，无需企业真实的资金流出，所以虚构的负债会长期挂账。注册会计师在审查长期挂账的应付账款时，应执行以下审计程序：

（1）取得应付账款账龄分析表，锁定长期挂账的应付账款，一般要进行全部审查；

（2）将长期挂账的应付账款债权人名称与批准的供应商清单核对，以确定债权人是否存在；

（3）分析应付账款的形成及信用条件；

（4）查阅供应商对账单，特别是对购货价格的审查，以进一步证实长期挂账的应付账款的存在、权利和义务。

11.5.5 固定资产和折旧的细节测试

固定资产和折旧测试的相关审计程序见表11-6。执行的主要实质性程序如下：

（1）实地检查以确定固定资产的真实性；

（2）审查本年度增加的固定资产，重点审查其增加的合理性（是固定资产更新还是扩大生产能力），查阅取得固定资产的法定所有权的证明文件；

（3）审查本年度减少的固定资产（是固定资产更新还是缩小生产能力导致的），查阅其审批手续是否完备；

（4）审查折旧与减值准备。

1）固定资产增减变动的合理性

在固定资产审计中，仅仅对固定资产的增加和减少的机械准确性作了验证，如获取并审查固定资产增加的授权批准文件、购买发票、运输发票、保险合同等文件，获取并审查固定资产减少的文件，而没有从更深层次的原因判断其增加或减少的合理性，这是不够的。

表 11-6 **固定资产和折旧测试的相关审计程序**

审计目标	典型的审计程序
准确性：日记账和明细分类账记录的交易细节和总账的相关固定资产账户余额一致	1. 编制固定资产及累计折旧分类汇总表 2. 将固定资产及累计折旧分类汇总表与总账相核对
存在、权利和义务：所有已记录的与固定资产相关的交易真实发生，而且记录的固定资产真实存在	1. 实地检查重要固定资产（如为首次接受审计，应适当扩大检查范围） 2. 审核本年度固定资产的增加额并判断其合理性，查阅法定所有权的证明文件（发票、产权证明书、保险单和契约等） 3. 审查本年度固定资产的减少额并判断其合理性 4. 审查融资租赁的固定资产，查阅相关的租赁协议、合同
完整性：所有存在的固定资产交易和金额均已入账	1. 分析修理和维护费用，以判断是否存在未予资本化的费用 2. 实质性分析程序，比较各月修理及维护费用并与以前年度同期水平比较
计价和分摊：固定资产按正确的金额记录	1. 调查固定资产的现状 2. 对折旧的计提进行测试 3. 调查潜在的减损情况
分类：固定资产的分类正确	查阅固定资产增加的支持性凭证，是否存在分类问题
截止：固定资产已记入适当的期间	严格按照经济形式重于法律形式的原则来结转固定资产

从企业经营的角度讲，任何一个企业的固定资产的增加，必然是两个原因之一：(1) 扩大其生产能力；(2) 替换原有的设备（出于性能、成本的考虑）。

同理，任何一个企业的固定资产的减少，必然也是两个原因之一：(1) 缩小其生产能力；(2) 原有的设备被替换。

重组过程中的公司，或者以较快速度增长的新公司，会在资本性支出上花费巨额资金。相反，处于成熟期或者衰退行业的公司，通常会替换旧的固定资产，但不会大幅度地增加固定资产。那么，注册会计师在进行固定资产增加或减少的合理性审查时，就必须要从其原因入手，审查其是否符合商业逻辑。如企业一年内新购置了两条生产线，实物及购置的原始凭证齐全。但是注册会计师在审查时发现，企业当年的销售并未实现预算，至当年年末原生产线的利用率只有 45%。那么，我们就要再深入思考增加生产线的合理性，在进一步的审查中发现是由于原生产线性能不良而决定新增生产线。由此，我们得出这样的结论：固定资产的增加是合理的，这又引发了一个新的问题：原生产线的减值准备是否恰当呢？答案是否定的。从这个案例得出，判断固定资产增加或减少的合理性甚至比验证是否增加或减少更加重要。

当然，在固定资产显著增加以后，还有一种考虑：是否普通的修理费用已经被资本化而不是费用化。这时，应当扩大对固定资产账户借方较小金额的测试，结合对修理和保养费用的分析，确定支出是否已经被正确分类。

2）折旧

在不考虑固定资产减值准备的前提下，影响折旧的因素有折旧的基数（一般指固定资产的账面原价）、固定资产的残余价值和使用寿命三个方面。

折旧费用最重要的审计目标是准确性。具体来说，准确性主要指企业在不同会计期间是否遵循一致的折旧政策，以及折旧额计算是否正确。在判断折旧政策和方法是否符合相关会计准则的规定，并且一贯执行时，注册会计师可以与固定资产会计人员讨论，同时调阅前期的审计工作底稿加以复核。而折旧额计算的准确性，应先确定使用寿命、预计净残值和折旧方法是否合理，然后注册会计师重新计算，将计算的数据与企业的计提数相复核。在进行计算时，注册会计师必须根据本期固定资产的增减变化、不同资产的折旧年限、不同折旧方法进行调整。

对累计折旧账户执行的实质性程序也应从复查被审计单位的折旧方法和政策开始。折旧率、残值、使用年限，可与同行业企业普遍采用的标准进行比较。注册会计师应对折旧费用的计算进行测试，通常是通过进行大概的总体估计来完成。累计折旧期末余额审计通常要验证资产负债表上累计折旧与总账是否相符；累计折旧明细账本身的记录是否准确。

3）减值准备

固定资产的可收回金额低于其账面价值的金额称为固定资产减值。企业应当在资产负债表日判断固定资产是否存在可能发生减值的迹象。如果由于该固定资产存在减值迹象，导致其可收回金额低于账面价值的，应当将固定资产的账面金额减记至可收回金额，将减记的金额确认为固定资产减值损失，计入当期损益，同时计提相应的固定资产减值准备。

在审查实务时应检查固定资产减值准备计提和核销的批准程序；取得书面报告等证明文件，以证明计提减值准备有充分依据；检查减值准备的会计处理是否正确；检查处置固定资产时相应的减值准备是否一并结转。

在审查固定资产增加的合理性时，往往会得到计提减值准备是否充分的证据，在实务中应注意与固定资产结合起来一并审计。

11.5.6 其他应付款审计

与应付账款的性质明显相反，其他应付款的性质比较复杂，包括企业经营过程中五花八门的其他各项应付、暂收的款项。在其他应付款的审计实务中，要特别注意其他应付款的每个明细项目的性质。具体审计时可参照以下程序：

（1）取得其他应付款明细账，了解明细项目的性质，结合前期对企业经营情况的了解，形成其他应付款的预期或者说是该账户的商业逻辑，是否存在由关联方代为支付货款、代为支付利息，或代垫费用等。

（2）对性质特别、不符合预期、金额较大的明细项目进行审查，可参照应付账款的审计，比如函证，注意是否利用该科目隐匿收入调节利润。

（3）在对其他应付款余额进行细节测试时，一定要分析其流动性，即对一些一次性交易形成的其他应付款的余额是否变化做审计。通过对其余额的合理性（流动性）审计，来进一步获取其他应付款是否存在错报的证据。

11.5.7　其他应计负债审计

采购与付款循环中还有一些重要的应计负债账户，这些账户是源于对在资产负债表日前所取得商品、劳务或其他利益的尚未支付的债务。常见的应计负债包括：应付票据、预收账款、应付利息和应付股利。

1）应付票据和利息的余额测试

（1）存在：在确定账账、账表相符后，函证应付票据（数量不多可全部函证），检查支持性凭证，确定其是真实的商业往来。主要检查与该应付票据的相关合同、发票、验收单或入库单等，核实交易事项的真实性。应付票据的重要项目（包括余额为零的项目）应函证其余额是否正确。检查逾期未兑付应付票据的原因，是否已转入应付账款，如为有抵押的票据，是否已作相关披露。

（2）完整性：检查年度后偿还的票据是否存在未入账的应付票据；查阅银行询证函确保函证的应付票据都已入账；分析利息费用，以发现未入账的票据。

（3）计价与分摊：为保证记录的应付票据和应计利息正确，应利用函证所得本金、利率及票据包含的期间，重新计算。

应付股利的余额测试可参照应付票据和利息的审计程序。

2）预付账款的余额测试

只有当企业所购商品比较紧俏时会形成预付账款，或者是产品的生产过程比较长，如大型机器设备制造，对方会要求预付部分款项。具体审计程序如下：

（1）存在：查阅销售合同、协议是否有预付货款的条款，且该客户属于已批准的客户清单中。特别要注意预付账款的形成应该有真实的交易基础，而非关联方占用客户资金。

（2）权利和义务：实务中，会出现同一供应商在预付账款和应付账款同时挂账，当采购完成时全部在应付账款中挂账，而未能冲销预付账款，造成预付账款虚挂的现象。审计时要注意这类事件的发生，及时冲销预付账款，以防止虚挂。有些预付账款长期挂账是因为供应商破产、撤销等原因造成，要注意是否将预付账款转入应收账款，并对其全额计提坏账。

11.5.8 管理费用审计

管理费用审计可参照以下审计程序：

（1）将本期、上期的管理费用各明细项目作比较分析，必要时比较各月份管理费用，对有重大波动和异常情况的项目应查明原因。

（2）将管理费用中列支的职工薪酬、研究费用、折旧费用以及无形资产摊销、长期待摊费用、其他长期资产的摊销额等项目与相关科目进行交叉勾稽，并做出相应记录。

（3）选择管理费用中数额较大，以及本期与上期相比变化异常的项目追查至原始凭证。特别注意所有发生的费用都应有合理的原因、合法的凭据、正确的授权审批。对于不符合税法要求的不合法的费用、超限额的费用应提请被审计单位进行纳税调整。对管理费用实施截止测试，检查有无跨期入账现象；同时检查管理费用的结转是否正确、合规，有无多转、少转或不转，这些现象的存在可能是企业在人为调节利润。

第12章 生产与薪酬循环审计

学习目的与要求

学习本章应了解生产与薪酬循环业务流程、活动和涉及的凭证与记录；了解生产与薪酬循环的重大错报风险征兆；为降低审计风险，根据客户状况，设计控制测试，在学习中应了解生产与薪酬循环的内部控制要点及控制测试，并设计实质性分析程序、执行细节测试。

教学重点与难点

生产与薪酬循环的重大错报风险征兆和识别、存货监盘、存货计价审计要点和存货截止测试、营业成本测试和应付职工薪酬测试。

生产与薪酬循环指的是企业把原材料如何变成产成品，并配合销售与收款循环的销售交易后实物与价值的流转处理，与该循环有紧密联系的交易或事项包括：生产、成本核算、工资与福利；与之有紧密联系的账户包括：存货（该列报项目包含众多会计科目，如原材料、低值易耗品、库存商品、周转材料、生产成本、制造费用、存货跌价准备等）、主营业务成本和其他业务成本等。本章先采用业务流程图描述企业生产与薪酬循环的业务流程。然后分析在生产与薪酬循环业务流程中的重大错报风险征兆，如何识别这些风险并将其与认定相结合。接着阐述生产与薪酬循环相关内部控制的五大要素如何对重大错报风险进行控制，以及对内部控制是否有效进行控制测试。最后，针对评估的重大错报风险设计和实施生产与薪酬循环的实质性程序，为认定层次的重大错报是否存在提供进一步证据。

12.1 生产与薪酬循环业务流程与活动

生产与薪酬循环涉及的内容主要是按生产计划组织领料、安排工人生产、控制生产质量、生产成本的计算以及存货的管理等。

12.1.1 业务流程图

如图12-1所示，我们描述了典型的制造企业生产与薪酬循环大致的业务流程。

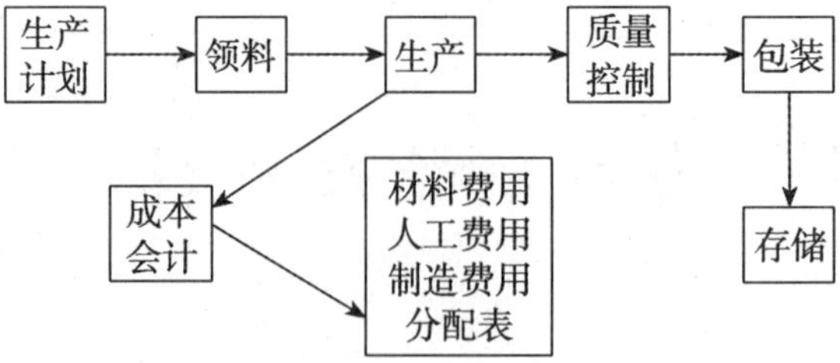

图 12-1　生产与薪酬循环业务流程图

12.1.2　相关的业务活动

生产与薪酬循环中的典型业务活动如图 12-1 所示。可能有的企业根据自身经营特点而执行方式有所不同，但每一步对实现流程目标都是必需的。

1）生产计划

生产计划是在企业现有存货水平和预测产品需求的基础上编制的，它有助于确保企业在不积压商品的情况下满足顾客需求。同时，生产计划还能保证企业所获得的原材料和安排的员工能够及时满足当期的生产需要。当然，产品的规格、生产时间和成本预计常构成生产计划的一部分。换言之，生产计划是指一方面为满足客户要求的三要素“交期、品质、成本”而计划；另一方面又使企业获得适当利益，而对生产的三要素“材料、人员、机器设备”的确切准备、分配及使用的计划。在按订单生产、适时生产制环境下对生产计划的制订要求更为严格，由于每批产品的规格不同以及顾客的需求时间不一致，因此生产流程需要频繁变化。生产计划是工厂管理内部运作的核心，内部管理应该是围绕着生产计划来进行的。

2）领料

生产计划是关于企业生产运作系统总体方面的计划，是企业在计划期应达到的对产品品种、质量、产量和产值等生产任务的计划和对产品生产进度的安排。为了将生产计划落实，企业会将生产计划细化为生产指令（又称为生产任务通知单或生产通知单）。生产指令是计划部门下达制造产品等生产任务的书面文件，用以通知采购部门采购、仓库发料、生产车间组织生产，其通常都必须包含生产的产品、数量、作业时间，作业开始时间、作业结束时间等。生产指令单是生产安排的计划和核心，一般交给采购部门、仓库和生产车间，是这三个部门行动的依据，也是考核和检查的依据。生产部门根据生产指令，以及企业对生产质量的控制水平，编制领料单。领料单被批准后，到仓库领用所需的原材料和辅助材料（这是采购与付款循环中存储/使用流程的延续）。领料单由是领用材料的部门或者人员（简称领料人）根据所需领用材料的数量填写的单据，其内容有领用日期、材料名称、单位、数量等。领料单作为材料发至生产部门，以及记录材料明细账的依据。在生产过程中，企业为控制材料发出，会编制诸如领料单、限额领料单、退料单、材料发出汇总表等凭证。

3）生产

制造、组装、完成产品等业务往往是生产与薪酬循环的核心业务活动。在这项业务活动中，投入的资源转化为新产品和服务，有时会相当复杂。生产部门主管负责监督产品的生产，并跟踪产品生产阶段的记录。生产主管在收到生产指令及领取材料后，便将生产任务分解到每一生产工人，相应的材料也交给生产工人。由此生产部门会有产量和工时记录，以登记工人或生产班组在出勤时间完成产品数量、质量和生产产品所耗工时的原始记录。产量和工时记录的形式有：工作通知单、工序进程单、工作班产量报告、产量通知单、产量明细表、废品通知单。

4）质量控制

质量控制能够确保企业一直达到质量标准，在关键和特殊工序通常要质量检查，这常常是生产流程中的一个必要步骤。质量不合格的产品被返工或作为废品处理，拒绝不合格品流入下一工序。完工产品必须有质检检验，合格产品才办理入库手续（填写产成品入库单），如果不能保证完工产品的质量，将对售后服务产生负面影响。

5）包装

这项业务活动包括将用于销售的完工产品装箱、捆扎、运送给顾客或存储在企业的仓库中。在包装活动中，企业主要关注如何使产品在搬运和装运时免遭意外损失。

6）存储

只有合格的产成品才能入库，产成品入库后一直存储到发送给顾客为止。仓库部门应承担对产成品的安全、分类存放，以及对产成品移动、发出信息恰当记录的责任。为了完善仓库管理，一般仓库需要建立材料、半成品、产成品等明细账，根据入库单、出库单及时登记相关明细账，反映各种存货增减变动情况和期末库存数量。

7）成本会计

核算原材料、辅助材料的领用，确定在产品的构成和价值以及计算完工产品的成本是成本会计的内容。一套良好的成本制度应能提供从原材料转变为在产品、从在产品转变为产成品过程的详细信息，还应提供整个生产过程中材料、人工和制造费用的归集和分配的详细信息。这些信息来自成本核算人员编制的工薪汇总表及工薪费用分配表、材料费用分配表、制造费用分配汇总表、成本计算单。其中工薪汇总表反映了生产部门全部人员工薪的结算情况。工薪费用分配表反映了各车间各产品应负担的生产工人工薪和福利。材料费用分配表是用以汇总反映各车间各产品所耗费材料费用的记录。制造费用分配汇总表是反映各车间各产品所应负担的制造费用的记录。而成本计算单是经过一系列的归集和分配，对某一成本对象所应承担的生产费用，包括该成本对象的总成本和单位生产成本的记录。成本会计的主要任务是归集材料、人工和制造费用后，给特定生产对象分配合理的成本。根据管理层的不同目标，可以采用许多不同方法来核算生产成本（如品种法、分步法、作业成本法等）。

12.2 生产与薪酬循环账户和交易

12.2.1 业务活动对会计的影响

生产与薪酬循环中的业务活动对会计的影响如下：

1）常规业务

生产与薪酬循环中对会计有影响的常规业务主要有：生产、成本计算、工资和福利。

2）非常规业务

生产与薪酬循环中对会计有影响的非常规业务主要有：奖金和红利。

3）会计估计

生产与薪酬循环中对会计有影响的会计估计主要有：存货可变现净值估计。

12.2.2 生产与薪酬循环交易

如表 12–1 列示，生产与薪酬循环主要包括两类交易：生产和工资。

表 12–1 **生产与薪酬循环各种交易、业务活动、凭证与记录及账户**

交易	业务活动	凭证与记录	账户
生产	编制生产计划	生产计划（内部）	
	形成生产指令	生产指令（内部）	
	领用材料	领料单（内部）	存货
	组织员工生产	产量/工时记录（内部）	应付职工薪酬
	成本会计	材料费用分配表（内部）	
		工资费用分配表（内部）	
		制造费用汇总分配表	
		成本计算单	生产成本
	产品完工入库	产成品入库单（内部）	存货
工资	招聘员工	员工招聘申请（内部）	
	批准入职	人事档案（内部）	
	员工工作时间报告	工时记录卡（内部）	
	员工产量报告	产量/工时记录（内部）	
	工资处理	应付职工薪酬明细账（内部）	应付职工薪酬

1）生产

生产是形成存货的来源。生产循环的会计处理主要表现为被审计单位的成本会计。生产部门根据生产计划，编制出预先编号的生产通知单；根据生产通知单，使用预先编号的领料单，领用生产所需的各种原材料和辅助材料。生产过程中，每份生产通知单的直接材料和人工成本（产量和工时记录）都被记录在个别存货的在产品账上。同样，各项作业或各生产步骤的制造费用也应记录在该账户上。成本会计人员根据生产过程中形成的单据，编制材料费用分配表、工资费用分配表、制造费用汇总分配表，形成成本计算单核算在产品和完工产品成本。

2）工资

员工通常是定期获得工资收入的，所以工资环节的重点在于定期计算员工的工资，并将相应的支出进行正确分配。员工通常是按企业规定的时间上下班的，因此一般企业使用工时记录卡来记录员工的上下班时间。如果员工工资是以小时计算的，工时记录卡就成为计算员工工资总额的基础。如果员工工资是以计件形式计算的，那么产量和工时记录就成为计算员工工资的基础。在计时制下，员工被要求完成一份工作通知单，确切地描述他在规定的付薪时间所做的工作。在计件制下，要求登记员工或生产班组在出勤内完成的产品数量、质量和生产这些产品所耗费工时数量的记录。在不同企业、不同生产车间，由于生产类型不同而采用不同格式的产量和工时记录。

人力资源部门或会计部门根据工时记录卡、工作通知单和产量记录，用工资计算表计算出每个员工的工资。工资计算表被相关主管审批后，形成工资发放表。工资发放表上记录了工资总额，扣减所有强制性和自愿性项目之后，就是员工工资净额。企业按照工资净额，签署支票，发放至每个员工的账号。

12.3　生产与薪酬循环的重大错报风险征兆

生产与薪酬循环的重大错报风险征兆见表 12-2。也许有些企业所面临的风险远远超过下面所描述的，而有些企业只面临其中的一些风险。

表 12-2　**生产与薪酬循环的重大错报风险征兆**

错报类型	对报表的影响	风险征兆或具体行为	影响的认定
管理层舞弊	虚增存货	· 期末存货余额太高或增幅太大	发生
		· 记录的存货和销售成本缺乏凭证支持 · 未能提供用以证明存货和销售成本的原始凭证，或只能提供复印件 · 与销售成本相关的会计记录（如购货、销售、现金支付日记账）之间不符合勾稽关系 · 存货盘点数与存货记录数存在重大差异 · 存货丢失或盘亏数量巨大	

续表

错报类型	对报表的影响	风险征兆或具体行为	影响的认定
		·供应商没有出现在经过批准的供应商清单上 ·新的或异常的供货商未遵循正常的审批程序，且其身份难以证实 ·制造假的存货单据 ·存货和销售成本的会计记录与佐证证据存在矛盾 ·产出过剩、市场低迷、产品更新，却未发现存货冲销或计提减值准备 ·管理层对 CPA 关于存货及主营业务成本的确认质疑，以及相关信息的提供不予配合 ·管理层禁止 CPA 接触相关设施、雇员、记录、客户、供应商等获取存货和主营业务成本相关证据	
	低估主营业务成本	·利润增长大于销售增长 ·与同行业相比，毛利偏高	完整性
		·成本费用分摊存在任意调节	
员工舞弊	侵占存货	·不恰当地报废存货	计价和分摊
		·存货实物盘点制度薄弱	
		·不恰当地接触存货	
流程失效		·生产计划缺乏效率	计价和分摊
		·生产操作不当导致劣质产品	
		·生产时间安排不当导致未能按时供货	
		·员工冗余或人手不够	
		·员工工作安排不当	
		·员工缺乏必要培训，导致产品质量下降、废品增多	
		·员工待遇缺乏竞争力	
		·成本分配不合理或不准确	完整性
会计政策	虚列存货、	·存货计价政策与准则不一致	
会计估计	虚增利润	·成本计算方法与生产流程/工艺不一致	
		·任意改变发出存货的计价方法	
		·存货的跌价计提不充分	
信息处理		·销售预测未能及时转换成生产计划	完整性
		·未能严格按照生产指令领料和安排员工	计价和分摊

续表

错报类型	对报表的影响	风险征兆或具体行为	影响的认定
		· 未能在顾客需求时间内生产并送货	
		· 领料单、工时记录不完整导致成本计算有误	
		· 生产指令的变更未及时传递至成本会计处	
		· 成本费用分配不正确	
		· 工资计算不正确	
		· 期末采购存货未及时确认	截止
		· 提前确认销售收入	
披露		· 数字错误或前后不一致	
		· 成本计算方法披露不透明	

影响生产与薪酬循环的风险有很多原因，具体包括：

1）管理层舞弊风险

虚增存货数量和价值是生产与薪酬循环中常见的管理层舞弊手法。管理层的薪酬纯粹与财务业绩挂钩，为保证净资产账面金额的增加，不仅虚构存货，而且对于存货的减值准备不充分计提；同时不正确地结转主营业务成本，导致利润虚增。

2）员工舞弊风险

员工长期在某一岗位工作，利用内部控制缺陷，任意报废存货给关联人员、侵占存货资产，为自身谋取私利。有部分原因是，由于企业提供给员工的工资缺乏竞争力，为了改善个人经济状况而进行员工舞弊。

3）经营流程风险

在生产过程中，由于生产计划的制订失误、生产操作不当、信息传递与沟通不顺畅、生产员工没有必要的培训导致产品质量下降和废品激增、成本会计制度不健全使得不能正确计算成本等风险，导致重大错报的出现。

4）会计政策风险

在生产与薪酬循环中，容易出现存货计价不符合会计准则，而且任意改变发出存货的计价方法的会计政策风险，也会出现成本计算方法不符合生产流程导致成本计算不正确。

5）会计估计风险

存货是否存在贬值、存货减值准备计提金额的多少，都需要管理层根据现实状况进行充分估计。因为资产减值的计提会影响企业利润，所以在利润的压力之下，管理层都有可能倾向较少计提。

6）信息处理风险

业务流程都有相应的目标要实现，而且业务流程需要不同的部门通力合作才能完成。在不同部门的合作当中，信息的沟通显得非常重要，一旦信息不对称出现，就会导致后续流程出现错误。在生产与薪酬循环中，由于生产计划不当导致生产指令有误，以及不恰当领料、人员和生产时间安排不合理、成本会计制度不能及时追踪生产情况而导致一系列的信息处理风险。

7）披露风险

生产与薪酬循环中的披露风险，是指财务报表中发出存货与主营业务成本的数字勾稽关系不合常规，成本计算方法披露不透明等。

12.4 进一步审计程序：控制测试

12.4.1 重大错报风险控制的分析

注册会计师对内部控制执行的有效性进行测试，是用来确定可能出现的错报类型，发生错报的风险，并进而用于设计实质性程序。通常注册会计师通过生产与薪酬循环的控制测试，针对发生、完整性、准确性以及计价和分摊等审计目标进行的实质性程序的工作量就可以减少。这些内部控制措施可以分为以下五类：

1）职责分离

在生产与薪酬循环中，需要分离的重要不相容职务包括：生产计划和生产指令、领用材料、生产、质量控制、成本会计、人事招聘、考勤、工资计算/工资发放、记录等。

2）授权审批

在生产与薪酬循环中，需要授权审批的有：生产计划和生产指令、领料单、招聘计划、发放工资。需要特别关注是对过时存货的处理与记录，废品、废料和副产品处理的授权。

3）凭证和记录

在生产与薪酬循环中应当恰当地使用凭证，其中包括：生产计划、生产指令、领料单、产量/工时记录、费用分配表、成本计算单、产成品入库单、员工招聘申请、工时记录卡。

4）实物控制

限制接触存货、限制存货的移动、凭证和记录的接触、人事档案的管理都是实物控制。

5）独立核查

在流程中可以进行很多的独立核查，包括核对凭证与凭证之间数量、内容等找出差异，比较生产指令与领料单之间批量总数和领用总数之间的一致性，废品数量和原因的调查，员工工作超量还是不饱和，存货永续盘存记录与总账之间的一致性。如果说生产成本出现较大差异时，特别是采用标准成本时的成本有较大偏差，应当在深入分析生产工艺流程、材料和人工需求的基础上进行独立验证。

12.4.2　生产与薪酬循环控制测试

表 12-3 列出了许多适于生产与薪酬循环采用的与财务报表有明确关系的控制措施和控制测试。

表 12-3　　**与生产与薪酬循环相关的控制措施和控制测试**

交易	与交易相关的审计目标	典型内部控制	常用的控制测试
生产（成本会计）	生产业务是根据管理层一般或特定的授权进行的（发生）	对以下三个关键点，应通过恰当手续，经过特别审批或一般审批：（1）生产指令的授权批准；（2）领料单的授权批准；（3）工资的授权批准	检查凭证中是否包括这三个关键点的恰当审批
	记录的成本为实际发生的而非虚构的（发生）	成本的核算是以经过审核的生产通知单、领发料凭证、产量和工时记录、人工费用分配表、材料费用分配表、制造费用分配表为依据的	检查有关成本的记账凭证是否附有生产通知单、领发料凭证、产量和工时记录、人工费用分配表、材料费用分配表、制造费用汇总分配表，以及这些原始凭证的顺序编号是否完整
	所有耗费和物化劳动均已反映在成本中（完整性）	生产通知单、领发料凭证、产量和工时记录、人工费用分配表、材料费用分配表、制造费用分配表均事先编号并已经登记入账	检查生产通知单、领发料凭证、产量和工时记录、人工费用分配表、材料费用分配表、制造费用分配表的顺序编号是否完整
	成本以正确的金额，在恰当的会计期间及时记录于适当的账户（发生、完整性、准确性、计价和分摊）	采用适当的成本核算方法，并且前后各期一致；采用适当的费用分配方法，并且前后各期一致；采用恰当的成本核算流程和账务处理流程；内部核查	选取样本测试各种费用的归集和分配以及成本的计算；测试是否按照规定的成本核算流程和账务处理流程进行核算和账务处理
	对存货实施保护措施，保管人员与记录、批准人员相互独立（完整性）	存货保管人员与记录、批准人员职务相分离	询问和观察存货和记录的接触以及相应的批准程序
	账面存货与实际存货定期核对相符（存在、完整性、计价和分摊）	定期进行存货盘点	询问和观察存货盘点程序

续表

交易	与交易相关的审计目标	典型内部控制	常用的控制测试
工资	工资账项均经正确批准（发生）	对以下五个关键点，应履行恰当手续：经过特别审批或一般审批；批准上工；工作时间，特别是加班时间；工资、薪金或佣金；代扣款项；工资结算表和工资汇总表	审查人事档案；检查工时卡的有关核准说明；检查工资记录中有关内部检查标记；检查人事档案中的授权；检查工资记录中有关核准的标记
	记录的工资为实际发生的而非虚构的（发生）	工时卡经领班核准；用生产记录钟记录工时	检查工时卡的核准说明；检查工时卡；复核人事政策、组织结构图
	所有已发生的工资支出已作记录（完整性）	工资分配表、工资汇总表完整反映已发生的工资支出	审查工资分配表、工资汇总表、工资结算表，并核对员工工资手册、员工手册等
	工资以正确的金额，在恰当的会计期间及时记录于适当的账户（发生、完整性、准确性、计价和分摊）	采用适当的工资费用分配方法，并且前后各期一致；采用适当的账务处理流程	选取样本测试工资费用的归集和分配；测试是否按照规定的账务处理流程进行账务处理
	人事、考勤、工资发放、记录之间相互分离（准确性）	人事、考勤、工资发放、记录等职务相互分离	询问和观察各项职责执行情况

12.5 进一步审计程序：实质性程序

12.5.1 生产与薪酬交易测试

生产与薪酬交易的相关测试见表12-4。因为生产活动不涉及与外部的交易行为，所以一般很少对存货执行交易测试。不过销售和采购交易测试的结果与存货管理相关，因为销售和采购交易涉及存货水平的增加或减少。如果注册会计师愿意，他也可以用存货的内部转移和转化测试来扩充销售和采购测试。例如，注册会计师可以测试材料投入生产时是否正确记入生产成本中。

表12-4 **生产与薪酬的交易测试**

工资处理

发生、准确性、截止和分类：

详细审查应付职工薪酬账户中大额和异常的交易。

从应付职工薪酬账户中抽取有关工资支出的样本，然后获取有关支出项目的支持性凭证，执行下列测试，并特别注意发现的例外事项：

续表

1. 将工时记录卡或产量记录与工资计算单上的工作时间/计件量相比较。 2. 从工资率（每小时工资/每件工资）和扣减项目追查至适当的人事档案，检查计算的准确性。 3. 从工资计算单中抽取部分员工追查至人事档案，从人事档案中抽取部分员工追查至工资计算单，确定员工是企业聘用的真实人员。 4. 测试工资计算单上每位员工的工资总额、扣减金额和工资净额的正确性。 5. 核对工时记录卡、产量记录与生产计划、生产指令、工作通知单上记录的工作时间或产量相符。 6. 追查成本计算单至工资费用分配表。 完整性、准确性： 测试应付职工薪酬明细账的准确性。审查工资计算单上的工资总额是否正确过入应付职工薪酬明细账以及总账。 测试工资费用分配表中的工资总额是否与应付职工薪酬明细账上的工资总额一致。

12.5.2　评价会计政策和会计估计

生产与薪酬循环中的会计政策评价主要是评价存货计价是否符合会计准则要求，是否不存在任意变更存货计价方法的情形，成本会计的计算方法与真实情况是否一致，职工工资的计算、相关的五险一金的缴纳、个人所得税的代扣代缴是否符合国家政策法规。

会计估计的评价主要是评价存货价值是否受到侵蚀、计提存货跌价准备的比例是否恰当。

12.5.3　实质性分析程序

与其他审计项目对比来说，存货的审计更是对注册会计师的知识和分析能力的挑战。原材料的取得和记录是在采购与付款循环中，作为装运产成品和记录营业收入的依据，是销售与收款循环的一部分，而原材料从仓库转移至生产线，进而转化为产成品属于生产与薪酬循环。生产与薪酬循环因与其他两个循环有严密的逻辑关系，因而数据之间也有严密的勾稽关系，注册会计师应充分利用大量的内部和外部数据，采用（但不限于）针对该企业的实质性分析程序。

1）存货

这是一个绝对值的比较，更多的是纵向比较，与以前各期期末存货数据比较。如果期末存货余额太高或增幅太大，结合主营业务成本和毛利的趋势分析，是否存在多计存货、少计主营业务成本，从而多计利润。如果存货水平异常地低或者为零，那么注册会计师应怀疑存货的完整性和存在问题。

2）存货周转率

这个指标更多的是横向比较，通过与同行业相比，结合对宏观经济状况的考虑、技术更新的负面影响，来判断企业的存货是否存在问题。

3）按月比较存货的采购、领用和生产成本

调查变动额并获得相应的解释，该指标要结合销售的周期性波动以及生产周期一并来考查。

4）工资/生产成本

综合考虑被审计单位是资本密集型企业还是劳动密集型企业，判断企业的工资是否符合行业的真实状况。企业可以虚构收入、虚构成本、虚构生产数据，但是支付的职工工资，以及相关的电费、水费不容易造假，通过工资占生产成本的比例是否符合逻辑，来判断企业是否存在管理层舞弊。

5）产量/最大产值

有些企业的收入、成本造假没有考虑其最大产值这一因素，通过产量/最大产值的比例可以判断企业是不是在无边际造假。

6）制造费用的分配标准

通过复核成本会计所使用的制造费用分配标准是过高还是过低，判断存货账面成本的分配和调整是否正确。

7）各生产线在产品数量的年度比较

如果通过比较，发现某些存货的增加原因不明，注册会计师就应怀疑存货的存在或与存货验收和支出相关的截止目标存在问题。

8）单位平均生产成本

按不同产品分类，分别计算单位平均生产成本（总生产成本/总完工产品数量），与同行业比较以及同以前年度比较，判断其合理性。

9）按产品分析原材料、人工、制造费用占生产成本的比重，并与去年同期比较

在成本造假时，有些费用支出很难造假，就会造成生产成本结构不合理变动。

10）应付职工薪酬/主营业务收入

一些企业伪造收入，但没有伪造职工薪酬支出，这会导致支付职工薪酬相对主营业务收入的比例偏低。同时通过对职工薪酬的年度绝对值的变化是否与主营业务收入的变化相匹配的对比来发现企业的造假行为。

11）毛利率

综合毛利率=营业（收入-成本）/收入；产品利率=产品（收入-成本）/产品收入。

如果毛利率畸高，可能是公司盈利能力远远超过行业平均水平，可能是管理上、技术上的核心竞争力“技高一筹”。但是，由于激烈的市场竞争，同行业中毛利率具有平均化的趋势。在商业、制造业、金融业、房地产开发业、软件业特别明显。

如果毛利率短期内剧烈波动，也可能存在问题。因为毛利率的高低与行业的生命周期，以及企业在行业中的地位有密切联系。

12.5.4　存货审计

1）监盘

自 1939 年发生的麦克森和罗宾斯案件之后，监盘存货就成为了法定审计程序及存货实质性程序的主要方法之一。在任何情况下，盘点存货不是注册会计师的责任，而是管理层的责任，注册会计师的责任是观察并评估被审计单位的盘点程序和工作结果。存货监盘是指注册会计师现场观察被审计单位存货的盘点，并对已盘点存货进行适当检查。作为观察存货盘点的一部分，注册会计师对存货中包括过时商品或毁损物品的可能性应该特别关注。原材料附有过多的灰尘或铁锈也可能是商品过时或滞销的信号。这些商品应该分开摆放，并将其账面价值减至可变现净值。

存货监盘程序见表 12-5。尽管在大多数业务中都要执行实物监盘程序，但是注册会计师监盘的性质和参与的程序却大相径庭。一种极端是客户的内部控制十分薄弱，但注册会计师非常关注存货的存在和计价与分摊认定。在这种情况下，注册会计师需要执行大量的抽查盘点，十分严密地监视客户的员工，并亲自查看所有盘存地点。另一种极端是客户的内部控制十分有效，并且内部审计人员也执行监盘程序。在这种情况下，注册会计师只需要执行少量的抽查盘点工作。

表 12-5　**存货监盘程序**

存货监盘计划

注册会计师应当根据被审计单位存货的特点、盘存制度和存货内部控制的有效性等因素，在评价被审计单位存货盘点计划的基础上，编制存货监盘计划，对存货监盘做出合理安排。

在盘点日之前，复核客户的盘点程序。实地考察存货的储存设施，确定所有的存货存储地点是否都需要进行盘点，确保盘点过程中采取了下列控制措施：

1. 盘点小组至少应由两人组成，以确保盘点正确；
2. 盘点小组应该明确界定责任范围；
3. 在盘点时应使用预先编号、一式两份的盘点标签（存货标签格式见表 12-6）；
4. 盘点后应将标签粘贴在已盘点的存货上；
5. 监督人员应该执行独立核查，以确保所有的存货被盘点并贴上标签；
6. 盘点过程中，应限制存货和人员流动；
7. 盘点过程中接收或发出货物的具体处理应做好相应安排。

实地监盘存货

注册会计师应牢记监盘存货的目标是：

1. 确定存货确实存在，观察存货的数量和种类、状况，是否准确并恰当地予以记录；
2. 观察执行存货盘点的员工；
3. 盘点过程中，注意每个盘点地点所用标签的顺序编号；
4. 检查存货并且记录存货过时、废弃或注销的情况；

续表

5. 观察已完成盘点的地点，以确保所有的存货都已盘点并贴上标签，只有注册会计师完成了监盘工作，方可撕去标签；

6. 编制存货盘点测试表；

7. 取得存货按标签编号顺序排列的完整数量清单，并测试其准确性；

8. 追查盘点测试过程中观察到的存货标签是否记入存货盘点表；

9. 从存货标签或盘点表中抽取样本追查至存货实物，确定所有记录的实物都是真实存在的；

10. 从存放地点抽取实物追查至存货标签或盘点表，确定所有应该盘点的实物均已盘点，这是完整性测试；

11. 关注存货的移动，防止遗漏或重复盘点。

他人存货的处理

存放在客户处，不属于客户的存货，如受托代销商品、待验收商品、待修商品或已销售尚未发出的商品，应当受到控制，防止错误或故意地计入客户的存货中。对他人存货应单独予以盘点并记录。

难以盘点的存货

某些类型的材料，如河中的原木、煤堆与金属材料、桶中的化学原料等，按其性质是很难进行盘点的，注册会计师将采用其他方法来证实这些材料的持有数。

1. 客户有时可以利用摄影测量、工程研究及类似的专业技术来进行实地盘点工作，注册会计师可观察其执行的仔细程度；

2. 注册会计师应聘请专家来协助进行存货的盘点和估价工作；

3. 对于涉及保密、有危害的存货，通常要依赖内部控制，同时复核采购、生产和销售记录，或向第三方询证。

与永续盘存记录之间的差异

对差异项目追加审计程序，查明差异的原因，并关注差异的后续处理。

替代审计程序

1. 存货位置特殊时，如在途存货就应审查相关采购凭证；存放公共仓库的可以通过函证方式进行取证；

2. 注册会计师无法亲临盘点现场，应委托适当的人，或因天气原因，可推迟盘点；

3. 接受委托时客户已完成盘点工作，如内部控制不好，择日重盘；内部控制良好，尚须对测试日与资产负债表日之间发生的交易作测试，并抽查会计期间的相关凭证和记录。

表 12-6 **存货标签**

时间：

标签号：

存货类别：________________

存放位置：________________

规　　格：________________

数　　量：________________

状　　况：________________

盘点人：　　　　　　　　　　　　复核人：

2）存货的计价测试

监盘程序主要是确认存货的结存数。有了存货结存数，还必须对存货的计价进行审计，即确定存货实物数量和永续盘存记录中的数量是否经过正确地计价和汇总。该步骤包括三个环节：材料的发出计价；在产品和产成品的计价；期末存货的计价（存货跌价准备的计提）。

3）材料发出的计价测试

外购存货的成本应该追查至相应的购货发票，并验证与所使用的会计政策是否一致。会计准则规定发出的存货可以采用：先进先出法、加权平均法和移动加权平均法。被审计单位应结合企业会计准则的基本要求选择符合自身特点的方法。注册会计师除应了解和掌握被审计单位的存货计价方法外，还应对这种计价方法的合理性与一贯性予以关注，没有足够理由，计价方法在同一会计年度内不得变动。

4）在产品和产成品的计价测试

在产品和产成品的计价测试也就是对存货成本的计价评价。注册会计师应该测试直接材料、直接人工以及制造费用，从而确保生产成本中包含了所有正确的产品成本项目。注册会计师还应该验证在产品的完工阶段或完工百分比，确保完工产品与在产品之间的成本分配是合理的。

5）期末存货的计价测试

由于被审计单位对期末存货采用成本与可变现净值孰低的方法计价，所以注册会计师应充分关注其对存货可变现净值的确定及存货跌价准备的计提。

可变现净值是指企业在日常活动中，存货的估计售价减去至完工时估计将要发生的成本、估计的销售费用以及相关税费后的金额。企业确定存货的可变现净值，应当以取得的确凿证据为基础，并且考虑持有存货的目的、资产负债表日后事项的影响等因素，具体来讲包括：

（1）为生产而持有的材料等，当其生产的产成品的可变现净值高于成本的，该材料仍然应当按成本计量；材料价格的下降表明产成品的可变现净值低于成本的，该材料应当按照可变现净值计量；

（2）为执行销售合同或者劳务合同而持有的存货，其可变现净值通常应当以合同价格为基础计量；

（3）企业持有存货的数量多于销售合同订购数量的，超出部分的存货可变现净值应当以一般销售价格为基础计量；

（4）企业持有存货的数量少于销售合同订购数量的，其会计处理适用《企业会计准则第 13 号——或有事项》；

（5）用于出售的材料等，其可变现净值应当以市场价格为基础计量。

一般情况下，企业应当按照单个存货项目计提存货跌价准备；对于数量繁多、单价较低的存货，企业可以按存货类别计提存货跌价准备；如果某些存货具有相同或类似最终用途或目的，并与在同一地区生产和销售的产品系列相关，且难以与其他项目分开计量的，企业可以合并计提存货跌价准备。当存在下列情况之一时，企业应当计提存货跌价准备：①市价持续下跌，并且在可预见的未来无回升的希望；②企业使用该原材料生产的产品成本大于产品的销售价格；③企业因产品更新换代，原有库存原材料已不适应新产品的需要，而该原材料的市场价格又低于其账面成本；④因企业所提供的商品或劳务过时或消费者偏好改变而使市场的需求发生变化，导致市场价格逐渐下跌；⑤其他足以证明该项存货实质上已经发生减值的情形。

当存在以下一项或若干项情况时，企业应当将存货账面余额全部转入当期损益：①已霉烂变质的存货；②已过期且不可退货的存货（主要指食品）；③生产中已不再需要，并且已无转让价值的存货；④其他足以证明已无使用价值和转让价值的存货。

6）存货的截止测试

注册会计师应该对存货的截止进行测试。截止测试通常与存货的实地观察及销售和采购的截止测试一起进行。截止测试的重点在于确定公司盘点时是否恰当地纳入或不纳入库存存货、在途存货或储存在独立仓库的存货。如果监盘是在年末进行，那么注册会计师可以观察存货是否根据具体情况恰当地纳入或不纳入盘点范围。

在进行存货的截止测试时，注册会计师要把握两个原则：

（1）资产负债表日前采购的商品已记录为采购，应该包含在期末存货中（计入本期采购，计入应付账款和存货）；

（2）资产负债表日前销售的商品已记录为销售，应该将其排除在期末存货外（计入本期销售、应收账款；因为配比原则已将库存商品结转至主营业务成本，所以盘点时资产负债表日前销售的商品不列入存货）。

12.5.5 主营业务成本

对主营业务成本实施的实质性程序常由两个原因而受到限制：第一，审计计划可能包括与存货转移和成本计算相关的控制测试；第二，如果注册会计师对存货的期初和期末余额进行实质性程序，并通过购货循环中的部分控制测试获得了关于存货的完整性、准确性、分类的证据的话，就已经对主营业务成本的数额有了足够的证据。相应地，对主营业务成本的实质性程序可限制在实质性分析程序上，以及通过生产成本及主营业务成本倒轧表（见表12-7），复核主营业务成本汇总明细表的正确性，与库存商品等项目的勾稽关系。

通过表12-7，注册会计师可以更好地了解企业的生产过程和生产中发生的费用。了解该客户生产成本的结构构成，即料、工、费的比例构成，若注册会计师有从业经验很可能会发现一些问题。注册会计师还可与上一年度的工作底稿对比，进

表 12-7　　**生产成本及主营业务成本倒轧表**

项目	未审数	调整或重分类金额 借（贷）	审定数
原材料期初余额			
加：本期购进 减：原材料期末余额 其他发出额			
直接材料成本			
加：直接人工成本 制造费用			
生产成本			
加：在产品期初余额 减：在产品期末余额			
产品生产成本			
加：产成品期初余额 减：产成品期末余额			
主营业务成本			

行趋势分析，获取成本构成的变化，并将审计重点锁定在变化较大的区域。在配合虚增收入而虚构成本时，客户可获得虚开的购货发票，伪造材料和产成品入库单，但是诸如职工工资、电费、水费、机器维修费等难以造假，由此产生的成本结构变化就说明了客户存在造假行为。

12.5.6　应付职工薪酬

职工薪酬是企业支付给员工的劳动报酬，其主要核算方式有计时制和计件制两种。职工薪酬可能采用现金的形式支付，因而相对于其他业务更容易发生错误或舞弊行为，如虚报冒领、重复支付和贪污等。同时，应付职工薪酬有时是构成企业成本费用的重要项目，所以在审计中便显得十分重要。

1）计价和分摊

获取或编制应付职工薪酬明细表，复核加计正确，并与报表数、总账数和明细账合计数核对相符。

2）分类

核对人事部职工名单与财务部工资发放清单，以查实分类正确。

3）准确性

审查人事部提供的职工薪酬是否与客户治理层制定的工资标准或分红计划相一致；检查年度内工资的波动是否正常，并与去年同期作比较。检查本项目的核算内容是否包括工薪、职工福利、社会保险费、住房公积金、工会经费、职工教育经费、解除职工劳动关系补偿、股份支付等明细项目。

4）发生

审阅应付职工薪酬明细账，抽查应付职工薪酬各明细项目的支付和使用情况，检查是否符合有关规定，是否履行审批程序。

对于应付职工薪酬的审计还应关注计提和发生之间的对应关系，详情见下一小节。

12.5.7 应付职工薪酬余额变化审计

这里我们要讨论的是，对应付职工薪酬发生、分类、准确性、计价和分摊进行审计后，即对应付职工薪酬的增加和支付审计后，就能说明其余额是合理的吗？

我们可以发现众多上市公司财务报表中应付职工薪酬年初和年末有大幅度的波动，而在众多的非上市公司中也屡见不鲜。虽然注册会计师对每一笔计提和支付的职工薪酬作了详细审计，对支持性凭证进行相应的审查，往往就得出应付职工薪酬无误的结论。但是忽视对应付职工薪酬余额大幅变动的合理性作进一步审计。

如果员工按照客户的工资标准取得薪金工资的话，应付职工薪酬年初和年末的余额不应该发生大幅变动。只有当一年结束，检查企业经营状况后，决定的年终奖金或分红计划与预提的奖金不一致，这时才会发生应付职工薪酬年初和年末余额大幅波动。或者当客户为配合虚增收入的成本造假，而虚列应付职工薪酬，但是又不真实支付时，才会导致年末余额不正常地累积。其具体审计程序如下：

（1）复核应付职工薪酬中大额或异常的分录，检查其支持性凭证；

（2）获取客户工资发放规律（如当月计提当月发放还是当月计提下月发放），重点审查计提的工资和发放的工资之间的对应关系，如果计提与发放之间有重大变动，即发放远远大于计提或计提远远大于发放，这里可能就隐藏重大错报（平滑费用、管理层发放巨额奖金侵占股东利益、虚构人工成本）。

因为计提与发放之间的差异会累积影响应付职工薪酬的年末数，所以导致应付职工薪酬年初和年末余额发生大幅变动。

第13章 筹资与投资循环审计

学习目的与要求

学习本章应了解筹资与投资循环业务流程、活动和涉及的凭证与记录；了解筹资与投资循环的重大错报风险征兆；针对该循环的重大错报风险征兆执行控制测试和实质性程序以降低审计风险，进而了解筹资与投资循环的内部控制要点及控制测试，并掌握该循环的实质性程序。

教学重点与难点

筹资与投资循环的重大错报风险征兆和识别；筹资、投资交易控制测试；借款实质性程序；股本实质性程序和投资实质性程序。

筹资活动和投资活动是筹资与投资循环中两个完全不同的交易，两者其实不是紧密联系的，主要考虑对于一个生产型企业筹资与投资就交易量来说应该是不大，所以将两者并为一个循环。筹资方式主要有借款、发行债券和发行股票，其涉及的会计账户有：短期借款、长期借款、应付债券、应付利息、其他应付款、股本、实收资本、资本公积、盈余公积、未分配利润、财务费用等。投资包括短期投资和长期投资，其涉及的账户有：交易性金融资产、可供出售金融资产、持有至到期投资、长期股权投资、投资性房地产、应收利息、应收股利、公允价值变动损益、投资收益等。本章先采用业务流程图分别描述企业筹资活动的业务流程，以及投资活动的业务流程，然后分别列示筹资和投资业务流程中的重大错报风险征兆，如何识别这些风险并将其与认定相结合。接着阐述内部控制的五大要素如何对筹资和投资两个业务涉及的重大错报风险进行控制，以及内部控制是否有效进行控制测试。最后，针对评估的重大错报风险设计和实施筹资与投资的实质性程序，为认定层次的重大错报是否存在提供进一步证据。

13.1 筹资与投资循环业务流程与活动

筹资活动涉及的业务活动包括：根据企业资本成本结构及资金需求确定筹资方式，取得资金，并对取得的资金进行良好的管理，在未来期间偿还利息和本金或股息。

投资活动涉及的业务活动包括：确定短期投资还是长期战略投资、选择权益投资还是债权投资，严格规范投资交易程序。

13. 1. 1　业务流程图

图 13-1 描述了企业筹资活动大致的业务流程。

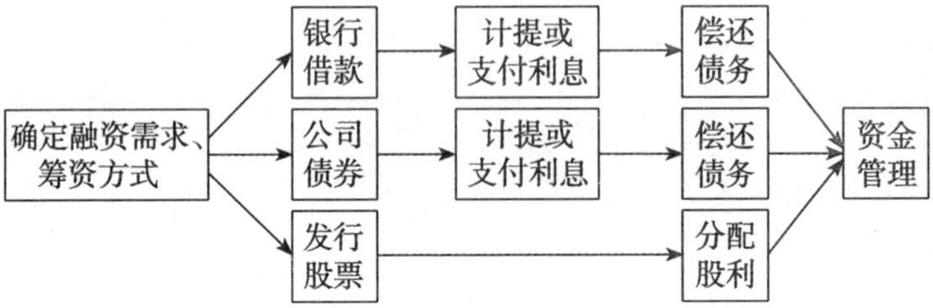

图 13-1　筹资活动业务流程图

图 13-2 描述了企业投资活动大致的业务流程。

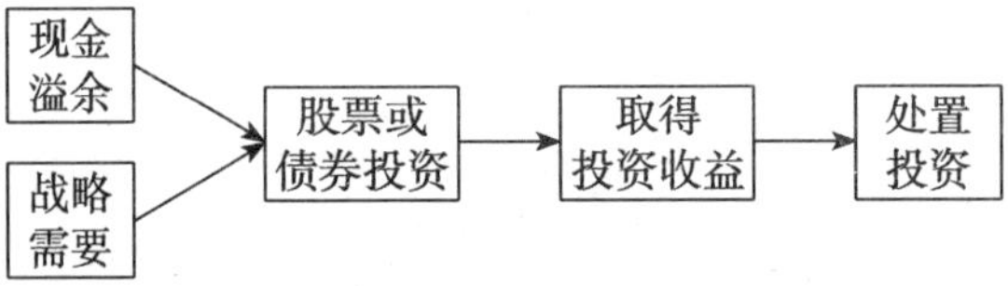

图 13-2　投资活动业务流程图

13. 1. 2　筹资相关的业务活动

筹资活动的业务流程图如图 13-1 所示。筹资活动的主要目标是：确定资金的需求，使企业的资本成本最小以及确保债务能够按时偿还；同时使企业的收益最大化。它们的重要性取决于企业在资本结构方面所做的战略决策（如选择大规模借款还是维持较低的借款金额）。筹资循环中的业务活动包括：

1）确定融资需求和筹资方式

估计企业未来的融资需求是财务预测的主要任务。为取得扩大销售所需增加的资产，企业的留存盈余可以提供一部分资金，另外一部分通过对外融资取得。对外融资，在保证资本成本最小的资本结构的前提下，寻找资金提供者，向他们做出还本付息或提供盈利的保证，并确保投资安全并获利。

2）授权审批

当融资需求和筹资方式决定之后，每一项筹资都是重大事项，所以应该履行严格的授权审批程序。企业通过借款筹集资金需经管理层审批，债券的发行每次都要由董事会授权；企业发行股票必须依据国家有关法规或企业章程的规定，报经企业最高权力机构（如董事会）及国家有关管理部门批准。

筹资部门根据批准的筹资方式开始筹资。企业向社会公开发行股票或债券时，应当由依法设立的证券经营机构承销或包销，企业就与其签订承销或包销协议。企业股票或债券公开发行后，企业会形成诸如公司债券、股本凭证、债券契约、股东名册、公司债券存根簿等证明股权或债权的凭证。如果向银行或金融机构借款，企业会与其签订借款合同或协议。

3）计提或支付利息和股利

企业应按照有关合同或协议的规定，计提利息并及时支付利息、分配股利。

4）偿还债务

企业预先知道自己偿还债务的时间，应提前安排偿还债务的资金，以免发生资金周转问题。企业根据借款或发行债务的相关合同或协议的规定偿还债务本金和未支付的利息。

5）资金使用

资金使用包括收到外部融资资金的使用，收到资金后如何投放到需要融资的项目，项目中资金的使用，以及最后安排债务的偿还等一系列的工作。

13.1.3　投资相关的业务活动

1）现金溢余和战略需要

企业现金管理的目标，就是要在现金的流动性和盈利能力之间做出抉择，以获取最大利润。有价证券变现能力强，可以随时转换成现金，是企业现金的一种转换形式。短期投资通常利用经营活动产生的多余现金。当企业有现金溢余时，常将现金转换成交易性金融资产，以避免市场风险以及获取比持有现金更高的收益。

长期投资则通常出于战略目的，不以获取直接报酬为主要目的，而是强调获取投资的潜在利益。通过控制或影响被投资企业，以便从销售、供应、技术或管理上得到回报，也可能是为了分散投资，把资金投放于金融市场以便获取股利或利息收入。

2）授权审批

投资涉及资金的流出，而且企业也不常发生这样的业务。出于资金安全的考虑，投资业务应由高层管理机构进行审批。

投资后，企业会收到相关的投资凭证或有价证券，其可能保存在经纪人处或企业（在银行）的保险箱。这些投资凭证或有价证券包括：投资协议、债券契约、出资证明、股本、债券等。

3）取得投资收益

投资产生的报酬形式可以是利息、股利或资本利得。这项业务活动的关键是投资收益的实现和记录，一般会给公司带来现金流入。

4）处置投资

如果企业的现金不足，就应当及时转换所持有的证券，以满足现金的日常需求。如果企业战略投资的目的已经达到，就可以通过转让证券实现投资的收回，或转让所持有的股份。一般除联营合同期满，或由于其他特殊原因联营企业解散外，一般不得收回投资，除非有人愿意收购企业所持有的股份。投资的处置业务一般需要下列文件支持：经纪人的销售公告和合同、董事会批准投资处置的会议纪要、高管核对收款收据和银行存款的详细信息。

13.2 筹资与投资循环交易和账户

13.2.1 业务活动对会计的影响

筹资与投资循环中的业务活动对会计的影响如下：

1）常规业务

筹资与投资循环中对会计有影响的常规业务主要有：信贷限额、利息或股利、偿还债务、投资、转让投资和投资收益。

2）非常规业务

筹资与投资循环中对会计有影响的非常规业务主要有：发行债券、发行股票和提前还贷。

3）会计估计

筹资与投资循环中涉及的会计估计主要有：投资减值和商誉减值。

13.2.2 筹资与投资循环交易

筹资与投资循环包括筹资与投资两类交易。而筹资与投资是财务管理的关键环节，目的在于确保企业现金流量的平衡。当企业有现金溢余时进行短期投资，而当资金不足时通过发行股票以及向各种债权人借款进行融资。筹资与投资涉及的业务活动、凭证与记录及账户见表13-1。具体的说明如下：

1）筹资

根据企业的融资需求确定筹资的方式和数额，借款需经管理层审批银行贷款申请书，其中债券的发行每次都要由董事会通过发行公司债券决议，企业发行股票必须依据有关规定报经董事会、股东大会及国家有关管理部门批准。向银行或其他金融机构借款必须签订借款合同，发行债券必须签订债券契约和债券包销合同。企业按有关合同或协议的规定，及时计算利息或股利，以及偿付债务。

2）投资

投资业务由企业的高层管理机构进行审批。通过形成被投资单位公司章程或投资协议，或者通过经纪人直接购买证券进行投资。企业据此投资，取得股权投资的股利收入、债券投资的利息收入和其他投资收益。投资目的达到或要变更投资时，企业可以通过转让债券实现投资的收回。

表 13-1　　筹资与投资循环各种交易、业务活动、凭证与记录及账户

交易	业务活动	凭证与记录	账户
筹资	与贷款机构签订合同	借款合同或协议（外部）	短期/长期借款
	与证券公司签订合同	承销或包销协议（外部）	
	与债权人签订合同	债券契约（外部）	应付债券
		公司债券存根簿（内部）	
	发行股票	出资证明（内部）	股本
		股东名册（内部）	
投资	与被投资单位签订合同	章程或协议（外部）	长期股权投资
		投资协议（外部）	交易性金融资产
		债券契约（外部）	可供出售金融资产
		债券（外部）	持有至到期投资
		经纪人通知书（外部）	
		股票（外部）	

13.3　筹资与投资循环的重大错报风险征兆

筹资与投资循环的重大错报风险征兆见表 13-2。

表 13-2　　筹资与投资循环的重大错报风险征兆

错报类型	对财务报表的影响	风险征兆或具体行为	影响的认定
管理层舞弊	虚减负债	· 董事会已批准的贷款在会计记录中没有记录	完整性
		· 银行回函证实的贷款没有在会计记录中反映	
		· 有租金支出，但没有记录相应的租赁负债	
		· 企业与关联方的资金往来频繁，委托付款或委托收款现象突出	

续表

错报类型	对财务报表的影响	风险征兆或具体行为	影响的认定
	虚增投资收益	·企业设立了众多特殊目的实体且资金往来频繁 ·大额的投资收益来自企业所持有的自己的股票 ·收购前被收购企业巨亏，收购后即有高额利润	发生
员工舞弊		·随意处置投资，并侵占投资收益 ·直接侵占有价证券	
流程失效		·资金计划和预算无效 ·企业未遵守大额长期贷款的限制性条款、利息偿付和到期偿还贷款的义务等，产生贷款违约导致的可持续经营问题 ·资本结构没有达到最优化 ·投资交易未经正确授权 ·筹资未经正确授权 ·投资与筹资或现金流之间不平衡	计价和分摊
会计政策 会计估计	虚列投资、 增加利润	·金融资产的分类不适当 ·金融资产的计价不适当 ·任意改变金融资产的计价方法 ·借款、应付债券的计价不恰当 ·任意改变长期股权投资的计价方法	
信息处理		·财务预测的外部融资金额未能及时融资 ·未能严格按照计划使用资金 ·未能完成投资计划	完整性 计价和分摊

续表

错报类型	对财务报表的影响	风险征兆或具体行为	影响的认定
披露		·筹措资金未能及时投入项目中 ·会计记录未能及时反映投资状况 ·利息、股息计算不正确 ·数字错误或前后不一致 ·金融资产的分类不透明	

影响筹资与投资循环的风险有很多原因，具体包括：

1）管理层舞弊风险

一般来说，对于负债管理层是低估错报，倾向少计负债。少计负债的通常做法是将实际的已借款不记入会计记录中。如，董事会批准的借款未记入；得到银行证实的借款未记入；有租金支出的融资负债未记入；通过关联方拆借的资金未记入。

2）员工舞弊风险

员工利用内部控制的漏洞或管理上的疏忽大意，不恰当地处置投资，将投资收益占为己有；或直接将有价证券侵占。

3）经营流程风险

在筹资流程中，由于未能正确计划和预算资金的数额，导致筹资过多或过少，进而影响企业的资本结构。使用资金的过程时，未能平衡现金流量，无法按期偿还利息或违反贷款条款，以致被强制提前还贷而出现持续经营困难。同时还可能由于筹资、投资的授权审批不恰当而导致风险的产生。

4）会计政策风险

金融资产的分类、计价；借款利息、股息的计提；长期股权投资的计价等都是筹资与投资循环中会遇到的风险。

5）会计估计风险

企业必须对金融资产的期末减值做出估计，不得多提或少提减值准备。

6）信息处理风险

在筹资与投资交易的处理中，会出现诸如：财务预测的外部融资金额未能及时融资；未能严格按照计划使用资金和安排投资；会计记录未能及时反映投资状况；利息、股息计算不正确等问题。

7）披露风险

财务报表的数据是根据总账数据分析填列的，可能会出现前后数据不一致的错误，还可能会出现未能正确对金融资产进行分类等问题。

13.4 进一步审计程序：控制测试

13.4.1 重大错报风险控制的分析

1）筹资的内部控制措施

筹资的内部控制措施可以分为以下五类：

（1）职责分离。

筹资活动中的不相容职责包括：资本结构和筹资方式的授权、筹资交易的授权、收款和付款的处理、资金的管理、金融资产的实物接触和财务活动的信息处理。

（2）授权审批。

在筹资和投资活动中，因为交易涉及财务资源而且金额庞大，所以授权非常关键。每笔融资交易都应该得到高层管理部门的授权。

（3）凭证和记录。

应当完善筹资活动中的凭证和记录，以确保所有的实际持股人都登记在册，确保正确地向除权日前登记在册的股东发放股利。相关的凭证和记录包括：债券契约、股东名册、公司债券存根簿、承销或包销协议、借款合同或协议、相关的会计记录。

（4）实物控制。

在筹资活动中，必须限制人员接触借款、发行股票的相关合同协议，以及筹资收到的资金和相关的会计记录。

（5）独立核查。

为保证筹资内部控制的正确执行，被审计单位通常对不相容职务是否正确分离、相应的授权审批、充分的凭证和记录等进行核查。

2）投资的内部控制措施

投资的内部控制措施可以分为以下五类：

（1）职责分离。

有关投资业务活动的职责分离主要有：投资预算的编制与审批；投资项目的分析论证与评估；决策与执行；处置的审批与执行；投资业务的执行与相关会计记录。

（2）授权审批。

投资金额的审批、投资处置（投资收回、转销、核销等）的审批是投资授权审批的重点。

（3）凭证和记录。

投资活动相关的凭证和记录有：章程或协议、投资协议、债券契约、债券、经纪人通知书。

（4）实物控制。

企业应当根据不同的投资种类和投资方式采用相应的管理方法，加强对持有投资项目的安全完整、投资收益的收取、有关凭证的保管和记录、会计核算等方面的控制。

（5）独立核查。

企业应当定期或不定期地对投资业务活动进行监督检查：投资业务相关岗位设置及人员配备情况；授权审批制度的执行情况；决策；投出；投资持有的管理；处置；会计处理。

13.4.2　筹资与投资循环控制测试

前面我们知道，注册会计师更多的是关心与重大错报风险和注册会计师责任相关的内部控制。由于大多数对审计敏感的流程所产生的交易都包含在财务报表中，因此注册会计师必须关注交易处理的正确性。

表 13-3 列出了许多适于筹资与投资循环采用的与财务报表有明确关系的控制措施和控制测试。

表 13-3　　与筹资与投资循环相关的控制措施和控制测试

交易	与交易相关的审计目标	典型内部控制	常用控制测试
筹资	借款和所有者权益账面余额在资产负债表日确定存在，借款利息费用和已支付的股利是由被审计期间实际发生的交易事项引起的（存在与发生）	借款或发行股票经过授权审批	索取借款或发行股票的授权批准文件，检查权限是否恰当，手续是否齐全
		签订借款合同或协议、债券契约、承销或包销协议等相关法律性文件	索取借款合同或协议、债券契约、承销或包销协议
	借款和所有者权益的增减变动及其利息和股利已登记入账（完整性）	筹资业务的会计记录与授权和执行等方面有明确的职责分工	观察并描述筹资业务的职责分工
		借款合同或协议由专人保管，如保存债券持有人的明细资料，应同总分类账核对相符，如由外部机构保存，需定期同外部机构核对	了解债券持有人明细资料的保管制度，检查被审计单位是否与总账或外部机构核对

续表

交易	与交易相关的审计目标	典型内部控制	常用控制测试
筹资	借款均为被审计单位承担的债务，所有者权益代表所有者的法定求偿权（权利与义务）	—	—
	借款和所有者权益的期末余额正确（估价或分摊）	建立严密完善的账簿体系和记录制度；核算方法符合会计准则和会计制度的规定	抽查筹资业务的会计记录，从明细账抽取部分会计记录，按原始凭证到明细账、总账的顺序核对有关数据和情况，判断其会计处理过程是否合规、完整
	借款和所有者权益在资产负债表上的披露正确（表达与披露）	筹资业务明细账与总账的登记职务分离；筹资披露符合会计准则和会计制度的要求	观察职务是否分离
投资	投资账面余额为资产负债表日确实存在的投资，投资收益（或损失）是由被审计期间实际发生的投资交易事项引起的（存在与发生）	投资业务经过授权审批；与被投资单位签订合同、协议，并获取被投资单位出具的投资证明	索取投资的授权批准文件，检查权限是否恰当，手续是否齐全；索取投资合同或协议，检查是否合理有效；索取被投资单位的投资证明，检查其是否合理有效
	投资增减变动及其收益（或损失）均已登记入账（完整性）	投资业务的会计记录与授权、执行和保管等方面有明确的职责分工；健全证券投资资产的保管制度，或者委托专门机构保管，或者在内部建立至少两名人员以上的联合控制制度，证券的存取均需详细记录和签名	观察并描述投资业务的职责分工；了解证券资产的保管制度，检查被审计单位自行保管时，存取证券是否进行详细的记录并由所有经手人员签字
	投资均为被审计单位所有（权利与义务）	内部审计人员或其他不参与投资业务的人员定期盘点证券投资资产，检查是否为企业实际拥有	了解企业是否定期进行证券投资资产的盘点；审阅盘点报告，检查盘点方法是否恰当、盘点结果与会计记录核对情况以及出现差异的处理是否合规
	投资的计价方法正确，期末余额正确（计价和分摊）	建立详尽的会计核算制度，按每一种证券分别设立明细账，详细记录相关资料；核算方法符合会计准则的规定；期末进行成本与市价孰低比较，并正确记录投资减值准备	抽查投资业务的会计记录，从明细账抽取部分会计记录，按原始凭证到明细账、总账的顺序核对有关数据和情况，判断其会计处理过程是否合规、完整
	投资在资产负债表上的披露正确（表达与披露）	投资明细账与总账的登记职务分离；投资披露符合会计准则的要求	观察职务是否分离

13.5　进一步测试：实质性程序

13.5.1　评价会计政策和会计估计

注册会计师应确定被审计单位对其债权或股权筹资、债权或股权投资所采用的会计政策是否恰当；对筹资和投资的分类是否合适。

金融资产分类，与其计量密切相关。企业应当按照会计准则规定，结合自身业务和风险管理特点，将取得的金融资产或承担的金融负债分类为：（1）以公允价值计量且其变动计入当期损益的金融资产或金融负债；（2）持有至到期投资；（3）贷款和应收款项；（4）可供出售金融资产。按照上述原则分类以确保金融资产计价的正确。

注册会计师应检查管理层对待投资的意图：如投资战略的记录、董事会会议记录、管理层对投资部门的指令等，以判断对金融资产的分类是否正确。注册会计师在考虑被审计单位的投资活动时，要关注其重分类问题，如企业欲将持有至到期投资提前出售，那么应重分类为可供出售金融资产，并以公允价值进行后续计量。在可供出售金融资产不能再以公允价值计量时，应改按成本或摊余成本计量。

资产负债表日，企业应对公允价值计量且其变动计入当期损益的金融资产以外的金融资产进行检查，有客观证据表明该金融资产发生减值的，应当确认减值损失，计提减值准备，以确保会计估计是合理、恰当的。

长期股权投资若是合并取得的，初始计量应分清是同一控制下的合并还是非同一控制下的合并，前者采用账面价值法，后者采用市场购买法。在长期股权投资的后续计量中，对被投资单位拥有共同控制或重大影响的，采用权益法；对被投资单位拥有控制或无共同控制或重大影响的，采用成本法。被审计单位在持有长期股权投资的期间，如增加或减少投资，导致对被投资单位的话语权发生改变时，注册会计师应审查成本法与权益法之间的转换，同时还要审计长期股权投资减值准备的计提。

13.5.2　实质性分析程序

1）筹资的指标分析

（1）计算借款平均实际利率并同以前年度及市场平均利率相比较。

（2）根据借款平均余额、平均借款利率测算当期利息费用，并与账面记录进行比较。

（3）应付债券、股本的增加额。过度融资是财务造假的最主要征兆之一，频频融资可能表明企业在圈钱。所以要关注应付债券的变动、所有者权益变动表，关注分派红利与其股权融资额的比较。如有些企业在圈钱之前分派红利，分1元再融资10元，这不叫分红，只是变相的圈钱。

2）投资的指标分析

（1）比较本年度及以前年度长期股权投资余额、收购及转让投资的增减变动，并对异常情况做出解释；

（2）比较本年度及以前年度股利收入、利息收入及按持股比例计算投资收益的增减变动，并对异常情况做出解释；

（3）比较被审计单位本年度、以前年度及市场的平均投资收益率；

（4）按债权性投资的票面价值乘以利率测算利息收入；

（5）投资收益及取得投资收益所收到的现金。

投资收益体现了客户利用资金、多元化经营的能力，这其中权益投资的收益占据较大比重。在目前许多上市公司的资产重组行为中，关联方将盈利能力较好的优质资产注入上市公司，上市公司按权益法“合并”被投资项目的利润，成为业绩较差公司粉饰报表的主要手段之一。因此计算投资收益及取得投资收益所收到的现金，判断该比例是高还是低，是否投资收益仅仅是账面利润。

13.5.3 借款的实质性程序

一般而言，与借款相关的交易金额巨大但不会频繁发生。与借款相关的典型审计程序见表13-4。

表13-4 与借款相关的典型审计程序

审计目标	典型的审计程序
准确性：日记账和明细分类账记录的交易细节和总账的相关借款账户（短期借款、长期借款、应付债券）余额一致	1. 获取所有已知债务的明细表并与总账核对； 2. 将明细账与总账进行核对
存在、权利和义务：所有已记录的与借款相关的交易确实真实发生，而且记录的债务真实存在	1. 从已记录的债务中选取样本，然后审查其支持性文件； 2. 向债权人函证债务及其条款； 3. 检查董事会会议记录，了解借款是否经授权
完整性：所有存在的借款和债务均已入账	1. 检查年末以后的偿债，以发现年末未入账的债务； 2. 取得并检查标准的银行询证函，以发现未入账的债务； 3. 函证债权人账户为零的账户； 4. 获取管理层关于借款完整性的声明书
计价和分摊：借款按正确的金额记录	1. 检查已记录债务的支持性文件，确定利息费用、应付利息、本金的记录是否正确； 2. 执行实质性分析程序以测试利息费用； 3. 重新计算溢折价的摊销（按实际利率法）； 4. 从债务中抽取样本，然后用借款利率和余额来重新计算利息费用

续表

审计目标	典型的审计程序
分类：借款的分类正确	1. 浏览债务明细表，寻找异常的需要重新分类的项目； 2. 检查已入账债务的支付性文件，确定债务的分类是否正确
截止：与借款（包括利息费用和偿还债务）相关的交易已记入适当的期间	1. 检查年末以后的偿债，以发现年末未入账的债务； 2. 浏览与利息费用相关的日记账分录，确定利息费用是否得以及时确认

借款的主要实质性程序有：

（1）向银行及已知债权人进行函证，证实债务的真实性和完整性；

（2）检查法律文件，测试债务的计价和披露；

（3）进行截止测试，找出未记录的债务（尤其是应计利息）；

（4）执行实质性分析程序，测试利息费用；

（5）对披露的合理性和范围进行评价。

注册会计师还必须测试企业是否遵守债务合同，因为违反合同会给企业带来或有负债，或影响债务的偿还时间（和分类）。借款实质性程序的性质和范围主要与融资管理的复杂程度相关。

在审查借款时，注册会计师主要考虑所有的借款是否均已（完整性）按正确（准确性）的金额及时（截止）加以记录，并且根据适用的会计准则进行充分的披露。完整性和截止测试可以通过函证来进行测试，通常是查找未入账债务的一部分（参见第 11 章）。准确性和计价与分摊常常通过检查支持性文件，尤其是有关的借款合同或协议来加以确定。最后，注册会计师通过认真审查询证函和借款合同或协议，并结合相应的会计准则的要求，来确定披露是否恰当。

审计被审计单位债券和举借长期借款等长期债务时，对债务条款遵守情况应特别重视，下面以债券为例进行说明，长期借款可参照执行。在对被审计单位进行初次审计或审计新发行的债券时，注册会计师应取得债券发行契约的副本，并作为永久性档案。查阅债券发行契约时，应特别关注：授权发行债券的数额、利息率和付息日、到期日、抵押物、债券的赎回、对举债公司的限制。

契约中也许存在一些条款要求设立偿债基金、设定最低营运资金等。还有一些限制，如规定发放的股利不能超过利润的既定比率，限制管理人员薪酬，无特别规定禁止再度增加长期借款。注册会计师测试的任务是评估公司对这些条款的遵守情况。例如，注册会计师要检查偿债基金支付凭证，将支付管理人员的薪酬和发放的股利协议中规定的数额对比，是否未遵守约定又新增了长期借款等。

当被审计单位违反了契约条款，相应的惩罚措施是债券一经请求就需偿付，即债权人有权请求债券立即偿还。被审计单位通常难以在短期内筹措到足够的资金去偿付债券，被审计单位将被剥夺对抵押物的所有权，或被审计单位其他财产被强制执行，被审计单位的持续经营能力就值得怀疑。对于银行等其他金融机构的借款，信用是最大的问题，一旦违反了借款条约，债权人同时要求偿还，被审计单位的持续经营能力将受到极大的挑战。同时，这些债务要重新划分为流动负债，注册会计师还应当在审计报告中加入强调事项段，说明被审计单位履行有关义务及持续经营能力的不确定性。

13.5.4 股本的实质性程序

股本交易往往金额巨大但也不经常发生。与股本相关的典型的实质性程序见表13-5。其中主要的审计测试有：

表13-5　**股本认定的实质性程序**

审计目标	典型的审计程序
准确性：日记账和明细分类账记录的交易细节和总账的相关股本账户余额一致	1. 将已发行股票的类型和数量与总账进行核对； 2. 分析本年股本的变动，并追查其是否已正确记入总账； 3. 向股东函证股本的详细内容
存在、权利和义务：所有已记录的与股本相关的交易确实真实发生，而且记录的股本真实存在	1. 执行实质性分析程序； 2. 分析本年的股本的变动； 3. 查阅董事会会议记录，收集与股本变动的文件、合同、协议、公司章程、营业执照和验资报告
完整性：所有存在的股本交易和金额均已入账 计价和分摊：股本按正确的金额记录	1. 检查董事会会议中关于股本增减变动的记录、合同协议及其他法律性文件的规定，逐笔追查至原始凭证，并检查会计处理是否正确； 2. 以留存利润转增资本的，应取得董事会、股本大会等相关资料，并符合国家政策规定
分类：股本余额的分类正确 截止：股本交易（包括已宣告发放股利）已记入适当的期间	

（1）向股票包销或承销机构函证股本的发生、完整性和准确性；

（2）查阅董事会会议记录中有关发行股票的议题、股份支付，以及相关交易的授权及详细内容；

（3）运用实质性分析程序测试应付股利；

（4）评价其在财务报表中是否恰当表述。

一般来说，股本审计在大多数审计业务中通常只占较少的一部分工作。在股本审计中，注册会计师主要考虑发行新股、股票分割、股份支付和股利的分配等股本交易的完整性和截止。注册会计师也很关心股本交易的估价，特别是那些股份支付的交易。

13.5.5　资本公积审计

资本公积包括资本或股本溢价，以及计入所有者权益的利得和损失。对资本公积的测试重点放在资本公积的增减变动上，从而证实资本公积余额的相关认定。

（1）收集与资本公积变动有关的股东（大）会决议、董事会会议纪要、资产评估报告等文件资料；

（2）根据资本公积明细账，对资本或股本溢价、其他资本公积各明细的发生额逐项审查；

（3）查阅股东大会或类似机构决议，是否决定用资本公积转增资本，在转增资本时，只能用资本溢价或股本溢价转增，其他资本公积是不能用于转增资本的。

13.5.6　盈余公积审计

盈余公积的测试主要是：

（1）检查盈余公积各明细项目的提取比例是否符合有关规定，检查其发生额及其原始凭证；

（2）检查股东大会或类似机构决议，是否将盈余公积用于弥补亏损或转增资本，用盈余公积派送新股，是否有股东大会决议，会计处理是否正确。

13.5.7　投资的实质性程序

投资测试的相关审计程序见表 13-6。执行的主要实质性程序如下：函证或实物观察以确定投资的真实性；测试投资的市场价值以确定可能存在的损失；当期投资取得或处置的核对测试和执行实质性分析程序，测试利息和股利收入的合理性。

表 13-6　**投资认定的实质性程序**

审计目标	典型的审计程序
准确性：日记账和明细分类账记录的交易细节和总账的相关投资账户余额一致	1. 将投资明细表与总账核对； 2. 测试投资明细表的准确性，包括相关投资收益
存在、权利和义务：所有已记录的与投资相关的交易确实真实发生，而且记录的投资是真实存在的	1. 函证由证券托管机构企业持有的证券； 2. 监盘企业持有的证券； 3. 执行实质性分析程序以测试投资收益； 4. 函证被投资方，确定投资的存在和所有权； 5. 获取管理层声明书和律师声明书关于投资所有权的声明

续表

审计目标	典型的审计程序
完整性：所有存在的投资交易均已入账	1. 检查董事会会议记录、律师声明书等文件，以发现未入账的投资； 2. 执行实质性分析程序，以测试投资收益和投资总额的比例是否合理； 3. 获取管理层关于投资明细表完整性的声明书
计价和分摊：投资按正确的金额记录	1. 审核新增投资、投资转让的原始凭证； 2. 重新计算投资转让的利得和损失； 3. 评价投资的期末计价是否恰当，及相关的会计处理是否正确
分类：投资的分类正确	1. 检查投资明细表，找出重分类的异常项目； 2. 检查和测试将证券分为交易性金融资产、可供出售金融资产和持有至到期投资的标准是否符合会计准则的要求
截止：与投资相关的交易已记入适当的期间	1. 对投资转让和投资收益执行现金收款的截止测试； 2. 对新增投资执行现金付款的截止测试

1）监盘证券

如果某一投资组合相对较大且比较活跃（如由银行、保险公司、投资公司及经纪人等持有的投资组合），则监盘证券将成为一项主要工作，需要全面计划、精确地执行，并由大量的审计人员来完成。通常大部分的企业都不会持有数额巨大的证券，其盘点程序就非常简单。监盘证券可以参照第 12 章存货的监盘。盘点日应编制持有证券的清单，清单应包括以下信息：累计债券和票据的本金；股票数量；债券的票面价值；股票的面值；债券的到期日；利息和优先股的股息率。

盘点时应注意对证券进行检查。如果有价证券有异常，注册会计师就通过检查购买凭证、收益记录，或其他凭证来加以证实其真实性；如还不能确定，则应向发行人或经纪人函证，来核实该证券。注册会计师应当在盘点时记录对证券的相应说明（包括证券序列号）。当被审计单位的记录表明某种特定证券从上一次审计到现在一直持有，注册会计师可以将该证券上的序列号与记录在上一年度工作底稿中的序列号进行核对，以发现在年度内是否有未经授权将证券转让，年末又购回的情况。

注册会计师应对盘点结果与证券清单之间的差异进行进一步的检查，判断是属于入账时间的差异还是错报。

2）函证证券

在大多数情况下，注册会计师可以对不在公司内保存的有价证券（托管保存或在经纪人处）进行函证。注册会计师向这些代管人发出由被审计单位签名的询证函，以证实投资的存在性和所有权。注册会计师必须先向被审计单位要求查看证券发行人、股票持股数、债券票面价值、登记的所有者的名称和序列号。将回函结果与注册会计师取得的前述资料核对。

3）长期股权投资余额测试

长期股权投资余额测试集中在存在、权利和义务、计价与分摊三个认定上。其主要的测试程序是：

（1）取得或编制一份长期股权投资余额比较汇总表，核对与总账余额是否相符，核对资产负债表中上年金额与上年审计报告金额是否相符；

（2）获取长期股权投资明细表，复核加总数是否正确，并与总账和明细账余额核对相符；

（3）检查长期股权投资入账基础是否符合投资合同、协议的规定，会计处理是否正确，重大投资项目应查阅董事会有关决议，并签发询证函；

（4）检查长期股权投资的核算是否按规定采用权益法或成本法，对于采用权益法的，应尽量取得被投资单位已经审计的年度财务报表，必要时可向审计该报表的事务所发出调查问卷；

（5）注册会计师对本期长期股权投资减值准备进行测算，将期末余额扣减期初余额，测算本期计提金额，并与利润表中损失金额相核对。

13.5.8　财务费用审计

就财务费用的构成来看，主要是核算企业为筹集生产经营所需资金等而发生的筹资费用，包括利息支出（减利息收入）、汇兑损益以及相关的手续费、企业发生的现金折扣或收到的现金折扣等。除现金折扣外，利息、汇总损益和相关手续费都是从被审计单位的银行账户中直接扣除的，通常不会有低估错报。对财务费用的审计，更多的是针对准确性认定的审计。在进行准确性认定时，追查其借款的来源，往往可以发现未入账的借款。准确性认定的审计程序如下：

（1）将本期与上期财务费用各明细项目作比较分析，必要时比较本期各月的财务费用，如有重大波动或异常情况，应查明原因；

（2）检查利息支出明细账，确认利息支出的存在及正确性，检查各项借款期末应计利息有无预计入账，注意检查现金折扣和汇总损益的会计处理是否正确；

（3）检查“财务费用——其他”明细账，注意检查大额金融机构手续费的存在与正确性。

第14章 终结审计工作

学习目的与要求

本章主要介绍终结外勤审计工作后实施的审计程序。通过本章的学习，要求学生掌握如何汇总差异、评价审计发现、进行期后事项评估、与管理层就重大事项如何沟通以及如何获取管理层声明书等。

教学重点与难点

如何汇总差异、评价审计发现、进行期后事项评估、与管理层就重大事项如何沟通以及如何获取管理层书面声明。

14.1 汇总错报并评价审计发现

14.1.1 汇总审计差异

完成审计控制测试和实质性程序后，就进入编写审计报告阶段。审计人员要根据事先确定的重要性水平判断在审计过程中发现的审计差异是否需要提请被审计单位调整，以及判断审计证据的充分性、适当性，并以此为依据决定审计意见类型。

审计差异，就是在审计中发现的被审计单位的会计处理方法与有关会计制度的不一致。为了使财务报表能够公允地表达，审计人员应当提请被审计单位调整所有重大审计差异；有时候单个差异也许不重要，但汇总起来可能超过重要性水平，因此也应当调整。为便于根据重要性判断应调整的差异，审计项目现场负责人应当汇总审计中发现的所有差异，再根据初步确定应当调整的差异，编制“审计差异汇总表”和“试算平衡表”。

审计差异根据是否需要调整账户记录可分为核算误差和重分类误差。核算误差是指被审计单位会计核算方法不符合有关会计制度的要求，导致不能公允地反映企业实际情况的核误差。审计项目现场负责人运用重要性原则进行初步判断后，又可以将核算误差分为：建议被审计单位调整的误差和不建议被审计单位调整的误差。建议被审计单位调整的误差是指审计人员认为比较重要的误差，如不调整将影响报表的公允表达，主要包括：（1）单笔核算误差超过所涉及财务报表项目（或账项）

层次重要性水平的误差；（2）单笔核算误差低于重要性水平，但性质重要，如涉及舞弊或违法行为的核算误差、影响收益趋势的核算误差、股本项目等不期望出现的核算误差；（3）单笔核算误差低于重要性水平且性质不严重，但当若干笔同类型核算误差汇总数超过重要性水平时，应从中选取几笔作为建议调整误差，使不建议调整误差汇总金额降低至重要性水平以下。重分类误差是指被审计单位财务报表项目分类没有遵循有关会计制度与准则要求的误差。例如，没有将一年内到期的非流动负债在编制报表时归入“一年内到期的非流动负债”项目，导致报表中非流动负债高估，流动负债低估。重分类误差通常发生在“应收账款”、“预收账款”、“应付账款”、“预付账款”、“一年内到期的非流动负债”等项目中。

无论是建议被审计单位调整的误差、不建议被审计单位调整的误差还是重分类误差，在审计工作底稿中通常都是以会计分录的形式反映。审计人员可以分别编制调整分录汇总表、不建议调整事项汇总表和重分类项目汇总表。三张汇总表的参考格式分别见表 14–1、表 14–2 和表 14–3。

表 14–1　　**调整分录汇总表**　　底稿号：

编制人：　　编制日期：　　复核人：　　复核日期：

被审单位：　　被审年度：

序号	调整内容及项目	索引号	调整金额		影响利润+（–）
			借方	贷方	

表 14–2　　**不建议调整事项汇总表**　　底稿号：

编制人：　　编制日期：　　复核人：　　复核日期：

被审单位：　　被审年度：

序号	未调整内容及说明	索引号	未调整金额		备注
			借方	贷方	

表 14-3　　**重分类项目汇总表**

编制人：　　编制日期：　　复核人：　　复核日期：

被审单位：　　被审年度：

序号	重分类项目及内容说明	索引号	重分类金额		备注
			借方	贷方	

14.1.2 编制试算平衡表

试算平衡表是审计人员在被审计单位提供未审定财务报表的基础上，考虑调整分录、重分类分录等内容以确定已审定数与报表披露数的表格（见表 14-4、表 14-5）。试算平衡表可以防止审计人员在调整中出现差错以及未审定财务报表中存在的原有差错。在编制完试算平衡表后，审计人员应注意核对相应的勾稽关系和报表平衡关系。

表 14-4　　**资产负债表试算平衡表**

客户：X 公司　　编制人：谢红岭　　日期：20×4-03-05

项目：资产负债表试算平衡表　　复核人：李明量　　日期：20×4-03-20

会计期间或截止日期：20×3-12-31　　索引号：________

索引	项目	未审数	审计调整数	审定金额	重分类调整	报表反映数
	资产					
	流动资产：					
A01	货币资金	43 550		43 550		43 550
A02	应收账款	250 000	–1 500	248 500		248 500
A03	预付款项	158 000	–500	157 500		157 500
B01	存货	152 740		152 740		152 740
	流动资产合计	604 290		602 290		602 290
C01	长期股权投资	150 000		150 000		150 000
B02	投资性房地产	354 360		354 360		354 360
	资产总计	1 108 650	–2 000	1 106 650	0	1 106 650
				0		0

续表

索引	项目	未审数	审计调整数	审定金额	重分类调整	报表反映数
	负债和所有者权益			0		0
	流动负债:			0		0
C02	短期借款	130 000		130 000		130 000
B03	应付账款	230 000	-810	229 190		229 190
B04	应付职工薪酬	23 650		23 650		23 650
	一年内到期的非流动负债			0	5 000	5 000
	流动负债合计	383 650		382 840		387 840
C03	长期借款	200 000		200 000	-5 000	195 000
	负债合计	583 650		582 840		582 840
	所有者权益:			0		0
C04	实收资本	350 000		350 000		350 000
C05	资本公积	25 000		25 000		25 000
C06	盈余公积	50 000		50 000		50 000
C07	未分配利润	100 000	-1 190	98 810		98 810
	所有者权益合计	525 000		523 810		523 810
	负债和所有者权益总计	1 108 650	-2 000	1 106 650	0	1 106 650

表 14-5　　**利润及利润分配表试算平衡表**

客户:X 公司　　编制人：张省文　　日期：20×4-03-05

项目:利润及利润分配表试算平衡表　　复核人：李明刚　　日期：20×4-03-20

会计期间或截止日期：20×3-12-31　　索引号：________

序号	项目	审计前金额	调整金额	
			借方	贷方
一	营业收入			
	减：营业成本			
	营业税金及附加			
	资产减值损失			
	销售费用			
	管理费用			

续表

序号	项目	审计前金额	调整金额	
			借方	贷方
	财务费用			
二	营业利润			
	加：营业外收入			
	减：营业外支出			
三	利润总额			
	减：所得税费用			
四	净利润			
	加：年初未分配利润			
	其他转入			
五	可供分配的利润			
	减：提取法定盈余公积			
	提取法定公益金			
六	可供投资者分配的利润			
	减：应付优先股股利			
	提取任意盈余公积			
	应付普通股股利			
	转作股本的普通股股利			
七	未分配利润			

为了避免重复工作，资产负债表类项目的试算平衡表前面几栏填写年初余额、调整前年末余额、期末比期初增减百分比、期末余额占总资产比重。损益类项目的试算平衡表前面几栏的上年金额、本年金额、本年比上年增减百分比，在编制审计计划时就可填好，并作为编制审计计划的依据。在审计报告阶段接着在本张试算平衡表上填写后面几栏，即调整分录、重分类分录、调整后的余额。

审计人员在征求被审计单位对需要调整财务报表事项的意见时，一般应采用书面形式，并根据被审计单位的意见确定其对审计意见的影响。如果被审计单位予以采纳，应取得被审计单位同意调整的书面确认；如果被审计单位不予调整，应分析原因，并根据未调整的不符事项的性质和重要程度，确定是否在审计报告中反映，以及如何反映。

14.1.3　评价审计发现

审计报告是基于充分、适当的审计证据产生的，在编制审计报告前，审计人员必须对所获取的审计证据加以全面、综合地评估。

1）重新评价重要性和审计风险

在评价审计证据是否充分、适当时，主要的判断标准是预先确定的重要性水平和审计风险。如果在审计过程中，根据实际情况对重要性水平和审计风险进行了修正，则判断依据就是修正后的标准。重要性水平和审计风险确定得适当与否，直接关系到审计效率的高低和效果的好坏。因此，审计人员在完成审计外勤工作时，要对其进行最终的评价，根据评价结果决定是否追加审计程序或确定要求被审计单位调整的事项。具体步骤如下：

（1）汇总可能的审计差异，主要包括：通过实质性程序确认的未更正错报，即不建议调整的误差和被审计单位拒绝按审计人员建议调整的误差；通过运用审计抽样技术所估计的未更正预计误差；通过运用分析程序发现的和运用其他审计程序所量化的其他估计误差。考虑汇总内容时，审计人员应当关注是否应当将前期尚未更正的可能误差包含在内。如果不将前期未更正的误差包括进来，可能导致本期财务报表被严重错报的风险超过可容忍误差的界限。审计人员汇总本期可能误差总和时，应包括前期的未更正误差。

（2）确定报表项目可能的审计误差汇总数对财务报表层次重要性和其他与这些错报有关的财务报表总额（比如流动资产）的影响程度，根据这个影响程度重新评价重要性水平。财务报表层次重要性水平是指审计计划阶段确定的重要性水平或经修正后的重要性水平。

（3）审计人员应当根据实质性程序的结果和其他审计证据，对审计风险进行最终评估，并检查其是否与审计风险的初步评估结论相一致。如果存在不一致，应当考虑是否追加相应的审计程序，或者提请被审计单位做必要的调整，以便使重要错报的风险降低到一个可接受的水平。否则，审计人员应慎重考虑该审计风险对审计报告的影响。

2）评价审计证据的适当性、充分性

审计人员在完成审计外勤工作后，必须判断是否收集了充分、适当的审计证据来支持对财务报表表述是否符合会计准则和制度的要求来发表审计意见，特别是确定在整个审计过程中，是否在现有环境条件下对所有重要领域进行了充分测试，是否已达到了各项审计目标，是否对审计过程中发现的有问题领域给予了足够重视。例如，当在销售交易循环发现错误时，计划阶段确定的应收账款审计程序可能已不充分，需要修订、追加必要的审计程序或要求被审计单位调整。当审计人员认为他没有能够获得充分、适当的审计证据，不足以对被审计单位财务报表的合规性、公允性做出结论时，审计人员有两种选择：要么追加必要的审计程序，要么出具保留意见或无法表示意见的审计报告。多数情况下，审计人员会选择前者，因为被审计单位不愿意接受因为审计人员没有取得充分、适当的审计证据而出具非无保留意见的审计报告。

为便于检查和分析，审计人员可以编制“审计业务执行情况核对清单”（见表14-6），列示出重要的审计程序，与实际工作对照评估，不仅可以检查审计证据的充分性、适当性，还可以对那些常容易被忽视的审计方面起到提醒作用。负责全面复核审计工作底稿的项目负责人应填列并核对该清单，完成后由高级审计人员再加以复核。不同行业、不同性质的被审计单位适用不同的核对清单。

表14-6　**审计业务执行情况核对清单（部分）**

检查项目	是	否	不适合
1. 核查上年度工作底稿			
（1）对本年度审计的重点是否已核查上年度工作底稿和备忘记录			
（2）是否已查阅永久性审计档案中涉及的本年度审计的项目			
2. 内部控制			
（1）对内部控制是否已有适当的理解和调查			
（2）各项审查的范围是否与确定的控制风险水平相适应			
（3）是否已将内部控制的全部重大薄弱环节纳入致管理层函			
3. 一般性文件档案			
（1）本年度的董事会会议纪要与决议是否已全部查阅、摘录或追查			
（2）永久性审计档案是否已经更新			
（3）全部重要业务合同和契约是否已查阅、摘录或复印，以便确定被审计单位是否遵循			

14.2　对审计记录进行复核

复核是指审计人员完成相应审计工作后，其他人员对其工作是否按照审计计划进行检查的过程。该过程是出具审计报告前的最后把关工作，对质量控制和事务所风险控制具有重大意义。

14.2.1　复核审计工作底稿的目的

复核审计工作底稿的目的主要是为了检查下列事项是否符合要求：

（1）审计工作是否依据独立审计准则的要求进行；是否保持超然独立的立场，是否给予应有的职业关注。

（2）审计工作是否按照本所审计规程的要求进行了适当规划。

（3）对所有重要项目是否实施了适当的、足够的测试，工作底稿中是否包括了对所有已完成工作的详细说明，并做出了适当结论。

（4）审计调整事项是否恰当，相关的调整分录是否正确，被审计单位是否已经正式盖章确认。

（5）未调整审计差异是否得到了适当的关注与处理。

（6）重大事项请示报告中所述事项是否已得到了适当的处理。

（7）已审计财务报表的编制是否符合《企业会计准则》及国家其他有关财务会计法规的规定。

（8）本年度财务报表所选用的会计处理方法是否遵循了一贯性原则。

（9）已审计财务报表在所有重大方面是否公允地反映了被审计单位的财务状况、经营成果和现金流量。

（10）审计报告中的审计意见是否适当。

除上述目的外，审计项目的负责人还可以通过复核掌握审计约定项目的进度，评价审计人员个人的绩效，为事务所整体业务规划与控制及时提供信息。

14.2.2　审计工作底稿的分级复核制度

会计师事务所应当建立完善的审计工作底稿分级复核制度。审计工作底稿的复核可以分为项目组内部复核和独立的项目质量控制复核。其中，项目组内部复核可以分为项目负责经理的现场复核和项目合伙人的复核。项目负责经理的现场复核属于第一级复核，该级复核通常在审计现场完成，以便及时发现和解决问题，争取审计工作的主动；项目合伙人的复核是项目组内部最高级别的复核，该复核既是对项目负责经理复核的再监督，也是对重要审计事项的把关。

独立的项目质量控制复核是指在出具报告前对项目组作出的重大判断和在准备报告时形成的结论作出客观评价的过程，也称独立复核。对工作底稿进行独立复核具有如下意义：第一，对审计工作结果实施最后质量控制。对签发审计报告前的工作底稿进行独立复核是对审计工作质量实施的最后控制，能够避免对重大审计问题的遗漏或对具体审计工作理解不透彻等情况，从而形成与审计工作成果相一致的审计意见。第二，确认审计工作已达到会计师事务所的工作标准。在实际执行审计工作中，会计师事务所内部不同注册会计师的工作质量会有差异，有的甚至会背离统一的工作标准，因此独立复核可以保持整体工作的一致性。第三，可以消除注册会计师的判断偏见。在审计工作中，注册会计师面临各种各样的需要进行职业判断的问题，如果有大量的问题需要解决而又经过长时间的审计，注册会计师就容易丧失正确的观察能力和判断能力。因此进行独立复核有助于消除妨碍注册会计师正确判断的偏见。

14.3　期后事项

14.3.1　期后事项的含义

期后事项，是指财务报表日至审计报告日之间发生的事项以及注册会计师在审计报告日后知悉的事实。理解期后事项首先必须辨析四个日期：财务报表日、审计报告日、财务报表批准日及财务报表报出日。财务报表日是指财务报表涵盖的最近期间的截止日期；审计报告日是指注册会计师按照审计准则的规定在对财务报表出具的审计报告上签署的日期；财务报表批准日，是指构成整套财务报表的所有报表已编制完成，并且被审计单位的董事会、管理层或类似机构已经认可其对财务报表负责的日期；财务报表报出日是指审计报告和已审计财务报表提供给第三方的日期。

依据有关规定，审计报告的日期不应早于注册会计师获取充分、适当的审计证据（包括管理层认可对财务报表的责任且已批准财务报表的证据），并在此基础上形成对财务报表发表审计意见的日期。因此，审计报告日通常与财务报表批准日是相同的日期。

依据上述四个日期，期后事项可以按时段划分为三段：第一个时段是财务报表日至审计报告日，我们可以把在这一期间发生的事项称为“第一时段期后事项”；第二个时段是审计报告日后至财务报表报出日，我们可以把这一期间知悉的事实称为“第二时段期后事项”；第三个时段是财务报表报出日后，我们可以把这一期间知悉的事实称为“第三时段期后事项”。

14.3.2 财务报表日至审计报告日之间发生的事项

1）主动识别第一时段期后事项

注册会计师应当实施必要的审计程序，获取充分、适当的审计证据，以确定截至审计报告日发生的、需要在财务报表中调整或披露的事项是否均已得到识别。财务报表日至审计报告日之间发生的期后事项属于第一时段期后事项，对于这一时段的期后事项，注册会计师负有主动识别的义务，应当设计专门的审计程序来识别这些期后事项，并根据这些事项的性质判断其对财务报表的影响，从而进一步确定是进行调整或是披露。但是，注册会计师并不需要对之前已实施审计程序并已得出满意结论的事项执行追加的审计程序。

2）用以识别期后事项的审计程序

注册会计师应当尽量在接近审计报告日时，实施旨在识别需要在财务报表中调整或披露事项的审计程序。通常，针对期后事项的专门审计程序，其实施时间越接近审计报告日越好。越接近审计报告日，也就意味着离财务报表日越远，被审计单位这段时间内累积的对财务报表日已经存在的情况提供的进一步证据也就越多；越接近审计报告日，注册会计师遗漏期后事项的可能性也就越低。用以识别第一时段期后事项的审计程序通常有：复核被审计单位管理层建立的用于确保识别期后事项的程序；查阅股东会、董事会及其专门委员会在财务报表日后举行的会议的纪要，并在不能获取会议纪要时询问会议讨论的事项；查阅最近的中期财务报表；在必要的时候还应当查阅预算、现金流量预测及其他相关管理报告；向被审计单位律师或法律顾问询问有关诉讼和索赔事项；向管理层询问是否发生可能影响财务报表的期后事项。

向管理层询问可能影响财务报表的期后事项时，注册会计师询问的内容主要包括：根据初步或尚无定论的数据作出会计处理的项目的现状；是否发生新的担保、借款或承诺；是否出售或购进资产或者计划出售或购进资产；是否已发行或计划发行新的股票或债券；是否已签订或计划签订合并或清算协议；资产是否被政府征用或因不可抗力而遭受损失；在风险领域和或有事项方面是否有新进展；是否已作出或考虑作出异常的会计调整；是否已发生或可能发生影响会计政策适当性的事项。

3）与其他注册会计师的协调

如果被审计单位的分支机构、子公司等组成部分的财务信息由其他注册会计师审计，注册会计师应当考虑其他注册会计师对财务报表日后事项所实施的审计程序。例如，其他注册会计师是否实施了专门针对期后事项的审计程序，实施专门审计程序的时间是否接近审计报告日。注册会计师应当考虑是否需要向其他注册会计师告知计划的审计报告日。告知其他注册会计师计划的审计报告日，有助于其他注册会计师确定对所负责的分支机构、子公司等组成部分的期后事项计划实施审计程序的时间，从而更好地降低审计风险。

4）知悉对财务报表有重大影响的期后事项时的考虑

针对知悉的对财务报表有重大影响的期后事项应当采取以下措施：针对对财务报表有重大影响的期后事项，注册会计师应当考虑这些事项在财务报表中是否得到恰当的会计处理或予以充分披露；如果所知悉的期后事项属于调整事项，注册会计师应当考虑被审计单位是否已对财务报表作出适当的调整；如果所知悉的期后事项属于非调整事项，注册会计师应当考虑被审计单位是否在财务报表附注中予以充分披露。

14.3.3 审计报告日后至财务报表报出日前知悉的事项

1）被动识别第二时段期后事项

在审计报告日后，注册会计师没有义务针对财务报表实施任何审计程序。审计报告日后至财务报表报出日前知悉的事项属于“第二时段期后事项”，注册会计师针对被审计单位的审计业务已经结束，要识别可能存在的期后事项比较困难，因而无法承担主动识别第二时段期后事项的审计责任。但是在这一阶段，被审计单位的财务报表并未报出，管理层有责任将发现的可能影响财务报表的事实告知注册会计师。当然，注册会计师还可能从媒体报道、举报信或者证券监管部门告知等途径获悉影响财务报表的期后事项。

2）知悉第二时段期后事项时的措施

在审计报告日后至财务报表报出日前，注册会计师如果知悉了某事实，且若在审计报告日后知悉的该事实可能导致修改审计报告，注册会计师应当执行以下程序：（1）与管理层和治理层（如适用）讨论该事项；（2）确定财务报表是否需要修改；（3）如果需要修改，询问管理层将如何在财务报表中处理该事项。

3）管理层修改了财务报表时的处理

如果管理层修改了财务报表，注册会计师应当根据具体情况实施必要的审计程序。此时，注册会计师需要获取充分、适当的审计证据，以验证管理层根据期后事项所作出的财务报表调整或披露是否符合企业会计准则和相关会计制度的规定。由于管理层修改了财务报表，注册会计师除了根据具体情况实施必要的审计程序外，还要针对修改后的财务报表出具新的审计报告和索取新的管理层声明书。新的审计报告日期不应早于修改后的财务报表被批准的日期。此外，由于审计报告日的变化，注册会计师还应当将用以识别期后事项的审计程序延伸至新的审计报告日，以避免重大遗漏。

4）管理层不修改财务报表时的处理

管理层不修改财务报表时的处理可以分为两种情况：管理层不修改财务报表且审计报告未提交以及管理层不修改财务报表且审计报告已提交。当注册会计师认为应当修改财务报表而管理层没有修改时，如果审计报告尚未提交给被审计单位，则注册会计师应出具保留意见或否定意见的审计报告。当注册会计师认为应当修改财务报表而管理层没有修改且审计报告已提交时，注册会计师应当通知治理层不要将财务报表和审计报告向第三方报出。如果财务报表仍被报出，注册会计师应当采取措施防止财务报表使用者信赖该审计报告。针对上市公司，注册会计师可以利用有关传媒刊登必要的声明，防止使用者信赖审计报告。注册会计师采取相应措施时，应充分考虑自身的权利和义务并征询法律专家的意见。

在某些国家或地区，法律法规或财务报告框架可能不要求管理层报出经修改的财务报表，相应地，注册会计师也无需出具经修改的或新的审计报告。然而，如果认为管理层应当修改财务报表而没有修改，注册会计师应当针对不同情况予以处理：（1）如果审计报告尚未提交给被审计单位，注册会计师应当按照《中国注册会计师审计准则第1502号——在审计报告中发表非无保留意见》的规定发表非无保留意见，然后再提交审计报告；（2）如果审计报告已经提交给被审计单位，注册会计师应当通知管理层和治理层在财务报表作出必要修改前不要向第三方报出。如果财务报表在未经必要修改的情况下仍被报出，注册会计师应当采取适当措施，以设法防止财务报表使用者信赖该审计报告。

14.3.4 财务报表报出日后知悉的事项

财务报表报出日后知悉的事项属于第三时段期后事项，注册会计师没有义务针对财务报表实施任何审计程序，但这并不排除注册会计师通过媒体等其他途径获悉可能对财务报表产生重大影响的期后事项的可能性。在财务报表报出后，如果知悉了某事实，且若在审计报告日知悉的该事实可能导致修改审计报告，注册会计师应当：（1）与管理层和治理层（如适用）讨论该事项；（2）确定财务报表是否需要修改；（3）如果需要修改，询问管理层将如何在财务报表中处理该事项。

如果管理层修改了财务报表，注册会计师同样应当根据具体情况实施必要的审计程序。此时，注册会计师需要获取充分、适当的审计证据，以验证管理层根据期后事项所作出的财务报表调整或披露是否符合企业会计准则和相关会计制度的规定。由于管理层修改了财务报表，注册会计师除了根据具体情况实施必要的审计程序外，还要针对修改后的财务报表出具新的审计报告和索取新的管理层声明书。新的审计报告日期不应早于修改后的财务报表被批准的日期。此外，由于审计报告日的变化，注册会计师还应当将用以识别期后事项的审计程序延伸至新的审计报告日，以避免重大遗漏。

注册会计师还应当在新的或经修改的审计报告中增加强调事项段或其他事项段，提醒财务报表使用者关注财务报表附注中有关修改原财务报表的详细原因和注册会计师提供的原审计报告。如果管理层没有采取必要措施确保所有收到原财务报表的人士了解这一情况，也没有在注册会计师认为需要修改的情况下修改财务报表，注册会计师应当通知管理层和治理层（除非治理层全部成员参与管理被审计单位），其将设法防止财务报表使用者信赖该审计报告。如果注册会计师已经通知管理层或治理层，而管理层或治理层没有采取必要措施，注册会计师应当采取适当措施，以设法防止财务报表使用者信赖该审计报告。

14.4 与治理层的沟通

14.4.1 治理层与公司治理

所谓治理层，是指对被审计单位战略方向和管理层履行经营管理职责负有监督责任的组织和人员。所谓管理层，是指对被审计单位经营活动的执行负有管理责任的人员。管理层负责编制财务报表，并受到治理层的监督。21 世纪将是公司治理的世纪。作为创造社会财富的重要引擎，公司的经营状况好坏将影响到整个社会的幸福安宁，从而公司必须在一个使之得以集中追求其目标，并对自己的行为负责的制度框架内运营。也就是说，他们需要建立充分而可靠的公司治理。公司治理（corporate governance）亦被称为公司治理机制、公司治理结构、公司督导机制、法人治理结构等，是关于如何治理公司实体，特别是有限责任公司的过程，即运用权力指导公司的方向，监督管理人员的行动，担负起应尽的职责和按照公司所在国的法律法规来约束公司。

公司治理不同于公司管理。公司管理涉及的是在公司边界内的业务行为，如生产、开发、人事、营销、融资等；而公司治理涉及的则不是这种管理本身，而是关于在公司边界之外，董事如何全面指导企业、监察和控制管理部门的执行行为，以满足公司边界之外利益集团对责任和规制的合法预期。具体地说，公司治理与公司管理的区别包括：（1）治理的中心是外部的，而管理的中心是内部的；（2）治理是一个开放系统，而管理是一个封闭系统；（3）治理是战略导向的，而管理是任务导向的。

公司治理实际上是关于所有权分配的合约，其核心问题就是要通过选择恰当的契约安排来实现剩余索取权和控制权的对应，从而确保企业的决策效率。

各国公司治理结构虽然基本上都遵循决策、执行、监督三权分立的框架，但在具体机构设置和权力分配上存在差别。英美公司治理结构的框架由股东大会、董事会及首席执行官（CEO）三者构成。其中股东大会是公司最高权力机构，董事会由股东大会选出，是公司最高决策机构。董事会由外部董事和内部董事组成，其中外部董事约占董事会成员的3/4，内部董事则为公司的高级管理人员；董事会下设若干委员会，如提名委员会、薪酬委员会、执行委员会、审计委员会等。首席执行官依附于董事会，负责公司的日常经营。英美公司的治理框架中不单设监事会，其监督职能由董事会下设的“审计委员会”承担，而审计委员会全部由外部董事组成。德国公司治理结构为特殊的双层董事会制度，即管理委员会和监事会。管理委员会由内部高级管理层构成，负责公司的日常经营管理；监事会由股东和职工代表共同组成，负责任命管理委员会的成员和审批公司的重大决策并监督其行为，但不履行具体的管理职能。

目前我国上市公司均按照《公司法》及交易所上市规则的要求，建立了股东大会、董事会、经理层、监事会各司其职、互相制衡的组织结构。上市公司董事会可以按照股东大会的有关决议，设立战略、审计、提名、薪酬与考核等专门委员会。专门委员会成员全部由董事组成，其中审计委员会、提名委员会、薪酬与考核委员会中独立董事应占多数并担任召集人，审计委员会中至少应有一名独立董事是会计专业人士。有关监管机构还设立了独立董事和特派稽查员等，但是形式上的完善并不等于实质上的有效。我国的许多上市公司并未能从整体上建立起有效的董事会治理机制，不少公司只是在董事会的某些方面做得较好（尤其是证监部门有强制性要求的方面），而在监管政策尚未涉足的、属于上市公司主动性提升董事会治理质量的方面却亟待完善。再就是监事会作用有限，根据《公司法》的规定，我国公司里的监事会与董事会同属于股东大会之下的两个执行机构，监事会具有与董事会平行的地位。但由于董事会具有决策权利，董事长是公司的法人代表，这就使得仅具有部分监督权的监事会实际上成为董事会之下的一个机构，加上我国的监事会主要由公司股东或职工代表组成，他们在行政关系上受制于董事会或兼任公司管理层的董事，而且监事会无权任免董事会经理班子的成员，无权参与和否决董事会与经理班子的决策，这种状况导致即使董事会有违法违规行为，监事会也不敢监督，监督作用难以发挥。

审计人员应当及时与治理层沟通与财务报表审计相关的事项，这些事项与治理层的责任相关。审计人员应当与治理层进行清晰明确地沟通，并提请治理层以同样方式与审计人员沟通，以建立有效的双向沟通关系。

14.4.2 沟通的总体要求

不同的被审计单位，沟通对象可能不同。即使是同一家被审计单位，由于组织形式的变化、章程的修改或其他方面的变动，也可能使适当的沟通对象发生变动。一般情况下，在同一家被审计单位适当的沟通对象可能是相对固定的，但是针对一些特殊事项，注册会计师应当运用职业判断考虑是否应当与被审计单位治理结构中的其他适当对象进行沟通。在确定与哪些适当人员沟通特定事项时，注册会计师应当利用在了解被审计单位及其环境时获取的有关治理结构和治理过程的信息。通常通过了解被审计单位的法律结构、组织形式，查阅被审计单位的章程、组织结构图，询问被审计单位的相关人员等，都有助于获取有关被审计单位治理结构和治理过程的信息，能够帮助注册会计师清楚地识别出适当的沟通对象。

被审计单位一般也会指定其治理结构中相对固定的人员或组织负责与注册会计师进行沟通。如果被审计单位的治理结构没有被清楚地界定，使得注册会计师无法清楚地识别适当的沟通对象，同时被审计单位也没有指定适当的沟通对象，注册会计师就应当尽早与审计委托人商定沟通对象，并就商定的结果形成备忘录或其他形式的书面记录。

注册会计师应当直接与治理层沟通的事项包括：（1）注册会计师的责任；（2）计划的审计范围和时间；（3）审计工作中发现的问题；（4）注册会计师的独立性；（5）要求和商定沟通的其他事项；（6）补充事项。

注册会计师就自身与财务报表审计相关的责任与治理层进行的沟通，必须是直接的沟通。通常情况下，关于注册会计师审计责任方面的内容，应当载入审计业务约定书中，而关于注册会计师与治理层沟通责任方面的内容，如果注册会计师认为通过口头形式能够让治理层很好地了解注册会计师的沟通责任，则完全可以通过口头形式进行沟通。

14.4.3 沟通的内容

1）注册会计师的责任

注册会计师应当就自身与财务报表审计相关的责任直接与治理层沟通，并且注册会计师通常应在审计业务约定书中清楚地载明注册会计师与财务报表审计相关的责任。注册会计师应当向治理层说明，其责任只是对管理层在治理层监督下编制的财务报表发表审计意见，对财务报表的审计并不能减轻管理层和治理层的责任。

除了清楚地说明注册会计师对财务报表的责任以外，注册会计师还应当就自身与治理层沟通的责任与治理层进行沟通，使治理层清楚地了解注册会计师所负有的与治理层沟通方面的责任。具体说来，注册会计师应与治理层沟通的事项包括：（1）注册会计师有责任按照审计准则的规定执行审计业务，发表审计意见；

(2) 如果注册会计师注意到存在根据其职业判断认为重大且与治理层责任相关的补充事项，并且这些事项没有通过其他渠道与治理层作过有效沟通，注册会计师应当就这些事项与治理层沟通；(3) 如果存在要求和商定沟通的其他事项，注册会计师应当就这些事项与治理层沟通。

2）计划的审计范围和时间

注册会计师应当就计划的审计范围和时间直接与治理层作简要沟通，具体沟通的事项包括：(1) 注册会计师拟如何应对由于舞弊或错误导致的重大错报风险；(2) 注册会计师对与审计相关的内部控制采取的方案；(3) 重要性的概念，但不宜涉及重要性的具体底线或金额；(4) 审计业务受到的限制或法律法规对审计业务的特定要求；(5) 注册会计师与治理层商定的沟通事项的性质。

审计人员应当考虑与治理层讨论下列事项：(1) 当被审计单位设有内部审计职能时，注册会计师拟利用内部审计工作的范围，以及双方如何更好地协调和配合工作；(2) 治理层对内部控制和舞弊的态度、认识和措施，以及治理层如何监督内部控制的有效性；(3) 与拟实施的审计程序相关的事项，这些程序是在法律法规和审计准则的规定之外，应治理层或管理层的要求而实施的；(4) 治理层对会计准则和相关会计制度以及与财务报表相关的法律法规和其他事项等方面的变化作出的反应；(5) 治理层对以前的沟通如何作出反应。

注册会计师还可以考虑就治理层对下列事项的看法与其进行讨论：(1) 与治理结构中的哪些适当人员沟通，即与治理层讨论在与其沟通特定事项时，适当的沟通对象是哪些组织或人员。就治理层对适当沟通对象的看法与其进行讨论，有利于注册会计师合理地制订沟通计划，就特定沟通事项明确适当的沟通对象。(2) 治理层和管理层责任的划分，即与治理层讨论治理层认为其自身以及管理层各自所应承担的职责。讨论这方面的事项，有利于注册会计师更好地就与治理层沟通的工作作出安排。(3) 被审计单位的目标、战略以及可能导致财务报表发生重大错报的相关经营风险，即与治理层讨论治理层对被审计单位目标、战略的看法，以及治理层认为哪些经营风险可能会导致财务报表发生重大错报。这方面的讨论可能有利于注册会计师设计程序去充分了解被审计单位的战略和经营风险，进而评估相关的重大错报风险。(4) 治理层认为审计中应特别注意的事项，以及需要采取额外程序的领域，即通过与治理层的讨论，了解治理层需要注册会计师在审计过程中特别注意的事项和采取额外程序的领域。这方面的讨论可能有利于注册会计师明确审计的重点领域。(5) 与监管机构沟通的重大事项，即与治理层讨论注册会计师需要与监管机构就哪些重大事项进行沟通。此时需要注意的是，注册会计师不仅需要了解治理层对这一问题的看法，而且有必要向治理层说明相关法规和审计准则对注册会计师与监管机构沟通的规定和要求。(6) 治理层认为可能会影响财务报表审计的事项，即了解治理层对可能会影响财务报表审计的事项的看法。这方面的沟通有利于注册会计师在计划审计工作时，合理地考虑这些事项。总之，充分了解治理层对以上六个方面的问题的看法，有助于注册会计师更好地计划和实施审计工作，更好地与治理层沟通。

3）审计工作中发现的问题

首先，注册会计师应当就重要会计处理的质量和可接受性与治理层沟通，主要包括：（1）选用的会计政策；（2）作出的会计估计；（3）财务报表的披露。

其次，注册会计师还应当就审计工作中遇到的重大困难以及可能产生的影响直接与治理层进行沟通。注册会计师在审计中遇到的重大困难可能包括：（1）管理层在提供审计所需信息时出现严重拖延；（2）不合理地要求缩短完成审计工作的时间；（3）为获取充分、适当的审计证据需要付出的努力远远超过预期；（4）无法获取预期的证据；（5）管理层对注册会计师施加的限制；（6）管理层不愿按照注册会计师的要求对持续经营能力作出评估，或拒绝将评估期间延伸至资产负债表日起的十二个月。上述困难可能构成对审计范围的限制，致使注册会计师无法获得充分、适当的审计证据。注册会计师应当根据其重要程度和影响，根据相关审计准则的规定，出具保留意见或无法表示意见的审计报告。

最后，注册会计师还应当就审计中发现的、与治理层履行对财务报告过程的监督职责直接相关的其他重大事项，与治理层直接沟通。这些事项包括已更正的、含有已审计财务报表的文件中的其他信息所存在的对事实的重大错报或重大不一致。为了防止其他信息与已审计财务报表之间存在的不一致可能导致已审计财务报表的可信赖程度受到损害，如果在阅读其他信息时发现重大不一致或注意到明显的对事实的重大错报。注册会计师应当确定是否需要提请被审计单位修改已审计财务报表或其他信息。如果管理层拒绝修改，注册会计师应当考虑采取适当的进一步措施；如果已经得到修改，对于已经更正的对事实的重大错报和重大不一致，由于它们与治理层履行对财务报告过程的监督职责直接相关，因此注册会计师也应直接与治理层沟通。

4）注册会计师的独立性

如果被审计单位是上市公司，注册会计师应当就独立性与治理层直接沟通。这是因为在上市公司审计中，强调注册会计师的独立性具有十分突出的重要意义，同时它也是治理层必须密切关注的重要问题。就注册会计师的独立性进行沟通，沟通的适当对象通常是上市公司的审计委员会。注册会计师就其独立性与治理层沟通的内容包括：（1）就审计项目组成员、会计师事务所其他相关人员以及会计师事务所按照法律法规和职业道德规范的规定保持了独立性作出声明；（2）注册会计师认为会计师事务所与被审计单位之间存在的可能影响独立性的所有关系和其他事项，包括会计师事务所在财务报表涵盖期间为被审计单位和受被审计单位控制的组成部分提供审计、非审计服务的收费总额；（3）为消除对独立性的威胁或将其降至可接受的水平，已经采取的相关防护措施。

如果被审计单位是非上市公司，但可能涉及重大的公众利益，如果涉及重大的公众利益，有利害关系的公众可能会十分关注注册会计师的独立性。因此，注册会计师应当根据有关法律法规的规定、相应行业的监管要求和实际情况，运用职业判断，确定是否需要就自身的独立性与治理层进行沟通。

此外，如果出现了违反与注册会计师独立性有关的职业道德规范的情形，注册会计师应当尽早就该情形及已经或拟采取的补救措施与治理层直接沟通，以便治理层了解相关的情况，评价因此可能带来的后果，并决定是否有必要采取相应的措施。

5）要求和商定沟通的其他事项

法律法规和有关审计准则要求注册会计师与治理层沟通的特定事项，注册会计师应当按照规定的要求予以沟通。除了与治理层或管理层商定沟通的事项是指在法律法规和审计准则的规定之外，对于注册会计师与治理层或管理层商定沟通的事项，一般应载入审计业务约定书中。

6）补充事项

补充事项是注册会计师在财务报表审计中发现的，但与治理层对财务报告过程的监督并不直接相关的事项，如在审计过程中发现的未经授权的决策，也可能是通过审计以外的其他方式注意到的事项，如通过媒体注意到的事项。注册会计师应当就补充事项与治理层沟通，主要包括：（1）已引起注册会计师注意的事项；(2）根据职业判断认为与治理层的责任关系重大，且管理层或其他人员尚未与治理层有效沟通的事项。

14.5 取得管理层书面声明

14.5.1 管理层书面声明

根据《中国注册会计师审计准则第 1341 号——书面声明》，管理层书面声明是指被审计单位管理层向注册会计师提供的关于财务报表的各项书面陈述。这些陈述是在审计过程中，注册会计师与被审计单位管理层就财务报表审计相关的重大事项不断进行沟通而形成的。书面声明不包括财务报表及其认定，以及支持性账簿和相关记录。书面声明的日期应当尽量接近对财务报表出具审计报告的日期，但不得在审计报告日后，书面声明应当涵盖审计报告针对的所有会计期间。特别需要指出的是，尽管书面声明提供了必要的审计证据，但其本身并不为所涉及的任何事项提供充分、适当的审计证据。而且，管理层已提供可靠书面声明的事实，并不影响注册会计师就管理层责任履行情况或具体认定获取的其他审计证据的性质和范围。

1）管理层书面声明的作用

（1）明确管理层的责任。

按照审计准则的规定对财务报表发表审计意见是注册会计师的责任；在被审计单位治理层的监督下，按照适用的会计准则和相关会计制度的规定编制财务报表是被审计单位管理层的责任。管理层书面声明基本作用之一就是进一步明确管理层对财务报表的责任。

（2）提供审计证据。

在某些情况下，管理层书面声明是注册会计师通过实施其他审计程序获得审计证据的补充，尤其是针对完整性认定。例如，针对关联交易，即使结果表明被审计单位所有的关联方均已得到恰当披露，注册会计师仍应获取所提供关联方信息完整性的管理层书面声明，以表明被审计单位不存在其他应披露而未披露的关联方及其交易。为了使管理层清楚地认识到获取书面声明是审计工作一个必不可少的部分，注册会计师应当将“管理层对其作出的与审计有关的声明予以书面确认”这一条款写入审计业务约定书中，促使双方在审计工作开始前就此达成共识。

注册会计师应当获取审计证据，为确定管理层按照适用的会计准则和相关会计制度的规定编制的财务报表在所有重大方面公允的反映了被审计单位的财务状况、经营成果和现金流量提供合理保证。在获取此类审计证据时，注册会计师应当考虑查阅治理层相关会议纪要、向管理层获取书面声明或已签署的财务报表副本。对于被审计单位的治理层而言，其重要职责之一就是对被审计单位的财务报告过程进行监督。财务报表需经董事会或类似机构批准后才能对外报出。因此，通过查阅治理层相关会议纪要，主要是董事会或类似机构批准财务报表的决议，便可以获取批准财务报表的审计证据。而向管理层获取书面声明，取得其明确认可对财务报表责任的陈述，是取得上述审计证据的直接方式。

如果合理预期不存在其他充分、适当的审计证据，注册会计师应当就对财务报表具有重大影响的事项向管理层获取书面声明。管理层对其口头声明的书面确认可以减少注册会计师与管理层之间产生误解的可能性。对于某些对财务报表具有重大影响的事项，如涉及管理层的判断、意图以及仅限于管理层知悉事实的事项，可以合理预期除实施询问程序获得的证据外，不存在其他充分、适当的审计证据。在这种情况下，注册会计师应当就询问的结果取得管理层的签字确认，获取书面声明。在某些情况下，如果除通过询问外，预期不能获取其他审计证据，注册会计师应当向管理层获取书面声明，一般而言注册会计师要求管理层提供的书面声明可仅限于单独或汇总起来对财务报表产生重大影响的事项。当然，在考虑需要就哪些事项获取书面声明时，注册会计师通常需要考虑重要性水平。

2）管理层书面声明的形式

书面声明应当以声明书的形式致送注册会计师。如果法律法规要求管理层就其责任作出书面公开陈述，并且注册会计师认为这些陈述提供了相关准则要求的部分或全部声明，则这些陈述所涵盖的相关事项不必包含在声明书中。除《中国注册会计师审计准则第 1341 号——书面声明》要求的书面声明外，如果注册会计师认为有必要获取一项或多项其他书面声明，以支持与财务报表或者一项或多项具体认定相关的其他审计证据，注册会计师应当要求管理层提供这些书面声明。

14.5.2 收集审计证据以支持管理层书面声明

针对财务报表的编制，注册会计师应当要求管理层提供书面声明，确认其根据审计业务约定条款，履行了按照适用的财务报告框架编制财务报表的责任。针对提供的信息和交易的完整性，注册会计师应当要求管理层就下列事项提供书面声明：(1) 按照审计业务约定条款，已向注册会计师提供所有相关信息，并允许注册会计师不受限制地接触所有相关信息以及被审计单位内部人员和其他相关人员；(2) 所有交易均已记录并反映在财务报表中。

注册会计师应当要求管理层按照审计业务约定条款中对管理层责任的描述方式，在书面声明中对管理层的责任进行描述。如果对管理层的胜任能力、诚信、道德价值观或勤勉尽责存在疑虑，或者对管理层在这些方面的承诺或贯彻执行存在疑虑，注册会计师应当确定这些疑虑对书面或口头声明和审计证据总体的可靠性可能产生的影响。如果书面声明与其他审计证据不一致，注册会计师应当实施审计程序以设法解决这些问题。如果问题仍未解决，注册会计师应当重新考虑对管理层的胜任能力、诚信、道德价值观或勤勉尽责的评估，或者重新考虑对管理层在这些方面的承诺或贯彻执行的评估，并确定书面声明与其他审计证据的不一致对书面或口头声明和审计证据总体的可靠性可能产生的影响。

如果认为书面声明不可靠，注册会计师应当采取适当措施，确定其对审计意见可能产生的影响。如果管理层不提供要求的一项或多项书面声明，注册会计师应当：(1) 与管理层讨论该事项；(2) 重新评价管理层的诚信，并评价该事项对书面或口头声明和审计证据总体的可靠性可能产生的影响；(3) 采取适当措施，包括本准则第十九条提及的按照《中国注册会计师审计准则第 1502 号——在审计报告中发表非无保留意见》的规定，确定该事项对审计意见可能产生的影响。

最后，按照《中国注册会计师审计准则第 1502 号——在审计报告中发表非无保留意见》的规定，如果存在下列情形之一，注册会计师应当对财务报表发表无法表示意见的审计报告：(1) 注册会计师对管理层的诚信产生重大疑虑，以至于认为其书面声明不可靠；(2) 管理层不提供准则所要求的书面声明。

14.5.3 对管理层书面声明的记录

注册会计师应当将获取的管理层声明作为审计证据，并形成审计工作底稿。广义而言，管理层声明包括书面声明和口头声明。书面声明作为审计证据通常比口头声明可靠。书面声明可采取下列形式：(1) 管理层声明书，它是列示管理层所作声明的书面文件；(2) 注册会计师提供的列示其对管理层声明的理解并经管理层确认；对于涉及重大事项的管理层声明，出于谨慎性的考虑，注册会计师可以将其对该声明的理解单独取得管理层的书面确认，避免双方产生误解；（3）董事会及类似机构的相关会议纪要，或已签署的财务报表副本。

第15章 审计报告

学习目的与要求

本章主要介绍各种审计报告及其出具审计意见的原则。通过本章的学习，要求学生熟练掌握各种类型审计报告的特征与区别，并领会针对不同的情景如何进行审计意见类型的决策。

教学重点与难点

各种类型审计报告的特征与区别及如何进行审计意见类型的决策。

15.1 审计报告概述

15.1.1 审计报告的含义

审计报告是注册会计师根据审计准则的规定，在实施审计工作的基础上对被审计单位财务报表发表审计意见的书面文件。审计报告是注册会计师在完成审计工作后向委托人提交的最终产品，具有以下特征：

（1）注册会计师在实施审计工作的基础上才能出具审计报告。注册会计师应当实施风险评估程序，以此作为评估财务报表层次和认定层次重大错报风险的基础。风险评估程序本身并不足以为发表审计意见提供充分、适当的审计证据，注册会计师还应当实施进一步审计程序，包括实施控制测试和实质性程序。注册会计师只有通过实施上述审计程序，获取充分、适当的审计证据，得出合理的审计结论，才能作为形成审计意见的基础。

（2）注册会计师通过对财务报表发表意见以履行业务约定书约定的责任。财务报表审计的目标是注册会计师通过执行审计工作，对财务报表的合法性和公允性发表审计意见。因此，在实施审计工作的基础上，注册会计师需要对财务报表形成审计意见，并向委托人提交审计报告。

（3）注册会计师应当以书面形式出具审计报告。审计报告具有特定的要素和格式，注册会计师只有以书面形式出具报告，才能清楚的表达对财务报表发表的审计意见。

（4）注册会计师是以超然独立的第三者身份，对被审计单位财务报表的合法性、公允性发表意见，因此这种意见具有鉴证作用。注册会计师对被审计单位财务报表出具不同类型的审计意见，以提高或降低财务报表信息使用者对财务报表的信赖程度，这样能够在一定程度上保护被审计单位的财产，以及债权人和股东等利益关系人的利益。

15.1.2　审计报告的分类

根据不同的标准，审计报告可划分为以下不同的种类：

1）按照使用目的可以分为对外公布的审计报告和非对外公布的审计报告

对外公布的审计报告，指一般用于向被审计单位的股东、投资者、债权人等非特定利益关系人公布，并附送被审计单位财务报表的审计报告。

非对外公布的审计报告，指一般用于经营管理、企业合并或业务转让、融通资金等特定目的而实施审计的报告。这类报告并不对外公布，只送给特定的使用者。

2）按照详略程度可以分为短式审计报告和长式审计报告

短式审计报告，又称简式审计报告，指注册会计师对应公布的财务报表进行审计后所编制的简明扼要的审计报告，主要用于说明特定审计聘约的审查范围与性质、注册会计师的审计责任以及鉴证意见。这种审计报告文字简练，格式规范，具有标准报告的特点，通常伴随审定后的财务报表，一起正式对外公布。

长式审计报告，又称详式审计报告，指对审计对象所有重要经济事项都做出详细说明与分析的审计报告。它不仅能够说明特定审计聘约的审查范围、性质、方法、程序，还对经营过程中内部控制制度、业务流程和会计处理等方面做出较具体的评价，比较全面、完整地表述审计结论，着眼于帮助企业改善经营管理。长式审计报告主要是根据委托人或管理层的要求而提供，以便他们了解内部经营业务的执行情况，考核经营效率与管理业绩。一般来讲，长式审计报告不对外公布，具有非标准审计报告的特点。

3）按照措辞与内容可以分为标准审计报告和非标准审计报告

标准审计报告是指不含有说明段、强调事项段、其他事项段或其他任何修饰性用语的无保留意见的审计报告。包含其他报告责任段，但不含强调事项段或其他事项段的无保留意见的审计报告也被视为标准审计报告。其中无保留意见是指当注册会计师认为财务报表在所有重大方面按照适用的财务报告编制基础编制并实现公允反映时发表的审计意见。非标准审计报告是指带有强调事项段或其他事项段的无保留意见的审计报告和非无保留意见的审计报告。

15.1.3　对适用的财务报告编制基础的说明

向财务报表使用者告知编制财务报表所依据的编制基础是非常重要的，所以管理层和治理层编制的财务报表需要恰当说明适用的财务报告编制基础。只有财务报表符合适用的财务报告编制基础的所有要求，声明财务报表按照该编制基础编制才是恰当的。在对适用的财务报告编制基础的说明中使用不严密的修饰语或限定性的语言是不恰当的，因为这可能误导财务报表使用者。

在某些情况下，财务报表可能声明按照两个财务报告编制基础（如某一国家或地区的财务报告编制基础和国际财务报告准则）编制。这可能是因为管理层被要求或自愿选择同时按照两个编制基础的规定编制财务报表，在这种情况下，两个财务报告编制基础都是适用的财务报告编制基础。只有当财务报表分别符合每个财务报告编制基础的所有要求时，声明财务报表按照这两个编制基础编制才是恰当的。财务报表需要同时符合两个编制基础的要求并且不需要调节，才能被视为按照两个财务报告编制基础编制。在实务中，同时遵守两个编制基础的可能性很小，除非某一国家或地区采用另一财务报告编制基础（如国际财务报告准则）作为本国或地区的财务报告编制基础，或者已消除遵守另一财务报告编制基础的所有障碍。

如果财务报表按照某一财务报告编制基础编制，并且包含附注或补充报表，已将其结果调节至按照另一财务报告编制基础的结果，则该财务报表没有按照另一财务报告编制基础编制。这是因为该财务报表并没有按照另一财务报告编制基础要求的方式列示所有信息。

然而，财务报表可能按照某一适用的财务报告编制基础编制，另外在财务报表附注中说明该财务报表符合另一财务报告编制基础的程度（如按照某一国家或地区财务报告编制基础的财务报表，可能说明其符合国际财务报告准则的程度）。这种说明属于补充财务信息，如本准则第四十四条所述，这种信息被视为财务报表的必要组成部分，从而涵盖在审计意见中。

15.2 审计报告的要素

《中国注册会计师审计准则第1501号——对财务报表形成审计意见和出具审计报告》第二十三条规定，审计报告各个要素及其含义如下：

1）标题

《中国注册会计师审计准则第1501号——对财务报表形成审计意见和出具审计报告》规定，审计报告的标题应当统一规范为“审计报告”。考虑到这一标题已广为社会公众所接受，因此，我国注册会计师出具的审计报告的标题没有包含“独立”两个字，但注册会计师在执行财务报表审计业务时，应当遵守独立性的要求。而在美国，除非注册会计师缺乏独立性，否则审计报告标题中必须包含“独立性”，以此区分会计师事务所提交的其他报告。

2）收件人

审计报告的收件人是指注册会计师按照业务约定书的要求致送审计报告的对象，一般是指审计业务的委托人。审计报告应当载明收件人的全称。注册会计师应当与委托人在业务约定书中约定致送审计报告的对象，以防止在此问题上发生分歧或审计报告被委托人滥用。针对整套通用目的财务报表出具审计报告时，审计报告的致送对象通常为被审计单位的全体股东或董事会。

3）引言段

审计报告的引言段应当包括下列内容：（1）指明被审计单位的名称；（2）说明财务报表已经审计；（3）指出构成整套财务报表的每张财务报表的名称；（4）提及财务报表附注，包括重要会计政策概要和其他解释性信息；（5）指明构成整套财务报表的每张财务报表的日期或涵盖的期间。

4）管理层对财务报表的责任段

审计报告应当包含标题为“管理层对财务报表的责任”的段落。在审计报告中指明管理层的责任，有利于区分管理层和注册会计师的责任，降低财务报表使用者误解注册会计师责任的可能性。因此，在管理层对财务报表的责任段中，应当声明按照适用的会计准则和相关会计制度的规定编制财务报表是管理层的责任。这种责任包括：（1）设计、实施和维护与财务报表编制相关的内部控制，以使财务报表不存在由于舞弊或错误而导致的重大错报。（2）按照适用的财务报告编制基础编制财务报表，并使其实现公允反映。

5）注册会计师的责任段

审计报告应当包含标题为“注册会计师的责任”的段落。注册会计师的责任段应当说明下列内容：（1）注册会计师的责任是在实施审计工作的基础上对财务报表发表审计意见。（2）注册会计师按照审计准则的规定执行了审计工作，遵守了职业道德规范，按照准则的规定计划和实施了审计工作以对财务报表是否不存在重大错报获取合理保证。（3）审计工作涉及实施审计程序，以获取有关财务报表金额和披露的审计证据。选择的审计程序取决于注册会计师的判断，包括对由于舞弊或错误导致的财务报表重大错报风险的评估。在进行风险评估时，注册会计师充分考虑了与财务报表编制和公允列报相关的内部控制，以设计恰当的审计程序，但目的并非对内部控制的有效性发表意见。审计工作还包括评价管理层选用的会计政策是否恰当、做出的会计估计是否合理。（4）注册会计师相信已获取的审计证据是充分、适当的，为其发表审计意见提供了基础。

理解注册会计师的责任段内容时，应当注意以下几点：第一，不存在重大错报，是指注册会计师认为已审计的财务报表不存在影响财务报表使用者决策的错报。合理保证是指注册会计师通过获取充分、适当的审计证据，对财务报表整体发表审计意见，提供的是一种高水平但非百分之百的保证。第二，责任段主要阐明注册会计师执行审计工作的主要过程，包括运用职业判断实施风险评估程序、控制测试以及实质性程序。这同时也是向财务报表使用者说明：注册会计师的审计是建立在风险导向审计基础上的。在进行风险评估时，注册会计师考虑了与财务报表编制相关的内部控制，但目的并非是对内部控制的有效性发表意见。因此，审计报告对内部控制不提供任何保证。但如果结合财务报表审计对内部控制的有效性发表意见，注册会计师应当删除“但目的并非对内部控制的有效性发表意见”的措辞。

6）审计意见段

如果对财务报表发表无保留意见，除非法律法规另有规定，审计意见段应当使用“财务报表在所有重大方面按照适用的财务报告编制基础编制，公允反映了……”的措辞。如果在审计意见段中提及的适用的财务报告编制基础不是企业会计准则，而是国际财务报告准则、国际公共部门会计准则或者其他国家或地区的财务报告准则，注册会计师应当在审计意见段中指明国际财务报告准则或国际公共部门会计准则，或者财务报告准则所属的国家或地区。

7）其他报告事项段

除审计准则规定的注册会计师对财务报表出具审计报告的责任外，相关法律法规可能对注册会计师设定了其他报告责任。如果注册会计师在对财务报表出具的审计报告中履行其他报告责任，应当在审计报告中将其单独作为一部分，并以“按照相关法律法规的要求报告的事项”为标题。如果审计报告包含“按照相关法律法规的要求报告的事项”部分，审计报告应当区分为“对财务报表出具的审计报告”和“按照相关法律法规的要求报告的事项”两部分。具体格式如图 15-1 和图 15-2 所示。图 15-1 和图 15-2 分别是对按照企业会计准则编制的财务报表出具的审计报告和对按照企业会计准则编制的合并财务报表出具的审计报告的范例。

8）注册会计师的签名和盖章

审计报告应当由注册会计师签名并盖章。注册会计师在审计报告上签名并盖章，有利于明确法律责任。《财政部关于注册会计师在审计报告上签名盖章有关问题的通知》（财政部〔2001〕1035 号）明确规定：（1）会计师事务所应当建立健全全面质量控制政策与程序以及各审计项目的质量控制程序，严格按照有关规定和本通知的要求在审计报告上签名盖章。（2）审计报告应当由两名具备相关业务资格的注册会计师签名盖章并经会计师事务所盖章方为有效。需要注意的是，合伙制会计师事务所出具的审计报告，应当由一名对审计项目负最终复核责任的合伙人和一名负责该项目的注册会计师签名盖章；有限责任制会计师事务所出具的审计报告，应当由会计师事务所主任会计师或其授权的副主任会计师和一名负责该项目的注册会计师签名盖章。

9）会计师事务所的名称、地址及公章

审计报告应当载明会计师事务所的名称和地址，并加盖会计师事务所公章。根据《中华人民共和国注册会计师法》的规定，注册会计师承办的业务，由其所在的会计师事务所统一受理并与委托人签订委托合同。因此，审计报告除了应由注册会计师签名并盖章外，还应载明会计师事务所的名称和地址，并加盖会计师事务所公章。

审计报告①

ABC 股份有限公司全体股东：

一、对财务报表出具的审计报告

我们审计了后附的 ABC 股份有限公司（以下简称 ABC 公司）财务报表，包括 20×2 年 12 月 31 日的资产负债表，20×2 年度的利润表、现金流量表和股东权益变动表以及财务报表附注。

（一）管理层对财务报表的责任

编制和公允列报财务报表是 ABC 公司管理层的责任，这种责任包括：（1）按照企业会计准则的规定编制财务报表，并使其实现公允反映；（2）设计、执行和维护必要的内部控制，以使财务报表不存在由于舞弊或错误导致的重大错报。

（二）注册会计师的责任

我们的责任是在执行审计工作的基础上对财务报表发表审计意见。我们按照中国注册会计师审计准则的规定执行了审计工作。中国注册会计师审计准则要求我们遵守职业道德守则，计划和执行审计工作以对财务报表是否不存在重大错报获取合理保证。

审计工作涉及实施审计程序，以获取有关财务报表金额和披露的审计证据。选择的审计程序取决于注册会计师的判断，包括对由于舞弊或错误导致的财务报表重大错报风险的评估。在进行风险评估时，注册会计师考虑与财务报表编制和公允列报相关的内部控制，以设计恰当的审计程序，但目的并非对内部控制的有效性发表审计意见。审计工作还包括评价管理层选用会计政策的恰当性和作出会计估计的合理性，以及评价财务报表的总体列报。

我们相信，我们获取的审计证据是充分、适当的，为发表审计意见提供了基础。

（三）审计意见

我们认为，ABC 公司财务报表在所有重大方面按照企业会计准则的规定编制，公允反映了 ABC 公司 20×2 年 12 月 31 日的财务状况以及 20×2 年度的经营成果和现金流量。

二、按照相关法律法规的要求报告的事项

（本部分报告的格式和内容，取决于相关法律法规对其他报告责任的规定）

××会计师事务所 （盖章）	中国注册会计师：××× （签名并盖章）
	中国注册会计师：××× （签名并盖章）
中国××市	二〇×三年××月××日

图 15-1　对按照企业会计准则编制的财务报表出具的审计报告②

① 如果审计报告中不包含“按照相关法律法规的要求报告的事项”部分，则不需要加入此标题。

② 背景信息：第一，对整套财务报表实施审计；第二，财务报表由被审计单位管理层基于通用目的、按照企业会计准则的规定编制；第三，审计业务约定条款中说明的管理层对财务报表的责任，与《中国注册会计师审计准则第 1111 号——就审计业务约定条款达成一致意见》的规定一致；第四，除对财务报表实施审计外，注册会计师还承担法律法规要求的其他报告责任，且注册会计师决定在审计报告中履行其他报告责任。

审计报告

ABC 股份有限公司全体股东：

一、对合并财务报表出具的审计报告

我们审计了后附的 ABC 股份有限公司（以下简称 ABC 公司）合并财务报表，包括 20×2 年 12 月 31 日的合并资产负债表，20×2 年度的合并利润表、合并现金流量表和合并股东权益变动表以及财务报表附注。

（一）管理层对合并财务报表的责任

编制和公允列报合并财务报表是管理层的责任，这种责任包括：（1）按照企业会计准则的规定编制合并财务报表，并使其实现公允反映；（2）设计、执行和维护必要的内部控制，以使合并财务报表不存在由于舞弊或错误导致的重大错报。

（二）注册会计师的责任

我们的责任是在执行审计工作的基础上对合并财务报表发表审计意见。我们按照中国注册会计师审计准则的规定执行了审计工作。中国注册会计师审计准则要求我们遵守职业道德守则，计划和执行审计工作以及对合并财务报表是否不存在重大错报获取合理保证。

审计工作涉及实施审计程序，以获取有关合并财务报表金额和披露的审计证据。选择的审计程序取决于注册会计师的判断，包括对由于舞弊或错误导致的合并财务报表编制和公允列报相关的内部控制，以设计恰当的审计程序，但目的并非对内部控制的有效性发表审计意见。审计工作还包括评价管理层选用会计政策的恰当性和作出会计估计的合理性，以及评价合并财务报表的总体列报。

我们相信，我们获取的审计证据是充分、适当的，为发表审计意见提供了基础。

（三）审计意见

我们认为，合并财务报表在所有重大方面按照企业会计准则的规定编制，公允反映了 ABC 公司 20×2 年 12 月 31 日的合并财务状况、20×2 年度的合并经营成果和合并现金流量。

二、按照相关法律法规的要求报告的事项

（本部分报告的格式和内容，取决于相关法律法规对其他报告责任的规定）

××会计师事务所　　　　中国注册会计师：×××
（盖章）　　　　　　　　（签名并盖章）
　　　　　　　　　　　　中国注册会计师：×××
　　　　　　　　　　　　（签名并盖章）
中国××市　　　　　　　二〇×三年××月××日

图 15-2　对按照企业会计准则编制的合并财务报表出具的审计报告①

① 背景信息：第一，合并财务报表由被审计单位管理层基于通用目的、按照企业会计准则的规定编制；第二，审计业务约定条款中说明的管理层对财务报表的责任，与《中国注册会计师审计准则第 1111 号——就审计业务约定条款达成一致意见》的规定一致；第三，除对合并财务报表实施审计外，注册会计师还承担法律法规要求的其他报告责任，且注册会计师决定在审计报告中履行其他报告责任。

10）报告日期

审计报告应当注明报告日期。审计报告的日期不应早于注册会计师获取充分、适当的审计证据，并在此基础上对财务报表形成审计意见的日期。此外，注册会计师在确定审计报告日期时，还应当考虑：（1）构成整套财务报表的所有报表（包括相关附注）已编制完成；（2）被审计单位的董事会、管理层或类似机构已经认可其对财务报表负责。

审计报告的日期非常重要。注册会计师对不同时段的资产负债表期后事项有着不同的责任，而审计报告的日期是划分时段的关键时点。在实务中，注册会计师在正式签署审计报告前，通常把审计报告草稿和已审计财务报表草稿一同提交给管理层。如果管理层批准并签署了已审计财务报表，注册会计师即可签署审计报告。注册会计师签署审计报告的日期通常与管理层签署已审计财务报表的日期为同一天，或晚于管理层签署已审计财务报表的日期。在审计报告日期晚于管理层签署已审计财务报表日期时，注册会计师应当获取自收到管理层声明书日到审计报告日期之间的进一步审计证据，如补充的管理层声明书。

15.3　非无保留意见的审计报告

依照《中国注册会计师审计准则第 1502 号——在审计报告中发表非无保留意见》的规定，非无保留意见包括保留意见、否定意见和无法表示意见。注册会计师确定恰当的非无保留意见，取决于下列事项：（1）导致非无保留意见的事项的性质，是在财务报表存在重大错报还是在无法获取充分、适当的审计证据的情况下，财务报表可能存在重大错报（格式如图 15-3 和图 15-4 所示）；（2）注册会计师就导致非无保留意见的事项对财务报表产生或可能产生影响的广泛性作出的判断（格式如图 15-5 和图 15-6 所示）。

15.3.1　非无保留意见的出具规则

《中国注册会计师审计准则第 1502 号——在审计报告中发表非无保留意见》第八条规定，当存在下列情形之一时，注册会计师应当发表保留意见：（1）在获取充分、适当的审计证据后，注册会计师认为错报单独或累计起来对财务报表影响重大，但不具有广泛性；（2）注册会计师无法获取充分、适当的审计证据以作为形成审计意见的基础，但认为未发现的错报（如存在）对财务报表可能产生的影响重大，但不具有广泛性。

审计报告

ABC 股份有限公司全体股东:

一、对财务报表出具的审计报告

我们审计了后附的 ABC 股份有限公司（以下简称 ABC 公司）20×2 年 12 月 31 日的资产负债表、20×2 年度的利润表、现金流量表和股东权益变动表以及财务报表附注。

（一）管理层对财务报表的责任

编制和公允列报财务报表是 ABC 公司管理层的责任，这种责任包括：（1）按照企业会计准则的规定编制财务报表，并使其实现公允反映；（2）设计、执行和维护必要的内部控制，以使财务报表不存在由于舞弊或错误导致的重大错报。

（二）注册会计师的责任

我们的责任是在执行审计工作的基础上对财务报表发表审计意见。我们按照中国注册会计师审计准则的规定执行了审计工作。中国注册会计师审计准则要求我们遵守职业道德守则，计划和执行审计工作以对财务报表是否不存在重大错报获取合理保证。

审计工作涉及实施审计程序，以获取有关财务报表金额和披露的审计证据。选择的审计程序取决于注册会计师的判断，包括对由于舞弊或错误导致的财务报表重大错报风险的评估。在进行风险评估时，注册会计师考虑与财务报表编制和公允列报相关的内部控制，以设计恰当的审计程序，但目的并非对内部控制的有效性发表意见。审计工作还包括评价管理层选用会计政策的恰当性和作出会计估计的合理性，以及评价财务报表的总体列报。

我们相信，我们获取的审计证据是充分、适当的，为发表保留意见提供了基础。

（三）导致保留意见的事项

ABC 公司 20×2 年 12 月 31 日资产负债表中存货的列示金额为×××元。管理层根据成本对存货进行计量，而没有根据成本与可变现净值孰低的原则进行计量，这不符合企业会计准则的规定。公司的会计记录显示，如果管理层以成本与可变现净值孰低来计量存货，存货列示金额将减少×××元。相应地，资产减值损失将增加×××元，所得税费用、净利润和股东权益将分别减少×××元、×××元和×××元。

（四）保留意见

我们认为，除"（三）导致保留意见的事项"段所述事项产生的影响外，ABC 公司财务报表在所有重大方面按照企业会计准则的规定编制，公允反映了 ABC 公司 20×1 年 12 月 31 日的财务状况以及 20×2 年度的经营成果和现金流量。

二、按照相关法律法规的要求报告的事项

（本部分报告的格式和内容取决于相关法律法规对其他报告责任的规定）

××会计师事务所　　　　　　　　中国注册会计师：××
（盖章）　　　　　　　　　　　　（签名并盖章）
　　　　　　　　　　　　　　　　中国注册会计师：××
　　　　　　　　　　　　　　　　（签名并盖章）
中国××市　　　　　　　　　　　二〇×三年××月××

图 15-3　由于财务报表存在重大错报而发表保留意见的审计报告①

① 背景信息：第一，对被审计单位管理层按照企业会计准则编制的整套通用目的财务报表实施审计；第二，审计业务约定条款中说明的管理层对财务报表的责任，与《中国注册会计师审计准则第 1111 号——就审计业务约定条款达成一致意见》的规定一致；第三，存货存在错报，该错报对财务报表影响重大但不具有广泛性；第四，除对财务报表实施审计外，注册会计师还承担法律法规要求的其他报告责任，且注册会计师决定在审计报告中履行其他报告责任。

审计报告

ABC 股份有限公司全体股东：

一、对合并财务报表出具的审计报告

我们审计了后附的 ABC 股份有限公司（以下简称 ABC 公司）的合并财务报表，包括 20×2 年 12 月 31 日的合并资产负债表、20×2 年度的合并利润表、合并现金流量表和合并股东权益变动表以及财务报表附注。

（一）管理层对合并财务报表的责任

编制和公允列报合并财务报表是 ABC 公司管理层的责任，这种责任包括：（1）按照企业会计准则的规定编制合并财务报表，并使其实现公允反映；（2）设计、执行和维护必要的内部控制，以使合并财务报表不存在由于舞弊或错误导致的重大错报。

（二）注册会计师的责任

我们的责任是在执行审计工作的基础上对合并财务报表发表审计意见。我们按照中国注册会计师审计准则的规定执行了审计工作。中国注册会计师审计准则要求我们遵守职业道德守则，计划和执行审计工作以对合并财务报表是否不存在重大错报获取合理保证。

审计工作涉及实施审计程序，以获取有关合并财务报表金额和披露的审计证据。选择的审计程序取决于注册会计师的判断，包括对由于舞弊或错误导致的合并财务报表重大错报风险的评估。在进行风险评估时，注册会计师考虑与合并财务报表编制和公允列报相关的内部控制，以设计恰当的审计程序，但目的并非对内部控制的有效性发表意见。审计工作还包括评价管理层选用会计政策的恰当性和作出会计估计的合理性，以及评价合并财务报表的总体列报。

我们相信，我们获取的审计证据是充分、适当的，为发表否定意见提供了基础。

（三）导致否定意见的事项

如财务报表附注××所述，20×2 年 ABC 公司通过非同一控制下的企业合并获得对 XYZ 公司的控制权，因未能取得购买日 XYZ 公司某些重要资产和负债的公允价值，故未将 XYZ 公司纳入合并财务报表的范围，而是按成本法核算对 XYZ 公司的股权投资。ABC 公司的这项会计处理不符合企业会计准则的规定。如果将 XYZ 公司纳入合并财务报表的范围，ABC 公司合并财务报表的很多报表项目将受到重大影响。

但我们无法确定未将 XYZ 公司纳入合并范围对财务报表产生的影响。

（四）否定意见

我们认为，由于“（三）导致否定意见的事项”段所述事项的重要性，ABC 公司的合并财务报表没有在所有重大方面按照企业会计准则的规定编制，未能公允反映 ABC 公司及其子公司 20×2 年 12 月 31 日的财务状况以及 20×2 年度的经营成果和现金流量。

二、按照相关法律法规的要求报告的事项

（本部分报告的格式和内容取决于相关法律法规对其他报告责任的规定）

××会计师事务所	中国注册会计师：×××
（盖章）	（签名并盖章）
	中国注册会计师：×××
	（签名并盖章）
中国××市	二〇×三年××月××日

图 15-4　由于财务报表存在重大错报而发表否定意见的审计报告①

① 背景信息：第一，对被审计单位管理层按照企业会计准则编制的整套通用目的财务报表实施审计；第二，审计业务约定条款中说明的管理层对财务报表的责任，与《中国注册会计师审计准则第 1111 号——就审计业务约定条款达成一致意见》的规定一致；第三，财务报表因未合并子公司而存在重大错报，该错报对财务报表影响重大且具有广泛性，但量化该错报对财务报表的影响是不切实际的；第四，除对合并财务报表实施审计外，注册会计师还承担法律法规要求的其他报告责任，且注册会计师决定在审计报告中履行其他报告责任。

审计报告

ABC股份有限公司全体股东：

一、对财务报表出具的审计报告

我们审计了后附的ABC股份有限公司（以下简称ABC公司）财务报表，包括20×2年12月31日的资产负债表，20×2年度的利润表、现金流量表和股东权益变动表以及财务报表附注。

（一）管理层对财务报表的责任

编制和公允列报财务报表是ABC公司管理层的责任，这种责任包括：(1) 按照企业会计准则的规定编制财务报表，并使其实现公允反映；(2) 设计、执行和维护必要的内部控制，以使财务报表不存在由于舞弊或错误导致的重大错报。

（二）注册会计师的责任

我们的责任是在执行审计工作的基础上对财务报表发表审计意见。我们按照中国注册会计师审计准则的规定执行了审计工作。中国注册会计师审计准则要求我们遵守职业道德守则，计划和执行审计工作以对财务报表是否不存在重大错报获取合理保证。

审计工作涉及实施审计程序，以获取有关财务报表金额和披露的审计证据。选择的审计程序取决于注册会计师的判断，包括对由于舞弊或错误导致的财务报表重大错报风险的评估。在进行风险评估时，注册会计师考虑与财务报表编制和公允列报相关的内部控制，以设计恰当的审计程序，但目的并非对内部控制的有效性发表意见。审计工作还包括评价管理层选用会计政策的恰当性和作出会计估计的合理性，以及评价财务报表的总体列报。

我们相信，我们获取的审计证据是充分、适当的，为发表保留意见提供了基础。

（三）导致保留意见的事项

如财务报表附注××所述，ABC公司于20×2年取得了XYZ公司30%的股权，因能够对XYZ公司施加重大影响，故采用权益法核算该项股权投资，于20×2年度确认对XYZ公司的投资收益××元，截至20×2年12月31日该项股权投资的账面价值为××元。由于我们未被允许接触XYZ公司的财务信息、管理层和执行XYZ公司审计的注册会计师，我们无法就该项股权投资的账面价值以及ABC公司确认的20×2年度对XYZ公司的投资收益获取充分、适当的审计证据，也无法确定是否有必要对这些金额进行调整。

（四）保留意见

我们认为，除"（三）导致保留意见的事项"段所述事项可能产生的影响外，ABC公司财务报表在所有重大方面按照企业会计准则的规定编制，公允反映了ABC公司20×2年12月31日的财务状况以及20×2年度的经营成果和现金流量。

二、按照相关法律法规的要求报告的事项

（本部分报告的格式和内容，取决于相关法律法规对其他报告责任的规定）

××会计师事务所 （盖章）	中国注册会计师：××× （签名并盖章） 中国注册会计师：××× （签名并盖章）
中国××市	二〇×三年××月××日

图15-5　由于注册会计师无法获取充分、适当的审计证据而发表保留意见的审计报告[①]

① 背景信息：第一，对被审计单位管理层按照企业会计准则编制的整套通用目的财务报表实施审计；第二，审计业务约定条款中说明的管理层对财务报表的责任，与《中国注册会计师审计准则第1111号——就审计业务约定条款达成一致意见》的规定一致；第三，对于在境外分支机构的投资，注册会计师无法获取充分、适当的审计证据，这一事项对财务报表影响重大但不具有广泛性；第四，除对财务报表实施审计外，注册会计师还承担法律法规要求的其他报告责任，且注册会计师决定在审计报告中履行其他报告责任。

审计报告

ABC 股份有限公司全体股东：

一、对财务报表出具的审计报告

我们接受委托，审计后附的 ABC 股份有限公司（以下简称 ABC 公司）财务报表，包括 20×2 年 12 月 31 日的资产负债表，20×2 年度的利润表、现金流量表和股东权益变动表以及财务报表附注。

（一）管理层对财务报表的责任

编制和公允列报财务报表是 ABC 公司管理层的责任，这种责任包括：（1）按照×国财务报告准则的规定编制财务报表，并使其实现公允反映；（2）设计、执行和维护必要的内部控制，以使财务报表不存在由于舞弊或错误导致的重大错报。

（二）注册会计师的责任

我们的责任是在按照中国注册会计师审计准则的规定执行审计工作的基础上对财务报表发表审计意见。但由于"（三）导致无法表示意见的事项"段中所述的事项，我们无法获取充分、适当的审计证据以为发表审计意见提供基础。

（三）导致无法表示意见的事项

我们于 20×3 年 1 月接受 ABC 公司的审计委托，因而未能对 ABC 公司 20×2 年年初金额为 ××元的存货和年末金额为××元的存货实施监盘程序。此外，我们也无法实施替代审计程序获取充分、适当的审计证据。并且，ABC 公司于 20×2 年 9 月采用新的应收账款电算化系统，由于存在系统缺陷导致应收账款出现大量错误。截至审计报告日，管理层仍在纠正系统缺陷并更正错误，我们也无法实施替代审计程序，以对截至 20×2 年 12 月 31 日的应收账款总额××元获取充分、适当的审计证据。因此，我们无法确定是否有必要对存货、应收账款以及财务报表其他项目作出调整，也无法确定应调整的金额。

（四）无法表示意见

由于"（三）导致无法表示意见的事项"段所述事项的重要性，我们无法获取充分、适当的审计证据以为发表审计意见提供基础，因此，我们不对 ABC 公司财务报表发表审计意见。

二、按照相关法律法规的要求报告的事项

（本部分报告的格式和内容取决于相关法律法规对其他报告责任的规定）

××会计师事务所　　　　　　中国注册会计师：×××
（盖章）　　　　　　　　　（签名并盖章）
　　　　　　　　　　　　　中国注册会计师：×××
　　　　　　　　　　　　　（签名并盖章）
中国××市　　　　　　　　　二〇×三年××月××日

图 15-6　由于注册会计师无法针对财务报表多个要素获取充分、适当的审计证据而发表无法表示意见的审计报告①

① 背景信息：第一，对被审计单位管理层按照×国财务报告准则编制的整套通用目的的财务报表实施审计；第二，审计业务约定条款中说明的管理层对财务报表的责任，与《中国注册会计师审计准则第 1111 号——就审计业务约定条款达成一致意见》的规定一致；第三，对财务报表的多个要素，注册会计师无法获取充分、适当的审计证据，例如，对被审计单位的存货和应收账款，注册会计师无法获取审计证据，这一事项对财务报表可能产生的影响重大且具有广泛性；第四，除对财务报表实施审计外，注册会计师还承担法律法规要求的其他报告责任，且注册会计师决定在审计报告中履行其他报告责任。

在获取充分、适当的审计证据后，如果认为错报单独或累计起来对财务报表的影响重大且具有广泛性，注册会计师应当发表否定意见。如果无法获取充分、适当的审计证据以作为形成审计意见的基础，或者认为未发现的错报（如存在）对财务报表可能产生的影响重大且具有广泛性，注册会计师应当发表无法表示意见。在极其特殊的情况下，可能存在多个不确定事项，尽管注册会计师对每个单独的不确定事项获取了充分、适当的审计证据，但由于不确定事项之间可能存在相互影响，以及可能对财务报表产生累积影响，注册会计师不可能对财务报表形成审计意见。在这种情况下，注册会计师应当发表无法表示意见。

在承接审计业务后，如果注意到管理层对审计范围施加了限制，且认为这些限制可能导致对财务报表发表保留意见或无法表示意见，注册会计师应当要求管理层消除这些限制。如果管理层拒绝消除这类限制，除非治理层全部成员参与管理被审计单位，注册会计师应当就此事项与治理层沟通，并确定能否实施替代程序以获取充分、适当的审计证据。

如果无法获取充分、适当的审计证据，注册会计师应当通过下列方式确定其影响：(1) 如果未发现的错报（如存在）可能对财务报表产生的影响重大，但不具有广泛性，注册会计师应当发表保留意见；(2) 如果未发现的错报（如存在）可能对财务报表产生的影响重大且具有广泛性，以至于发表保留意见不足以反映情况的严重性，注册会计师应当在可行时解除业务约定（除非法律法规禁止）；如果在出具审计报告之前解除业务约定被禁止或不可行，应当发表无法表示意见。如果解除业务约定，注册会计师应当在解除业务约定前，与治理层沟通在审计过程中发现的、将会导致发表非无保留意见的所有错报事项。

如果认为有必要对财务报表整体发表否定意见或无法表示意见，注册会计师不应在同一审计报告中对按照相同财务报告框架编制的单一财务报表或者财务报表特定要素、账户或项目发表无保留意见。因为在同一审计报告中包含无保留意见，将会与对财务报表整体发表的否定意见或无法表示意见相矛盾。

15.3.2 非无保留意见的审计报告的格式和内容

如果对财务报表发表非无保留意见，除在审计报告中包含《中国注册会计师审计准则第1501号——对财务报表形成审计意见和出具审计报告》规定的审计报告要素外，注册会计师还应当增加一个段落，说明导致发表非无保留意见的事项。注册会计师应当直接在审计意见段之前增加该段落，并使用恰当的标题，如“导致保留意见的事项”、“导致否定意见的事项”或“导致无法表示意见的事项”。

如果财务报表中存在与具体金额（包括定量披露）相关的重大错报，注册会计师应当在导致非无保留意见的事项段中说明并量化该错报的财务影响；如果无法量化财务影响，注册会计师应当在导致非无保留意见的事项段中说明这一情况；如果财务报表中存在与叙述性披露相关的重大错报，注册会计师应当在导致非无保留意见的事项段中解释该错报是如何发生的；如果财务报表中存在与应披露而未披露信息相关的重大错报，注册会计师应当：（1）与治理层讨论未披露信息的情况；（2）在导致非无保留意见的事项段中描述未披露信息的性质；（3）除非法律法规禁止，如果可行并且已针对未披露信息获取充分、适当的审计证据，在导致非无保留意见的事项段中包含对未披露信息的披露。

如果无法获取充分、适当的审计证据而导致发表非无保留意见，注册会计师应当在导致非无保留意见的事项段中说明无法获取审计证据的原因。即使发表了否定意见或无法表示意见，注册会计师也应当在导致非无保留意见的事项段中说明注意到的、将导致发表非无保留意见的所有其他事项及其影响。

需要注意的是，在发表非无保留意见时，注册会计师应当对审计意见段使用恰当的标题，如"保留意见"、"否定意见"或"无法表示意见"。当由于财务报表存在重大错报而发表保留意见时，注册会计师应当根据适用的财务报告框架在审计意见段中说明：（1）注册会计师认为，除了"导致保留意见的事项"段所述事项产生的影响外，财务报表在所有重大方面按照适用的财务报告框架编制，并实现公允反映；（2）当无法获取充分、适当的审计证据而导致发表保留意见时，注册会计师应当在审计意见段中使用"除……可能产生的影响外"等措辞。

当发表否定意见时，注册会计师应当根据适用的财务报告框架在审计意见段中说明：（1）注册会计师认为，由于"导致否定意见的事项"段所述事项的重要性，财务报表没有在所有重大方面按照适用的财务报告框架编制，未能实现公允反映；（2）当由于无法获取充分、适当的审计证据而发表无法表示意见时，注册会计师应当在审计意见段中说明：由于"导致无法表示意见的事项"段所述事项的重要性，注册会计师无法获取充分、适当的审计证据以为发表审计意见提供基础，因此，注册会计师不对这些财务报表发表审计意见。

此外，必须指出的是，当发表保留意见或否定意见时，注册会计师应当修改对注册会计师责任的描述，以说明注册会计师相信，注册会计师已获取的审计证据是充分、适当的，为发表非无保留意见提供了基础。当由于无法获取充分、适当的审计证据而发表无法表示意见时，注册会计师应当修改审计报告的引言段，说明注册会计师接受委托审计财务报表。同时还应当修改对注册会计师责任和审计范围的描述，并仅能作出如下说明："我们的责任是在按照中国注册会计师审计准则的规定执行审计工作的基础上对财务报表发表审计意见。但由于导致无法表示意见的事项段中所述的事项，我们无法获取充分、适当的审计证据为发表审计意见提供基础。”

15.3.3 对审计意见类型决策的进一步讨论

注册会计师在出具保留意见、否定意见和无法表示意见的审计报告时，要判断财务报表错报金额或因审计范围受到限制的影响是否重大，这些判断往往离不开重要性水平。在其他条件相同的情况下，重要性水平是考虑审计报告类型的重要依据。如果某项错报金额或审计范围受到限制对被审计单位财务报表并不重要，预计也不会对未来各期财务报表产生重大影响，注册会计师就可出具无保留意见的审计报告。

1）错报金额与重要性水平的比较

根据《中国注册会计师审计准则第 1221 号——计划和执行审计工作时的重要性》的规定，重要性取决于在具体环境下对错报金额和性质的判断，如果一项错报单独或连同其他错报可能影响财务报表使用者依据财务报表作出的经济决策，则该项错报是重大的。注册会计师对重要性水平的评估取决于被审计单位及其环境、财务报表项目的性质和自身的职业判断。重要性水平的判断基础通常包括资产总额、净资产、营业收入、净利润等。例如，注册会计师可以采用资产总额的 0.5% ~1%、净资产的 1%、营业收入的 0.5% ~1% 或净利润的 5% ~10% 等来确定重要性水平。验证重要性水平是否合适的方法是将其纳入财务指标体系的计算中，观察其对财务指标的影响。

可以依照以下原则，将错报金额或审计范围受到限制的影响与重要性水平进行比较，以判断出具审计报告的类型：

（1）错报金额或审计范围受到限制的影响不重要。当被审计单位会计政策的选用、做出的会计估计或财务报表的披露不符合适用的会计准则和相关会计制度的规定或因审计范围受到限制，无法获取充分、适当的审计证据时，如果所涉金额不大，远远低于重要性水平，还不至于影响财务报表使用者的决策，注册会计师可以出具无保留意见的审计报告。例如，被审计单位办公用品直接作为制造费用，因其金额很小，错报相对不重要，因而可以出具无保留意见的审计报告。

（2）当被审计单位会计政策的选用、做出的会计估计或财务报表的披露不符合适用的会计准则和相关会计制度的规定或因审计范围受到限制，无法获取充分、适当的审计证据时，如果所涉金额超过重要性水平，在某些方面影响了财务报表使用者的决策，但财务报表整体仍然是公允的，则注册会计师可以出具保留意见的审计报告。例如，被审计单位在资产负债表日拥有的存货金额较大（超过重要性水平），已将其用作商业银行贷款抵押品，但没有在财务报表附注中进行披露。如果商业银行利用该财务报表进行贷款决策，因为不了解存货已作抵押，其决策将会受到一定影响。但这一错报并不影响库存现金、应收账款和其他财务报表项目以及整个财务报表，因此注册会计师可以考虑出具保留意见的审计报告。

（3）当被审计单位会计政策的选用、做出的会计估计或财务报表的披露不符合适用的会计准则和相关会计制度的规定或因审计范围受到限制，无法获取充分、适当的审计证据，金额超过重要性水平且将会全面影响财务报表使用者的决策时，注册会计师应当出具否定意见或无法表示意见的审计报告。例如，被审计单位在资产负债表日拥有的存货金额很大，远远超过重要性水平。如果存货出现错报，对财务报表许多项目乃至整个财务报表都会产生影响。因此，注册会计师需要考虑存货错报对净资产、流动资产、营运资本、资产总额、销售成本、利润总额、所得税、税后净利润的综合影响。

2）错报的性质

除了金额上要符合重要性水平外，错报的性质也会影响审计意见类型。从性质上看，通常以下错报被认为是严重的：

（1）非法交易或舞弊；

（2）对当期影响不大，但对将来各期影响重大；

（3）具有心理效应；

（4）根据合同责任判断影响重大；

（5）对遵守国家有关法律、法规和规章影响重大。

15.4　在审计报告中增加强调事项段和其他事项段

15.4.1　审计报告中的强调事项段

1）强调事项段的含义

《中国注册会计师审计准则第 1503 号——在审计报告中增加强调事项段和其他事项段》第四条指出，审计报告的强调事项段是指注册会计师在审计意见段之后增加的对重大事项予以强调的段落。所谓强调事项应当同时符合以下条件：（1）可能对财务报表产生重大影响，但被审计单位进行了恰当的会计处理且在财务报表中作出了充分披露；（2）不影响注册会计师已发表的审计意见。

一般说来，注册会计师在审计意见段之前增加说明段，是用来说明发表保留意见、否定意见和无法表示意见的理由；而在意见段之后增加强调事项段，只是增加审计报告的信息含量，提高审计报告的有用性，不影响发表的审计意见。如果以强调事项段代替审计意见发表，就会导致审计报告类型出现混乱。

2）需要增加强调事项段或解释说明段的情形

（1）对持续经营能力产生重大疑虑。

当存在可能导致对持续经营能力产生重大疑虑的事项或情况，但不影响已发表的审计意见时，注册会计师应当在审计意见段之后增加强调事项段对此予以强调。

注册会计师针对被审计单位持续经营能力增加强调事项段时，应当遵守《中国注册会计师审计准则第1324号——持续经营》的相关要求。如果认为被审计单位在编制财务报表时运用持续经营假设是适当的，但存在可能导致对持续经营能力产生重大疑虑的事项或情况时，注册会计师应当考虑：①财务报表是否已充分描述导致对持续经营能力产生重大疑虑的主要事项或情况，以及管理层针对这些事项或情况提出的应对计划；②财务报表是否已清楚指明可能导致对持续经营能力产生重大疑虑的事项或情况存在重大不确定性，例如，被审计单位可能无法在正常的经营过程中变现资产、清偿债务。

如果财务报表已作出充分披露，注册会计师应当出具无保留意见的审计报告，并在审计意见段之后增加强调事项段，强调可能导致对持续经营能力产生重大疑虑的事项或情况存在重大不确定性的事实，并提醒财务报表使用者注意财务报表附注中对有关事项的披露。

（2）重大不确定事项。

当存在可能对财务报表产生重大影响的不确定事项（持续经营问题除外），但不影响已发表的审计意见时，注册会计师应当考虑在审计意见段之后增加强调事项段对此予以强调。不确定事项是指其结果依赖于未来行动或事项，不受被审计单位的直接控制，但可能影响财务报表的事项。

注册会计师在理解不确定事项时，应当把握以下特征：①不确定事项的结果依赖于未来的行动或事项；②不确定事项不受被审计单位的直接控制，在管理层批准财务报表日，不可能获得更多信息以消除该不确定事项；③不确定事项可能影响财务报表，并且影响并不遥远，预计可以在未来时日得到解决。例如，被审计单位受到其他单位起诉，指控其侵犯专利权，要求其停止侵权行为并赔偿造成的损失，法院已经受理但尚未审理。该诉讼事项是一种不确定事项。因为诉讼事项的结果依赖于法院的判决或原告采取的行动，不受被审计单位的直接控制，也不以被审计单位的意志为转移。但该诉讼事项一旦被法院审理判决，可能给被审计单位带来损失。由于增加强调事项段是为了提醒财务报表使用者关注某些事项，并不影响注册会计师的审计意见，为了使财务报表使用者明确这一点，注册会计师应当在强调事项段中特别指明，该段内容仅用于提醒财务报表使用者关注，并不影响已发表的审计意见。图15-7给出了相关的范例。

审计报告

ABC 股份有限公司全体股东：

一、对财务报表出具的审计报告

我们审计了后附的 ABC 股份有限公司（以下简称 ABC 公司）财务报表，包括 20×2 年 12 月 31 日的资产负债表、20×2 年度的利润表、现金流量表和股东权益变动表以及财务报表附注。

（一）管理层对财务报表的责任

编制和公允列报财务报表是 ABC 公司管理层的责任，这种责任包括：（1）按照企业会计准则的规定编制财务报表，并使其实现公允反映；（2）设计、执行和维护必要的内部控制，以使财务报表不存在由于舞弊或错误导致的重大错报。

（二）注册会计师的责任

我们的责任是在执行审计工作的基础上对财务报表发表审计意见。我们按照中国注册会计师审计准则的规定执行了审计工作。中国注册会计师审计准则要求我们遵守职业道德守则，计划和执行审计工作以对财务报表是否不存在重大错报获取合理保证。

审计工作涉及实施审计程序，以获取有关财务报表金额和披露的审计证据。选择的审计程序取决于注册会计师的判断，包括对由于舞弊或错误导致的财务报表重大错报风险的评估。在进行风险评估时，注册会计师考虑与财务报表编制和公允列报相关的内部控制，以设计恰当的审计程序，但目的并非对内部控制的有效性发表意见。审计工作还包括评价管理层选用会计政策的恰当性和作出会计估计的合理性，以及评价财务报表的总体列报。

我们相信，我们获取的审计证据是充分、适当的，为发表保留意见提供了基础。

（三）导致保留意见的事项

ABC 公司在 20×2 年 12 月 31 日的资产负债表中反映的交易性金融资产为××元，ABC 公司管理层对这些交易性金融资产未按照公允价值进行后续计量，而是按照其历史成本进行计量，这不符合企业会计准则的规定。如果按照公允价值进行后续计量，ABC 公司 20×2 年度利润表中公允价值变动损失将增加××元，20×2 年 12 月 31 日资产负债表中交易性金融资产将减少××元，相应地，所得税费用、净利润和股东权益将分别减少××元、××元和××元。

（四）保留意见

我们认为除“（三）导致保留意见的事项”段所述事项产生的影响外，ABC 公司财务报表在所有重大方面按照企业会计准则的规定编制，公允反映了 ABC 公司 20×2 年 12 月 31 日的财务状况以及 20×2 年度的经营成果和现金流量。

（五）强调事项

我们提醒财务报表使用者关注，如财务报表附注××所述，截至财务报表批准日，XYZ 公司对 ABC 公司提出的诉讼尚在审理当中，其结果具有不确定性。本段内容不影响已发表的审计意见。

二、按照相关法律法规的要求报告的事项

（本部分报告的格式和内容取决于相关法律法规对其他报告责任的规定）

××会计师事务所　　　　　　　　中国注册会计师：×××
（盖章）　　　　　　　　　　　　（签名并盖章）
　　　　　　　　　　　　　　　　中国注册会计师：×××
　　　　　　　　　　　　　　　　（签名并盖章）
中国××市　　　　　　　　　　　二〇×三年××月××日

图 15-7　带强调事项段的保留意见的审计报告的参考格式①

① 背景信息：第一，对被审计单位管理层按照企业会计准则编制的整套通用目的财务报表执行审计；第二，审计业务约定条款中说明的管理层对财务报表的责任，与《中国注册会计师审计准则第 1111 号——就审计业务约定条款达成一致意见》的规定一致；第三，异常的未决诉讼事项存在不确定性；第四，由于违反企业会计准则的规定导致发表保留意见；第五，除对财务报表执行审计外，注册会计师还承担法律法规要求的其他报告责任，且注册会计师决定在审计报告中履行其他报告责任。

15.4.2 审计报告中的其他事项段

1）需要增加其他事项段的情形

如下情形需要在审计报告中增加其他事项段：

（1）在极其特殊的情况下，即使由于管理层对审计范围施加的限制导致无法获取充分、适当的审计证据可能产生的影响具有广泛性，注册会计师也不能解除业务约定。在这种情况下，注册会计师可能认为有必要在审计报告中增加其他事项段，解释为何不能解除业务约定。

（2）法律法规或得到广泛认可的惯例可能要求或允许注册会计师详细说明某些事项，以进一步解释注册会计师在财务报表审计中的责任或审计报告。在这种情况下，注册会计师可以使用一个或多个子标题来描述其他事项段的内容。

（3）对两套以上财务报表出具审计报告的情形。被审计单位可能按照通用目的编制基础（如×国财务报告编制基础）编制一套财务报表，且按照另一个通用目的编制基础（如国际财务报告准则）编制另一套财务报表，并委托注册会计师同时对两套财务报表出具审计报告。如果注册会计师已确定两个财务报告编制基础在各自情形下是可接受的，可以在审计报告中增加其他事项段，说明该被审计单位根据另一个通用目的编制基础（如国际财务报告准则）编制了另一套财务报表以及注册会计师对这些财务报表出具了审计报告。

（4）限制审计报告分发和使用的情形。为特定目的编制的财务报表可能按照通用目的编制基础编制，因为财务报表预期使用者已确定这种通用目的财务报表能够满足他们对财务信息的需求。由于审计报告旨在提供给特定使用者，注册会计师可能认为在这种情况下需要增加其他事项段，说明审计报告只是提供给财务报表预期使用者的，不应被分发给其他机构或人员或者被其他机构或人员使用。

需要指出的是，增加其他事项段不涉及以下两种情形：（1）除根据审计准则的规定有责任对财务报表出具审计报告外，注册会计师还有其他报告责任（参见《中国注册会计师审计准则第 1501 号——对财务报表形成审计意见和出具审计报告》中“其他报告责任”部分）；（2）注册会计师可能被要求实施额外的规定的程序并予以报告，或对特定事项发表意见。

2）如何在审计报告中增加其他事项段

其他事项段的内容明确反映了未被要求在财务报表中列报或披露的其他事项。其他事项段不包括法律法规或其他职业准则（如中国注册会计师职业道德守则中关于管理层提供的信息保密相关的规定）禁止注册会计师提供的信息。其他事项段也不包括要求管理层提供的信息。

其他事项段放置的位置取决于拟沟通信息的性质。当增加其他事项段旨在提醒使用者关注与其理解与财务报表审计相关的事项时，该段落需要紧接在审计意见段和强调事项段之后。当增加其他事项段旨在提醒使用者关注与审计报告中提及的其他报告责任相关的事项时，该段落可以置于“按照相关法律法规的要求报告的事项”的部分内。此外，当其他事项段与注册会计师的责任或使用者理解审计报告相关时，可以单独作为一部分，置于“对财务报表出具的审计报告”和“按照相关法律法规的要求报告的事项”之后。

主要参考文献

[1] Alvin A., Randal J., Mark S. Auditing and Assurance Services: An Integrated Approach (14e) [M]. NJ: Pearson Prentice Hall, 2012.

[2] Ray W., Kunt P. Principle of Auditing and Other Assurance Services (13e) [M]. 影印版，北京：中国财政经济出版社，2003.

[3] 安德鲁 D.，等. 内部审计[M]. 陈华，译. 北京：中国财政经济出版社，1996.

[4] 阿立森 S.，保罗 L. 审计中的职业判断 [M]. 王富利，译. 北京：经济科学出版社，2005.

[5] 阿尔文 A.，兰德尔 J.，马克 S. 审计学：一种整合方法[M]. 14 版. 谢盛纹，译. 北京：中国人民大学出版社，2013.

[6] 陈汉文. 审计[M]. 厦门：厦门大学出版社，2006.

[7] 财政部会计司编写组. 企业会计准则讲解 2010 [M]. 北京：人民出版社，2010.

[8] 金十七. 让数字说话：审计，就这么简单[M]. 北京：中国财政经济出版社，2005.

[9] 黄京菁. 独立审计目标及其实现机制研究[M]. 广州：暨南大学出版社，2001.

[10] 辜飞南，李若山，徐林倩丽. 现代中国审计学——电子数据下的审计实务[M]. 北京：中国时代经济出版社，2002.

[11] 林柄沧. 如何避免审计失败[M]. 北京：中国财政经济出版社，2003.

[12] 刘华，审计理论与案例[M]. 上海：复旦大学出版社，2005.

[13] 雷 H.，库尔特 P. 审计与其他保证服务[M]. 萧英达，等，译. 北京：机械工业出版社，2003.

[14] 拉里 F. 审计学——一项风险分析方法[M]. 5 版. 耿建新，等，译. 北京：中国人民大学出版社，2004.

[15] 刘明辉. 审计与鉴证服务[M]. 北京：高等教育出版社，2007.

[16] 刘明辉. 独立审计学[M]. 大连：东北财经大学出版社，2002.

[17] 李若山，刘大贤. 审计学：案例与教学[M]. 北京：经济科学出版社，2000.

[18] 李若山，周勤业. 注册会计师法律责任理论与实务[M]. 北京：

中国时代经济出版社，2002.

[19] 里滕伯格，施维格．审计学：变化环境中的概念[M]．程新生，译．北京：清华大学出版社，2007. [20] 吕先锫．审计学[M]．成都：西南财经大学出版社，2006.

[21] 秦荣生，卢春泉审计学．[M]．北京：中国人民大学出版社，2007.

[22] 裘宗舜．审计学[M]．北京：中国财政经济出版社，2003.

[23] 王光远，黄京菁．审计学[M]．大连：东北财经大学出版社，2005.

[24] 罗伯特 W. 审计——增信服务与风险[M]．2 版，程悦，译，北京：中信出版社，2007.

[25] 文森特 M.，巴里 N.，詹姆斯 S.，等．蒙哥马利审计学[M]．12 版．刘霄仑，陈关亭，译，北京：中信出版社，2007.

[26] 吴琮璠．审计学[M]．3 版．北京：中国人民大学出版社，2005.

[27] 伊恩 R.，斯图尔特 M. 审计流程——原理、实践与案例[M]．吕兆德，等，译．北京：中信出版社，2003.

[28] 余玉苗．审计学[M]．北京：清华大学出版社，2004.

[29] 扎比霍拉哈 R. 财务报表舞弊——预防与发现[M]．朱国泓，译．北京：中国人民大学出版社，2005.

[30] 张蕊，谢盛纹．审计学[M]．北京：科学出版社，2011.

[31] 郑朝晖．财务侦探[M]．大连：大连出版社，2008。

[32] 中国注册会计师协会．中国注册会计师执业准则2010 [M]．北京：经济科学出版社，2010.

[33] 中国注册会计师协会．中国注册会计师执业准则应用指南 2010（上、下）[M]．北京：中国财政经济出版社，2010.

[34] 中国注册会计师协会．审计[M]．北京：经济科学出版社，2008.

[35] 中国注册会计师协会．注册会计师业务指导目录（2012 年）[M]．北京：中国财政经济出版社，2012.

[36] 卓继民．现代企业风险管理审计[M]．北京：中国财政经济出版社，2005.

[37] 朱锦余．审计[M]．大连：东北财经大学出版社，2007.